HISTOIRE
DE
SATAN

Éditions Unicursal Publishers

www.unicursalpub.com

ISBN 978-2-924859-95-7

Première Édition, Lughnasadh 2018

Monsieur Auguste François Lecanu

Docteur en théologie du clergé de Paris, membre
de la Société des Antiquaires de Normandie
et de plusieurs Sociétés savantes

HISTOIRE
DE
SATAN

SA CHUTE, SON CULTE, SES MANIFESTATIONS, SES ŒUVRES, LA GUERRE QU'IL A FAITE À DIEU ET AUX HOMMES

UNICURSAL

INTRODUCTION

En fait de croyances, il faut revenir à celles du XVe siècle : nous posons cet aphorisme dès l'abord, afin que ceux qui ne s'y sentiraient pas disposés, ne perdent pas leur temps à nous lire.

Et peut-être quelques lecteurs auraient-ils la faiblesse de se laisser convaincre aux preuves qui résulteront de nos récits, ce qu'ils pourraient envisager d'avance comme un malheur.

Les choses humaines sont régies par deux puissances surhumaines : le Verbe divin et Satan.

Le Verbe divin, puissance créatrice, lumière incréée qui illumine tout homme venant en ce monde ; principe du bien, du beau et du vrai.

Satan, prince du mal, des ténèbres et de la destruction.

Il ne faut pas les mettre sur la même ligne, car le Verbe est Dieu, et Satan n'est qu'un ange ; mais l'homme ayant donné la préférence à Satan, l'influence de celui-ci serait devenue prédominante, si le Verbe ne s'était fait homme, pour relever la nature humaine de sa dégradation.

En naissant parmi les hommes, IL choisit le nom de Jésus, et ce nom exprime son œuvre en ce monde : Jésus veut dire Sauveur.

La Mère qu'il s'était prédestinée, qu'il avait prévenue de ses dons, ornée d'une sainteté exceptionnelle, sut répondre à cet honneur insigne par sa fidélité, un concours spontané, et devint une troisième puissance, d'un ordre également à part : puissance de médiation entre le ciel et la terre, d'intercession auprès de Jésus, de protection contre Satan.

Nous avons exposé le second terme de cette trilogie dans l'*Histoire de la Vierge-Mère* ; nous donnons aujourd'hui le troisième dans l'*Histoire de Satan*.

Satan est l'ange révolté contre Dieu ; et pour nous ce mot n'est pas un nom propre, il désigne toute la milice infernale.

La tradition de la déchéance de l'ange est la plus universelle et la plus ancienne qui ait jamais eu cours parmi les hommes ; si ancienne, qu'on la trouve au berceau du monde, et si universelle, qu'il n'est aucun point de l'espace ni du temps où il soit possible de signaler son absence.

La déchéance de l'ange est un des dogmes les plus en évidence : toute religion et toute philosophie gravitent à l'entour.

Si on excepte la philosophie panthéiste, qui en est la négation. Mais nier un phénomène n'est pas l'expliquer, et nier l'histoire, n'est pas la supprimer.

Que le panthéiste, dans le but d'effacer la notion du mal moral, affirme que le mal physique n'existe pas lui-même ; que la volupté et la douleur sont deux sensations similaires, pareilles, indifférentes dans le même individu, qui est Dieu ; l'assassin et l'assassiné, le voleur et le volé, un seul et même être divin sous deux modifications parallèles ; le vice et la vertu, un seul et même terme légèrement modifié pour exprimer une même chose regardée de droite ou de gauche, mais de soi excellente, puisqu'elle est divine ; que je suis dieu et qu'il est dieu aussi, le même dieu que moi ; que s'il me soufflette ou si je le soufflette, ce sera une action de dieu envers dieu, il rira le premier d'une doctrine si étrange.

Cela se dit, cela s'écrit, cela s'imprime ; mais cela ne se pense pas, et ne saurait se réduire en pratique. Il est beaucoup de péchés que le panthéiste le plus entité, celui qui nie le péché, ne verra jamais de sang-froid.

L'introduction du mal physique et du mal moral dans l'univers par l'intermédiaire de lange déchu, est un corollaire aussi universel et aussi ancien que le souvenir de la déchéance même et qui en a été déduit ; ou plutôt ce sont deux croyances parallèles et simultanées.

Celle-ci est le fond des mythologies grecque et romaine, égyptienne, hindoue et persane, de celles des régions glacées du Nord, des zones brûlantes de l'Afrique, des îles océaniennes et des steppes sauvages de l'Amérique ; le fond de toute religion, puisque toute religion, dès l'origine du monde et depuis, se compose d'expiations, de prières et de sacrifices : proclamant ainsi que les maux physiques ne sont pas de nécessité, puisque l'homme peut les conjurer par un secours surnaturel, et que le mal moral est un accessoire étranger, puisqu'il peut s'en préserver ou s'en purifier.

Mais l'ange déchu est-il simplement un être de raison ? La raison éclairée au flambeau de la philosophie peut-elle le considérer comme une réalité ? Elle le peut.

Et d'abord en sa qualité d'ange : si nous étudions l'existence à ses divers degrés, depuis l'être matériel et brut jusqu'à l'homme, dans lequel l'intelligence s'unit à la matière organisée, nous comprendrons aisément que la chaîne, pour être complète jusqu'à Dieu, a besoin de quelques anneaux de plus. Pourquoi l'intervalle ne serait-il pas comblé par des hiérarchies de pures intelligences, dont la moindre serait voisine de l'homme et la plus élevée voisine de Dieu ; sauf la distance incommensurable du fini à l'infini, mais avec le rapprochement de la créature au créateur, du serviteur au maître ?

Si cet aperçu ne forme pas une démonstration *a priori*, du moins il satisfait la raison ; l'ensemble des phénomènes du monde créé vient le démontrer *a posteriori*, et la foi le complète en ajoutant que les hiérarchies célestes se classent par trois fois trois degrés.

L'existence des natures angéliques une fois admise, l'introduction accidentelle du mal physique et du mal moral s'explique aisément. En effet, l'individualité, c'est-à-dire la séparation d'un être d'avec tout ce qui n'est pas lui, séparation qui constitue le moi, implique la liberté dans l'être pensant et voulant ; or la liberté est la faculté de choisir entre des actes dissemblables ou opposés. Mais il suffit d'un seul mauvais choix, pour que le désordre soit introduit ; le désordre, s'il a été spontanément choisi, s'appelle le péché ; le péché rend la punition nécessaire ; si la punition est suivie de révolte, au lieu d'être accompagnée de pénitence, le péché et le désordre se perpétuent. Voilà ce que la raison peut apercevoir et comprendre.

Or la foi et les traditions du genre humain nous enseignent que l'ange, après avoir été créé de la sorte dans la plénitude de la liberté, choisit spontanément le désordre, s'endurcit dans le mal, se révolta, et fut banni du séjour divin : non tous les anges, mais une partie.

Ceux qui sortirent victorieux de cette première épreuve de leur liberté, furent confirmés dans le bien, et jouissent avec Dieu d'un bonheur d'autant plus doux qu'il est leur conquête, l'ayant acquis au prix d'un danger.

Ceux, au contraire, qui s'étaient fait les ennemis de Dieu, influencèrent l'homme dans le sens de leur perversité et de leur révolte. L'homme se laissa séduire, et consentit, dans le vain espoir de se grandir, à un essai qui altéra les conditions de sa nature, et l'asservit aux lois de la mort et du péché.

Le récit de cet événement est évidemment tronqué dans la Genèse, ou caché sous le voile de l'allégorie ; mais trois points en ressortent avec une clarté parfaite : 1° l'homme accomplit un acte de foi envers Satan et accepta sa tutelle ; 2° un acte de renoncement et de désobéissance formelle à son créateur ; 3° il se trouva transformé, ou physiquement ou moralement, soit par l'effet de l'acte qu'il venait d'accomplir, soit par une punition divine, en un état qu'il ne connaissait pas auparavant, et qui provoqua pour premier mouvement sa surprise et sa honte.

L'excitation à la révolte partit de celui-là même qui le premier était sorti de l'ordre ; cette conséquence est dans la logique des faits. Il n'y a aucune raison de nier les rapports qui peuvent exister entre les purs esprits et les esprits incarnés. Si l'homme exerce une action sur les différents règnes qui lui sont inférieurs dans cet univers visible, pourquoi serait-il soustrait à l'influence des êtres que leur nature élève au-dessus de la sienne ?

En introduisant au sein de la création terrestre le mal individualisé dans sa personne, Satan prit pied dans l'humanité ; et quand nous disons Satan, qu'on ne l'oublie pas, ce terme désigne la classe entière des esprits rebelles aussi bien que le chef de leur rébellion. En effet, l'Écriture insinue que cette multitude d'anges déchus se partage en catégories sous le gouvernement d'un seul chef : et tel est le règne du mal, en toutes choses opposé au règne du bien. L'intervention perpétuelle de Satan, dans les événements généraux et particuliers de ce monde, imprime la marche ou la déviation à presque toutes les choses humaines.

Chacun s'aperçoit que l'histoire est à refaire depuis le premier chapitre : c'est que les historiens ont toujours trop négligé cet élément important.

Satan est une puissance ostensible et fugace, vantarde et railleuse, redoutable et sans consistance, cruelle et insaisissable. Satan se déguise, pour séduire ; promet, pour tromper ; se dissimule, pour égarer ; s'arme de fureur, pour torturer sa proie.

Avec le perfide, il y a toujours un côté pour l'affirmation, un côté pour la négation, et il fait son profit de l'une comme de l'autre.

Dans l'ordre de la Providence, Satan est le feu dont se sert le souverain Maître pour éprouver, purifier, consumer, détruire, renouveler, produire l'agitation au moyen de laquelle il mène lui-même le monde à ses destinées. Élément terrible dont la nature est de détruire, mais dont une main habile sait modérer, diriger, utiliser la puissance.

C'est ainsi, sous ce rapport et dans cette limite, que l'Évangile appelle Satan le prince de ce monde. Mais ce prince ennemi, dans l'exercice même de sa haine, est encore le serviteur de Dieu ; il ne peut se soustraire à une telle condition.

Par rapport à l'homme, Satan est toujours le tentateur qui lui dit : *Mange de ce fruit, tu seras heureux et tu ne mourras pas.*

Ne pouvant suivre l'astucieux serpent dans toutes ses voies, multiples, sinueuses et cachées, nous le signalerons au moins, lorsqu'il se découvrira. Nous montrerons sa présence, toutes les fois que nous apercevrons son action immédiate et directe, et il faudra bien que ceux qui s'obstinent à le nier le voient à pleins yeux.

Tel est le cadre restreint dans lequel nous circonscrivons ce travail, et nous entrons de plain-pied dans notre sujet.

§ Ier — Les possessions

Il est de mode de supprimer Satan dans l'histoire des possessions, en les rangeant dans la classe des maladies mentales, des affections spasmodiques et des jongleries. Ce n'est pas que les exemples de jonglerie ne soient nombreux, et que les possessions ne se rattachent par beaucoup de points aux maladies naturelles ; mais dans les possessions véritables, il se révèle un grand nombre de phénomènes que la nature ni l'artifice ne sauraient produire, qu'il ne sert à rien de dissimuler, puisque ce n'est pas les supprimer, et dont il faut, par conséquent, tenir compte.

Déjà, dès le onzième siècle, Psellus se plaignait que les médecins négligeaient beaucoup trop le côté extranaturel, pour tout rapporter à un naturalisme impossible. Il dénonçait avec courage ce matérialisme insensé et funeste.

Tel n'avait pas été cependant l'enseignement des anciens : Aëtius, Alexandre de Tralle, Cœlius-Aurelius, Gallien, Aristote avaient averti leurs successeurs qu'il se trouve souvent dans les maladies connues alors sous le nom de sacrées, telles que l'éphialte[1], l'épilepsie, l'hystérie, l'hypocondrie, les affections spasmodiques, particulièrement celles qui sont périodiques, et eu général les maladies mentales, un caractère divin qu'il faut soigneusement observer, parce qu'il n'est pas au pouvoir du médecin d'y apporter remède. Ils avaient même indiqué des moyens curatifs purement moraux ou religieux, pour ceux des malades qu'ils appelaient lunatiques, nympholeptiques et touchés des dieux, parce que, n'ayant aucune idée de l'action satanique, et ne pouvant s'empêcher d'y reconnaître une puissance extranaturelle, ils la croyaient divine.

Leurs successeurs ont cru mieux faire de supprimer cette puissance, parce qu'en effet ils arrêtent quelquefois ses manifestations en guérissant la maladie qui lui servait de moyen, de bases d'opérations, pour ainsi dire ; car Satan, comme nous allons le voir, en l'absence d'un ordre formel de Dieu, a besoin, pour agir, d'une prédisposition physique dans le sujet qu'il veut tourmenter. Mais, en matérialisant la médecine, les médecins, au lieu de nier ce qui est au-delà de la nature matérielle, auraient mieux fait de prévenir qu'ils ne s'en occupaient pas.

Des théologiens catholiques ont accepté ce faux système par amour de la paix ; mais, en concédant aux ennemis du merveilleux surnaturel que les possessions du démon pourraient bien être des maladies purement naturelles, ils sont allés trop loin, puisqu'ils ont posé le pied sur l'Évangile.

Christian Gruner, un des premiers, a essayé de ramener à un naturalisme pur les possessions dont il est fait mention dans l'Évangile. Grotius, Jahn, Semler, Rosenmuller, Wegscheider et beaucoup d'autres écrivains, allemands principalement, ont suivi ses traces. À les en croire, le Sauveur et ses disciples, pour mieux se faire comprendre, auraient parlé le langage de tout le monde à l'occasion des prétendus démons, comme Josué, lorsqu'il commanda

---

[1] Cauchemar. Nom que donnaient les Éoliens à une sorte de démons incubes (Lelover, *Hist. des spectres ou ap. des esprits*, liv. II, ch. V, p. 197.

au soleil de s'arrêter ; ils ajoutent que l'Écriture employant plus d'une fois le nom d'esprits, lorsqu'il s'agit de maladies ordinaires et même des talents et des passions des hommes elle a bien pu employer celui de démons, lorsqu'il s'agit de maladies extraordinaires.

Mais il y a contre ce système deux objections capitales : la première se tire du VIIIe chapitre de l'évangile de saint Matthieu, relatif aux porcs des Géraséniens, qui allèrent se précipiter en foule dans la mer, lorsque le Seigneur eut permis aux démons de les posséder ; la seconde, de l'usage perpétuel de l'Église, qui a toujours employé des formules impératives à l'adresse du démon, dans les cas de possession, et non des formules déprécatives à l'adresse de Dieu, et mieux encore des exorcismes pour chasser les démons des lieux et des maisons infestés par les esprits ; ici, il ne saurait y avoir suspicion de maladie.

Sans doute, avant d'autoriser les conjurations et les exorcismes, l'Église recommande à ses ministres d'user d'un grand discernement et de prendre les plus grandes précautions, pour n'être pas trompés par des manœuvres artificieuses, par de vaines apparences, et ne pas confondre des maladies naturelles avec des vexations extranaturelles ; mais cette recommandation même comporte un enseignement quasi doctrinal ; car, si tout était toujours naturalisme, illusion ou mensonge, il n'y aurait pas de précautions à prendre, il faudrait s'abstenir.

Oui, la chorée est une maladie purement naturelle, parfois épidémique, et l'art du médecin peut la guérir. Mais, lorsqu'elle est accompagnée de la pénétration claire et subite de la pensée d'autrui, de la vue à distance et au-delà des obstacles, d'une notion précise d'événements auxquels le malade est de tout point étranger, de l'intelligence de langues qu'il n'a jamais apprises y tout cela est-il pareillement naturel et maladif ?

Oui, le pica est une maladie naturelle, et, dans cette dépravation du goût, le malade s'ingère dans l'estomac une multitude de substances qui ne sont point alimentaires, telles que des pierres, des tessons, des fragments de verre, du crin, de la cire, des insectes ; mais lorsqu'il en rend par la bouche de plus grandes quantités que ses intestins ne sembleraient pouvoir en contenir, qu'il est démontré qu'il n'a pu se les procurer nulle part, et ainsi ne les a point ingérés lui-même, lorsqu'à ce phénomène se joint le blasphème, la haine furieuse de Dieu dans un homme ordinairement religieux, l'intelligence des langues ou de la pensée d'autrui, est-ce encore naturel ?

Oui, l'homme peut acquérir par l'exercice une souplesse et une agilité merveilleuses ; les saltimbanques, les bateleurs, les jongleurs en sont la preuve ; mais grimper aux murs, courir sur les toits, se ployer en cerceau de telle sorte que le front aille retrouver la plante des pieds en arrière, se battre la poitrine et le dos avec la tête cinquante ou soixante fois à la minute, acquérir et perdre à commandement la faculté d'entendre le grec, le latin, l'hébreu, et lorsque ce sont de pauvres religieuses, bien pieuses et modestes, élevées dans de tout autres conditions, dira-t-on que cela est naturel ?

Marcher, comme des mouches, les pieds au plafond, être transporté d'un lieu à l'autre comme une feuille d'automne que le vent soulève et déplace, dira-t-on que cela est naturel ?

Tomber rudement et tout d'une pièce comme une colonne, du plafond comme un lustre qui s'en détache, sans se causer aucune douleur et sans que la chute laisse aucune trace, dira-t-on que cela est naturel, surtout si ces accidents se compliquent de la faculté de seconde vue ou du don des langues ?

Sans doute il fut un temps où l'on accordait trop à Satan : on croyait voir partout son œuvre directe, dans les tempêtes, les épidémies, les maladies inconnues, les événements néfastes, les accidents imprévus. Maintenant on le bannit de partout ; mais la vérité est entre les deux extrêmes, et c'est lui qui balance ainsi la raison humaine, comme le pendule de l'horloge, en deçà et au-delà du vrai, sans lui permettre de se reposer jamais.

Il fut cependant toujours aussi des hommes plus réfléchis et plus sincères qui, s'affranchissant de tout esprit de secte et de système, cherchèrent la vérité pour elle seule, et la signalèrent en passant, lorsqu'ils l'aperçurent sans pouvoir la saisir. Parmi les célébrités médicales des dix-septième et dix-huitième siècles, parmi les écrivains qui traitèrent de la pathologie mentale, plusieurs n'hésitèrent nullement à admettre l'intervention directe de Satan, c'est-à-dire la possession démoniaque, dans certaines affections qui défient l'art et la science, qui échappent à toute analyse, et s'inclinèrent devant des faits irrécusables. C'est le savant Fernel, c'est Ambroise Paré, le père de la chirurgie moderne ; le protestant Jean Wier, dont la réputation comme écrivain et comme médecin fut si grande en Allemagne ; Félix Plater, dont les doctes ouvrages devancèrent leur époque ; Sennert, Thomas Willis, et leurs noms sont encore salués avec tout le respect dû aux plus grandes autorités.

La possession du démon est quelquefois une épreuve imposée de Dieu à ses saints, quelquefois le châtiment d'un grand crime, et alors on ne peut assigner ni ses moyens ni l'organe dans lequel elle a son siège principal. Quelquefois elle provient du fait même de l'homme, qui la veut pour lui-même, qui la cherche, qui se l'inocule ou qui l'inocule à son voisin ; nous parlerons tout à l'heure de celle-ci.

Le plus souvent, depuis les temps évangéliques, c'est une maladie qui lui sert de véhicule, et qui la communique de proche en proche, soit épidémiquement ou par contagion, et son siège est le même que celui de la maladie. Dans un temps de contagion, elle surgit d'un empoisonnement, d'un ébranlement violent de l'imagination, comme du contact avec les possédés.

Ceci parait incroyable ; c'est vrai cependant : nous le montrerons.

D'où il suit que Satan surajoute son action à un état maladif, et que la possession suit le cours et les périodes de la maladie. On pourrait prétendre que c'est la possession qui cause la maladie ; nous croyons que le plus ordinairement la maladie précède la possession, et que celle-ci n'est qu'une aggravation. Celui de tous les auteurs modernes qui a le plus savamment traité cette question, au point de vue médical, historique et religieux, Görres, dans sa *Mystique diabolique*, n'hésite pas à affirmer que « la maladie satanique qui constitue la possession a sa racine dans les organes du corps humain, et qu'à ce titre, comme toutes les maladies corporelles, elle a aussi ses causes, ses prédispositions, son cours, ses périodes, ses symptômes intermittents ou continus, et son terme par la mort ou la guérison[2] ». Il en conclut qu'elle peut être traitée par le médecin concurremment avec les ministres de l'Église, et que leur double action, loin de s'exclure, se fortifie, puisqu'elle correspond à la double nature de l'homme et à la double nature de la maladie. Et c'est bien ainsi que l'Église l'entend en effet : loin d'exclure le médecin, elle l'appelle ; c'est lui qui, le plus souvent, par inscience ou incroyance, exclut l'Église, au grand préjudice de ses malades.

Mais il est un troisième élément de guérison dont il faut pareillement tenir grand compte : c'est la volonté ferme et bien arrêtée du malade d'être guéri, et sa résistance à l'œuvre de Satan. Quelquefois le pauvre malade se tord dans des convulsions épouvantables, qu'il n'est pas en son pouvoir de dominer, et dont il n'a pas toujours conscience ; mais quelquefois aussi c'est une âme faible et sans énergie, quelquefois une âme orgueilleuse, qui est bien aise d'être possédée, qui attend Satan, qui l'appelle, qui va au-devant des crises ou des exorcismes, pour démontrer à tout le monde la réalité de la possession ; et pour peu que l'exorciste ait de son côté quelque orgueil du métier qu'il fait ou quelque pensée de démonstration, alors Satan, se trouvant dans un domicile disposé pour lui, s'y plaît, y reste et se moque de l'un et de l'autre. Comment fuirait il devant des ennemis qui l'appellent et lui disent, l'un : viens donc montrer que je suis possédé ; l'autre : viens donc montrer le pouvoir que j'ai sur toi ! Nous verrons tout cela dans les possessions dont nous aurons à parler. Nous verrons aussi des âmes d'une autre trempe s'arrêter d'elles-mêmes dans la voie, dire à Satan : je ne veux plus de toi ; d'autres encore se guérir par la distraction et en bannissant le souvenir de la maladie. Nous verrons des possédés chercher la possession, en se rendant spontanément dans les lieux

[2] Görres, *Mystique divine*, liv. VII, chap. 27.

et les réunions où elle se gagne, demeurer possédés lorsqu'ils s'entêtent de l'être, se guérir d'eux-mêmes lorsque la police a dispersé leurs réunions, et qu'ils sont obligés de vaquer à d'autres affaires. Nous verrons des possédés guéris par les seules prières de l'Église; mais il faut pour cela que les exorcistes soient humbles, qu'ils remplissent avec simplicité de cœur un ministère ecclésiastique, et non qu'ils donnent des spectacles, ou qu'ils fassent des démonstrations. Il faut qu'ils commandent à Satan, et non pas qu'ils conversent avec lui, dit l'inquisiteur Sprenger, et il a raison.

Il n'est pas même toujours sûr de faire le métier d'exorciste: si celui-ci a quelques fautes à se reprocher, Satan les divulgue par la bouche du possédé; s'il a quelque ridicule, ou s'il parle mal la langue qu'il emploie, Satan le couvre de confusion; les exemples en sont nombreux, mais trop minimes pour être cités. Quelquefois l'exorciste se trouve cruellement maltraité par le démoniaque; le livre des Actes nous en offre un exemple, et ce n'est pas le seul connu. Quelquefois l'exorciste devient lui-même possédé; l'histoire de Loudun nous en fournira de terribles traits.

La possession se communique aussi par contagion, avons-nous dit: soit involontairement, par le fait de celui qui la gagne en s'approchant imprudemment du possédé; soit volontairement, par le fait du magicien ou du possédé, qui la communique à celui qu'il regarde avec intention, qu'il touche ou auquel il fait toucher un charme. Tout ceci paraîtra encore incroyable, impossible! Malheureusement à rien ne sert de nier; il faut se résigner, ce sont des faits. Satan communique sa nature et ses tortures par le contact et les charmes, comme le Seigneur communique sa substance et ses grâces par l'Eucharistie et les autres sacrements. Les sacrements sataniques, si on pouvait ainsi parler, sont la contrepartie des sacrements divins.

Le charme est un objet touché à dessein ou consacré par le magicien et imprégné de la vertu satanique, auquel Satan est lié, volontairement ou involontairement, nous ne savons, soit pour un temps déterminé, soit pour toujours.

Le savant qui connaîtrait tous les procédés et moyens, et qui les emploierait sans être lui-même imprégné de la vertu satanique ne serait pas un magicien et n'obtiendrait aucun résultat.

L'imprégnation satanique se communique, à divers degrés et pour des résultats divers, par l'imposition des mains, le contact, l'insufflation, l'onction, comme les sacrements divins par celui qui a reçu le caractère de ministre de Dieu.

Il ne suffit donc pas plus de savoir pour être magicien, que pour être prêtre ou évêque; et chacune des œuvres de la magie a ses charmes et ses formules spéciales.

Lorsque l'objet démoniaquement consacré n'est destiné qu'à produire des effets merveilleux par le pouvoir de Satan, il est dit simplement enchanté; lors qu'il est destiné à produire la maladie, la frénésie, la possession du démon, il s'appelle charme; lors qu'il est destiné à causer la mort, il s'appelle charge; et il y a des charges de différentes espèces et de différents noms, qui se consacrent par des procédés différents, et qui causent la mort par des voies différentes.

L'effet des objets diaboliquement consacrés est infaillible, certain; mais il y a trois moyens de s'en délivrer: les prières de l'Église, la destruction quand on les trouve, l'intervention d'un magicien plus puissant, c'est-à-dire plus imprégné, qui les *lève*, c'est le terme du métier. Mais alors, dans un cas comme dans les autres, l'effet retombe sur celui qui avait consacré l'objet.

Tout ceci est extravagant, incroyable! Nous vous l'avions dit. N'en croyez rien. En attendant, nous le montrerons par des faits, à mesure que l'occasion s'en présentera.

Quelle est l'origine de cette imprégnation satanique? Qui l'a reçue le premier et communiquée ensuite? Peut-on encore la recevoir directement de Satan? Nous ne savons. Peut-être! Nous voyons couler le fleuve, mais nous ne connaissons pas les canaux souterrains qui aboutissent à la source.

Et qu'on ne croie pas que Satan, en communiquant ainsi sa vertu à celui qui s'est fait son serviteur ou à l'objet qui lui est consacré, rende jamais un service. Non: il se communique pour faire le mal et jamais le bien. Les plus impuissants de tous les charmes, ce sont les préservatifs. Le plus puissant de tous les magiciens ne saurait se préserver lui-même ou se guérir. Il ne saurait tirer pour lui ou pour ses amis le moindre bénéfice de sa puissance: se guérir, nous le répétons, gagner sa cause, se mettre en sûreté, découvrir un trésor, s'enrichir d'une obole, vivre un jour de plus, sauver une brebis de son troupeau. Puissant pour le mal, il ne saurait faire le bien.

Mais comment Dieu a-t-il donc livré le monde à de si redoutables ennemis? Ils ne sont redoutables que dans une certaine mesure: ils ne feront jamais de grandes choses. Ils ne ruineront jamais une ville, une armée, une province, un empire. Il leur a livré le monde, qui est son ouvrage, comme aux fourbes, aux voleurs, aux assassins, dans une limite restreinte, et en plaçant le remède à côté du mal, puisque l'Église peut préserver et guérir.

§ II — La Magie, son inanité

La magie savante, celle qui vit de combinaisons, d'art et d'étude, n'est rien et ne produit rien. C'est déjà un grand bienfait accordé par le Créateur, de n'avoir pas permis que le pouvoir de nuire aux hommes à distance, sans danger pour soi-même, par des moyens cachés, pût se systématiser et prendre rang parmi les sciences, car alors l'univers aurait été à la discrétion d'un seul homme. C'est un grand bienfait que l'homme ne puisse pas se sauver ou se secourir lui-même par des moyens magiques, autrement, que seraient devenues les vertus que nous appelons émulation, diligence, prudence, sagesse ? La magie aurait tenu lieu de labeur et de prévoyance ; le genre humain se serait éteint dans la paresse.

Tous les savants qui ont étudié cette magie que les livres enseignent, avouent sans détour qu'elle n'est rien, moins que rien, et que c'est se décevoir d'en attendre quelque chose. Personne n'en parle avec plus de dédain que le célèbre Jamblique, et il devait s'y connaître : « Oui oserait soutenir, dit-il, qu'il se trouve quelque vérité dans les arts de la magie ? C'est tout au plus si les magiciens peuvent tromper les yeux par de vaines apparences[3]. » Le fameux Campanella, qui se créa une si grande réputation au moyen âge, sinon par ses succès dans l'art de la magie, du moins par ses écrits, après avoir dévoilé les secrets du métier et spécifié les merveilles qu'ils sont destinés à produire, ajoute : « Si tout cela était vrai, personne ne serait en sûreté sur la terre. Heureusement, Dieu n'a pas rendu si facile ce qui pourrait être si terrible. D'un signe nous réduirions en poussière l'armée des Turcs[4]. » Corneille Agrippa, qui s'est fait dans le même genre une réputation plus étendue et plus durable que Campanella, n'a-t-il pas, dans plus d'un passage de son traité de *la Vanité des sciences*, proclamé hautement l'inanité de la magie, et regretté amèrement le temps qu'il a perdu à l'apprendre ?

Si la magie possédait de soi quelque vertu, Néron, le tout-puissant empereur du monde, qui n'épargna ni les crimes ni les trésors de l'empire pour découvrir ses secrets et en tirer parti, n'aurait-il pas trouvé au moins une partie de ce qu'il cherchait ? Loin de là, Pline avoue que ce prince fit la triste expérience de son impuissance. S'il faut, après avoir dépensé des millions, vendre, donner, offrir à Satan son âme et sa vie, le prier même de les accepter, persévérer longuement dans cette prière et se souiller de crimes multipliés et inimaginables pour la rendre plus efficace, personne ne dut être plus sûrement exaucé que ce maréchal de Retz dont nous raconterons l'épouvantable

[3] *Des Mystères*, sect. III, chap. 28. Il parle ainsi de cette magie artificielle que nous appelons magie savante ; la véritable magie, qui seule produit des effets, il la croyait œuvre divine.

[4] Et profecto si hæc vera essent, nemo tutus esse posset ab inimico. At Deus hunc ordinem perniciosum tam facilem non posuit ; sic sine armis exercitum Turcarum uno nutu deleremus. (En effet ; mais qu'arriverait-il si les Turcs faisaient un signe en sens contraire ? Ce serait l'histoire du chien et du renard fées, dont l'un avait le privilège de toujours prendre, et l'autre celui de n'être jamais pris ; or il advint qu'ils se rencontrèrent.)

histoire ; or cependant, il en convint avec d'amers regrets sur le bûcher, il n'obtint jamais rien.

C'est que, heureusement, la magie n'est pas une science ni un art, et qu'il ne dépend point du premier venu de bouleverser à sa volonté l'ordre établi de Dieu.

Et, de plus, il est pour le moins douteux que Satan voulût, lors même qu'il le pourrait, se rendre ainsi l'esclave de toutes les passions des hommes, et s'obliger à répondre à tous leurs appels. Son œuvre à lui, comme il l'entend, comme il veut l'accomplir au profit de son orgueil et de sa haine envers Dieu et les hommes, en serait singulièrement troublée ; de maître, il deviendrait serviteur, et ne travaillerait plus à son bénéfice exclusif. Un berger ignorant, qui possède le triste privilège de l'imprégnation satanique, a plus de part dans cette œuvre que le plus savant des académiciens ou le plus puissant des monarques, et encore ne peut-il pas grand-chose, en fait d'événements importants, et presque rien sur les faits généraux.

Ce serait une grande erreur de croire que Satan, cette nature angélique, qui n'a ni sens, ni matière, ni appétits physiques, pût être alléché ou contraint par quelque moyen physique, paroles ou actes, menaces ou conjurations, sacrifices ou formules. Qui donc l'y aurait asservi ? Sa propre manière d'être ? Nullement. — Sa volonté ? Satan aurait bien de la bonté. — Le Créateur ? Cela n'a jamais été dit. Au contraire, le Créateur, qui ne peut ni ne veut tenter personne par lui-même, a fait de Satan, non pas le serviteur ni le maître, mais le tentateur des méchants[5].

C'est un fait admis, dès la haute antiquité, que les natures angéliques ne sauraient être contraintes par les actes de l'homme. L'illuminé Jamblique, l'adversaire du christianisme, le suppôt des mystères et du culte satanique, consacre une partie considérable de son livre à le démontrer, tant la philosophie, même païenne et militante, avait été éclairée à cet égard par une expérience de deux mille ans. « Les dieux et les démons, dit-il, les anges et les archanges, car le christianisme lui a appris à prononcer ces mots, ne sauraient livrer une prise quelconque au pouvoir de l'homme ; seulement, ils s'accommodent, lorsque cela leur convient, aux désirs de celui-ci, par convenance ou par bonté[6]. » On comprend de quels sentiments de bonté les dieux que le paganisme évoquait, pouvaient être animés à l'égard de l'homme.

Mais est-ce bien là la pensée, l'enseignement, la pratique de l'Église chrétienne, dont l'avis ne peut manquer d'être prépondérant en cette matière,

[5] Dieu en effet n'éprouve pas le mal, il n'éprouve non plus personne. (Jac., I, 13.)
[6] *Des Mystères*, sect. III, ch. 22 ; — sect. IV, ch. 3 et 4 ; — sect. VI, ch. 3, etc.

puis qu'elle s'est toujours et si spécialement occupée de démonologie ? Oui, c'est son sentiment, son enseignement, sa pratique.

La plus ancienne de ses décisions est celle du concile d'Ancyre, tenu vers l'an 344. « Que les évêques et les prêtres, dit la sainte assemblée, emploient tous les moyens pour faire comprendre au peuple, que ces méprisables femmes qui se vantent de chevaucher certaines nuits sur des bêtes extraordinaires, et d'être emportées de la sorte à travers l'espace à des danses et à des divertissements auxquels président Hérodiade ou Diane, la déesse des païens, ne sont ainsi ravies qu'en esprit, et non en réalité ; que ce sont des extravagances d'une imagination en délire, et non des faits ; des illusions démoniaques, et non des œuvres divines. Un chrétien qui oserait professer ou croire que Satan, prenant la place du Dieu créateur, a le pouvoir de changer en bien ou en mal les formes d'une créature, de la faire passer d'une espèce à une autre ou d'une apparence à une autre, serait pire qu'un infidèle ou un païen[7]. »

Le IIIe concile de Tours, en 813, tout en proscrivant sévèrement les pratiques de la magie, recommande pareillement aux pasteurs des âmes d'avertir les fidèles que les enchantements, les ligatures et les autres secrets de la magie ne peuvent produire d'eux-mêmes aucun effet sur la santé des hommes ou des animaux[8]. Cinq siècles plus tard, saint Bernard devait faire condamner Abeilard au concile de Rome, pour avoir soutenu que les charmes et les ligatures contraignent le démon à opérer ce qui lui est demandé. C'était la dix-huitième erreur reprochée à l'auteur du *Oui et non*[9].

Tous les conciles tenus aux quinzième et seizième siècles prirent un soin particulier de combattre les pratiques de la magie, trop répandues alors, de montrer aux fidèles le crime de cette sorte de culte rendu à Satan, l'inanité des moyens employés pour le tenter lui-même ou le contraindre, et la nullité nécessaire des résultats.

Combien de fois l'astrologie et les amulettes astrologiques n'ont-elles pas été stigmatisées comme un art trompeur et vain ? Rien n'y a manqué, ni décrets des conciles, ni bulles des souverains pontifes[10].

Rien n'est plus énergique, plus doctrinal et plus précis que les bulles des

---

[7] Canon *Episcopi*. Ap. Baluse, tom. II. — Le nom d'Hérodiade placé ici se rapporte à certaines croyances passablement païennes de ce temps-là, suivant lesquelles la fille et la mère auraient été condamnées, en punition du meurtre de Jean-Baptiste, à errer dans les forêts jusqu'à la fin du monde depuis minuit au chant du coq.

[8] Concil. III Turon. capitul. XI.

[9] Capitul. à Bernardo clarav. ad Eugen. Il delata.

[10] *Hist. de l'Univers de Paris*, tom. V. — *Collect. de d'Argentre*, tom. I, années 1466 et 1493. — Concil. Milan. 1586. —Tolos. 1590. — Burdegal. 1583. — Rothom. 1581. — Trident, tit. de libr. prohib. régula IX.

souverains pontifes Sixte V et Urbain VI, aux dates de 1586 et 1634, contre l'astrologie, ou plutôt contre tous les arts magiques.

Dans la bulle *Cœli et terræ*, du 9 janvier 1586, le premier déclare que la divination est un art illusoire en tout et toujours ; que le démon, ne connaissant pas l'avenir, ne saurait le révéler ; que les promesses des magiciens sont mensongères, et la confiance de leurs disciples une sotte crédulité. Il emploie les termes les plus énergiques pour repousser comme fallacieux les secrets de l'art en général et de chacune de ses branches en particulier. Aucune ne trouve grâce devant lui, ni l'astrologie, ni la chiromancie, ni la nécromancie, ni l'hydromancie, ni le sortilège, ni tels autres modes d'interroger le démon, dont il donne un long détail. Craignant de ne pas avoir exprimé sa pensée d'une manière assez claire, il se résume et revient sur ses pas, pour déclarer de nouveau que le secret de l'avenir appartient à Dieu seul, et que c'est une impudence et une impiété de prétendre le partager avec lui.

Tels sont donc les principes définis par l'Église, non seulement en ces circonstances, mais en beaucoup d'autres. Tels sont aussi les enseignements traditionnels transmis par les Pères et les Docteurs ; nous nous contenterons de recueillir çà et là quelques témoignages.

Tertullien a déclaré jusqu'à deux fois qu'à ses yeux la magie n'était qu'une pure tromperie[11]. Saint Chrysostome émettait la même doctrine du haut de la chaire[12], de même Tatien, dans son Discours contre les Grecs. Saint Augustin et saint Thomas se prononcent d'une manière positive contre la réalité de la transformation des hommes en bêtes ; mais ils admettent la possibilité d'une illusion produite par Satan, et saint Augustin ne se refuse pas à croire que le prince des ténèbres peut transporter les hommes à travers l'espace ; c'est en effet l'enseignement de l'histoire et de l'Église, nonobstant les négations du commentateur Louis Vivès et du théologien Navarre.

Sur la question des enchantements, des amulettes et des philtres, l'accord des théologiens et des Pères est à peu près unanime : tous proclament l'inanité de ces moyens. Saint Épiphane déclare que les enchantements et les breuvages n'ont pas la puissance de changer les cœurs. Saint Thomas, Ciruelo, Suarez partagent le même avis ; seulement ils ajoutent qu'inoffensifs de leur nature, ils peuvent devenir offensifs accidentellement, le démon s'en faisant quelquefois un moyen d'exercer sa méchanceté[13]. Réserve aussi juste que vraie ; nous dirons dans quelles conditions cela arrive.

---

11 Tertul. de Anima, cap. LVIII. — Adv. Marc. I. V, c. 16.

12 Chrysost. homil. XXI, et V adv. Jud.

13 Epiph. Hæres., I, I, tit. II, ser. III. — Aquin. IIa IIæ, q. 96, a. 2. — Contra Gent. cap. CIV et CV. — Ciruelo, Superst. part. III, cap. 3. — Suarez, Relig. I. II.

« Si le pain, qui a la propriété de nourrir l'homme, ne lui sert de rien tant qu'il le porte suspendu à son cou, dit Origène, de quoi voulez-vous que puissent servir des objets qui n'ont aucune propriété, si on les porte suspendus de la même façon ? Jetez donc au feu vos préservatifs, pour voir s'ils auront la puissance de se préserver eux-mêmes »

L'astrologie et les amulettes astrologiques ont toujours été jugées du même point de vue, malgré les hésitations de saint Bonaventure, de Cajetan, de Pierre d'Ailly et de saint Thomas d'Aquin ; il serait superflu d'entrer dans des détails à ce sujet.

Saint Augustin n'ose décider si les magiciens ont le pouvoir d'évoquer les âmes par la force de leurs enchantements ; mais Tertullien, plus hardi, soutient que nul art magique ne peut arracher les âmes des saints du lieu de leur gloire et de leur repos[14].

« S'il était donné aux âmes des défunts, dit saint Athanase, de se rendre visibles pour les vivants, Satan en profiterait pour feindre des apparitions et tromper les hommes. » Malheureusement c'est ce qui arrive, et la supposition du grand docteur se tourne en réalité. « Les apparitions sont des illusions, dit le théologien Soto, puisque les âmes ne peuvent ni se former un autre corps, ni agir sur nos sens, n'en ayant pas elles-mêmes. » Saint Thomas raisonne de la même manière : « Les âmes ne peuvent, dit-il, rendre le mouvement au corps qu'elles ont quitté, et Satan ne peut lui rendre la vie. D'ailleurs les âmes des saints ne sont pas soumises à son pouvoir, et les âmes des méchants ne sont pas libres de sortir de leur prison[15]. » Parmi ceux qui ont admis la réalité des apparitions, la plupart les ont considérées comme de véritables miracles ; mais, envisagée de la sorte, la question change de nature.

L'impuissance avérée de Satan à produire des prodiges réels, principalement des prodiges qui vertissent[16] à l'utilité de l'homme, ou du moins son refus si fréquent de répondre à ceux qui l'invoquent, était justement la cause qui forçait les magiciens de l'antiquité à commettre ces fraudes et ces supercheries qu'on leur a tant reprochées, la cause qui les mettait même quelquefois dans la nécessité d'avouer leur impuissance. « Racontez-moi le songe que j'ai eu, et donnez-en l'explication, disait Nabuchodonosor le Grand aux magiciens d'Assyrie pensionnés par l'État. — Prince, répondaient-ils, racontez vous-même votre songe, et nous l'expliquerons. — Je vous ai prévenus

---

[14] August. De cura anim. — Tertul. De animà. — Athanas. ou l'auteur des Questions, quæst. XI, XIII, XXXV.

[15] Aquin. I, q. CXVII, a. 4. — Benedict. XIV, de Serv. Dei Beatific. lib. IV, p. I, cap. XXXII.

[16] *Vertir*, verbe (XIe–XVe siècle) transitif = tourner, retourner, convertir ; intransitif = s'en retourner, venir sur quelqu'un. (NDE, Dictionnaire d'ancien français Moyen âge et Renaissance, Larousse, 1947.)

que je ne m'en souvenais pas, et je vois que vous cherchez à gagner du temps pour vous concerter, et me tromper ensuite par une réponse illusoire. Il n'en sera point ainsi; dites le songe et donnez l'explication: à la vérité du récit, je reconnaîtrai la vérité de l'interprétation. — Prince, jamais un roi, pour grand qu'il soit, n'a demandé de pareilles choses à des magiciens; il n'y a que les dieux qui puissent les savoir, et les dieux n'ont point de commerce avec les hommes. De grâce, dites le songe, sans quoi nous ne pouvons rien. — Alors vous mourrez[17].» La sentence s'exécutait, lorsque l'homme de Dieu se présenta, et résolut la question proposée.

Nous n'entreprendrons pas de déterminer le pouvoir intrinsèque des natures angéliques, ni la mesure de celui qui est demeuré à Satan après sa chute; beaucoup de graves auteurs ont traité cette question, nous préférons renvoyer à leurs ouvrages; mais, quel que soit le pouvoir de Satan, il est nécessairement subordonné, et ne s'exerce que dans des limites, dans un ordre de faits et en des circonstances concédées de Dieu[18].

Les démonographes exagèrent beaucoup trop l'étendue de la concession; les rationalistes l'annulent. Cependant il est un fait d'histoire, ou plutôt d'observation générale, qui n'échappe point aux yeux des gens instruits, pas plus qu'à ceux des théologiens: c'est que le pouvoir de Satan dans ses communications directes avec les hommes au sein des nations chrétiennes, est infiniment plus restreint que parmi les peuples infidèles. Là règnent et ont toujours régné les possessions et les œuvres de la magie démoniaque. Et tous les théologiens proclament que la vertu satanique a été liée dans de très étroites limites par la rédemption du genre humain, à l'égard de ceux qui en portent le caractère.

Les petits maîtres au fait de la philosophie traitent beaucoup trop légèrement ces questions: tout ce qui dépasse leur horizon est pour eux préjugé et ignorance; mais ils ne font pas attention que le peu de lumière qu'ils possèdent, leur vient du christianisme, auquel ils en savent cependant si peu de gré, et que les préjugés les plus funestes sont ceux d'un demi-savoir prétentieux, qui juge de tout suivant un ordre d'idées acceptées sans examen.

Trois aphorismes peuvent être posés sans crainte de démenti: 1° Satan étant un être mauvais et ennemi, il ne se rendra jamais serviable. Il est donc inutile de lui demander des bienfaits; s'il parait accorder quelque chose, ce sera pour mieux séduire et tromper. 2° Vu sa nature immatérielle, aucun acte de l'homme ne saurait avoir prise sur lui ou le contraindre: c'est donc

[17] Dan. II, 7

[18] Benedict. XIV, de Serv. Dei Beatif. lib.IV, part I, cap. III, nos 7 et 11. — Arauco, Decis. moral. t. III, q. 23. — August. ad q. q. Simpl. I. II. — Aquin. i, q. CXVII, a. 4.

grande pitié de croire à la vertu des paroles mirifiques et à l'efficacité intrinsèque des formules de la magie. 3° Ce qui est nul et inefficace de soi, peut devenir accidentellement efficace par la volonté ou la permission du Tout-Puissant, auquel l'homme ne saurait assigner des règles ou des limites. Or le Tout-Puissant a prévu, permis, voulu la tentation de l'homme par le diable : la magie est un moyen de tentation ; il ne faut donc pas conclure de son impuissance native à une inefficacité absolue.

Tous les maîtres de la science divine, en reconnaissant le pouvoir laissé accidentellement et avec subordination à Satan, et par une conséquence directe, le pouvoir accidentel et irrégulier des invocations et des moyens magiques, proclament l'impuissance fondamentale et intrinsèque de ces moyens. La plupart, en examinant de plus près les œuvres spéciales que la crédulité populaire attribue à Satan et à ses agents, déclarent cette crédulité mal fondée, et ces mêmes œuvres en dehors des limites de sa puissance.

En raisonnant ainsi, les théologiens et les docteurs de l'Église ne nient point Satan, ni sa malice, ni son pouvoir, ni ses manifestations accidentelles, et n'excusent point les tentatives de ceux qui cherchent à se mettre en rapport avec lui. D'où il résulte, en dernier lieu, que l'usage des exorcismes est amplement justifié, et que la peine d'excommunication portée contre les magiciens est juste et légitime.

Rien de plus déplorable en effet, au sein du christianisme, que ces déplorables pratiques, puisque c'est l'antichristianisme ; rien de plus abrutissant au sein de la civilisation chrétienne, et rien de plus funeste pour la morale, car la sorcellerie est toujours accompagnée de certaines autres pratiques et d'un certain genre d'abominations que nous aurons plus d'une fois l'occasion de signaler.

« L'esprit prophétique est naturel à l'homme, dit le comte de Maistre, et ne cessera de s'agiter dans le monde[19]. »

C'est la curiosité qu'il aurait dû dire, car pour l'esprit prophétique, les plus savants maîtres dans les arts divinatoires affirment, au contraire, que tous les moyens naturels sont vains et par eux-mêmes improductifs : la Divinité sera seule l'agent de la divination, si elle daigne se communiquer ; l'homme n'y peut absolument rien, et tout ce qu'il tire de son propre fonds n'est qu'illusion ou conjecture incertaine.

C'est ce que Jamblique a longuement et nettement établi ; il consacre à ce seul sujet les trente et un chapitres de la troisième section de son livre. « La divination n'est pas une œuvre humaine ; la nature ni l'art ne sauraient y conduire. L'extase, en tant qu'affection du corps ou de l'âme, la musique,

[19] De *Maistre, Soirées de Saint-Pétersb.*, XIe entretien.

l'eau ni le feu, les potions, le sommeil, l'extispicine[20], les augures, l'astrologie, les sorts, les songes, l'enthousiasme, les enchantements de la magie, la mélancolie, l'ivresse, la fureur, tout cela ne saurait de soi-même faire deviner. Les dieux seuls donnent à l'homme l'esprit de prophétie, soit qu'ils l'élèvent jusqu'à eux, soit qu'ils descendent dans son âme à ces occasions, en d'autres termes, soit qu'ils la ravissent ou qu'ils la possèdent. Mais il faut prendre garde, parce qu'il y a de mauvais démons, des antidieux, qui se présentent parfois en place des dieux véritables. » Telle est la thèse qu'il soutient.

Nous sommes de son avis. Le signe de cette possession, inhalation divine, absorption, ravissement, car il emploie tous ces termes, c'est l'extase. Il y a, ajoute-t-il, l'extase divine et l'extase démoniaque.

Nous le savons ; mais ce qu'il se gardait de reconnaître, c'est que l'extase divine n'appartient qu'aux ministres et aux amis du vrai Dieu, et non pas aux ministres et aux sectateurs des dieux du paganisme. Si quelques-uns, comme Balaam ou la pythonisse d'Endor, ont été subjugués par l'esprit divin, ce sont des exceptions sur lesquelles il ne faut pas compter ; partout ailleurs, c'est l'esprit satanique.

§ III — L'Extase satanique

L'extase est et a toujours été, en effet, le grand et universel moyen des communications sataniques, soit qu'on ait considéré comme démoniaques des phénomènes purement naturels, soit que Satan ait profité de ce moyen pour entrer en rapport avec ceux qui l'invoquent.

L'extase provenant de maladies naturelles, telles que les affections utérines, l'épilepsie, le spasme, tourne souvent au démoniaque ; nous en verrons beaucoup d'exemples ; à plus forte raison lorsqu'elle a été produite artificiellement, dans le but de la divination, c'est-à-dire en vue d'un commerce satanique. Or les moyens en sont nombreux ; celui qui a été retrouvé en dernier lieu, le magnétisme, n'est ni le plus commode ni le plus puissant. Le tournoiement, la danse, la musique, la fixité du regard, certains breuvages et certains liniments produisent des effets plus énergiques et plus prompts.

Jamblique l'avoue, le seul et unique moyen de la divination, c'est l'extase, parce qu'en cet état seulement l'âme, dégagée des sens et de la matière, peut entrer en commerce avec les dieux. Aussi la plupart des ministres des dieux, principalement des dieux à oracles, étaient, des extatiques. Les anciens

---

[20] Technique divinatoire à travers l'examen des viscères afin d'y découvrir des messages divinatoires.

connaissaient dès lors tous les moyens que nous connaissons maintenant : Jamblique parle de la danse, de la musique ; Apulée, des breuvages, des liniments, du magnétisme ; le cicéon[21], les eaux de léthé[22] et de mnémosyne[23] ont laissé un nom célèbre dans l'histoire des mystères ; le népenthès[24] et le thalasségé[25] étaient employés aux mêmes usages, ainsi que certaines polentas stupéfiantes par ceux qui recherchaient le sommeil réputé divin des temples d'Esculape.

Les magiciens de toutes les nations infidèles et les ministres des dieux dans toute la gentilité, encore maintenant, connaissent ces moyens et en font usage.

Les fakirs de l'Inde se donnent une extase délicieuse en regardant le bout de leur nez. L'histoire ecclésiastique duIVe siècle nous entretient de certains moines du mont Athos qui croyaient s'être élevés à un haut degré de sainteté, parce qu'en regardant avec fixité leur épigastre, ils finissaient par en voir jaillir des torrents de lumière, et tombaient en extase. On les surnomma, par raillerie, omphalopsychès, c'est-à-dire des gens qui ont l'âme au nombril[26].

On a trouvé récemment l'art d'endormir un malade, jusqu'à l'insensibilité la plus absolue, en lui faisant regarder un objet brillant et de faible dimension placé à 25 centimètres de ses yeux, ce qui permet de faire les opérations chirurgicales les plus graves sans éveiller la sensation de la douleur ; auparavant, on employait le chloroforme en inhalation ; auparavant, le sommeil mesmérien, et à chaque découverte on crie merveille. Ce ne sont pourtant que des vieilleries renouvelées des Grecs. Avec un peu plus de science, on retrouverait beaucoup d'autres merveilles, sans en être émerveillé au même point.

Chez les Bilhs, dans l'Indoustan, les *barvas* ou prophètes s'exaltent jusqu'à l'extase par le moyen du chant et de la musique. Avant d'admettre un néophyte dans leur agrégation, ils essayent sur lui le pouvoir de l'harmonie[27].

Panai les Nadoessis, peuple de l'Amérique septentrionale, les prêtres du *Grand-Esprit* soumettent les leurs à l'effet d'une certaine fève, qui doit leur

---

[21] Breuvage aux propriétés « magiques ».

[22] Le *Léthé* est un fleuve des Enfers (dans la mythologie grecque). Celui qui en buvait les eaux voyait sa mémoire presque entièrement effacée. Après cela, il pouvait repartir dans un nouveau corps et recommencer une vie humaine, vierge de tout souvenir.

[23] Fille de Gaia et d'Ouranos, la Titanide Mnémosyne était la déesse de la mémoire et qui passait pour avoir inventé les mots et le langage.

[24] Breuvage magique contre la colère ou la tristesse.

[25] Peut-être en rapport avec le *Thalassites* (θαλασσίτης), vin que l'on coulait au fond de la mer dans des jarres hermétiquement fermées, pour le vieillir, dans la Grèce antique. (NDE, Dictionnaire Grec-Français, Ch. D. Byzantius,1856.)

[26] Cf. *Dict. des sciences médicales*, art. Contemplatifs. — Allat. de Eccles. I, II, cap. 17. — Fleury, Hist. ecclés. liv. 98.

[27] Carver, *Voyage dans l'Amérique sept.*, page 200. — *Nouv. Annales des voyages*, t. XXVII.

communiquer le don des convulsions et de prophétie. Au Japon, les ministres de la religion cultivent avec non moins d'empressement l'art de l'extase. De même parmi les Kamstchadales, les Jacoutes et la plupart des peuples polynésiens ; il faut citer aussi les Caraïbes, les Galibis, les sauvages du Paraguay, les Mexicains, les Péruviens, les Dariens, les Lapons. Les derviches tourneurs et hurleurs de la Turquie, les aissaoua de l'Algérie, les ruffaï de l'Inde, les chabérons du Thibet, s'élèvent par le moyen de l'extase jusqu'à des phénomènes d'un merveilleux qui surpasse toute croyance, même en face de la réalité la plus incontestable.

Et ce qui n'est pas moins remarquable, c'est que les procédés divers qui produisent l'extase mènent aussi à des genres d'extase différents, qui peuvent se ranger par catégories, suivant la nature du procédé. L'effet du hachisch ou de l'opium n'est pas le même ; l'effet produit par les passes mesmériennes est très différent de celui que produisent les narcotiques, et les narcotiques eux-mêmes ont des résultats différents, suivant qu'on les emploie à l'extérieur ou à l'intérieur. Le hachisch procure une brillante fantasmagorie et transporte dans des mondes imaginaires ; l'opium, des illusions plus calmes et plus voluptueuses ; l'onguent des sorciers fait assister aux festins, aux divertissements, à la danse ; les passes mesmériennes communiquent à l'âme la faculté de voyager et de voir à de grandes distances ou à travers les obstacles. S'agit-il de converser avec les esprits, quelques peuplades océaniennes usent d'une liqueur extraite de la cava ; les Kamstckadales, de la liqueur du pastinaca. Chez les Incas, le cacique, avant de rendre ses oracles, aspirait l'odeur du jus de cohobba ; les prêtres du Mexique oignaient leurs membres d'une pommade fétide, qui aliénait leurs sens. Est-il nécessaire d'exalter leur courage au point de ne plus compter avec le danger, les Hottentots font usage de la bacca ; les Turcs, de l'asserol, qui produit une ivresse pareille à celle du vin, mais sans vertige ni tremblement[28].

Les magiciens des peuples du nord de l'Europe s'endorment au bruit de leur tamtam ; ceux des peuples du nord de l'Amérique, en chantant des évocations et en tournoyant dans des cercles[29].

Tout ceci parait du pur naturalisme à beaucoup de personnes : peut-être ! Mais comment expliquer, au point de vue de l'histoire naturelle, certains phénomènes qui se développent dans l'état d'extase, ceux-ci par exemple : un magnétisé lit à travers l'enveloppe d'une lettre, la boite d'une montre ; il entend

[28] Agrippa, *Philos. occulte*, liv. IV. — Mém. de Ramon dans l'*Hist. d'Alphonse d'Ulloa*. — Acosta, *Hist. des Indes occid.* liv. V, ch. 26. — Scaliger, Exercit. CLIV. — Mathiol, Epistol. lib. III. — Cardan, Subtil. liv. VIII

[29] Schœfer, *Hist. de Laponie.* — Olaus, *Hist. des mœurs des peuples du Sept.* — Johnson, *A journ. to the West-Islands of Scott.* — Saxo, *Hist. de Danemark.*

par les doigts, voit par l'épigastre, comprend la pensée d'autrui, se transporte mentalement en des lieux où il n'est jamais allé, et les décrit. Cette dernière faculté est commune à presque tous les extatiques ; elle l'était aux extatiques anciens, nous disent Jamblique, dans son traité *Des mystères* ; Cicéron, dans son traité *De la divination* ; Philostrate, dans son roman d'*Apollonius de Tiane*.

Les aïssaoua et les derviches tourneurs, lorsqu'ils ont atteint le paroxysme de leur exaltation, se tailladent, se découpent, se transpercent la langue, les bras, la poitrine, se roulent dans des brasiers, caressent avec volupté des barres de fer rougies au feu, se font piquer par des scorpions, mordre par des serpents, sans qu'il en reste ni traces, ni souvenirs, ni effets après l'apaisement de leur fureur. C'est un spectacle auquel assistent les populations des grandes villes, huit jours avant le ramadan, dans tous les pays mahométans. Le bala des nègres était pareil, à la Martinique, en 1786, lorsque le gouverneur, François de Neufchâteau, l'interdit sous les peines les plus sévères.

Dans l'Inde, le fakir qui a pu atteindre au degré suprême de la sainteté, c'est-à-dire de l'extase, se prépare par les austérités et les jeûnes à subir l'épreuve du crochet, et se donne en spectacle aux nombreuses populations que les fêtes principales des idoles attirent auprès des plus fameuses pagodes, spécialement aux fêtes du beïram. Voici de quelle sorte la cérémonie s'accomplit : le saint est dépouillé de ses vêtements, un ministre de l'idole lui applique un coup de paume sur le rein ; il en résulte une enflure subite, dans laquelle on passe un crochet de fer ; puis, au moyen d'une corde et d'une poulie, on enlève le patient à une potence, au haut de laquelle il se livre à toutes les évolutions d'un moulinet agité par le vent, et les processions dévotes passent au-dessous pour recevoir la sanctification. Lorsqu'après plusieurs heures de cet exercice on décroche le patient, un nouveau coup de paume fait disparaître l'enflure de son rein et guérit la plaie.

Au Tibet, le chabéron s'exalte aux chants cadencés des lamas, ses confrères, jusqu'au délire extatique, puis il s'ouvre le ventre avec un coutelas, extrait ses entrailles et les laisse reposer sur la table qui est devant lui ; après une heure de cette torture, à laquelle il parait insensible, et pendant laquelle il prophétise et répond aux questions qui lui sont adressées, il remet ses entrailles en place, rapproche les lèvres béantes de sa blessure, les contient avec une main et y passe l'autre comme pour les frictionner une fois. La plaie est refermée et cicatrisée. Les chants reprennent au diapason où ils s'étaient arrêtés, et redescendent graduellement jusqu'à la note la plus basse. Le bokte, c'est-à-dire le saint, est alors démagnétisé et rentre dans la vie commune. Il s'en retourne au bras de ses confrères, pâle et affaibli par la perte énorme du sang qu'il a faite, mais sans qu'il en reste d'autres souvenirs, ni qu'il en résulte d'autre accident. Ce spectacle est souvent offert aux populations du Tibet et de la Tartarie, qui en sont toujours très avides[30].

Si tout ceci est naturel, que les naturalistes l'expliquent donc ! Si tout ceci est naturel, que les médecins y cherchent donc des moyens pour l'art de guérir ! La négation des faits n'est qu'un aveu d'ignorance, et l'entêtement dans une pareille négation, un entêtement puéril.

Et tous ces phénomènes ne sont ni des découvertes nouvelles, ni des accidents particuliers à certaines localités : l'antiquité les connut, et les auteurs en parlent comme de choses habituelles, qui n'ont besoin ni d'affirmation ni de preuves : « Ceux que la divinité possède, dit Jamblique, soumettent leur propre vie à la vie divine, au point de n'être plus que l'organe de celle-ci, ou la suppriment tout à fait, pour ne plus vivre que de la vie divine. Leur vie se trouve tellement transformée en celle du dieu qui les possède, qu'ils ne font plus aucun usage de leurs sens, que leur veille ne ressemble point à la nôtre, qu'ils n'ont nulle apercevance de ce qui se passe ou les menace, que leurs actes n'ont plus rien d'humain, et qu'ils ne peuvent se rendre nul compte de leur état précédent ou actuel. Leur intelligence n'a plus ni conscience d'elle-même, ni connaissance réfléchie de la moindre chose.

» Parmi les preuves nombreuses qui peuvent établir la réalité d'un pareil état, il faut compter l'impassibilité des extatiques à l'action même du feu ; comme si le feu divin qui les anime intérieurement surpassait le feu matériel en contact avec leurs membres. On peut leur appliquer itérativement le fer brûlant, sans qu'ils en ressentent la brûlure, et c'est la preuve que la vie animale les a abandonnés. Il en est qu'on peut transpercer avec des broches de fer, d'autres qu'on peut soumettre au tranchant de la hache, d'autres dont les coutelas qui leur lacèrent les bras ne sauraient réveiller la sensibilité. En cet état, leur existence et leurs actes se trouvent en dehors de toutes les lois auxquelles l'humanité est asservie : le dieu qui les inspire les transporte où l'homme ne saurait aller ; il les jette dans les flammes sans qu'ils y brûlent ; ils marchent sur les charbons, sur la surface même des fleuves, comme on le voit faire au prêtre de Castabala[31].

» Quelle meilleure preuve que les inspirés ne font pas eux-mêmes leurs propres œuvres, qu'ils ne vivent plus de la vie humaine ni même de la vie animale, mais de la vie surnaturelle et divine du dieu qui les inspire et les possède[32]. »

Jamblique n'est pas seul à mentionner ces phénomènes, Virgile parle des

[30] Huc, *Voyage au Tibet*, t. I.
[31] Castabala, ville ruinée de la second Cilicie, dans le patriarcat d'Antioche.
[32] Jamblique, *de Myster. sect.* III, cap. IV.

prêtres du mont Soracte qui passaient à travers de grands brasiers allumés avec du bois de pin, et marchaient sur des charbons ardents. Stace parle du prêtre de la mère des dieux honorée au mont Ida, qui se déchirait les membres avec des fers tranchants, aspergeait de sang les campagnes dans sa course furieuse, sans s'apercevoir des douleurs qu'auraient dû causer les blessures.

On compte parmi les extatiques anciens, Hermotime de Clazomène, Épiménide de Crète, Aristée de Proconèse, Carmente, mère d'Évandre, Nicostrate ; Plotin, Jamblique, Carnéade et la plupart des néo-platoniciens étaient aussi des extatiques. Les bacides s'exaltaient jusqu'au délire pour prophétiser ; les bacchantes, arrivées au paroxysme de l'exaltation, ne craignaient ni le fer ni la flamme ; les corybantes se mutilaient eux-mêmes en un état semblable.

Si donc nous admirons maintenant, presque sans oser les croire, les phénomènes si rapetissés et si misérables des temps au milieu desquels nous vivons, c'est que nos siècles de civilisation avancée ne tolèrent plus de telles énormités, et ainsi elles ont dû disparaître ; c'est aussi que la puissance satanique est liée par le christianisme, et que le grand séducteur de l'humanité ne peut plus accomplir tout ce qu'il voudrait bien entreprendre.

L'extase, quelle que soit la cause qui la produit, a plusieurs degrés : le premier est purement léthargique ; le corps a perdu momentanément toute faculté et toute sensibilité : c'est l'état des épileptiques et de ceux qui ont aspiré le chloroforme. Si l'accident léthargique se reproduit fréquemment, à court intervalle, et surtout avec intention, l'extase s'élève d'un degré ; les facultés sensitives sont toujours aliénées, mais la faculté de communication se développe ; l'extatique entre en rapport avec un interlocuteur qui le touche : c'est l'état du somniloque et des sujets des magnétistes à leur début. Au troisième degré, l'extatique a des visions, et il peut en rendre compte à son interlocuteur : c'est l'état de clairvoyance des magnétisés, des malades dans le délire de la fièvre, de ceux qui se sont intoxiqués avec le hachisch, l'opium, la belladone, le solanum et autres substances, l'état de certaines ivresses produites par le vin ou le tabac. À un degré plus élevé, l'intuition de l'âme est plus ferme, et elle entre en rapport immédiat avec le monde intellectuel. Elle connaît la pensée d'autrui, voit ce qui se passe en des lieux éloignés, comprend les langues qu'elle n'a pas apprises, et se sert de ses sens, quoiqu'en état léthargique, pour parler et agir ; mais souvent il y a trouble dans les facultés, et elles semblent déplacées.

Ici la voie se sépare en deux directions opposées, dont l'une mène à Dieu et l'autre à Satan.

Si l'extatique est un saint, ses visions sont saintes, exemptes d'erreur, les anges saints sont ses guides, et la lumière divine est la lumière qui l'éclairé. Cependant l'Église, tout en tolérant ou même en approuvant ses révélations, ne les propose point à la foi et ne les prend ni pour base ni pour règle de ses décisions. Sa règle unique et invariable est dans l'Écriture et la tradition; le surplus n'est qu'un objet de discussion ou d'édification. Si l'extase s'élève encore d'un degré, alors il y a ravissement, et le corps, affranchi des lois de la gravitation et de la mécanique, s'élève dans l'air et y demeure, se déplace sans agir, à la manière d'une feuille légère, mais régulièrement et selon la volonté de l'âme. Les exemples de tels ravissements sont nombreux dans l'histoire des saints, nous n'avons pas à les exposer ici. Mais jamais, au terme de cette voie, on n'aperçoit le carnage, les épouvantements, l'horrible ou le ridicule.

À l'entrée de l'autre voie, Satan se présente à celui qui le cherche, et devient sa lumière; quelquefois à celui qui ne le cherchait pas, mais qu'une curiosité déplacée a égaré sur les confins de la nature et dans des régions inaccessibles au contrôle de la raison.

L'âme qui aliène volontairement, et sans un motif sanctificateur, des sens que Dieu lui a imposés pour intermédiaires de ses actions, ne peut plaire à Dieu, puisqu'elle se place dans un ordre différent de celui qu'il a établi, et ne peut donc le rencontrer au-devant d'elle. C'est un second fruit défendu auquel elle touche pour mieux connaître le bien et le mal, et c'est le même tentateur qui l'y convie. Cette voie est donc criminelle, pleine de périls et d'illusions; la lumière qui l'éclaire est purement satanique.

Comme la précédente, elle mène au ravissement: le corps est déplacé sans force motrice, emporté dans les airs, agité, tordu en tout sens, d'une manière affreuse, épouvantable, broyé, brisé, déchiré de la façon la plus terrible et la plus réelle, sans que la maladie ni la mort en soient le résultat. L'histoire des possessions évangéliques est suffisamment connue; nous citerons encore une fois Jamblique pour les ravissements et les possessions moins cruelles de l'extase démoniaque, et ce sera une preuve de plus qu'il n'y a rien de nouveau en cette matière.

Après avoir marqué pareillement trois degrés dans l'inspiration extatique qu'il appelle divine et que nous nommons démoniaque, l'auteur ajoute: « On voit des inspirés dont tout le corps éprouve une grande agitation, d'autres qui ne sont agités que dans quelques-uns de leurs membres, d'autres qui demeurent dans un repos absolu... On en voit dont le corps croit en longueur, d'autres dont il croit en grosseur, d'autres qui sont ravis au milieu des airs, d'autres encore qui éprouvent des phénomènes tout opposés. On peut remarquer la même variété dans l'émission de leur voix, car elle s'écarte de toute façon de la voix humaine dans l'état habituel de la nature. »

L'art de l'extase était le grand art des oracles. Mais il y a ici une question très controversée: Satan était-il l'agent des oracles ? Fontenelle et le P. Baltus l'ont résolue en sens opposé, et la discussion en est restée là.

§ IV — Les Oracles

Le démon ignore l'avenir, c'est un point de la foi chrétienne[33] et un dogme de raison ; mais faut-il en conclure avec Fontenelle, avec Jérôme Fansozius, avec Jacquelot et un grand nombre d'écrivains modernes[34], que tout était de pure supercherie dans la reddition des oracles ? La plupart des Pères de l'Église et des théologiens affirment que le démon ne connaît pas la pensée de l'homme, si elle n'est manifestée par quelque signe extérieur[35], et, suivant le savant pape Benoit XIV, il ne faudrait pas affirmer trop hardiment qu'il peut lui manifester la sienne[36], tant son pouvoir a été restreint par suite de sa dégradation et par la rédemption du genre humain. Il ne peut absolument rien sans une permission spéciale de la Divinité ; or il n'est pas présumable que Dieu l'autorise à décevoir l'homme, toutes les fois que celui-ci lui fournira l'occasion, ou à l'instruire toutes les fois qu'il lui en adressera la demande. Et d'ailleurs, aucune des réponses attribuées aux oracles n'est de nature à indiquer l'intervention d'un agent surhumain. Elles sont toutes équivoques, ou ne cadrent avec l'événement qu'en vertu d'une interprétation forcée. Par exemple, Néron ayant demandé à l'oracle de Delphes jusqu'à quel âge il pouvait espérer de vivre, l'oracle répondit qu'il devait craindre la soixante-treizième année ; il vécut moins longtemps, mais Galba, son successeur, avait cet âge quand il monta sur le trône. Le même oracle, consulté par Crésus au moment d'une lutte décisive, répondit au consultant que s'il passait le fleuve Halys, un grand empire serait détruit ; or, quelle que fût la chance du combat, il ne pouvait en être autrement. Il n'y a rien de plus ni de mieux dans tout le reste. Faut-il donc admirer de telles pauvretés, ou les imputer nécessairement au démon ? Peut-être ! Quoi répondre à des consultants qui demandent ce qu'on ne sait pas ?

La plupart des Pères de l'Église, contemporains des oracles, n'en ont parlé qu'avec le plus profond mépris. On peut citer en particulier saint Cyrille, Prudence, saint Justin, saint Athanase[37]. Aucun ne s'est exprimé sur leur compte avec plus de dédain que Clément d'Alexandrie : « Vante-nous, si tu veux, dit-

---

[33] Annuntiate nobis quæ ventura sunt, et sciemus quia dii estis vos (Et nous dire ce qui arrivera, et nous savons que vous êtes des dieux.) (Is. XLIV).
[34] Fransoz. de Divinat. cap. III. — Jacquelot, IVe Dissertation sur l'existence de Dieu.
[35] Augustin. de Eccles. dogmat. cap. LXXXI ; — de Trinit. lib. III ; — de Natura dæm. — Anselm. in Matt. — Cassian. Collect. VII, cap. 15. — Tertull. contra Marc. lib. V ; — Theodoret. Exposit. X in Daniel. in Ezech. — Aquin. IIa IIæ q. LXXXV, a. 6 et 7. — Chrysost. Homil. VIII in Joan. — Castro, de Hæret. punit. lib. I. — Suarez. de Relig. lib. II. — Nous verrons dans les cas de possession des exemples en sens contraire..
[36] Benedict. XIV, de S. Dei beatif. lib.IV, I part. cap. XXVI, n°7.
[37] Cyrill. Comment. in Is.IV, orat. II. — Prudent. in Apoth. — Justin. Quæst. et Resp. — Athanas. de Incarnat.

il, tes oracles pleins de folie et d'impertinence : ceux de Claros, d'Apollon-Pythien, de Didyme, d'Amphiaraüs, d'Amphilocus. Tu peux encore y joindre les augures, les interprètes des songes et des prodiges, et ces gens si estimés qui parlent du ventre, aussi bien que ceux qui devinent par la farine et par l'orge. Mais non, cache plutôt tout cela dans les plus profondes ténèbres, avec le secret des mystères d'Égypte et la nécromancie des Étrusques, car ce n'est qu'imposture et extravagance, digne tout au plus du charlatanisme des jongleurs et de ceux qui dressent des chèvres ou des corbeaux à prophétiser l'avenir. »

Ce sentiment était gravé si profondément dans l'âme du saint docteur, qu'il l'exprime de nouveau dans son *Exhortation aux gentils*. Eusèbe le partageait, car, en admettant que les démons fussent pour quelque chose dans la reddition des oracles, il démontre que parmi leurs réponses les plus fameuses, il n'en est pas une seule qui vaille la peine d'être admirée. Tatien parle absolument dans le même sens, dans son *Discours contre les Grecs* ; de même Origène au VIIe livre *contre Celse*. Saint Chrysostome, en sa IVe Homélie sur saint Jean, n'est pas moins expressif. Enfin, longtemps avant la naissance du christianisme, les oracles étaient entrés en décadence, et déjà plusieurs tombés en un grand discrédit ou réduits au silence. « L'oracle de Delphes ne parle plus, dit Cicéron ; il est muet depuis longtemps. » « La providence divine se retire de nous, dit Hésiode ; les dieux nous privent de nos oracles. » « Il n'y a plus d'oracle à Delphes », dit Juvénal. « L'oracle de Delphes est muet depuis que les grands craignent l'avenir », dit Lucain. « De tous nos oracles, il ne nous reste plus que les eaux de Mycale, dans la campagne de Didyme, celles de Claros et l'oracle du Parnasse », dit Porphyre. Pline atteste le même fait, Stace également. Plutarque a composé un traité sur la cessation des oracles. De sorte qu'indépendamment même de la prédication du christianisme, il semble que le moyen de séduction était usé, et que cette grande et pompeuse fantasmagorie qui avait trompé l'univers s'éteignait d'elle-même.

Mais quand cela serait, il ne faudrait pas en conclure que le démon y était étranger ; car ils se ravivèrent au contact de l'Évangile avec un éclat inaccoutumé, et luttèrent avec une ardeur qui servit à mieux constater leur défaite.

Il ne faut pas trop se presser non plus de tirer la même conclusion, en voyant la plupart des oracles s'appuyer sur des procédés naturels, recourir à des moyens déshonnêtes, ou se laisser surprendre en flagrant délit de mensonge. Oui, sans doute, la pythie philippisa[38], l'oracle de Jupiter Ammon proclama Alexandre fils de Jupiter ; le plus grand nombre employaient des pro-

---

[38] Les Athéniens, par exemple, accusèrent la Pythie de *philippiser*, c''est-à-dire de s'être laissé corrompre par l'or de Philippe de Macédoine.

cédés frauduleux. Les prêtres idolâtres de nos jours, car ils ont aussi leurs oracles, usent de toute sorte de secrets, pour faire croire au peuple que les faux dieux parlent ou font des signes. Des secrets analogues n'étaient pas ignorés dans l'antiquité : en démolissant le temple de Sérapis à Alexandrie par ordre de Théodose, on reconnut, dit Théodoret, les conduits souterrains qui, d'un lieu éloigné, correspondaient à la bouche de l'idole. La statue de Bel, que Daniel mit en pièces à Babylone, avait déjà fourni une preuve irrécusable de pareilles fraudes. Mais s'ensuit-il, ainsi que l'ont avancé Van-Dale et Fontenelle, son abréviateur, que tout était artifice dans la reddition des oracles ? La multitude des faits d'un même ordre ne prouve nullement qu'il n'en existe pas d'un ordre différent. Or, si les exemples de fraude et d'artifice sont nombreux et amplement constatés, il n'est pas moins bien démontré que les ministres des oracles employaient aussi l'extase et le sommeil magnétique ; nous croyons même que c'est là le procédé fondamental, et l'intervention démoniaque devient évidente pendant la dernière période.

Le P. Baltus a amplement établi que les ministres des oracles furent ordinairement des extatiques. « Ce qui reste de bien démontré dans la question des oracles, dit le savant cardinal d'Ailly, c'est que toutes les réponses attribuées par les hypophètes[39] à Apollon, n'étaient que des paroles vides de sens, prononcées dans le délire. Car il ne faut pas croire, ajoute-t-il, comme tant de personnes y seraient portées, que le démon était toujours aux ordres de ces gens-là. Ce n'était ni lui ni leur dieu qui parlait, mais bien eux-mêmes, dans les paroxysmes de la fureur ou de l'aliénation mentale. » Le même auteur convient qu'un grand nombre de causes naturelles peuvent produire dans l'âme des effets merveilleux, et lui donner une certaine prénotion de l'avenir. Mais il n'exclut pas pour cela l'intervention du démon en certaines circonstances.

En effet, la thèse établie par Van-Dale et réchauffée par Fontenelle est un démenti trop audacieux des affirmations de tous les écrivains des premiers siècles du christianisme. Il faut voir de quel air triomphant saint Justin, Tertullien, Lactance, saint Cyprien, Minutius-Félix, saint Athanase, Eusèbe, saint Jérôme, objectent aux prêtres des idoles la chute de leurs oracles, le mutisme de leurs ministres, la fuite de leurs démons ou l'aveu de l'impuissance à laquelle ils sont réduits en présence des chrétiens. Le fait était bien constant, bien éclatant, fréquemment renouvelé, incontestable, puisque les défenseurs de la foi chrétienne l'alléguaient ainsi sans craindre la contestation, et le jetaient comme un défi à la face de leurs adversaires : Faites venir un chrétien, leur disaient-ils, celui que vous voudrez, et si sa présence seule ne contraint

[39] Qui parlent des choses du passé, par opposition aux prophètes qui parlent de l'avenir.

pas vos oracles à se taire ou vos dieux à avouer qu'ils ne sont que des démons sortis d'enfer, vous mettrez le chrétien à mort, nous vous l'abandonnons.

D'ailleurs l'histoire est là, et aucune subtilité ne pourra prévaloir contre des faits aussi bien établis que ceux-ci, par exemple : d'abord l'enlèvement des reliques de saint Babylas par ordre de l'empereur Julien, parce que leur voisinage rendait muet l'oracle d'Apollon du faubourg de Daphné à Antioche ; ensuite le martyre de saint Saturnin à Toulouse, parce que l'oracle du Capitole était réduit au silence par la présence du saint missionnaire en cette ville.

On sait l'événement accompli l'an 368, au milieu d'un sacrifice auquel assistait l'empereur Julien : le ministre des idoles, effrayé des prodiges qu'il aperçut, s'écria que les dieux étaient empêchés par la présence de quelque baptisé. Julien lui-même recula épouvanté, le plus grand tumulte régna dans l'assemblée. C'était un des plus jeunes soldats de la garde de l'empereur qui causait tout ce trouble par sa présence. Il s'avoua chrétien, jeta sa demi-pique ornée de pierreries, et sortit pour rendre à Satan sa liberté. Prudence, contemporain de l'événement, l'a chanté en fort beaux vers dans son Apothéose.

Nous reviendrons sur cette question dans le cours de l'ouvrage ; mais nous devions dire dès maintenant qu'il ne faut pas la traiter aussi légèrement que l'ont fait certains auteurs, ni se placer à un point de vue exclusif pour la bien juger. Toutes les fraudes signalées existent certainement, mais ce n'est qu'une des faces de l'édifice.

§ V — Le Magnétisme

Parmi les moyens employés par les anciens pour produire l'extase divinatoire, il faut compter le magnétisme ou imprégnation démoniaque. La consultation des oracles était un moyen trop solennel et trop dispendieux, souvent trop éloigné et trop difficile ; le magnétisme suppléait à ce désavantage. Laissons parler Apulée ; le néo-platonicien, accusé de magie, disait en se défendant devant le proconsul d'Afrique : « Il me souvient d'avoir lu, entre autres choses, celles-ci dans les ouvrages du philosophe Varron, écrivain aussi docte qu'élégant. Quelques habitants de Tralles ayant eu recours à des procédés magiques, pour savoir quelle serait l'issue de la guerre de Mithridate, l'enfant qui contemplait dans l'eau l'image de Mercure, rendit compte en soixante vers de ce qui devait arriver. Je me rappelle encore d'y avoir lu qu'un certain Fabius, ayant perdu cinq cents deniers, alla consulter un magicien du nom de Nigidius. Celui-ci soumit à l'influence du charme des enfants qui indiquèrent en quel lieu une partie du trésor était cachée, et ce qu'étaient devenus les deniers qu'on en avait distraits ; ils ajoutèrent que M. Caton le philosophe en avait un en sa possession. Caton avoua qu'en effet il l'avait reçu d'un de ses clients comme arrhes de son engagement. Je pourrais confirmer ces exemples par beaucoup de faits pareils dont les auteurs abondent. »

Ceci ressemble fort au magnétisme, on en conviendra ; mais la suite du plaidoyer achève de lever tous les doutes. Apulée ajoute : « Tous ces faits considérés, il reste démontré pour moi que l'âme humaine, principalement au temps de la jeunesse, qui est l'âge de l'innocence, peut être distraite et pour ainsi dire isolée de toutes les choses matérielles, soit par la puissance du charme, soit par la vertu de l'assoupissement que procurent les liniments soporifiques, au point d'oublier même son propre corps, et de rentrer dans sa nature, qui est immortelle et divine. Et c'est ainsi que, pendant le sommeil de son corps, elle entrevoit l'avenir au sein de la divinité. »

Les magnétistes n'ont jamais dit mieux, ni autre chose, et ce qui achève de révéler ici le trait d'union qui existe entre eux et leurs prédécesseurs, c'est ce qu'ajoute notre auteur : « Tout le monde en convient, pour réussir dans une pareille tentative, il faut que l'enfant soit beau, afin d'être agréable aux dieux, et d'une bonne santé, afin que l'âme ne reste pas embarrassée dans les liens d'une nature défectueuse. Or l'enfant qu'on m'accuse d'avoir soumis au charme est un pauvre hère, laid et impotent, qui tombe en épilepsie deux ou trois fois le jour. Jugez s'il est vrai que j'ai pu songer à me servir de lui pour de tels desseins, et par conséquent, si l'accusation de magie portée contre moi est fondée »

Nous n'avons pas à juger la valeur d'une telle manière de se défendre ; mais nous ne devons pas manquer d'avertir que, de l'aveu des magnétistes, les épileptiques sont leurs meilleurs sujets.

Si on objectait qu'Apulée ne parle pas des passes usitées parmi les disciples de Mesmer, nous répondrions que les passes sont de l'enfance de l'art, et qu'elles deviennent tout à fait inutiles entre un magnétiseur puissant et un sujet bien disposé ; il suffit du souffle ou même du regard.

On n'a donc rien trouvé de nos jours ; on a seulement retrouvé.

Le magnétisme à son premier degré n'est que le sommeil léthargique ; il développe au second degré une faculté que les gens du métier appellent de seconde vue, et qui consiste à voir des objets indiqués, quoique placés à une grande distance, cachés, perdus, dissimulés sous des enveloppes imperméables ; à assister à des événements qui s'accomplissent ailleurs, à démêler un passé long et plein de détails, au seul contact d'un objet qui y a eu quelque rapport, l'histoire d'un homme en touchant une bague qui lui a appartenu ou une mèche de ses cheveux.

Les gens du métier prétendent que cette seconde vue s'étend jusque sur l'avenir ; mais la prétention ne saurait être justifiée ; c'est tout au plus si leurs sujets voient l'événement qui doit résulter de causes déjà posées. Ceci est beaucoup assurément, et c'est trop pour eux, qui y cherchent du naturalisme ; ce n'est pas trop pour nous, qui y voyons une œuvre démoniaque.

Après que le corps aura perdu la faculté de transmettre à l'âme des sensations, celle-ci se trouvera placée dans une situation anormale, en vertu de laquelle il se manifestera en elle de nouvelles facultés, une nouvelle manière de percevoir le sentiment des objets extérieurs, ou par des organes qui n'y sont point appropriés, de voir par la nuque ou par l'épigastre, d'entendre par le bout des pieds ; et cela sera naturel ! Le croie qui voudra, le dise qui osera. Bien plus, l'âme sera présente et absente en même temps : présente au lieu désigné, pour voir ce qui s'y passe, et présente où est son corps, pour répondre à la personne qui l'interroge ! Ce sont des faits incontestables cependant.

Mais le magnétisme s'élève de ce terre-à-terre à des hauteurs où l'étude devient superflue, parce que la constatation est impossible : par exemple, lorsqu'il transporte l'âme dans des mondes imaginaires et la met en rapport avec les natures angéliques. Est-ce vrai ? Nous connaissons en ce genre plus d'un impudent mensonge. Si le magnétisé ne ment pas, ses visions mirobolantes ne sont-elles pas de la même nature que celles de l'ivresse ou de la fièvre, de celles que produisent le napel[40], le datura[41], le hachisch, l'opium ? Et si ces visions se coordonnent et se systématisent en un sens opposé à la foi, à Dieu, aux lois de la morale, le démon en est-il innocent ? Lorsque l'homme s'aventure à chercher on ne sait quoi dans un monde intangible, où la foi ni la raison ne peuvent plus lui servir de guides, qu'y aura-t-il de surprenant s'il vient à y rencontrer un guide perfide qui l'égare ?

Tant que le magnétisme en est resté là, il y avait lieu peut-être encore à discuter ; mais depuis qu'il s'est élevé jusqu'à la possession réelle, évidente, incontestable, jusqu'au ravissement corporel à travers l'espace, le doute n'est plus possible : Satan en est l'agent ; il est au terme, à l'œuvre, et ne peut manquer d'être au commencement.

Les magnétistes nous parlent de leurs somnambules ; mais c'est un abus de langage : leurs somnambules ne sont pas des somnambules, puisqu'ils ne marchent pas et ne font rien spontanément ; ils ressemblent davantage aux somniloques.

Un somnambule à demi se lève la nuit, prend la fenêtre pour la porte de sa

---

[40] Aconit napel (*Aconitum napellus*), communément appelé *napel, gueule de loup, sabot du pape*, est une plante extrêmement toxique pouvant facilement entraîner la mort

[41] Genre de plantes de la famille des *solanacées*. Ce sont des plantes riches en alcaloïdes dans tous leurs organes et vénéneuses.

chambre, se précipite et se brise dans sa chute. Un somnambule complet se lève, se promène avec aisance sur les toits, rentre par la lucarne, et revient se coucher après une excursion que nul homme de sang-froid ne saurait accomplir ; il n'en a pas conscience, et il ne lui est rien arrivé. Si c'est un paysan, il panse ses chevaux, les mène à l'abreuvoir, les ramène et les rattache, et sait plus, le lendemain, où trouver l'explication de ce qu'il voit à son réveil. Si c'est un homme d'étude, il allume son flambeau et se met à écrire. Vous placez entre ses yeux et son papier un corps opaque, il n'en écrit pas moins, se relit, rature et corrige avec justesse, sans se tromper d'un mot ni d'une lettre. S'il est fortement endormi, vous lui mettez un bandeau, il ne s'en aperçoit pas et continue son ouvrage. Si au contraire vous éteignez la bougie qui ne lui sert de rien en apparence, il la rallume tranquillement, sans se douter de votre intervention ni de votre présence.

Tout ceci est extraordinaire, inexplicable, mais naturel ; peut-être ! Cependant nous pouvons en convenir sans que cela tire à conséquence, puisque ces phénomènes n'ont aucun rapport, ni de près ni de loin, avec ceux du magnétisme. Ceci est le suprême exemple du somnambulisme naturel ; le somnambulisme magnétique produit des effets très différents et beaucoup plus merveilleux ; nous venons de les indiquer.

On voit des magnétisés soulevés de terre à la volonté du magnétiseur ; il en est de même des démoniaques.

On en a vu voler autour des lustres d'un salon magnétique ; il en de même des démoniaques.

Il arrive souvent au magnétisé de dire IL ou LUI, en parlant de lui-même, comme d'un être étranger qui a pris sa propre place ; il en est de même du démoniaque.

Le magnétiseur paralyse à volonté tel ou tel membre du magnétisé ; il en est de même de l'exorciste à l'égard du démoniaque.

« Tous les somnambules qu'on laisse libres dans la crise se disent éclairés et assistés par un être qui leur est inconnu, » dit le docte Deleuse dans son *Histoire critique du magnétisme* ; il en est de même des démoniaques.

Les magnétisés les plus ignorants parlent en termes les plus techniques des sciences sur lesquelles on provoque leur attention ; il en est de même des démoniaques.

Le magnétisé lit dans la pensée d'autrui, obéit à des commandements que rien ne manifeste ; il en est de même du démoniaque.

Qu'on déduise la conséquence de ces quelques rapprochements.

Mais elle est toute déduite par les faits, car les magnétisés deviennent quelquefois de véritables démoniaques, qui subissent les plus épouvantables convulsions, et sur lesquels le magnétiste, épouvanté lui-même de ce qu'il voit, n'a plus d'empire. Se brûlant parfois au feu qu'il a si imprudemment allumé, le démon, qu'il a évoqué, le saisit, l'agite, le transporte, s'empare de tout son être. En lisant le récit de certaines expériences transcendantes accomplies dans ces dernières années, on se souvient involontairement des dernières scènes de Loudun et des terribles accès de possession éprouvés par quelques-uns des exorcistes dans le cours de leurs fonctions, lorsque Satan, quittant brusquement le démoniaque, s'emparait de l'exorciste, le tordait et l'agitait comme le roseau flexible dont se joue un tourbillon.

Le magnétisme est une des formes du charme, et Satan en est l'agent.

Les magnétistes nous ont parlé trop longtemps d'un fluide indémontrable, qui serait, selon eux, le moyen des prodiges qu'ils opèrent. En l'admettant, il faudrait bien reconnaître qu'il ne peut produire que des effets physiques ; or le magnétisme a progressé très loin au-delà de la nature physique ; mais encore vaut-il mieux renoncer purement et simplement à une explication que la raison ne saurait admettre, et dont la preuve est impossible.

Satan est le moteur des tables tournantes, c'est l'esprit qui parle par elles : nous le montrerons lorsque le moment en sera venu ; c'est lui qui répond aux évocations des spirites ; nous le montrerons pareillement ; mais il est temps de commencer nos récits.

La chute de Lucifer
Illustration de Gustave Doré pour *Le Paradis perdu* de John Milton.

CHAPITRE PREMIER : FONDATION DU RÈGNE DE SATAN

Dans les cieux, un archange s'enorgueillit à la contemplation de sa propre beauté et de sa propre puissance ; il se sépara du Créateur, dont la munificence l'avait si splendidement enrichi ; il entraîna dans sa révolte un grand nombre d'anges, et refusa avec eux d'obéir aux ordres divins.

Des interprètes ont pensé que l'homme avait été créé à l'image de Dieu sous le double rapport de son âme et de son corps : de son âme, selon ce que Dieu était déjà ; de son corps, selon ce qu'il serait en se faisant homme. De la sorte, l'incarnation du Verbe divin, résolue de toute éternité, n'aurait pas été déterminée par le péché, mais seulement modifiée dans son accomplissement ; et l'ordre donné de Dieu aux anges aurait été celui d'adorer dans son Verbe la nature humaine unie à la divinité. Or l'homme étant placé au dernier degré dans la série des êtres intelligents, l'archange superbe refusa d'accepter une condition qu'il considérait comme son propre abaissement[42].

Interprétation peut-être vraie, peut-être vaine ! Profonds mystères, sur lesquels il n'a pas plu à Dieu de répandre la lumière, et devant lesquels il faut imposer silence à notre curiosité.

Quoi qu'il en soit, l'archange rebelle fut chassé avec les siens de devant la face de Dieu, condamné à un enfer qu'il porte partout avec lui, et réservé pour un jugement suprême à la fin des temps[43].

Un ange se distingua entre tous par son zèle pour la cause du souverain Maître, et se plaça à la tête de la milice demeurée fidèle : il mérita par ce dévouement d'être élevé d'un degré dans la hiérarchie, et prit la place de l'archange qu'il avait précipité des deux : c'est Michel, dont le nom veut dire *qui*

---

[42] Qu'est-ce qu'un mortel, pour que tu t'en souviennes, et un fils de l'homme pour que tu le visites ? Tu l'as fait de peu inférieur à un dieu, de gloire et de splendeur tu l'as couronné ; tu l'as fait dominer sur les œuvres de tes mains, tu as tout mis sous ses pieds. (Ps. VIII, 5.) — Saint Paul semble confirmer ces données par la manière dont il interprète ce passage au Ier et au IIe chapitre de son Épître aux Hébreux. Il se place au point de vue de la synagogue, applique au Verbe divin ce qu'elle dit du premier sepphiroth, *splendeur* de Dieu, *forme* de sa substance, et en même temps archétype de l'Adam terrestre. Or, dit-il, Dieu, en l'introduisant dans le monde, ordonna à ses anges de l'adorer ; et il cite à ce sujet à la synagogue le psaume XCVI, qu'elle reconnaissait elle-même pour messianique.

[43] Car si Dieu n'a pas épargné les Anges qui avaient péché, mais les a mis dans le Tartare et livrés aux abîmes de ténèbres, où ils sont réservés pour le Jugement... (II Petr. II, 4). — Ne savez-vous pas que nous jugerons les anges ? (I Cor. VI, 3)

est semblable à Dieu. Et c'est le cri de guerre qu'il proféra, lorsque l'archange révolté voulut s'égaler au Tout-Puissant.

Langage humain, images empruntées aux choses de ce monde inférieur, et qui nous cachent des événements dont la manière et la nature sont inappréciables à nos moyens de comprendre et de juger.

L'ange expulsé du ciel et déshérité de la gloire, mais non corrigé de son orgueil, devint dès lors l'ennemi irréconciliable de celui qui avait été la cause de son malheur : de l'homme d'abord, et principalement du Verbe divin, sous le rapport de son incarnation. Là est en effet le champ principal du combat, autant du moins qu'il nous est possible de l'apercevoir.

Dieu créa libres tous les êtres intelligents ; des serviteurs esclaves n'auraient pas été dignes de lui. Il voulut qu'ils méritassent le bonheur pour lequel il les avait créés, afin qu'il eût plus de prix à leurs yeux : de là l'épreuve et la tentation.

L'ange déchu devint le ministre de la tentation par rapport à l'homme. Il lui offrit, pour le séduire, ce qu'il n'aurait pu, ni voulu lui donner, la beauté ; ce qui n'était pas désirable, la science du mal ; ce que l'homme possédait déjà et dont il devait le dépouiller, l'immortalité[44].

« Mangez de ce fruit ; vous ne mourrez pas ; vos yeux seront ouverts, vous deviendrez semblables à des dieux » vous connaîtrez le bien et le mal. »

Soit qu'on accepte dans sa simplicité le récit biblique, soit qu'on y cherche, avec quelques interprètes, une allégorie dont le sens ne nous est pas révélé et une faute d'une nature différente, il n'en est pas moins certain qu'à ce moment tout fut changé pour l'homme. La terre se couvrit de ronces et d'épines ; les animaux, qui avaient été jusque-là des serviteurs dociles, devinrent étrangers ou ennemis, le sol avare de ses richesses ; il fallut désormais les lui arracher à la peine des bras, à la sueur du front ; la mort entra dans le monde avec son affreux cortège de maux et de douleurs. Et, pour comble, l'homme lui-même était changé, il ne se reconnut plus, il eut honte, il s'enfuit, il était nu ; et Dieu l'assujettit pour une grande part à la domination de cet ennemi qu'il lui avait préféré. Il mit dans sa nature le germe de toutes les concupiscences, lui laissa la raison, pour éclairer ses voies ; la conscience, pour l'avertir de ses fautes, afin d'établir au dedans de lui des appétits et des résistances, c'est-à-dire une lutte, un combat pénible et perpétuel.

---

[44] Oui, Dieu a créé l'homme pour l'incorruptibilité... c'est par l'envie du diable que la mort est entrée dans ce monde. (Sap II, 23). Homo sic fuerat creatus, ut si vivere sine peccato voluisset, sine termino viveret. (Si l'homme créé avait choisi de vivre sans péchés, il aurait vécu sans fin) (August. de Verb. apost. serm. 172.)

Et toute la race humaine fut ainsi dégradée pour toute la durée des siècles, par communication de la faute du premier père.

Dogme incompréhensible, inconciliable, ce semble, avec la justice et la bonté de Dieu ; mais d'une vérité si manifeste, qu'il ne reste encore ici qu'un seul parti à prendre : celui de s'incliner et d'adorer des jugements impénétrables.

Le bien et le mal existent mélangés dans toute la nature et par tout l'univers, dans de telles proportions, que le mal domine, et que le bien parait accidentel. Or il n'est pas possible que le monde soit sorti en cet état des mains d'un créateur intelligent, bon et juste. Tous les systèmes inventés par l'esprit humain pour expliquer une telle anomalie ont échoué contre la raison. Dieu n'a pu former le monde tel qu'il est.

D'autant plus qu'après avoir montré une souveraine puissance et une souveraine sagesse dans l'ensemble de son œuvre, il pourrait être convaincu d'une souveraine injustice dans les détails ; il suffit d'en citer un seul : l'innocent, le juste, souffre et périt ; l'enfant, par exemple, qui n'a pas demandé à naître, qui aspire à vivre et qui languit, souffre et meurt avant d'avoir accompli un seul acte bon ou mauvais. On le comprendrait de la plante insensible qui végète, on le comprend plus difficilement de l'animal sans raison qui vit, mais pas du tout de l'être raisonnable, qui a conscience de ses droits et de sa valeur.

C'est surtout dans l'homme que le renversement d'ordre est le plus saisissable et le plus inexplicable, si on fait abstraction d'une faute et d'une dégradation originelle.

Composé de deux substances, l'une vile, grossière, de la nature de la boue, qui n'a rien en propre que la forme et l'étendue ; l'autre intelligente, de nature angélique, appelée à la contemplation du bien, du beau, du vrai, dont les aspirations tendent à s'élever vers son auteur ; or, c'est celle-ci, la seule noble et sainte, qui est assujettie à l'autre, à celle qui n'a pas même conscience de soi ; de telle sorte que la première servira comme une vile esclave les appétits brutaux et les passions résultant de l'organisation de la seconde, et qu'elle appliquera par un constant labeur ses plus nobles et ses plus sublimes facultés à fouiller la terre comme les animaux, pour lui chercher sa pâture ; avec cette différence en plus, que les animaux y trouvent la leur toute préparée, tandis qu'elle n'y trouvera que des éléments qu'il faudra préparer. Toutes les pensées des hommes depuis six mille ans gravitent vers ce seul objet, la nourriture et le vêtement, et ils appellent heureux, celui qui a le plus de nourriture et de vêtement, quoiqu'il en faille juste la même quantité à chacun. Quelle humiliante dégradation ! Quel renversement d'ordre !

L'homme a voulu goûter à l'aliment défendu, il est condamné à manger pour vivre ; il a voulu atteindre à la beauté divine, seul de tous les êtres vivants, il est condamné à se vêtir ; il a voulu connaître le mal, le mal le pénètre, l'accable et le dégrade.

Telle est la première œuvre satanique ; telle est la punition divine.

L'ange rebelle, coupable de ces maux et dont le nom céleste n'est pas connu, s'appelle, dans le langage humain, Satan, c'est-à-dire le séducteur ; il s'appelle le diable, c'est-à-dire le précipité ou le précipitant ; il s'appelle le démon, c'est-à-dire le génie du mal ; il s'appelle Bélial, c'est-à-dire le pervers et le révolté.

Son rôle dans le monde consiste à se faire l'instigateur du mal, en inspirant les mauvaises pensées, en fomentant les passions du corps et les cupidités de l'âme, les animosités, les divisions, les haines, le sot orgueil, le dégoût de la vie, le penchant au vol et à l'homicide.

Il se pose comme un nuage entre l'intelligence humaine et la lumière divine, pour produire l'obscurité, ou comme un fanal trompeur, pour égarer. Il promet tous les biens, et ne laisse que les hontes et le remords. Il appelle et convie, sous prétexte de secourir et d'aider, mais s'écarte, insulte et rit du mal qu'il a fait.

Il se tient sur les confins de la création, pour augmenter autant qu'il est en lui les maux, les fléaux, les calamités ; sur les confins de la nature, pour s'emparer de l'intelligence qui veut en étudier les secrets, la tromper, l'égarer, en substituant la fausse science à la science, les illusions aux merveilles.

Le moindre germe étranger qui se trouve déposé dans la société avec ou sans son concours, il se l'approprie, le féconde, le développe, afin de lui faire produire les révolutions, les crimes, les bouleversements, les guerres, les hérésies, les déchirements sociaux.

Singe de Dieu, il veut avoir aussi ses autels, ses adorateurs, ses apôtres, et opérer des miracles à sa façon.

Telle est l'œuvre que nous allons lui voir accomplir avec une persévérance qui n'appartient qu'à lui, qui dure depuis la chute de l'homme, et qui durera jusqu'à la fin du monde.

Cependant le Créateur ne laissa pas son œuvre à la merci du séducteur : il promit à l'homme un Réparateur de l'iniquité, il annonça à Satan un vengeur de sa perfidie : « Je mettrai, lui dit-il, des inimitiés entre la femme et toi, entre ta race et la sienne ; elle t'écrasera la tête, et ton suprême effort sera de chercher à lui mordre le talon. » Cette parole divine ne devait s'accomplir qu'à une époque éloignée ; mais rien ne pouvait forcer le souverain Maître à différer ou à rapprocher l'accomplissement, ni l'empêcher au moment qu'il avait choisi.

Le premier triomphe de Satan, après celui qu'il avait remporté dans le paradis terrestre, fut d'allumer la jalousie au cœur de Caïn, de lui faire accomplir un meurtre odieux, et ensuite d'inspirer à ses lèvres cette superbe et dédaigneuse réponse adressée à Dieu lui-même, lorsque Dieu lui demanda compte du sang innocent d'Abel : « Est-ce que je sais, moi, ce qu'est devenu mon frère, et suis-je son gardien ? »

Mais, ô perfidie, celui qui a exalté l'âme du criminel jusqu'à la perpétration de l'homicide, qui l'a rendue insolente jusqu'au dédain de Dieu, l'abandonne subitement à sa faiblesse, et ne lui montre pour refuge que l'impénitence dans le désespoir : « Mon iniquité est trop grande, dit Caïn, pour que vous me la pardonniez ; chassez-moi de devant votre face, comme je l'ai mérité; mais que devenir ? J'ai peur de mourir victime à mon tour. »

Première race maudite : l'habitude du crime s'y perpétua ; Lamech, le cinquième descendant de Caïn, surpassant son auteur, commit deux homicides, puis, saisi de la même peur, il maudit soixante-dix fois sept fois celui qui les vengerait sur lui-même. Le mépris ou du moins l'oubli de Dieu n'y demeura pas moins héréditaire, et par elle se propagea dans les autres branches de la famille humaine, au point qu'Énos, fils de Seth, fils d'Adam, fut obligé d'instituer un culte public, pour rappeler aux hommes la mémoire de leur Créateur[45].

Mais Satan se préparait un triomphe plus universel et plus magnifique : la destruction de la race humaine tout entière, par suite de la corruption générale des mœurs, et spécialement de la propagation d'un vice odieux. Lorsqu'il n'y eut plus qu'un seul juste dans l'univers, Dieu résolut en effet de noyer la terre dans les eaux du déluge, à l'exception de ce seul juste, qui devait repeupler le monde d'une seconde race d'hommes, peut-être aussi peu sages, mais moins universellement débauchés et criminels[46]. Le déluge ! Combien de savants prétendus, étayés de systèmes qu'ils croyaient selon la science, et qui n'étaient que le fruit d'une science illusoire, c'est-à-dire satanique, n'ont pas souri à ce mot ! C'était, disaient-ils, un événement tout naturel, une des grandes époques de la nature, une révolution nécessaire, accomplie longtemps avant la création de l'homme. Mais que dire maintenant, après que de nombreux ouvrages travaillés de la main de l'homme et de nombreux débris humains ont été trouvés dans les décombres entassés par le déluge ? Et ces

---

[45] Lamech dit à ses femmes : Ada et Silla, écoutez ma voix, femmes de Lamech, prêtez l'oreille à ma parole : j'ai tué un homme pour ma blessure, et un enfant pour ma meurtrissure. (Genes.IV, 23). — À Seth, lui aussi, il naquit un fils, qu'il appela du nom d'Enoch. Alors on commença d'invoquer le nom de Yahvé. (Genes.IV, 26)

[46] La terre est remplie de violence à cause d'eux ; voici que je vais les détruire, ainsi que la terre. (Genes. vi, 13)

grands savants, qui puisaient leurs renseignements partout ailleurs que dans la science divine, et qui nous expliquaient si bien comment le déluge avait dû s'opérer tout naturellement par le refroidissement extérieur du globe et le craquement de son écorce solide, oubliaient une chose importante : de nous dire comment il avait dû finir aussi naturellement, et comment la terre avait pu reverdir après ce bain d'une année dans l'eau bouillante sortie de ses entrailles.

Satan a triomphé ; Dieu, dans un acte de justice que l'Écriture appelle du nom de repentance d'avoir créé l'homme, a changé la face de la terre et détruit la race coupable. Il ne reste plus qu'un germe de l'humanité, huit personnes seulement. Le monde va se repeupler, mais Satan va recommencer son œuvre.

Noé, le père des races futures, tombe dans un piège, dans une grande faute peut-être : il boit du vin jusqu'à l'ivresse. Dans cet état, deux de ses fils le respectent et le protègent, le troisième le raille et l'insulte.

Nouvelle race maudite : la postérité de Chanaan, fils de Cham, l'insulteur de son père, est vouée à la malédiction par le patriarche. Nous la retrouverons bientôt, dans le pays même de Chanaan, souillée de tous les crimes, adonnée à tous les égarements, et vouée à l'extermination de la part de Dieu. C'est le glaive de Josué et des fils d'Israël qui sera chargé d'exécuter la sentence divine. Cependant la descendance de Noé se multiplie, les hommes sont redevenus si nombreux, que les plaines de Sennaar ne suffisent plus à contenir leur multitude. Le moment est venu auquel ils doivent se partager entre eux le globe de la terre, et se séparer pour former des nations. Ils veulent auparavant fonder une ville qui marque leur point de départ, qui soit le centre de leur rayonnement et leur point de ralliement; mais une pensée satanique, celle d'un vain et fol orgueil, se mêle à leur projet : ils veulent aussi bâtir une tour magnifique, dont le sommet s'élève jusqu'aux cieux, et dont la masse étonnante et indestructible éternise leur mémoire parmi les générations futures. Vain projet ; Dieu confond leur langage, ils ne se comprennent plus les uns les autres, et se séparent forcément. Le superbe et inutile ouvrage demeure inachevé[47].

De ce moment, notre sphère s'agrandit et s'étend, les nations se fondent, avec elles la science humaine ; mais la fausse science, la science satanique, qui apprend à se passer de Dieu, s'y mêle dans des proportions toujours croissantes. Les besoins se multiplient, en même temps que les nations s'étendent ;

---

[47] La masse importante des débris de la tour de Babel, sur lesquels cinq mille ans ont bientôt passé, et qui forment encore presque une montagne, donne la plus haute idée de l'immensité du travail déjà fait.

la recherche des moyens nécessaires, s'égarant dans ses voies, mène à l'idolâtrie; le commerce entre les nations s'établit, la race maudite en est l'instrument, et colporte partout, en même temps que les produits des pays divers, ses mœurs et ses usages abominables; elle affilie à son culte dépravé les hommes curieux et chercheurs de nouveautés de toutes les nations; les sociétés secrètes et les mystères, ce qui est la même chose, se fondent; leurs légendes énigmatiques forment le fonds de la mythologie. Les gens empressés de jouir ou de savoir, croyant prendre les chemins de traverse pour arriver plus tôt à leur but, se jettent dans les mystères, les sciences occultes, la théurgie[48], la magie, la divination, le sortilège. Satan favorise tous ces égarements, il y pousse, il les entretient en se manifestant de temps à autre par quelque phénomène, peut-être naturel, peut-être extranaturel, suffisant pour appeler l'attention, frapper les imaginations, mais jamais au point de rendre des services à l'homme. Des oracles de mille espèces s'établissent; l'artifice des prêtres supplée à l'œuvre satanique, toutes les fois que celle-ci se refuse, et le but n'en est pas moins atteint. L'horizon s'obscurcit à mesure que les nuages de l'illusion s'amoncellent; Dieu cesse d'être en vue, et Satan est enfin le maître partout, jusqu'au moment préfixe où le Messie promis vient apporter la céleste lumière. Nous allons développer successivement tout ceci.

[48] La théurgie est une forme de magie qui permet aux hommes de communiquer avec les « bons esprits » et d'invoquer les puissances surnaturelles aux fins louables d'atteindre Dieu.

CHAPITRE II : ORIGINE DE LA GOÉTIE, OU MAGIE NATURELLE

Toute science naît de l'observation, et se forme de déductions systématisées. La fausse science ou l'erreur provient de principes mal posés, de déductions mal faites, d'observations particulières trop généralisées, de conclusions précipitées, et généralement de l'empressement et de l'orgueil.

Placé entre la nécessité et sa faiblesse, entre son ignorance et le besoin de savoir, l'homme observa pour s'instruire, ayant compris de bonne heure que savoir est la même chose que pouvoir.

L'instinct des animaux domestiques ou sauvages, si précis et si sûr, relativement aux phénomènes de la nature qui intéressent leur conservation ou leur bien-être, dut éveiller tout d'abord son attention. Le scarabée annonce la fin de la pluie ou de l'inondation, en reparaissant aussitôt que le ciel est rasséréné; les gallinacés la prédisent en picorant diligemment le matin pour le soir, ou le soir pour le lendemain, lorsqu'il doit pleuvoir. Les bêtes sauvages s'enfuient, tremblent, se cachent, gémissent aux approches de l'orage, des éclipses, des tremblements de terre. L'hirondelle vole à perte de vue, si le beau temps doit continuer; elle rase la terre, s'il doit pleuvoir. La manière dont la plupart des oiseaux placent ou construisent leur nid, indique si la saison sera froide ou chaude, sèche ou humide. Les oiseaux de mer annoncent le calme ou la tempête au matelot vingt-quatre heures à l'avance. Les corbeaux par leur croassement, leur vol et leurs ébats, les gallinacés par leurs cris, leur manière de jouer ou de courir, annoncent les bourrasques, les ouragans; la rainette ou grenouille verte grimpe jusqu'au haut des arbres s'il doit faire beau, le crapaud coasse s'il doit pleuvoir. Ces observations et mille autres sont encore usuelles. Elles durent être faites dès l'origine; elles le furent, et servirent à fonder une des branches de la science du pronostic. Un pas de plus, et on arrivait aux augures, aux animaux fatidiques et sacrés, au culte des animaux, à leur invocation. Ce pas, Satan le fit franchir, il était peut-être déjà fait.

Le hasard, cause inconnue d'une multitude d'événements, fut considéré, et l'est encore par les esprits irréfléchis, comme l'opération de la Divinité. La pensée s'élève toujours à la cause première, lorsque la cause immédiate lui échappe. Mais il y a de bons et de mauvais hasards, de favorables et de funestes rencontres. Comment reconnaître, éviter ce qui est mal, arriver à ce qui est bien? N'est-il pas des hommes, des animaux, des objets dont la présence imprévue annonce le bien ou le mal, l'apporte peut-être et le cause ? Des jours où tout réussit, d'autres où tout est contraire ? Ne pourrait-on pas diriger le hasard, se le rendre favorable, apprendre les moyens d'éviter ses coups, de se prémunir contre eux ?

Ici trois nouvelles branches de la science humaine, mais d'une science d'autant plus fausse, qu'elle procède de fausses suppositions et de l'inconnu, vont se former : le sortilège, qui apprendra à consulter le hasard, à le diriger, à le rendre favorable ; l'auspicine[49], qui apprendra à tirer des événements imprévus les inductions les plus lointaines sur ce qu'il faut craindre ou espérer ; l'art des préservatifs, talismans, amulettes, charmes, phylactères de toute espèce, qu'il suffira de porter, pour avoir les bonnes chances et éviter les mauvaises.

Mais que fait Satan ? Il persuade aux hommes que le sortilège ne sera efficace, qu'autant qu'il aura été consacré par la magie; que l'auspicine est une science divine, et par conséquent sacrée, un objet de culte spécial, et, comme préservatifs, il donnera une plume, une dent, un œil des animaux déjà regardés comme sacrés ou divins, parce qu'on s'est accoutumé à consulter leur instinct ; à défaut de ces saints objets, il suffira de faire un geste déshonnête ou de porter une sale image. Toujours le mal ainsi placé à l'extrémité de toutes les voies.

C'est aussi là une des sources probables de l'idolâtrie : nous verrons bientôt que les premiers objets de culte appelés idoles étaient fort petits et faciles à dissimuler.

L'étude de l'astronomie conduisit à l'astrologie, et l'astrologie au sabéisme, c'est-à-dire au culte des astres ; le premier faux pas détermine le second, et celui-ci précède la chute. Le retour périodique des mêmes astres à l'horizon réglant le cours invariable des saisons, mais avec une prodigieuse variété d'accidents particuliers au milieu d'effets généraux, toujours les mêmes, et le cours des saisons ramenant aussi inévitablement les mêmes phénomènes de vie, de santé, de maladie, il n'était pas possible de ne pas conclure à une influence générale des astres, et de certains astres en particulier, sur l'ensemble de la nature et sur chacun des êtres qui la constituent. Les fléaux, les épidémies, les sécheresses, l'inondation, des maladies spéciales, quoique purement locales, furent donc attribués au retour de quelques constellations en particulier. Mais le retour périodique de ces mêmes constellations se combinant diversement avec les aspects planétaires, comme les accidents bons ou mauvais de la vie, de la santé, des produits de la nature avec le retour

[49] L'auspicine aurait été inventée par l'augure Attus Navius, sous le premier roi étrusque, Tarquin l'Ancien (616-579). Liou-Gille Bernadette : Une lecture « religieuse » de Tite-Live I. Cultes, rites, croyances de la Rome archaïque, Paris, C. Klincksieck 1998. (NDE)

des saisons, il s'établit des calculs de probabilités basés sur les influences, et l'astrologie fut créée.

L'influence admise, et il était impossible de ne pas l'admettre, il ne restait qu'un pas à faire pour arriver aux conjurations, aux invocations, aux obsécrations, afin d'amoindrir les mauvaises et de fortifier les bonnes. On savait d'ailleurs, ou du moins on croyait le savoir, que chacun des astres, comme chacune des parties de la nature, était présidé par un ange, un génie, un être surnaturel d'un nom quelconque. De là le culte des astres, du moins en partie.

Mais si, redescendant en lui même, l'homme vient à considérer les phénomènes multiples et variés de sa propre nature, il y trouvera matière à des observations très nombreuses, et une multitude d'énigmes dont la solution peut conduire à tous les égarements.

Que devient l'âme des morts ? N'est-ce pas elle qui produit ces bruits, ces lueurs nocturnes, ces épouvantements dans les ténèbres ? Celle des bons ne veille-t-elle pas sur les parents, les amis qu'elle a laissés dans la vie, pour leur procurer des biens ; et celle des méchants, des malheureux dont le sang n'a pas été vengé, n'est-elle pas infiniment à craindre ? N'y a-t-il donc pas moyen d'entretenir quelque commerce avec elles, de pacifier la colère des unes ou de s'en servir, de conserver l'amitié des autres, de les interroger, pour en apprendre ce qu'il est utile de savoir ; elles qui, dégagées des liens de la matière corporelle, voient tout, savent tout, sont partout ? De là le culte des mânes, des lares familiers et domestiques, les évocations, la nécromancie. Mais ceci rentre dans la théurgie.

Et les songes, autre phénomène inexplicable ! Dieu s'est servi parfois de ce moyen pour communiquer avec les hommes. L'âme se transporte au loin, voit clairement, souvent devine juste ; combien de fois l'objet d'un rêve ne s'est-il pas réalisé à court intervalle ? C'est donc un moyeu de connaître ce qui est secret, ce qui doit arriver. Si c'est un moyen, il faut créer l'art, fixer les règles, marquer les points de reconnaissance. Si c'est un moyen divin, il faut s'en servir pour interroger Dieu. L'onéirocritie[50] s'établit ; on trouve les moyens de

[50] Oniromancie ou onéiromancie, omniromancie, *onéirocritie* - Du grec ὄνειρον, « qui prédit l'avenir d'après les songes », rêve. Divination par l'interprétation des songes, consistant à interpréter soit les songes, soit les rêves, pour en tirer des présages. Cet art divinatoire fut fort en usage durant toute l'Antiquité. Toutefois, de nos jours, il semble important de différencier les songes des rêves, puisqu'un songe — de l'ancien grec « ὄνειρον » ou « ονειροι », songe — semble en fait rejoindre le rêve métaphysique; ce que les anciens nommaient songe prophétique, songe d'incubation ou thérapeutique, etc. D'ailleurs au IIe siècle de notre ère, le philosophe grec Artémidore de Daldis — parfois nommé Artémidore d'Éphèse — a écrit un excellent « *Traité des songes* » (« *Onirocriticon* », en grec) ; alors qu'il divise les songes en deux classes principales: le songe divinatoire (songes allégoriques, sous la forme de symboles) et le rêve non divinatoire (songes spéculatifs, choses ordinaires habituelles). (NDE, Encyclopédie théologique, Abbé Migne, 1856.)

produire ces songes véhéments qui s'impriment fortement dans l'imagination et la mémoire.

Et le somnambulisme, avec ses phénomènes si étonnants ; l'éphialte, avec son démon qui pèse sur la poitrine des gens endormis, qui les serre à la gorge ; l'hypocondrie, l'épilepsie, l'hystérie, la manie et autres maladies sacrées, comme les appelaient les plus anciens médecins, avec leur étrange périodicité soumise aux influences des planètes et surtout de la lune, au point qu'on parle encore de leurs phases comme on dit les phases de la lune, tous ces accidents ne sont-ils pas produits par des génies, des êtres surnaturels, qui s'emparent des malheureux patients, les subjuguent, se substituent à leur âme ? Il n'y a moyen ni de les soulager, ni de les guérir, ni d'expliquer la cause de leur état. Tout cela est donc divin.

Mais si ces sortes de gens sont le réceptacle d'une divinité, ils en sont aussi les organes ; il faut donc les interroger. À défaut de maladies réelles, il faut en produire artificiellement de pareilles ; les moyens ne manquent pas. De là l'origine des oracles.

L'engastrimythe[51], doué d'une faculté plus rare et non moins étrange, s'éleva à de plus grands honneurs encore. On crut que ses entrailles étaient le tabernacle d'une divinité, et que cette voix, distinctement entendue sans que les lèvres la prononcent, était une voix divine. Pour lui, bien loin de chercher à détruire une illusion qui flattait son amour-propre et lui rapportait argent, honneurs et respects, il s'y prêta et l'entretint. Ce fut un autre moyen de créer des oracles, et ce moyen doubla sa puissance en se combinant avec ceux qui précèdent, et en s'aidant du charlatanisme. Des recherches modernes et approfondies ont démontré que la forme et les linéaments de la main sont en rapport constant avec la complexion individuelle et l'état de développement des facultés de l'intelligence. De savants médecins n'ont pas craint de traiter cette question, et d'affirmer qu'il y a lieu de tirer dans les maladies des indications précieuses de l'état de la main. Plusieurs ont posé en thèse générale qu'il y a une telle connexion entre la structure de la main et les facultés intellectuelles, qu'il faut ordinairement conclure de la perfection des organes de préhension à la perfection même de l'organe cérébral. Camper[52], l'un des observateurs les plus studieux des temps modernes, a reconnu pareillement qu'il existe une analogie singulière entre les viscères et les mains[53].

---

[51] Ventriloque.

[52] Petrus Camper est un médecin naturaliste et biologiste hollandais, né le 11 mai 1722 à Leyde et mort le 7 avril 1789 à La Haye.

[53] Cf. Cureau de la Chambre, *l'Art de connaître les hommes*. — Montègre, *Dict. des sciences médicales*, art. *Chiromancie*. — Virey, *ibid.* art. *Main*.

La même étude conduisit à la phystognomonie[54], science qui ne serait pas non plus absolument vaine, si elle était contenue dans de justes bornes, et si les exceptions n'étaient presque aussi nombreuses que les principes. Dans ces derniers temps, des écrivains moins solides qu'ingénieux l'ont conduite, de déductions en déductions, jusqu'à la phrénologie[55], qui est encore l'art de deviner par l'inspection des formes et n'est pas non plus destituée de tout fondement.

Mais la physiognomonie est une étude relativement plus moderne; du moins il n'en reste pas de traces dans la très haute antiquité. Peut-être cette étude, qui est à la portée de tout le monde, et que chacun peut faire ainsi pour son propre compte, ne sembla-t-elle pas aux chercheurs primordiaux assez digne de leur attention.

Les autres branches, au contraire, que nous venons d'indiquer, apparaissent dès les temps de la dispersion. Job, qui vécut en ces âges reculés, fait mention de la chiromancie; il fait mention de l'alectryomancie[56], l'un des perfectionnements de l'art augural; il appelle les constellations de noms que nous connaissons encore, et qui sont tous astrologiques[57].

---

[54] La *phystognonomie*, orthographe actuelle: *physiognonomie*, est une méthode fondée sur l'idée que l'observation de l'apparence physique d'une personne, et principalement les traits de son visage, peut donne un aperçu de son caractère ou de sa personnalité. Les rapports entre l'aspect d'un individu et son caractère ont fait l'objet de remarques dès l'Antiquité, comme en témoignent certains vieux poèmes grecs. Les premières allusions à une théorie de la physiognomonie apparaissent au Ve siècle av. J.-C. à Athènes, où un certain Zopyre passait pour expert en la matière. Pythagore, que l'on regarde parfois comme l'instigateur de la physiognomonie, repoussa un jour un dénommé Cylon qui désirait devenir son adepte, simplement parce que le penseur lisait sur sa figure un signe de mauvais caractère. (NDE, Encyclopédie théologique, Abbé Migne, 1856.)

[55] La phrénologie est une théorie selon laquelle les bosses du crâne d'un être humain reflètent son caractère. En 1843, François Magendie qualifia la phrénologie de pseudoscience.

[56] *Alectryomancie*: dans l'Antiquité grecque, divination pratiquée avec un coq et des grains de blé. (NDE, Encyclopédie théologique, Abbé Migne, 1856.)

[57] Qui a mis dans l'ibis la sagesse, donné au coq l'intelligence ? (Job XXXVIII, 36). — Alors il suspend l'activité des hommes, pour que chacun reconnaisse là son œuvre. (*Ibid.* XXXVII, 7). — Peux-tu nouer les liens des Pléiades, desserrer les cordes d'Orion ? (*Ibid.* XXXVIII, 31). — Il a fait l'Ourse et Orion, les Pléiades et les Chambres du Sud. (*Ibid.* IX, 9).

CHAPITRE III : ORIGINES DE LA THÉURGIE, OU MAGIE SURNATURELLE, DITE AUSSI MAGIE NOIRE

C'est un point de la foi chrétienne, que le Créateur chargea les anges de la garde de ses ouvrages, que les nations comme, les hommes ont leurs anges gardiens. Ce dogme faisait partie des croyances des Juifs, le livre de Job fournit la preuve qu'il est de beaucoup antérieur à la fondation de la nation, et plus étendu que le rayon dans lequel la famille abrahamique exerça son action. Il nous montre également la croyance à un pouvoir satanique, détracteur de l'homme, jaloux de son bonheur, ne demandant qu'à nuire, s'exerçant avec la permission divine dans une limite assignée, et s'étendant jusque sur les éléments et la nature physique, lorsque Dieu la lui concède[58]. Ce même livre, l'un des plus anciens monuments de la littérature humaine, nous montre pareillement établie et admise, la croyance à des esprits qui entrent en communication avec les hommes[59].

À la survivance des âmes, et aux réclamations adressées à la justice divine par celles des malheureux qui furent victimes des méchants[60].

Au-delà de ce monde visible et tangible, il y avait donc le monde des intelligences : Dieu et ses anges, Satan et les siens, des esprits sur la nature et l'opération desquels il n'était pas possible de s'expliquer, les âmes des bons et des méchants ; et ce monde invisible, en contact perpétuel et par mille endroits avec le monde visible, entrait pareillement en communication avec lui.

De là à un culte direct et à des pratiques plus ou moins superstitieuses, le pas était glissant ; puis des noms de convention durent être donnés à tous les esprits auxquels on avait besoin de s'adresser ; puis l'intervention de ces mêmes esprits, reconnue dans tous les événements imprévus, inexplicables,

---

[58] À ses serviteurs mêmes, Dieu ne fait pas confiance, et il convainc ses anges d'égarement. (Job IV, 18). — Alors s'il se trouve près de lui un Ange, un Médiateur pris entre mille, qui rappelle à l'homme son devoir (Ibid. XXXIII, 23). — Un autre jour où les Fils de Dieu venaient se présenter devant Yahvé, le Satan aussi s'avançait parmi eux. Yahvé dit alors au Satan : « D'où viens-tu ? » etc. (Job II).

[59] À l'heure où les rêves agitent confusément l'esprit, quand une torpeur envahit les humains, un frisson d'épouvante me saisit et remplit tous mes os d'effroi. Un souffle glissa sur ma face, hérissa le poil de ma chair. Quelqu'un se dressa... je ne reconnus pas son visage, mais l'image restait devant mes yeux. Un silence... puis une voix se fit entendre... (Job IV, 13).

[60] De la ville on entend gémir les mourants, les blessés, dans un souffle, crier à l'aide. Et Dieu reste sourd à la prière ! (*Ibid.* XXIV, 12). — Écoute le sang de ton frère crier vers moi du sol. (Genes. IV, 10).

surprenants ou de force majeure qui s'accomplissaient, et Satan pousser de plus en plus l'humanité dans de telles voies, puisqu'elles éloignaient de Dieu.

Tels sont les sentiers par lesquels le monde s'achemina vers le polythéisme, vers un culte extravagant et les pratiques de la noire magie, à l'adresse des démons, des mauvais esprits et des âmes réprouvées ou en courroux.

Et l'homme oublia le Créateur, pour offrir son encens à ces dieux plus rapprochés[61].

Il l'oublia si bien, qu'il n'en resta nul souvenir en dehors de la descendance d'Abraham. Car il ne faut pas s'imaginer que le Jupiter très bon et très grand des Grecs et des Latins soit demeuré un dieu éternel, créateur, Seigneur souverain; non, il devint le plus grand de ces dieux de convention, sinon par l'ancienneté ou la justice de son droit, du moins par sa force, car si tous les autres avaient été suspendus à une chaîne, il les aurait tous soulevés du bout de son doigt, nous dit l'antique théodicée païenne.

De sorte que cette assertion de l'Écriture, que tous les dieux des nations sont des démons, reste positivement établie et clairement expliquée, soit qu'on prenne le mot démon dans le sens d'un ange de Satan, soit qu'on le prenne dans le sens indiqué par la langue grecque, de génie ou esprit de convention qui préside imaginairement à quelque partie de la création[62].

Or, parmi ces dieux imaginaires, il faut placer en première ligne les dieux qui brillent au firmament et distribuent la lumière: le soleil, la lune, la belle planète de Vénus, Syrius, la plus belle de toutes les étoiles, ou du moins les génies qui présidaient à leurs révolutions. Le génie du soleil s'appela Baal, Osiris, Bacchus, Hercule, Mythra, Apollon, suivant les lieux, ses attributions diverses et les légendes que lui firent ensuite les fondateurs des mystères. Le génie de la lune s'appela Beelsama, Atergatis, Dagon, Derceto, Cabar, Hécate, Isis, Astarté, Junon, Diane, suivant les circonstances diverses. Vénus seule n'eut qu'un nom, mais une multitude de surnoms et des légendes à l'avenant. Syrius prit les noms d'Adonis, d'Horus, de Mercure, d'Anubis. Jupiter eut sous sa direction toute la voûte des cieux; mais, antérieurement, c'était le même que le soleil, et d'abord le Tout-Puissant.

Au-dessous de ces dieux du premier ordre, se trouvèrent placés des dieux d'un ordre inférieur, les dieux de la terre, de la mer, des vents, de la guerre, des moissons, de la mort; puis, à un degré plus bas, des parques, des nymphes, des tritons, des driades, des faunes, des sylvains en nombre illimité, de sorte que chaque chose eut son dieu, une fleur, une feuille, une goutte de rosée, un

[61] Quelle est en effet la grande nation dont les dieux se fassent aussi proches que Yahvé notre Dieu l'est pour nous chaque fois que nous l'invoquons ? (Deut.IV, 7).
[62] Car tous les dieux des peuples sont des démons, mais Yahvé a fait les cieux. (Ps. XCV, 5).

bruit, un écho, un éclair, un moucheron, un soupir, un geste, un songe, un bâillement, l'éternuement, la faim, le froid, la chaleur, un art, un métier, le savoir, l'ignorance, l'amour, la haine, l'envie, le vol, le meurtre, la constance, l'inconstance, le oui, le non, en un mot tout ce qui peut se nommer dans le langage humain.

Puis vinrent les grands demi-dieux, âmes des héros, des sages et des puissants qui avaient vécu sur la terre ; puis les petits demi-dieux, âmes des ancêtres et des gens vertueux, sous le nom de mânes et de lares domestiques ; celles des méchants, des personnes mortes de mort violente, des enfants enlevés à la vie avant le juste âge, comme on disait, c'est-à-dire l'âge de la virilité, méchants petits demi-dieux, connus sous le nom de lémures, capables de toutes les malices envers les pauvres humains.

Et cette abominable mythologie, qui sue le meurtre et l'adultère, la fourberie et l'inceste, qui met-elle en évidence ? Satan. C'est lui qui est Jupiter, le dieu très grand et très bon que les hommes adorent. Le misérable ! Il prend le nom de l'Éternel, *Jov* ; il s'appelle le père des hommes, *Jupiter* ou *Jou-pater* ; il prend le nom de Dieu, *Zeus, deus* ; il usurpe le nom de dieu de la lumière, *Diespiter* ! Et quant à Dieu, le véritable Dieu, il le relègue à l'arrière-plan : Dieu n'est plus l'éternel, c'est le temps, *Saturne, Kronos* ; espèce de vieil imbécile, cruel et glouton, qui dévore ses enfants ; dieu aveugle et impuissant, qui est dominé par la fatalité, car Kronos ne fait pas ce qu'il veut, mais ce que veut le destin. Mais lui, Jupiter, échappé par fraude à la voracité de son père, il a bien su le mettre à la raison, prendre sa place et rétablir l'ordre dans l'univers. C'est lui désormais qui règne sous la voûte des cieux, c'est lui qui assemble les nuages et lance la foudre ; allez l'adorer à Olympie ; c'est lui qui fait planer l'aigle au plus haut des airs et distribue à tous les êtres le mouvement et la vie.

Ce n'est plus lui qui est l'orgueilleux, le jaloux, le révolté ; c'est au contraire contre lui que la révolte a eu lieu : les Titans voulaient escalader le ciel, mais il s'est armé de sa foudre et a renversé ces fiers enfants de la terre.

Prosternez-vous, mortels, et adorez Satan. Si le respect réclamé par les auteurs de vos jours vous semble une trop lourde chaîne, souvenez-vous des exemples de Jupiter à l'égard de Saturne ; pourriez-vous faire mal, en imitant le plus saint des dieux ?

Si vous éprouvez des penchants incestueux ou adultérins, rappelez-vous les noms de Junon, de Latone, de Léda et tant d'autres ; des penchants plus honteux encore, souvenez-vous de Ganymède[63] ; de plus abominables en-

[63] « Esclaves d'un vice infâme, les Crétois imaginèrent le mythe de Ganymède, pour se mettre à couvert sous l'autorité de Jupiter. » (Platon, des *Lois*, I, VIII). Et c'est peut-être pour cela qu'ils réclamaient Jupiter comme leur compatriote.

core, souvenez-vous de Philyre[64], souvenez-vous d'Europe[65]. Le souverain dieu pourrait-il condamner en vous ses propres exemples ? Il vous invite, au contraire, et vous précède.

Auriez-vous l'ambition d'être admis un jour au rang des dieux ? Vous pouvez y prétendre ; Ixion, l'assassin de son beau-frère, y fut admis par Jupiter lui-même, nonobstant les réclamations de ses collègues ; et s'il fut ensuite envoyé dans les enfers, c'est pour avoir piqué la jalousie de son bienfaiteur ; car il n'existe point d'autre crime, que celui d'offenser personnellement les dieux, ni d'autre vertu que le courage civique.

Si votre ambition s'élève moins haut, si vous ne rêvez pas de devenir un dieu, mais seulement d'être heureux dans l'autre vie, attendez : vous mourrez et revivrez trois fois, neuf fois peut-être ; chaque fois, vous serez jugé et envoyé dans le noir Tartare, où règnent les ténèbres, ou dans les Champs Élysées, où l'on s'ennuie passablement ; après trois ou neuf bonnes vies humaines, les mythologues ne sont pas d'accord, vous serez envoyé dans les îles Fortunées. Si, au contraire, toutes vos vies n'ont pas été bonnes, vous demeurerez errant sur les bords du Styx.

Le bel avenir que tout cela ! Et dès lors qu'est-ce que le vice ? Qu'est-ce que la vertu ? Quoi désirer, quoi redouter ? Pourquoi s'imposer quelque frein ?

Et de quel culte honora-t-on à la fin ces fantastiques divinités ? D'un culte d'amour ? Oh ! non. D'un culte de prière ? Encore moins. D'un culte d'adoration ? L'on n'y songeait plus. C'était du culte de l'intérêt : les invoquer, pour réussir ; les évoquer, pour apprendre ; les pacifier, pour ne pas rencontrer d'obstacles à ses desseins ; les gorger du sang des victimes pour les apaiser ou les rendre favorables. Car tous ces dieux étaient méchants, cruels, jaloux, envieux, presque toujours en guerre les uns avec les autres.

Et encore Satan ne se contenta pas pour eux d'un culte inoffensif ; il voulut souvent qu'ils fussent honorés par des actions criminelles ou honteuses, et

---

64 Fille d'Océanos et de Téthys. Kronos se métamorphose en cheval pour « l'approcher ». De leur union naîtra le centaure Chiron. (Mythologie grecque).

65 Dans la mythologie grecque, Europe (en grec ancien Εὐρώπη) est une princesse phénicienne, fille d'Agénor (roi de Tyr) et de Téléphassa, et sœur de Cadmos. Selon une version du mythe, Europe, fille du roi de Tyr, une ville de Phénicie (actuel Liban) fait un rêve. Le jour même, Zeus la rencontre sur une plage de Sidon, se métamorphose en taureau blanc, afin de l'approcher sans l'apeurer et échapper à la jalousie de son épouse Héra. Imprudente, attirée par l'odeur d'un crocus qui se trouve dans sa bouche, Europe s'approche de lui. Chevauchant l'animal, elle est emmenée sur l'île de Crète à Gortyne (ou au nord du Bosphore selon certaines versions). À Gortyne, sous un platane qui depuis lors est toujours vert, ils s'accouplent après que Zeus fut redevenu humain. De leur union naissent Minos, Rhadamanthe (qui deviendront tous deux juges des Enfers) et Sarpédon qui s'exila en Turquie, à Milet. Plus tard, Europe est donnée par Zeus comme épouse au roi de Crète, Astérion. (NDE, Dictionnaire historique des personnages célèbres de l'Antiquité, Fr. Noël, 1806.)

que leurs ministres fussent déshonorés et rabaissés au-dessous de l'humanité. Culte et ministres dignes de pareilles divinités[66].

L'imagination seule ne les avait pas créés; le besoin, les mauvaises passions, l'intérêt et la peur lui étaient venus en aide. Lucain est plus près de la vérité qu'on ne pense, lorsqu'il appelle la peur la mère des dieux.

Aussi le culte qu'on leur adressa fut-il uniquement de la théurgie. Théurgie abominable, lorsqu'elle s'adressa aux méchants dieux: au dieu Rubigo, qui fait rouiller les moissons, à la peur, à la nuit, à la fièvre, à la vengeance, aux dieux de la mort et des enfers, au Cocyte, à l'Erèbe, au noir Tartare, fleuves des enfers. Des sacrifices d'hommes, d'enfants, la nuit, au fond de fosses profondes, des chiens, des crapauds, de la bave de reptiles, dos plumes de hibou, des imprécations, des hurlements, des blasphèmes, que n'imagina-t-on pas, pour les rendre propices ?

Et ceux qui possédèrent ces vaines sciences, c'est-à-dire la connaissance de toute cette milice imaginaire du ciel et de l'enfer, de sa hiérarchie et de son culte, des invocations et des évocations; plus les sciences naturelles de la reddition des oracles, de l'explication des songes et des merveilles de la nature, des phénomènes de l'air, des éclairs et de la foudre, des maladies sacrées du corps et de l'âme, prirent le beau nom de savants ou mages, et à ce titre devinrent les conseillers des rois, les sages des nations, les gouverneurs des provinces. C'est sous ce titre présomptueux, en ces qualités et avec ces honneurs qu'ils nous apparaissent, dès la plus haute antiquité, dans l'histoire de la Perse et de l'Égypte; mais déjà ces mages si superbes n'étaient que de pauvres magiciens, réduits à opérer des merveilles équivoques; à court de moyens pour un grand nombre, et de science sur les questions importantes.

De l'Extrême-Orient, ces titres et qualités, ces usages et ces fonctions s'établirent dans le reste de l'univers, et jusque dans les régions glacées du Nord. Parmi tous les peuples païens, civilisés ou non, le magicien est toujours le savant du village, de l'armée, de la ville et de la cour, quand il y a une cour; le puissant auquel on a recours, le sage que l'on consulte.

---

[66] Puisque, ayant connu Dieu, ils ne lui ont pas rendu comme à un Dieu gloire ou actions de grâces, mais ils ont perdu le sens dans leurs raisonnements et leur cœur inintelligent s'est enténébré... Aussi Dieu les a-t-il livrés à des passions avilissantes: car leurs femmes ont échangé les rapports naturels pour des rapports contre nature. (Rom. I, 21).

Le veau d'or, gravure Française, d´après Nicolas Poussin

CHAPITRE IV : IDOLÂTRIE — PROGRÈS DE LA MAGIE — DIVINATION

On peut fixer pour époque à l'invasion définitive de ces vaines croyances, de ce culte abominable et de l'idolâtrie, le moment où Dieu appela Abraham et le sépara des nations de la terre, afin de se créer un peuple particulier, au milieu duquel son nom demeurât connu, son culte exclusivement pratiqué, et le culte de Satan en horreur ; c'est-à-dire environ mille ans après le déluge et deux mille trois cents ans avant l'avènement du Messie. Le fait seul de cette séparation l'indiquerait déjà ; mais il est des indices plus positifs.

Peu de temps après son entrée dans la terre promise, trente ans avant la naissance d'Isaac, Abraham, nous dit l'Écriture, se trouva en rapport avec Saadick, roi de Jérusalem[67], prêtre du Dieu Très-Haut, et offrant du pain et du vin. Cette double observation n'est pas faite sans dessein : le Dieu Très-Haut était donc encore connu sur la terre et avait des prêtres qui l'honoraient exclusivement. Il y avait donc à côté de lui, concurremment avec lui et au-dessous de lui, d'autres dieux, qui avaient des prêtres. Il y avait donc d'autres offrandes moins innocentes et un culte moins pur. Le polythéisme, avec ses pratiques, était donc implanté dès lors sur la terre.

Et quant à l'idolâtrie, les premiers indices que nous en fournit le plus ancien de tous les livres, la Genèse, se rapprochent de cent quatre-vingt-sept années depuis la vocation d'Abraham. Jacob fuit de chez Laban ; Rachel, femme de Jacob, emporte les idoles de son père, et lorsque celui-ci se présente pour les réclamer, elle les cache sous de la litière, s'assoit dessus pour les dissimuler, et feint une indisposition qui l'empêche de quitter son siège. Laban visite la tente en tout sens ainsi que les bagages, ne trouve rien et ne se doute de rien. Des idoles ainsi dérobées, ainsi cachées et ainsi cherchées n'étaient pas volumineuses, et ne ressemblaient pas à ce qu'on a appelé depuis des idoles, c'est-à-dire des statues de forme et de dimension humaine.

Cependant l'idolâtre Laban connaissait le Seigneur et jurait par son nom, mais il avait à son propre usage des divinités spéciales. Il en était de même des peuples de Chanaan et de la Palestine, avec lesquels Abraham et Isaac avaient entretenu précédemment des relations. Ainsi l'idolâtrie et le polythéisme s'introduisaient furtivement, en qualité de dévotions isolées, qui devaient, à un terme rapproché, faire oublier le vrai Dieu.

---

[67] Maiki-Saalick, ou Melchisédech, signifie le roi Saadick.

Sept à huit ans après cet événement, Jacob, voulant purifier ses serviteurs de toute idolâtrie, leur donna des vêtements neufs, et enterra leurs idoles et leurs boucles d'oreilles sous le térébinthe de Béthel. Ce dernier détail suffit pour montrer ce qu'était alors l'idolâtrie[68].

Elle était déjà pareillement admise en Égypte, puisque la magie y régnait. Le sabéisme y avait aussi ses prêtres et ses autels. Lorsque Joseph, fils du patriarche Jacob, arriva jeune encore en Égypte, plusieurs villes étaient consacrées sous le vocable du soleil. Il y avait des devins qui expliquaient les songes, d'autres qui pratiquaient la siphomancie, ou l'art de deviner par le moyen d'une coupe. Joseph, rempli de l'esprit divin, expliqua lui-même, au nom du Seigneur, des songes que les suppôts de Satan n'avaient pu expliquer, et, dans la suite, isolé et pour ainsi dire perdu au milieu d'un peuple superstitieux, qu'il devait nourrir du pain matériel, mais qu'il n'aurait pu éclairer, il laissa croire à ses serviteurs que sa coupe lui servait à deviner, et que de là venait cette profonde sagesse, si fort admirée des Égyptiens[69].

Des monuments contemporains d'Abraham, ou même antérieurs, montrent le culte de Neit, de Phta, d'Ammon-Ra, d'Osiris, établi et dans une grande splendeur. C'étaient pour les prêtres les images astronomiques du vrai Dieu, mais déjà pour le peuple l'adoration des astres, le sacerdoce faisant un mystère de sa foi.

Quatre cents ans plus tard, lorsque la descendance de Jacob, devenue un peuple nombreux, sortit de l'Égypte, il parait bien que le polythéisme y régnait définitivement. Cette question adressée par Moïse au Seigneur, qui l'envoie vers ce même peuple : « Je vais aller trouver les fils d'Israël, et leur dire : le Dieu de vos pères m'envoie vers vous ; s'ils me demandent le nom de ce Dieu, que leur répondrai-je ? » prouve, en effet, qu'il y avait plusieurs dieux connus en Égypte, et que le vrai n'était plus discerné, même parmi les fils d'Israël[70].

Ou plutôt leur idolâtrie descendait jusqu'au culte des bêtes. Au sortir de la captivité, lorsqu'ils voulurent se créer à eux-mêmes une religion, tandis que Moïse conversait avec Dieu sur le mont Sinaï, ils se firent une idole à laquelle ils donnèrent la forme d'un bœuf, et se mirent à danser à l'entour en chantant : « Voilà vos dieux, Israël, vos dieux qui tous ont retirés de la terre d'Égypte. » Ils en étaient à quelques journées de marche seulement, et un pareil fait ne peut être qu'un retour à leurs habitudes des jours précédents[71].

Jethro, le prêtre de Madian, dont Moïse avait épousé la fille, était sans

---

[68] Genèse XII, 1 : — XIV, 18 ; — XX, 4 ; — XXVI, 28 ; — XXX, 27 ; — XXXI, 19, 30, 49 ; — XXXV, 1, 4.
[69] Genèse XI, 1 ; — XLI, 1, 45 ; — **XLIV**, 5
[70] Exode, III, 13.
[71] Exode, XXXII, 4.

doute un prêtre des faux dieux, puisqu'il proclama dans sa surprise, en voyant les grandes œuvres que Moise avait opérées en Égypte au nom du Seigneur, que le Seigneur était au-dessus de tous les dieux.

On ne saurait mieux juger du point où l'idolâtrie était arrivée à ce moment en Égypte, qu'en voyant les défenses que Dieu fit à son peuple : « Vous n'aurez point d'autre Dieu que moi. Vous ne vous ferez aucune image ou représentations d'hommes, ni des choses qui sont au firmament sur vos têtes, ou sur la terre, ou dans les eaux sous vos pieds, dans le but de leur rendre quelque adoration ou quelque hommage que ce puisse être[72]. »

Ils quittaient donc un pays où toutes ces représentations existaient et recevaient un culte.

Ce même pays était livré de plus en plus à l'influence des jongleurs, des maléficiateurs et des enchanteurs. Pharaon n'eut rien de plus empressé et ne devina rien de plus sage, que d'en réunir plusieurs auprès de sa personne, pour les opposer au grand thaumaturge des Hébreux. Ils imitèrent, en effet, quelques-uns de ses prodiges, soit par la vertu de Satan, soit, comme l'ont pensé quelques interprètes des Écritures, par l'adresse de leurs prestiges[73].

Le pays dans lequel les Hébreux allaient entrer et les contrées environnantes n'étaient pas plus purs sous ce double rapport. Balac, roi de Moab, avant d'entreprendre la guerre contre Israël, fit venir Balaam, le prophète criminel, pour maudire ses ennemis, afin de pouvoir les vaincre ensuite d'une manière plus certaine ; car Balaam avait une grande réputation en ce genre : ses bénédictions portaient toujours bonheur, et ses imprécations toujours malheur[74].

Balaam était un de ces jongleurs qui faisaient métier de la magie démoniaque au milieu d'un peuple ignorant, idolâtre et vicieux, mais qui connaissait le vrai Dieu, que l'esprit de Dieu subjuguait parfois et forçait malgré lui à parler du Seigneur, afin que le nom du Dieu du juste Loth ne fût pas totalement mis en oubli parmi ses descendants.

Le pays dont les Hébreux entreprenaient la conquête était livré aux augures, qui devinaient par le vol et le chant des oiseaux ; aux onéirocrites, qui interprétaient les songes, qui dormaient sur les tombeaux, qui prenaient ou donnaient des breuvages, pour se procurer ou procurer aux autres des songes fatidiques ; aux magiciens, aux conjectureurs, aux engastrimythes, qui parlaient du ventre, et laissaient croire qu'ils étaient des devins, que c'était un dieu qui parlait en eux ; aux maléficiateurs, qui jetaient de mauvais sorts par

72 Exode, XX,3.
73 Exode, VII, 11. Saint Paul appelle les chefs de ces magiciens Jannes et Mambres (II Tim. III, 8).
74 Nombres, XXII.

le double moyen de l'empoisonnement et de l'imprécation ; aux enchanteurs, qui donnaient un sort prospère ou produisaient des merveilles au moyen de paroles magiques ; aux nécromanciens, qui évoquaient les morts, et peut-être immolaient des vivants, pour avoir des entrailles palpitantes à consulter. Il y avait des consécrations à Baal et à Moloch en passant au travers des flammes, et peut-être déjà des molochs de bronze, espèce de fours métalliques surmontés d'un buste à forme humaine, dans lesquels on faisait brûler des enfants vivants en l'honneur du faux dieu, et que l'Écriture appelle du nom de brûloirs[75].

Et si on demande quel était l'effet produit par de tels moyens, le résultat de pareilles invocations, nous répondrons qu'il ne devait pas être aussi nul que le supposent certains philosophes trop rationalistes, parce que Satan est une puissance, et que ceux qui l'invoquent, méritent de lui être livrés ; ni peut-être tout à fait aussi plein que le supposent beaucoup de démonographes, parce que Satan est une puissance captive, qui ne peut rien sans la permission du Créateur, une puissance railleuse et menteuse, qui fait ce qu'il faut pour augmenter son empire, mais jamais ce qui peut complaire aux hommes ou leur rendre service. Nous le verrons par la suite de ce récit.

En tel état était donc le règne de Satan dans l'Égypte, dans l'Arabie, dans le pays de Chanaan et les contrées voisines, en l'an seize cent soixante-deuxième après le déluge, seize cent quarante-cinquième avant la venue du Messie.

Les souvenirs de l'histoire profane qui remontent à ces mêmes époques nous montrent également l'idolâtrie, le polythéisme et la magie régnant sur le reste de l'univers, et le Dieu suprême encore plus profondément oublié que dans les pays que nous venons de parcourir.

Arnobe affirme que, dans les guerres qui s'élevèrent entre Ninus et Zoroastre, roi de Bactriane, on eut recours de part et d'autre aux secrets de la magie. Saint Épiphane dit que Nemrod, en fondant Bactres, y porta les sciences de l'astrologie et de la magie[76].

Cassien place l'invention de la magie au temps de Jared, quatrième descendant de Gham. Le recueil des Védas, livres sacrés de l'Inde, contient plusieurs traités de magie. Les lois de Manou indiquent soigneusement les pratiques de magie qui sont permises ou défendues à un brahme. Et tout ce qui reste des anciens souvenirs de l'Inde prouve que, dès cette époque, les notions si simples du Créateur et de la création, de la chute de l'homme et de sa dégradation, du déluge et de ses causes, étaient profondément étouffées sous une multitude d'erreurs, au milieu desquelles il était impossible de rien recon-

---

[75] Pour les arts magiques pratiqués alors en Palestine et dans le pays de Chanaan, voir : Lévitique XIX, 26 ; — XX. Deutéronome XVIII, 10. — Sagesse XII, 4.
[76] Epiph. Hæres. I.

naître, ni Dieu, ni l'origine ou la fin de l'homme, ni ses devoirs. Un dieu matériel et bizarre, plusieurs créations et destructions pour des causes et par des moyens ridicules, divers archétypes de l'humanité, et enfin un dernier Brama, qui avait donné naissance à diverses races d'hommes sorties, les unes de sa tête, les autres de ses épaules ou de ses pieds, condamnées à rester ainsi et sans déclassement inférieures les unes aux autres, sans aucune confraternité, sans avenir au-delà de ce monde, comme sans devoirs à y remplir, autres que ceux qui résultent de l'état social, de celui-ci en particulier ; de sorte que les riches, les heureux et les maîtres seront toujours les heureux, les riches et les maîtres, les artisans toujours artisans, les esclaves toujours esclaves, les parias toujours parias, et que le contact des classes inférieures souillera toujours les supérieures, sans que les inférieures soient pour cela anoblies : telle est encore la foi de l'Indoustan. Est-ce bien là l'oubli de Dieu et le règne de Satan ?

Les mages, loin de maintenir dans la Perse, la Babylonie, la Chaldée, les saintes traditions venues de leurs ancêtres, avaient laissé Satan se poser orgueilleusement en rival de Dieu. Le Créateur, l'Éternel, le Tout-Puissant n'existait plus pour eux qu'en souvenir ; ils l'avaient relégué dans un océan de lumière inaccessible, d'où il voyait peu les actions et les adorations des hommes. Il n'y avait plus en face de l'humanité que deux esprits surnaturels : Oromase, principe de la lumière corporelle et du bien, et Ahriman, principe des ténèbres et du mal. Oromase était plutôt l'organisateur que le créateur des choses créées, et Ahriman, le désorganisateur, le dispensateur de la mort, des douleurs, et l'auteur du mal moral. La lutte perpétuelle de ces deux principes, presque égaux en puissance, était l'explication de toutes les choses de ce monde. Oromase recevait des hommages et un culte, parce qu'il était bon ; Ahriman, un culte dissemblable et des sacrifices, parce qu'il était méchant et redoutable.

Quelques écrivains, dans l'antiquité comme dans les temps modernes, ont pensé, avons-nous dit, que la révolte de Satan fut une insurrection contre le Verbe divin. Si l'on considère, en effet, que Satan s'est toujours posé plus spécialement comme l'adversaire du Verbe, « par lequel et pour lequel tout a été créé, » cette pensée acquiert une grande apparence de probabilité. Nous la livrons pour ce qu'elle vaut.

La dogmatique ainsi pervertie, car c'est toujours par là que le mal commence, le culte ne pouvait manquer de s'égarer. Oromase, le principe de la lumière, fut censé résider dans le soleil, qui en est le foyer. De là un culte direct rendu au soleil. De là des adorations et des prières, lorsque cet astre se lève ; des adieux et des prières lorsqu'il se couche, pour qu'il revienne le lendemain distribuer à l'univers ses bienfaits. De là le culte du feu, qui est l'emblème, le supplément, une émanation même du soleil, puisqu'on l'allume à ses rayons. De là enfin l'entretien d'un feu sacré et perpétuel, et la construction de pyrées, ou temples du feu.

Et les monuments de ce culte insensé remontent à une époque bien reculée, puisque non seulement les prophètes Sophonie, Osée, Isaïe, mais Moïse lui-même en parlent sous le nom de *chamanim*, des cheminées, ou des lieux noircis par le feu[77].

Dans les temps postérieurs, chaque maison eut son feu sacré ; on prit les plus grandes précautions pour ne pas souiller le feu du foyer domestique ; on se prosterna devant un incendie, et si on essaya de l'éteindre à son origine, ce fut avec de la terre, et non avec de l'eau, principe opposé et créature d'Ahriman.

Le cruel Ahriman, objet de terreurs et de sourdes malédictions, reçut des offrandes, des libations, des sacrifices d'hommes et d'animaux, comme apaisement de sa colère et en prix de ses exigences. Mais il serait impossible d'imaginer quel est ce cruel Ahriman proposé à la haine des hommes : c'est le Fils de Dieu, la seconde personne de l'adorable Trinité ! Le bon prince, l'excellent Oromase, c'est Satan lui-même ; quant à leur père commun, Zarouan, Zerouam ou Zerdeust, car Satan et le Verbe divin sont frères, il était relégué à l'arrière-plan, comme dans les autres mythologies.

L'interversion se fit dans les derniers temps, sous l'inspiration du manichéisme.

Les Guèbres ou Parsis, sectateurs de cette religion, se sont montrés parfois cruels et féroces. Il en existe encore quelques petites colonies dans l'Inde ; mais leurs mœurs se sont adoucies à raison de leur faiblesse.

On était loin alors de la connaissance et du culte du vrai Dieu ; ce n'est pas assez dire : on avait le vrai Dieu en horreur.

La religion des adorateurs du feu se trouva fixée ou transformée à une époque déjà lointaine, mais inconnue, et on appelle le réformateur du nom, probablement imaginaire, de premier Zoroastre. Le second Zoroastre vécut environ six siècles avant notre ère ; il nous reste de lui un livre dogmatique intitulé Zend-Avesta, ou parole vivante.

La Chine n'était pas plus sage, nonobstant quelques souvenirs assez précis ; mais ces souvenirs s'arrêtaient au déluge. Dieu n'était déjà plus que l'esprit du ciel matériel, et toute la religion consistait à offrir des sacrifices aux âmes des ancêtres, non pour les racheter, mais pour leur être agréable, et à entretenir leur tombe en un état permanent de propreté. On avait perdu la mention

---

[77] Lévitique XXVI, 30. — Isaïe XXVII, 9. —IV Rois XXIII, 5. — Osée X, 5. — Sophonie I, 4. — Saint Jérôme traduit ce mot diversement, mais le plus ordinairement par temples de Baal, ce qui signifie des pyrées.

des bons anges et gardé celle des mauvais, auxquels on offrait toute espèce de sacrifices et on présentait toute sorte d'offrandes, afin de se prémunir contre leur malice ou de la désarmer, et qu'on opposait les uns aux autres, en leur érigeant des statues plus laides et plus grimaçantes les unes que les autres, afin qu'ils se fissent peur mutuellement.

Et telle est encore la religion de la Chine, partout où elle n'est pas remplacée par le culte de Fo; et ses lettrés n'apprennent guère au peuple à prier l'Esprit du ciel ou à le craindre, mais beaucoup à prier et à craindre les mauvais esprits, et notamment l'esprit des mauvaises gens ou des mauvaises bêtes mortes, qu'ils appellent des manitous. Rien de plus dangereux, selon eux, que le manitou d'un chien mort. Quand ils veulent empêcher un fleuve de déborder, ils consacrent l'image d'un taureau furieux qui menace des cornes, et le placent sur ses bords. Mais l'esprit du fleuve ne respecte pas toujours l'esprit du taureau, car le fleuve ensevelit parfois le taureau de bronze dans ses vases et son limon.

Si nous portons nos regards vers des contrées plus rapprochées, nous reconnaîtrons avec douleur que la Grèce et l'Asie-Mineure étaient arrivées, à la même époque, à un état de folie plus grand, à un oubli de Dieu plus complet, à des pratiques plus démoniaques. L'expédition des Argonautes, la guerre des Épigones et le siège de Troie, événements les plus anciens dont l'histoire réelle fasse mention, ne nous présentent partout que le polythéisme, sans aucun souvenir du Dieu créateur, l'idolâtrie, la magie démoniaque et les enchantements, la divination et la nécromancie la plus barbare. Le grand roi Agamemnon ne sacrifia-t-il pas des enfants et jusqu'à sa propre fille, pour chercher des augures dans leurs entrailles, et se rendre propices les dieux, la mer et les vents[78]. Jupiter, Junon, Mars, Apollon, Mercure, Pallas, et tout l'attirail des dieux de convention n'était-il pas, en pleine évidence, sans aucun souvenir de Dieu ?

À ce moment, le monde hellénique était livré à l'exploitation des devins; rien ne se faisait sans eux, encore moins contre eux. Le nom même de devins et de divination était la consécration de leurs personnes et de leur art, puisqu'il signifie des personnes divines et un art divin.

L'histoire a glorifié les noms d'un grand nombre de devins, et nous les présente associés aux noms les plus fameux et au récit de toutes les grandes entreprises. Aux guerriers, le courage, la force qui exécute; aux devins, l'habileté qui dirige, la science qui prépare, la sainteté qui prévoit.

Sans parler ici du fabuleux Branchus, fils d'Apollon; de Nicostrate, mère d'Evandre, contemporain de Faune; du cyclope Télémos, fils de Neptune et de

[78] Herodot. Homère.

la nymphe Eurina ; de Japix, dont la sœur, Hermione, fut honorée des faveurs d'Isis, sa commensale ; de Tagès, petit-fils de Jupiter, qui révéla les secrets de l'aruspicine aux peuples de l'Étrurie ; de la nymphe Bagoë, qui leur enseigna l'art fulgurite, c'est-à-dire l'art de deviner par l'inspection des éclairs, et dont les écrits se conservaient au Capitole avec les livres sibyllins ; de Prométhée, fils de Japet, inventeur de la pyromancie ; de Deucalion, moins fameux par ses découvertes dans l'art d'expliquer les songes, que par la manière dont il essaya de repeupler le monde après le déluge ; de Xénocrate, qui inventa, dit-on, les augures domestiques ; de Tirésias, frappé de cécité par la jalousie de Junon, et auquel Jupiter donna, comme dédommagement, la science de la divination ; de sa fille Galanthis, ou Daphné, qui rompit le charme jeté sur Alcmène ; du Scythe Abaris, qui voyageait dans les airs à cheval sur une flèche[79] ; de Polyide, fils de Cœranus, qui apprit à Bellérophon le secret de dompter le cheval Pégase, et de quelques autres plus ou moins fabuleux, il en est un plus grand nombre dont l'existence et la part d'influence sur les événements des premiers siècles historiques paraissent mieux constatées.

L'expédition des Argonautes comptait parmi ses membres Idmon, fils d'Abas ; un second Idmon, fils d'Apollon et d'Astérie ; Mopsus, fils d'Amphicus et de Chloris ; Amphiaraus, fils d'Oiclès, fils d'Antiphate, roi des Lestrigons, lequel était fils du divin Mélampus, fils du fleuve Orimisus et de la nymphe Eghesta ; Phryxus, fils d'Atamas et de Néphélé, qui tua le bélier à la toison d'or.

La guerre des Épigones rappelle une seconde fois le nom d'Amphiaraus, l'un des sept chefs ligués contre Thèbes.

La guerre de Troie rappelle ceux de Calchas, fils de Testor, de Lampuse, sa fille, qui fut longtemps l'oracle des Colophoniens ; de Laocoon, d'Hélénus, de l'infortunée Cassandre, tous trois enfants de Priam ; de Phrylis, fils de Mercure, qui donna à Palamède l'idée du cheval de bois si fatal à Ilion ; de Mopsus d'Argos, différent du compagnon de Jason et de cet autre Mopsus, fils d'Apollon et de Manto, qui hérita, à la mort de sa mère, de l'oracle de Claros.

Mopsus d'Argos se réfugia en Cilicie avec Amphilocus, et fonda la ville de Mopsueste, à laquelle il donna son nom ; Amphilocus fonda celle de Mallus, où il rendit ses oracles[80].

Plusieurs autres villes durent également leur existence à des devins : Claros devait la sienne à Manto ; Oenus, fils d'une autre Manto, qui avait fui de la Béotie par suite des malheurs de la maison de Laïus, bâtit celle de Mantoue, à laquelle il donna le nom de sa mère.

---

[79] Jamblic. Vit. Pythagor.

[80] Strabon, I, XIV.

Parmi les devins les plus anciennement connus, il faudrait encore citer Musée; mais on ignore à quelle époque il vivait; il parait même qu'il y eut plusieurs Musée, dont un était contemporain d'Orphée, et peut-être antérieur; un second Musée, fils d'Antiphémus, était contemporain de la guerre de Perse. L'auteur des *Stromates* assure que les oracles attribués à Onomacrite appartenaient à celui-ci. Il eut un petit-fils de son nom, qui composa une théogonie et un poème sur la sphère[81].

Nous n'entendons nullement faire passer ces récits au creuset de la critique.

Il est certain, toutefois, que la présence du devin dans les grandes entreprises était toujours considérée comme un des éléments principaux du succès : nous ne saurions mieux comparer son rôle qu'à celui de l'ingénieur de nos temps modernes, qui emprunte moins cependant du génie que de la science. Homme de savoir et d'intelligence, naturaliste et médecin en même temps que ministre des dieux, le devin ne s'arrêtait pas, sans doute, aux dehors qui frappaient les yeux du vulgaire, et aux cérémonies qui voilaient les arcanes du métier. Sa responsabilité, si fortement engagée, n'aurait pas été à couvert.

L'art de la divination devint une science, que l'observation augmenta sans cesse, et que les familles se transmirent par héritage. Et une telle étude, plus approfondie, peut-être, qu'on ne serait tenté de le croire, amena plus d'une utile découverte. On dit que Polixo de Lemnos, prêtresse d'Apollon, trouva les vertus de la terre sigillée. Mélampe reconnut celles de l'ellébore, et s'en servit pour guérir les femmes d'Argos, atteintes d'une monomanie furieuse, ensuite les filles de Prætus. Bacis, au rapport de Théopompe, trouva le moyen de guérir les femmes de Lacédémone en une occasion semblable[82].

Il y eut trois devins du nom de Bacis; le plus ancien était d'Éléone, en Béotie; le second d'Athènes, et le troisième de Caphyé, en Arcadie; c'est ce dernier, nommé aussi Aléthès et Cydus, qui opéra la guérison des Lacédémoniennes[83].

On peut juger du respect que les anciens portaient aux devins, par le soin avec lequel les historiens nous ont conservé leurs généalogies, et par quelques autres faits non moins significatifs. Les Grecs, assemblés devant Troie, considérèrent l'épidémie dont ils furent frappés comme une punition de l'insulte faite à Chrysès, devin et prêtre d'Apollon, auquel ils avaient ravi sa fille chérie. Les Apolloniates rendirent des honneurs presque divins à Evénius, auquel ils avaient crevé les yeux en punition de quelque négligence dans la garde des

---

[81] Hérodote, I, VIII. — Pausanias, I, X, ch. V. — Laërt.

[82] Philipp. I, IX.

[83] Le Schol. d'Aristoph. Ad. Pac. V. 1071.

troupeaux. Ils reconnurent leur crime et s'empressèrent de l'expier, lorsqu'ils virent une cruelle épizootie dépeupler leurs pâturages[84]. Apollon punit d'une peste qui ravagea le Péloponnèse le meurtre de Carnus par Hypotès, fils de Phylas. Hypotès fut banni, et la Grèce institua le culte d'Apollon Garnien, ainsi que la fête des Carnies, qui se célébrait à Sparte pendant neuf jours.

Cette idée, mise en avant par les devins eux-mêmes et soigneusement entretenue par les oracles, que les fléaux du Ciel étaient la punition des crimes commis envers les favoris des dieux, avait inféodé l'univers aux devins. Il fallut beaucoup de temps pour en revenir.

Carnus, natif d'Acarnanie, fils de Jupiter et d'Europe, favori d'Apollon, dirigeait la marche de l'armée des Argiens pendant la guerre des Héraclides, d'où il reçut le surnom d'Hégétor, qui veut dire conducteur.

C'était presque toujours un devin qui réglait ainsi les mouvements des armées. Hirtia, fille de Sésostris, roi d'Égypte, détermina son père à entreprendre la conquête de la Colchide. Théoclus aida de ses lumières l'armée de Lacédémone dans la guerre de Messénie. Ce devin, de l'illustre famille des Jamides, comptait Eumantis d'Élée parmi ses aïeux[85]. Callias, de la même famille, suivait la cour de Télis, tyran de Sybaris, et prit une grande part à la funeste guerre que ce prince entreprit contre les Crotoniates, et qui amena la destruction de Sybaris. Mais Callias, dont les conseils avaient été négligés, s'était retiré de bonne heure, et rangé du côté de Crotone[86].

Déiphonus, fils d'Evénius d'Apollonie, accompagna l'armée des Corinthiens dans la guerre contre Mardonius. Tisamène, fils d'Antiochus, était le devin de l'armée combinée des Grecs ; il combattit à Platée[87]. Les Grecs alliés des Perses avaient de leur côté Hyppomachus de Leucade, et Mardonius le savant Hégésistrate.

Agias, petit-fils de Tisamène, indiqua à Lysandre les moyens de s'emparer de la flotte des Athéniens à Ægos-Potamos[88].

On peut juger de l'importance que ces devins attachaient au succès de leurs conseils, de la maturité de leurs délibérations et de l'adresse qu'ils devaient déployer, par l'importance même des entreprises auxquelles ils prenaient une si grande part. Le devin Calchas, réfugié à Claros après la prise de Troie, voulut supplanter Mopsus, et ne put y parvenir. Il conseilla à Amphimachus, roi

---

[84] Hérodote, I, IX, c. XCII.
[85] Pausanias, I,IV, c. XV.
[86] Diodore, I, XII, n° 9.
[87] Hérodote, I, IX, c. XXXII.
[88] Pausanias, I, III, c. XI.

de Lycie, une expédition qui échoua, et se tua de désespoir après ce double échec[89].

Il en est qui rendirent à leurs compatriotes des services signalés. Dans le cours des guerres de la Phocide contre la Thessalie, une armée de Phocéens, cernée de tous côtés sur le mont Parnasse, était prête à déposer les armes, lorsque le devin Tellias s'avisa de vêtir de linceuls un corps de troupe, de blanchir avec de la craie le visage et les mains des soldats, et de les lancer en cet état sur les Thessaliens. Ceux-ci, croyant avoir affaire à des fantômes, se laissèrent épouvanter et tailler en pièces. Les Phocéens, dans leur reconnaissance, érigèrent une statue à Tellias, comme au sauveur de la patrie.

Les services rendus par les devins furent quelquefois même payés d'un plus grand prix. Mélampe obtint la royauté d'une partie de l'Argolide, pour avoir guéri de leur folie les femmes d'Argos. Il en obtint une autre partie en faveur de Bias, son propre frère, lorsqu'il eut guéri les filles de Prætus. De sorte que l'Argolide se trouva et demeura depuis lors partagée en trois royaumes d'égale étendue, soumis aux familles des Prætides, des Mélampides et des Bianchides[90].

Trois familles de devins apparaissent avec honneur dès les temps les plus reculés dans l'antiquité hellénique : celle des Telliades, dont était Hégésistrate ; celle des Jamides, descendants de Jamus, devin d'Élée, fils d'Apollon et d'Évadnes, dont étaient Callias, Théoclus et Eumantis, et celle des Clytiades, descendants de Clytus, fils d'Aleméon et de Prométhée par Dencalion, Hellen, Eolus. À cette dernière appartenaient Amphiaraus, Oiclès et Mélampe. Théodamas, fils de Mélampe, avait l'intelligence du langage des oiseaux.

Tout ce qui se rattache au souvenir de ces favoris des dieux, est rempli de merveilles : le devin Tirésias, frère de la nymphe Cariclès, vécut sept âges, c'est-à-dire sept fois 90 ans, suivant Hygin, six âges suivant Lucien, ou au moins cinq suivant le calcul d'Agatarchide.

Et les hommes ne furent pas seuls chargés du rôle honorable et dangereux d'éclairer et de conduire les nations. Plus d'une femme, inspirée du même esprit ou douée de la même adresse, s'éleva aux mêmes honneurs. Nous avons déjà cité les noms de plusieurs ; il faut y joindre les pythies d'un si grand nombre d'oracles dans la Grèce et l'Italie, les druidesses des Gaulois ; Pomponius Mela a rendu célèbres les vierges fatidiques de l'île de Sein, à l'extrémité de la péninsule Armorique. On sait l'étendue du pouvoir exercé par certaines devineresses sur les nations de la Germanie : il suffit de rappeler Velléda, si fameuse par son patriotisme et par une grande défaite des légions romaines.

---

[89] Conon, Narrat. VI, p. 249.
[90] Hérodote, I, IX, ch. 33.

Et les sibylles, réalité toujours choyée, toujours raillée par les Grecs, car les Grecs usaient de tout, sans avoir foi à quoi que ce soit, même à leurs dieux ; mythe toujours consulté, toujours entouré du plus profond mystère et du plus grand respect parmi les Romains ! Les Grecs consultaient les sibylles sur leurs affaires privées et les jouaient sur les théâtres[91] ; les Romains consultaient leurs livres sur les affaires publiques, cousaient dans un sac de cuir et jetaient dans la mer ceux qui avaient osé en divulguer les secrets.

Il faut compter encore parmi les devins fameux et réellement historiques, cet Agésias, de la famille des Jamides, prêtre de Jupiter à Olympie, chanté par Pindare dans sa sixième olympique ; Agias, petit-fils de Tisamène, de la même famille, dont Lisandre employa le talent prophétique ; Démonacus, qui prophétisait à Lacédémone sous le règne de Théopompe ; Thrasybule, qui prophétisait à Mantinée pendant qu'Aratus dirigeait la ligue achéenne ; Agathinus, fils de celui-ci, auquel les habitants de Pellène érigèrent une statue à Olympie[92] tous de la famille des Jamides. Il parait que la pyromancie était l'art spécialement cultivé par les Jamides.

Mais s'il y avait des procédés multiples de divination, la finesse du devin était certainement pour beaucoup dans leur usage ; sans cela le métier aurait été par trop compromettant.

Il exista dès la plus haute antiquité des recueils d'oracles souscrits de noms de convention : Orphée, Linus, Musée, Bacis, Abaris, la sibylle de Cumes, la sibylle d'Érythrée, Marsus, la nymphe Bagoë, personnages imaginaires qui eurent une postérité très réelle. En Italie, ces recueils étaient gardés et interprétés par des collèges de prêtres ayant rang dans l'État. Les saliens et les décemvirs de Rome sont assez connus dans l'histoire. Cicéron nous apprend, en son traité de la Divination, qu'au temps de la guerre de Véies, les Véiens avaient pareillement un recueil d'oracles sacrés, dont ils parlaient avec grand respect et dont ils communiquaient difficilement les secrets.

En Grèce, ces sortes de recueils étaient tombés dans le domaine public ; chaque ville, chaque famille avaient le sien ; quelques-uns étaient la propriété des chresmologues, ou diseurs de bonne aventure, qui se classaient par familles et par associations. Les orphiques en avaient un. Les bacides en avaient un pareillement ; ceux-ci prophétisaient dans des accès d'aliénation furieuse. De même les sibylles ; mais on ne dit pas qu'elles se servissent d'oracles tout faits, nonobstant les nombreux recueils qui existèrent dans la suite sous leur nom, mais qui avaient été mis sur leur compte par des faussaires[93].

---

[91] Aristophane, comédies des *Chevaliers* et de *la Paix*.
[92] Bœckh, Pindare, vie olympique.
[93] Fréret, Mem. sur les Sibylles, et notre dissertation sur le même sujet. La partie la plus ancienne de nos modernes sibyllins est l'œuvre du Juif Aristobule, deux siècles avant J.-C.

Le devin Onomacrite possédait un de ces recueils, dont il se servait beaucoup plus suivant ses intérêts que selon la vérité, et ce recueil était censé avoir eu Musée pour auteur. Banni d'Athènes, il s'en servit pour déterminer Xerxès à porter la guerre en Grèce, et venger ainsi leur querelle commune ; ce à quoi il parvint en montrant au monarque persan les oracles qui annonçaient des malheurs aux Grecs et en cachant ceux qui leur étaient favorables. On sait ce qui en advint pour Xerxès, et quels immenses armements la terre et les mers de Grèce lui dévorèrent[94].

Ainsi et jusqu'à ce point, l'humanité était déchue de la saine raison. Qu'on s'imagine la paix du monde jouée aux dés par un puissant monarque, en présence d'un escamoteur qui le trompe et ne se propose que de gagner un salaire. Ainsi agit Xerxès. Ainsi agit le grand roi d'Assyrie, Nabuchodonosor, lorsque, ennuyé de la paix, il se résolut à faire la guerre sans savoir à qui la déclarer. Il tira des flèches au hasard, et ce fut sur Jérusalem que le sort tomba. Xerxès et Nabuchodonosor passaient pour des sages parmi leurs contemporains.

Ainsi et jusqu'à ce point, Satan avait égaré l'humanité dans ses voies, après lui avoir fait perdre la connaissance du vrai Dieu. Il la plongeait en même temps dans une honteuse immoralité, dont les mystères étaient le moyen : moyen d'autant plus dangereux, qu'il se présentait avec de saintes apparences.

---

[94] Hérodote, liv. VII. — Philochor. in Ranis Aristoph.

CHAPITRE V : ORIGINE ET PROGRÈS DES MYSTÈRES — SOCIÉTÉS SECRÈTES

Il est temps de dépoétiser enfin les mystères et la mythologie, et, pour ce faire, il suffit de remonter aux origines.

Les Phéniciens, descendance maudite de Cham, sont les inventeurs des mystères, et la mythologie presque entière est formée des légendes symboliques des mystères.

La dépravation des mœurs fut toujours le but, le moyen et le secret des mystères.

Cette dépravation qu'éclairèrent des lueurs de leur incendie Sodome, Gomorrhe, Ségor, Adama et Séboïm, lorsqu'elles périrent embrasées des feux du ciel et de la terre.

Ces cinq villes étaient peuplées par la race phénicienne, et ne faisaient exception que par l'excès de leur dépravation.

Les Phéniciens sont les inventeurs des mystères. C'est à leur école que les Juifs apprirent le culte et les mystères d'Adonis ou Thamuz, l'infâme androgyne.

De l'aveu de tous les savants, les mystères cabiriens sont les plus anciens; or tous les mots sacrés de ces détestables orgies sont phéniciens. L'adoration des Cabires dans la ville de Beyrouth, en Phénicie, remonte à une époque qui se perd dans la nuit des temps.

Il n'est donc pas nécessaire de supposer, comme le font tant d'auteurs, sans en fournir la preuve, que des philosophes de la secte des gymnosophistes, au sein de laquelle les mystères avaient existé de toute antiquité, vinrent des bords du Gange fonder une académie dans la péninsule de Méroé, en Éthiopie, et que de là les mystères passèrent en Égypte, puis de l'Égypte se répandirent dans le reste du monde. Non; il y a trop d'imagination et de poésie dans de telles hypothèses, démenties de tous côtés par l'histoire: la réalité est plus proche et moins belle. Les mystères ne furent jamais le séminaire de la philosophie, mais du vice; il ne paraît pas que les gymnosophistes les aient jamais connus, nonobstant leur double doctrine, l'une secrète, l'autre publique, ce qui n'a avec les mystères qu'un rapport très éloigné. Ce sont les Phéniciens qui les propagèrent par tout l'univers.

Hérodote croit que Mélampe, l'introducteur des mystères dans la Grèce, avait été initié par Cadmus lui-même, lorsqu'il amena une colonie de Tyriens dans la Béotie ; il ajoute que, suivant l'opinion la plus commune, la Samothrace reçut ensuite de la Grèce le culte des Cabires, et que, de l'aveu des Égyptiens, l'art de la divination et des oracles était venu de la Phénicie.

Les Phéniciens couvrirent de leurs colonies la Cilicie, la Pisidie, la Carie, la Bithynie, la Thrace, les Iles de Chypre, de Rhodes, celles de la mer Égée et de la mer de Crète, la Grèce, l'Illyrie, la Sicile, la Sardaigne, l'Espagne, les Baléares, la Syrie, l'Arabie, les bords du golfe Persique, une partie des côtes de l'Afrique, la Gaule et les îles Britanniques. Il est impossible que ces cupides et audacieux trafiquants, dont les flottes sillonnaient les mers longtemps avant celles de Salomon, et dont les caravanes parcouraient le continent de l'Afrique trois ou quatre siècles avant Moïse, n'aient pas connu la presqu'île de Méroé, si voisine de leur patrie; Méroé, cet autre paradis terrestre où croissent en abondance le palmier, la vigne, les céréales, ce pays de l'ivoire et de l'ébène, du fer et de l'airain, de l'argent, de l'or et des pierres précieuses; mais ceci importe peu.

Ils propagèrent donc par tout le globe habité le culte et les mystères des Cabires. Aussi les trouve-t-on établis en un grand nombre de lieux dès la plus haute antiquité. Ulysse et Agamemnon, initiés dès avant la guerre de Troie, portaient des bandelettes en signe de leur initiation, Ulysse à sa coiffure et Agamemnon à sa ceinture. Agamemnon se servait de cette ceinture pour faire respecter son autorité, et apaiser les discordes qui s'élevaient dans le camp des Grecs. Castor et Pollux, Hercule, Jason, Orphée, reçurent, dit-on, l'initiation avant l'expédition de la Toison d'or; car tout le monde croyait que cette consécration portait bonheur et préservait des périls[95].

Le culte des Cabires existait à Thèbes avant la guerre des Épigones, si l'on en croit le récit de Pausanias: cet auteur assure qu'il fut gravement troublé par cette funeste guerre, et que les koëns furent obligés de s'éloigner. Tous ces faits confirment le récit d'Hérodote.

Dardanus, en fondant la ville de Troie, y établit le culte et les mystères des Cabires. On croit qu'Énée les transporta en Italie et ce sont probablement les mêmes qui, par suite des changements introduits dans le laps des siècles, devinrent les mystères de la bonne déesse, si différents des autres mystères et qu'on trouve en Italie dès les temps les plus reculés.

C'est-à-dire, en d'autres termes, que le libertinage et la corruption précèdent l'histoire, et que les hommes nous apparaissent méchants et corrompus avant de se montrer héroïques. Ou plutôt c'est leur corruption même qui donna naissance aux premiers événements assez importants pour être recueillis par l'histoire.

---

[95] Apollon. Argonaut. liv. I, V. 915.

En Égypte, Memphis devint le centre principal de l'initiation; les mystères y furent divisés en deux classes: les petits, ou d'Isis, qui se célébraient à l'équinoxe du printemps, et les grands, ou d'Osiris et de Sérapis, célébrés à l'équinoxe d'automne et au solstice d'été[96].

Les mystères, en se propageant, changèrent de rite et de nom, sans changer d'objet; on en inventa de nouveaux, et les mêmes revinrent modifiés dans le pays qui les avait vus naître. Il y eut ceux de Mithra, de Bacchus, de Cybèle, d'Atys, d'Adonis; il faut compter au nombre des plus célèbres et des plus immoraux ceux de Cotitto, dans la Thrace, d'où ils passèrent dans la Grèce, à Chio, à Corinthe, à Athènes, et ceux de Bacchus Sabasius, dans la Phrygie, qui rivalisèrent sous tous rapports avec les mystères de Cotitto, s'ils ne les surpassèrent.

À quelle époque et par quel intermédiaire ces associations coupables furent-elles introduites en Grèce? Nous avons déjà cité le nom de Cadmus; il est des écrivains qui disent Jasion, frère de Dardanus, Mélampe, Orphée; mais Jasion ne fut que le propagateur, très connu par son ardent prosélytisme. On ajoute qu'il fut foudroyé par les dieux, pour avoir révélé ce culte nouveau; il le mérita du moins. Orphée, dit le savant Aristote, n'est que le nom de convention d'un personnage imaginaire, et les uns le font mourir de la même façon que Jasion; les autres disent qu'il fut massacré par les femmes de Thrace, indignées de ses mépris: ce trait fabuleux est révélateur.

Les anciens orphiques de la Grèce ne sont guère plus connus que leurs origines; ceux des derniers siècles avaient été réformés par Pythagore. Ils avaient adopté les pratiques égyptiennes, et considéraient Bacchus comme le maître des dieux, détrôné par l'usurpation de Jupiter, mais qui devait reprendre un jour son rang et sa puissance. Nous retrouverons ce même dogme chez les gnostiques: alors ce sera Satan qui se dira détrôné par Dieu, et luttant pour reprendre son rang légitime, avec certitude de le reconquérir. Satan est toujours le même.

La doctrine extérieure des orphiques, toute remplie de symboles, d'allégories et de mystagogies, n'était comprise que du petit nombre des thélètes, ou parfaits, choisis parmi les époptes, ou initiés. Les thélètes étaient assujettis, au moins en public, à ne vivre que de légumes, et devaient s'abstenir de tout sacrifice sanglant. Ce sont les manichéens, six cents ans avant Manès. Telle

---

[96] En langue copte, Osiris signifie le seigneur architecte; on voit que les francs-maçons n'ont rien inventé. Proclus, sur le Timée, liv. V, prétend qu'Osiris était la puissance active de la nature, suivant Orphée, dont il cite un fragment, et Isis la puissance passive. Cela est fort beau; mais Proclus, en sa qualité de philosophe païen et de néoplatonicien, tournait en allégories les plus vilaines choses du paganisme. Il ne faut pas confondre le culte avec les mystères d'Osiris.

est la vie orphique, dont parle Platon, qui, du reste, traite les orphiques avec un souverain mépris, et les peint comme des charlatans, qui vont de maison en maison offrir le bonheur du ciel au prix de l'initiation à leurs orgies. Théophraste en parle de la même manière. Plutarque nous raconte qu'un Lacédémonien répondit un jour à l'un d'eux, qui lui vantait les félicités de l'autre monde : Que ne t'empresses-tu donc d'aller en jouir ?

Les pythagoriciens ayant porté ombrage aux magistrats de Crotone, à cause de leurs détestables mœurs, ils furent chassés honteusement de la ville ; mais les membres de l'association se dispersèrent dans la Grèce, et s'affilièrent aux mystères de Bacchus, où ils retrouvaient les mêmes éléments. Ils infestèrent l'école d'Alexandrie : Maxime de Tyr, Philostrate, Plotin, Jamblique, Porphire, Proclus et la plupart des néoplatoniciens étaient des pythagoriciens.

Les mystères de Mithra furent institués, à ce qu'on prétend, par Zoroastre ; mais cela veut dire peut-être qu'ils remontent à une haute antiquité, et que la date de leur fondation est ignorée. Il ne faut pas les confondre avec la religion de Zoroastre, dans laquelle ils forment un hors-d'œuvre.

Introduits à Rome vers le temps du triumvirat, ils ne commencèrent d'y fleurir que sous le règne de Trajan. De l'Italie, ils se répandirent promptement dans les Gaules.

Les mystères de l'Égypte avaient pénétré à Rome pendant la dictature de Sylla.

Un Grec sans naissance et sans nom avait institué en Étrurie les mystères de Bacchus environ deux siècles avant Jésus-Christ.

La morale des mystères est trop bien connue, pour qu'il soit nécessaire d'entrer ici dans de plus longs détails ; il suffira de rappeler quelques faits. Les mystères, sans exception, se célébraient dans le plus grand secret, ce qui doit déjà les rendre suspects : les forêts les plus épaisses, les cavernes les plus sombres avaient à peine assez d'ombres pour les cacher. Ainsi se célébraient les mystères de Mithra ; de même les mystères des Cabires, de même les orgies. Un symbole immodeste y était porté processionnellement et avec un culte idolâtrique, comme un indice ou un appel au libertinage. Il apparaissait dans les mystères cabiriens, disent Pausanias, Hérodote, Eustate. Clément d'Alexandrie le rappelle avec indignation. Il n'était étranger ni aux bacchanales, ni aux mystères de l'Égypte, ni même à ceux de la bonne déesse ; il se retrouvait jusque dans les mystères de Thémis. Le taureau mithriaque lui-même avait une signification érotique pour les initiés, suivant l'explication de Porphyre. La continence imposée aux candidats et à ceux qui se préparaient à célébrer les mystères, avait un autre but que celui de la sanctification. Pétrone fait de tristes révélations sur ces déplorables réunions.

Certains écrivains du siècle dernier et même du nôtre, toujours enthousiastes de ce qui est en opposition avec le christianisme, s'extasient à la vue des mystères, et s'ingénient à trouver un sens merveilleux dans les légendes : pour ceux-ci c'est de l'astronomie ; pour ceux-là, de l'histoire naturelle sous le voile de l'allégorie ; pour d'autres, une savante et riche théodicée. À les en croire chacun en particulier, quoiqu'ils n'y trouvent pas les mêmes choses, le génie brillant des peuples de l'Orient s'y révèle dans toute sa splendeur, ils admirent et le nombre des initiés, et leur costume symbolique, et la pompe des cérémonies ; ils supposent que les doctrines cachées, qu'ils avouent toutefois ne pas connaître, contenaient de sublimes et merveilleux enseignements. Avec un peu moins de philosophie et plus de science et de bonne foi, ils auraient été d'un autre avis.

Nous aussi nous nous complairions dans la pensée que les premiers mystères furent fondés par des sages, qui prétendaient honorer Dieu d'un culte plus parfait et le révéler plus amplement à leurs associés ; mais, si nous interrogeons l'histoire, la réponse sera bien différente : elle ne constate que leur immoralité. Il semble même, et nous le croyons, que cette immoralité ne se cachait avec tant de précautions, que parce qu'elle était excessive. Le lecteur nous en croira sans preuve, s'il le juge convenable ; nous nous contenterons d'indiquer les sources auxquelles il lui sera loisible de les chercher lui-même[97].

Et, à défaut des affirmations des auteurs contemporains, il resterait, comme indice de la dépravation des mystères, les persécutions qu'ils subirent à Rome même, aux époques de sa plus grande dépravation. Les mystères isiaques furent proscrits et les temples renversés l'an 700 de Rome, sous le consulat de Domitius Calvinus et de Valérius Messala. Ils le furent de nouveau cinq ans plus tard, sous le consulat d'Émilius Paulus pour la troisième fois pendant le règne d'Auguste, pour la quatrième pendant celui de Tibère, et de cette fois les isiades furent chassés de l'Italie. Quels étaient-ils donc, pour avoir révolté la pudeur de Tibère ?

Othon, Domitien, Caracalla les remirent en honneur ; ils étaient dignes de ces princes. La vertueuse Isis, à l'imitation du Bélus de Babylone, eut à Rome des bosquets consacrés au culte qui l'honorait, nommés les *Jardins de la déesse*.

Adrien proscrivit les mystères de Mithra ; mais ils reparurent avec Commode, qui s'y fit initier. Tite-Live, parlant des bacchanales, proscrites en Italie l'an 567 de Rome, sous le consulat de Posthumius Albinus et de Marcius Phi-

---

[97] Cf. Clem. Alex. Exhort. ad gentes. — Eusèbe, *Vie de Const.* — Jul. Firmic. Error. prof. relig. — Lucien, de Myster. Adonid. — Juvenal ; Satir. VI — Epiphan de Fide cathol. I. III. — Augustin. de Civit. I, V et VII. — Ptolem. Tetrad. I. I. — Herodot. I. II, c. XLVIII. — Arnob. I. V. — ælius Arist. Orat. in Bachh. — Tatian. Poema ad senatorem, inter opera sancti Cypriani.

lippus, nous les dépeint sous les plus affreuses couleurs. Violences de toute espèce, fraudes, empoisonnements, débauches, assassinats commis en pleine assemblée au son des flûtes et des tambours, dont le bruit couvrait les cris de la victime, perpétration de meurtres si bien concertés, qu'on n'en retrouvait pas même la trace : c'est ainsi qu'il en parle, et telles furent les accusations que les consuls portèrent devant le sénat, en dénonçant ces odieux mystères, et que les Pères conscrits sanctionnèrent par un décret rigoureux. Sept mille personnes de tout rang se trouvèrent compromises et jetées dans les cachots ; un grand nombre subirent la mort ou des châtiments déshonorants. Les initiés s'engageaient les uns envers les autres par une participation commune aux actions mauvaises ; personne ne devait sortir innocent, afin qu'il ne se trouvât ni dénonciateurs ni témoins.

Cette sévérité ne détruisit pas les mystères de Bacchus, car ils se célébraient encore pendant le règne de Domitien, comme l'attestent plusieurs inscriptions. En Grèce, leurs excès avaient également éveillé la sollicitude des magistrats, et Cicéron rapporte une loi qui les interdisait sévèrement à Thèbes.

Le cérémonial des mystères reposait sur une légende romanesque, dont le sens astronomique à demi voilé en cachait un autre. La plupart des auteurs anciens ou modernes s'y sont laissé prendre ; Chérémon, Dion-Chrysostome, Clément d'Alexandrie, Macrobe, n'y ont pas découvert autre chose. « Tous ces mystères, qui ne nous représentent que des meurtres et des tombeaux, toutes ces tragédies religieuses avaient un fonds commun diversement brodé, dit Clément d'Alexandrie ; et ce fond, c'était la mort et la résurrection fictives du soleil, âme de l'univers, principe de mouvement et de vie dans le monde sublunaire et source de nos intelligences, parcelles détachées de la lumière éternelle, dont cet astre est la source et le foyer. » Julius Firmicus nous apprend qu'aux mystères de Bacchus célébrés au solstice d'hiver, on chantait un hymne en l'honneur du soleil renaissant[98].

Ainsi Hercule mourant, Osiris assassiné par Typhon, Bacchus massacré par les Titans, Cadmillus mis à mort par ses frères, Atys tué par un sanglier, puis tous ces personnages rappelés à la vie, ne seraient qu'une fiction astronomique, signifiant la fin d'une année solaire et le commencement d'une nouvelle ; l'emblème immodeste porté dans tous les mystères serait uniquement le symbole de la fécondité que le soleil renaissant communique à la terre ! Est-ce bien là le dernier mot des mystères ? S'arrêter à une pareille interprétation, n'est-ce pas plutôt prendre l'ombre pour la réalité, et tomber dans le piège tendu par les fondateurs ?

---

[98] Salve sponse, salve novum lumen.

Autant vaudrait dire que, dans les loges maçonniques, l'édification du temple de Salomon, la mort d'Adoniram, l'invention de ses tristes débris et le soin de venger un meurtre si cruel sont tout : le fond, la forme, le but et le secret de la maçonnerie.

Ces antiques légendes, inventées à plaisir, arrangées pour les besoins de la scène, comme celle que nous venons de rappeler, furent partout acceptées comme de l'histoire par le peuple des profanes, et sont devenues cette mythologie que tout le monde connaît, et devant laquelle des auteurs chrétiens s'extasient encore à cause de sa richesse et de sa variété. La mythologie est sortie toute formée des mystères, comme Minerve toute armée du cerveau de Jupiter. La variété provint de ce que le même thème ayant fini par se trouver diversement brodé suivant les différents lieux, après un certain laps de temps, il se trouva aussi que le même personnage fictif ne se ressemblait plus à lui-même. On fut donc forcé d'en admettre plusieurs du même nom. De là trois ou quatre Hercule, autant de Jupiter, de là trois Bacchus, suivant le calcul de Diodore et de Philostrate, ou même cinq suivant le calcul de Cicéron[99]. Les fondateurs des mystères attachaient si peu d'importance à ces sortes de fictions, qu'ils ne prenaient pas même la peine de se mettre d'accord avec eux-mêmes.

Oui, telle est l'origine de cette mythologie grecque et romaine, devant laquelle l'univers demeura si longtemps incliné, mais qui n'était peut-être pas un dogme de foi pour le peuple à un si haut degré que nous l'imaginons, et qui ne l'était nullement pour les gens instruits. Telles sont les fictions que tant de personnes d'un savoir éminent ont étudiées au point de vue de l'histoire.

Les initiés représentaient dans leurs cérémonies les divers épisodes de la légende fabuleuse composée pour leur usage, comme font encore les francs-maçons dans leurs loges à l'égard des colonnes et du temple de Salomon ; mais ce n'était qu'un jeu, un divertissement, qui se terminait autrement : à défaut de commentaire plus explicite, la branche de myrte que ceux d'Élcusis tenaient toujours à la main le leur rappelait sans cesse.

Les initiations s'accomplissaient souvent au milieu de circonstances arrangées pour impressionner vivement l'imagination. « L'âme, dit un auteur ancien, dont Stobée nous a conservé un passage dans son *Dictionnaire*, éprouve les mêmes émotions qu'à la mort. Ce ne sont d'abord qu'erreurs et incertitudes, que courses laborieuses, que marches pénibles et effrayantes à travers les ténèbres épaisses de la nuit. Arrivé sur les confins de la mort et de l'initiation, tout se présente sous un aspect terrible, propre à inspirer l'horreur, le tremblement, la crainte, la frayeur. » Dion-Chrysostome en parle de

---

[99] De Natura deorum, I, III.

la même manière. Apulée dépeint en termes énergiques les frayeurs de son initiation[100].

Il parait cependant qu'il en était autrement aux mystères de Mithra. Le récipiendaire figurait la révolution solaire ; il mourait et ressuscitait ensuite. L'initiation se divisait en plusieurs degrés, dont le lion, l'hyène, le corbeau, l'épervier étaient des symboles. Les initiés recevaient une sorte de baptême ; ils étaient marqués au front avec un fer chaud[101]. On mettait dans leur sein un serpent d'or, comme aux mystères de Bacchus Sabasius. Ils gravissaient une échelle de sept degrés, et franchissaient sept portes de différents métaux, consacrées aux sept planètes ; puis une huitième, porte des étoiles fixes, entrée de la suprême félicité.

Si les mystères en général exercèrent une funeste influence sur les croyances et les mœurs de l'univers, la plus grande part revient peut-être aux mystères mithriaques et aux mystères cabiriens.

Outre les légendes qui servaient de texte à un cérémonial anagogique, les mystères avaient aussi leur psychologie et leur théodicée : ainsi, dans ceux de Mithra, l'on enseignait que l'âme, rayon ou parcelle de l'essence divine, remontait vers les cieux au sortir de cette vie, pour se réabsorber dans son principe, et franchissait successivement, avant d'arriver au ciel des cieux, les différentes constellations, en se purifiant dans chacune, par une épreuve plus ou moins longue, des souillures contractées pendant la vie ; et les pratiques de l'initiation avaient pour but d'abréger ce voyage ou de le faciliter. En effet, l'initié l'avait fait sur la terre ; il avait franchi la porte des étoiles ; il était donc pur désormais, et pouvait jouir des félicités de la vie présente, en attendant celles de la vie future.

Est-il besoin de faire remarquer que cette dogmatique, dont les conséquences sont si condamnables, découlait cependant de croyances arrêtées relativement aux dogmes de la survivance de l'âme, des expiations de l'autre vie, d'une souillure et d'une faute originelle, d'un Dieu créateur, dont la substance remplit l'univers, et que c'en est une contrefaçon à mauvaise fin, ou plutôt une contrepartie au profit des mauvaises mœurs ?

En conformité de la même idée, de l'ascension des âmes à travers les espaces planétaires pour aller habiter aux cieux, les Égyptiens représentaient les planètes sous la forme de barques armées de leurs avirons. La lune était, selon eux, la première barque ; lorsqu'elle penchait vers la terre les extrémités de son croissant, comme un navire renversé, elle était vide ; à mesure qu'elle

---

[100] Metam, I. XI. — La lampe à lycopode des francs-maçons rappelle faiblement ceci : il n'y a pas de progrès.
[101] Tertull. de Corona. — Id. de Præscript.

se remplissait d'âmes, elle se redressait, et allait ensuite se décharger à la planète voisine, qui devait faire à son tour un semblable trajet.

Mais, comme les planètes, les signes du zodiaque et les constellations étaient dès lors désignés en astronomie par le nom et la figure de divers animaux; les initiés disaient, dans leur langage symbolique, que l'âme, après cette vie, passait successivement de l'homme au lion, au taureau, au bouc, au chien, comprenant par là son ascension céleste. Le peuple, qui ignorait les mystères de ce langage, le prenant dans son sens le plus grossier, en conclut la métempsycose; et ce dogme se répandit dans toute l'Asie, et presque dans tout l'univers, quoiqu'avec des nuances et des modifications. C'est par suite de ce même dogme, que le dévot indien attache encore un grand prix à tenir une queue de vache en mourant, afin que son âme passe immédiatement dans le corps de l'animal. Peut-être s'agissait-il dans le principe du taureau mithriaque, qui pourrait bien être le même que le taureau zodiacal; peut-être quelque constellation de la génisse se trouvait-elle placée au suprême degré d'élévation dans l'astronomie d'alors. Il parait probable aussi que la vénération des Siamois et des Cochinchinois pour ces taureaux qui vivent familièrement en liberté au milieu des villes et des campagnes, et dont ils reçoivent la fiente comme de précieux talismans, est un corollaire des mêmes croyances. Pauvre humanité!

Loin donc de chercher dans les mystères quelque sagesse ou quelque philosophie, ou la tradition primitive et les dogmes primordiaux du genre humain, il faut s'attendre d'y trouver uniquement une franc-maçonnerie hétérodoxe, dont l'objet, ne pouvant être alors ni la politique ni les passions religieuses, se concentrait uniquement sur des pratiques et des actes réprouvés par la conscience publique; franc-maçonnerie dont les légendes érigées en dogmes, ou mal interprétées par les profanes, concoururent à égarer les nations dans les erreurs religieuses auxquelles l'enseignement chrétien viendrait mettre un terme.

La théogonie des mystères cabiriens ne devait pas avoir de moins hautes destinées ni exercer une influence moins funeste; cette influence dure encore par la franc-maçonnerie au sein des sociétés chrétiennes, sans qu'il soit possible d'en prévoir la fin; elle domine même les gouvernements, et tend à substituer partout son action à la leur. Eusèbe nous a conservé le symbole de ces mystères: il plaçait en première ligne le dieu sans nom, l'Éternel, qu'il faut se garder de confondre avec ses émanations, et duquel tout émane progressivement et comme par étages jusqu'à la matière; de cette sorte, toutes choses participent de la nature divine, et il n'y a rien qui se puisse appeler vice ou vertu. Première et nécessaire conséquence: l'affranchissement de tout frein et de toute contrainte, sauf l'intérêt personnel de chacun. Dans le symbole des religions, Satan reste du moins en qualité d'adversaire de Dieu, et le mal comme l'opposé du bien ; dans le symbole des mystères, la notion de Satan et de ses œuvres disparaît radicalement, et tout devient ainsi saint et divin. Le mal lui-même est sanctifié, parce qu'il se transforme en un moyen d'honorer Dieu.

Seconde conséquence, à l'usage de ceux qui n'auraient pas su élever leurs pensées jusqu'à la hauteur de la première ; les quiétistes de nos derniers siècles disaient : l'homme uni à Dieu par la contemplation ne pèche plus, quelles que soient ses œuvres, parce qu'on ne peut pécher dans le sein de Dieu ; les initiés disaient de même : l'homme étant devenu saint par l'initiation, ses œuvres sont saintes. Les cérémonies de l'initiation l'ont mis en règle avec la justice divine pour ses œuvres précédentes, et, quant à son avenir, il n'a rien à craindre au sortir de ce monde, puisqu'il a accompli d'avance les épreuves et les purifications exigées à l'entrée de la vie future.

En public, amuser le peuple par de beaux spectacles, se montrer éminemment religieux, pour lui imposer le respect ; en particulier, garder un secret rigoureux, voilà les mystères.

Et il faut bien que ce secret voilât de tristes réalités, des réalités en opposition avec la conscience publique, puisqu'au milieu d'un prosélytisme si ardent et si peu contraint, une indiscrétion comportait la peine de mort, et que, dans ces processions si pompeuses dont nous parle Apulée, les principaux personnages étaient masqués et désignés par des noms d'emprunt[102].

Les orphiques enseignaient qu'Isis gouvernait le monde par une succession d'esprits, respectivement inférieurs les uns aux autres. Platon et Pythagore admettaient les mêmes principes. Mais le Dieu suprême, abîmé dans un océan de lumière, était inaccessible aux intelligences inférieures, et invisible pour elles, tout en les éclairant. Les hommes, pour lesquels il est plus inaccessible encore, ne peuvent parvenir jusqu'à lui. Les divinités inférieures, avec lesquelles seulement ils peuvent communiquer, se rendent dociles aux prières, aux sacrifices, aux conjurations et aux moyens que la magie sait employer[103].

Il paraît, en effet, que les pratiques de la magie théurgique furent dès l'origine un accessoire inséparable des mystères.

Diodore, rapportant la tradition des Phrygiens sur Rhée, ou Cybèle et parlant de son culte, dit qu'elle passait pour avoir été une grande magicienne. Hérodote croit que Mélampe était habile dans l'art de la divination ; il est en effet classé au nombre des magiciens par tous les écrivains de l'antiquité

---

[102] Apul. Metam. lib. XI, circa finem. Il révèle, quelques pages plus loin, les cérémonies de son initiation aux mystères d'Isis et d'Osiris, mais avec la plus prudente réserve.
[103] Fréret, *Mém. sur le culte de Bacchus.* — Bruker et Mosheim ont mieux traité ce sujet.

aussi bien qu'Orphée et les Cabires[104], et il faut comprendre sous ce nom les ministres et leurs dieux ; on attribue même à ceux-ci l'introduction de la magie parmi les hommes, qui n'en auraient jamais connu les secrets, s'ils ne leur avaient été apportés des cieux.

Aux derniers temps de la république romaine, les initiés des différents mystères cultivaient tous les genres de magie. On voyait en particulier les isiades, vêtus de la tunique de lin et coiffés du masque à tête de loup, aller de porte en porte offrir la faveur de l'initiation, mendier le salaire qui en était le prix, et mettre leur savoir en fait de divination au service de leurs adeptes.

La secte des orphiques fit de très grands progrès pendant les premiers siècles du christianisme ; et cette époque, on le sait, fut celle des évocations, de la magie et des pratiques les plus odieuses de la nécromancie. Néron apparaît avec éclat sur la liste des initiés, Julien vient la clore.

Théodose frappa les mystères d'une proscription générale en 438 ; mais cette proscription ne les anéantit pas. Ce n'étaient plus alors, à proprement parler, des mystères, c'était la gnose, autre école de dépravation et de magie, dont nous dirons la naissance et les progrès lorsque le temps en sera venu[105].

Telle est l'origine des sociétés secrètes qui inondent l'univers ; mais, depuis deux siècles, leur but, sans être meilleur, est différent. Nous le dirons aussi en son lieu.

---

[104] Les Cabires (en grec ancien Κάβειροι) sont des divinités mineures mystérieuses adorées dans plusieurs endroits de la Grèce et surtout dans les îles de Samothrace et d'Imbros.

[105] Cf. Clavel, *Hist. de la franc-maçonnerie*, IIe part. — Dupuys, *Origine des cultes*. — Apulée, *Métam*. — Jamblic. *de Mysteriis*. — Sainte-Croix, *Myster. du paganisme*. — Gutberleth, *Dissert. philos. de Myster. Cabir*. — Mathæo ægyp. senat. consult. de Bacchalan. explic. — Raphaël Fabretti et Scipion Maffei sur le même sujet. — Ces trois auteurs, particulièrement Matheo, ont écrit ce qu'il y a de plus savant et de plus complet sur les bacchanales. L'un des plus mauvais chapitre d'un livre qui en a beaucoup de mauvais, quoique fait à bonne intention, la *Mystique diabolique* de Goërres, est celui où l'auteur traite des mystères du paganisme (liv. VI, ch. III). Il suppose que les mystères étaient purs à l'origine, ce qui n'est ni démontré ni démontrable et parait faux ; que les moyens extatiques jouaient un grand rôle dans les initiations, ce qui est encore moins démontrable et parait une contre-vérité; que les initiations à la chevalerie, au moyen âge, en étaient une continuation, ce qui est de toute fausseté, car la préparation, et non l'initiation à la chevalerie, consistait en des pratiques purement chrétiennes, le jeûne, la prière, la confession et la communion; la veillée d'armes était une garde de nuit montée à la porte d'une forteresse. D'ailleurs le grade de chevalier s'obtenait aussi, comme la croix d'honneur, sur le champ de bataille, sans autre préparation qu'un beau fait d'armes. L'auteur rattache ensuite à tout ceci les moyens extatiques employés par les magiciens de la Virginie, par les Caraïbes, les Galibis, les moxes du Paraguay, les Mexicains, les Péruviens, les chamanes de l'Asie, et rien de cela n'est en rapport avec le sujet qu'il traite. Il nage dans les eaux troubles d'une science vaste mais incomplète, qu'aucun rayon de critique ne vient éclairer.

Gravure extraite du *Temple de Satan* de Stanislas Guaita, par Éliphas Lévi

CHAPITRE VI : LE RÈGNE DE SATAN

Pendant que Satan menait ainsi l'univers dans la voie des mauvaises mœurs par le moyen des mystères, qui en étaient l'apprentissage, il dominait sur les intelligences par le moyen d'une multitude de superstitions dégradantes ou criminelles.

Les oracles d'abord. Ceux de Dodone, de Delphes, de Jupiter Ammon, dans la Libye, passent pour les plus anciens ; ils demeurèrent aussi au nombre des plus fameux. Il s'en éleva à Héliopolis et à Thèbes, en Égypte, à Mopsus, en Cilicie, à Patare, à Phasélis, à Claros, à Épidaure, à Didyme, à Mycale, à Rome, puis de proche en proche, dans toutes les contrées de l'univers, et souvent plusieurs dans une même province, Apollon ne fut pas le seul à prophétiser ; on lui donna pour rivaux Jupiter, Vulcain, Mars, Vénus, Isis, Sérapis, jusqu'au brigand Trophonius, et dans les derniers temps des misérables aussi dignes d'horreur que les brigands, tels qu'Éphestion et Antinous.

Beaucoup d'oracles s'énonçaient par l'intermédiaire des pythies, pauvres engastrimythes, dans les entrailles desquelles on s'imaginait que les dieux parlaient, et que les ministres rendaient extatiques au moyen de breuvages ou de fumigations souvent dangereuses pour leur vie[106].

Mais ce n'était pas l'unique procédé ; l'avarice des ministres avait su diversifier les moyens : ici c'était une statue qui branlait la tête, là une idole qui parlait ou bien des vases d'airain qui se choquaient ; ailleurs un interlocuteur invisible, qui répondait en prose ou en vers. À Héliopolis et à Mopsus, le consultant formulait ses demandes dans des billets cachetés ; il lui était répondu de même. À Sparte, les magistrats allaient dormir dans le temple de Pasiphaé, pour être éclairés dans leur sommeil sur les intérêts de la république et la manière de rendre la justice. Les temples d'Esculape à Épidaure et à Rome n'étaient pas moins fameux ; ceux de Jupiter Olympien, à Agésipolis, d'Ino, près d'Œtile, de Sérapis, à Canope, jouissaient des mêmes privilèges. Mais, comme tous les songes n'étaient pas censés prophétiques, les dormeurs recouraient à des préparatifs et à des moyens violents. Amphiaraus ordonnait un jeûne absolu d'un jour entier, précédé d'une abstinence de vin de trois jours de durée. Lorsque les habitants de la Calabre voulaient consulter Podalyre, fils d'Esculape, ils allaient, enveloppés de peaux de mouton encore saignantes, dormir sur son tombeau. Ailleurs on usait de polentas mêlées de

---

[106] Plutarque, *Oracles de la Pythie*. — Lucain, *Pharsale*, liv. V.

sucs de pavot ; on ne descendait dans l'antre de Trophonius qu'après avoir bu de l'eau de mnémosyne, qui causait une ivresse extatique.

Si l'art futile de faire naître des songes et de les interpréter n'est du moins que ridicule, il n'en est pas de même de la nécromancie, art prétendu de converser avec les morts. Les anciens nous ont laissé de ces sortes d'évocations des tableaux qui épouvantent. Properce peint une nécromancienne les cheveux épars, errante sur les tombeaux, ou recueillant parmi les cendres du bûcher des ossements à demi brûlés. Lucain nous fait assister à ses sifflements, à ses cris, à ses hurlements, aux gémissements étouffés qui sortent de sa poitrine ; il nous la montre armée de serpents, avec lesquels elle flagelle des cadavres, ou se penchant sur le bord d'une fosse, au fond de laquelle elle convoque les divinités de l'enfer. Horace la dépeint parée de plumes d'oiseaux de nuit, environnée de serpents, de cyprès, de plantes funèbres cueillies sur les tombeaux, d'ossements ravis à la gueule de chiens affamés, et d'herbes vénéneuses souillées du sang et de la bave des reptiles. Il la dépeint enterrant jusqu'au menton un jeune enfant, qu'elle doit laisser périr malgré ses larmes et ses cris, afin de composer avec la moelle de ses os des pommades, des breuvages et des charmes ; car les nécromanciens n'avaient pas pour unique but de faire apparaître l'âme des morts, ils cherchaient aussi dans les tombeaux des poisons et des philtres, ou des remèdes d'une efficacité merveilleuse.

Si l'imagination des poètes a assombri ces tableaux d'une laideur plus affreuse encore que la réalité, la réalité n'est que trop démontrée. Hérodote accuse Agamemnon d'avoir immolé deux enfants, pour chercher sa destinée dans leurs entrailles, lorsque des vents contraires empêchaient le départ de ses navires. Cet art cruel, qui est une branche de la nécromancie, s'appelait du nom d'anthropomancie ; Julien l'Apostat y recourait souvent. Théodoret et saint Grégoire de Nazianze l'accusent d'avoir plus d'une fois immolé des enfants dans des sacrifices nocturnes, afin de consulter leurs entrailles ou d'évoquer leurs mânes. Le temps révéla ces affreux mystères : on trouva des caisses remplies de cadavres et d'ossements ; on trouva des cadavres dans les puits, dans les égouts et dans les lieux les plus secrets des palais qu'il avait habités. À Cares, en Mésopotamie, il s'enferma une nuit dans un temple, et fit sceller les portes après sa sortie ; deux ans plus tard, on y trouva le cadavre d'une femme qui avait été suspendue par les cheveux, et dont les entrailles avaient été arrachées. On suppose, non sans vraisemblance, que l'empereur avait cherché par un tel moyen à pénétrer dans l'avenir de ses destinées et de celles de l'empire. L'histoire adresse de pareils reproches à Maximin, à Maximien, à Licinius et au tyran Maxence. Héliogabale faisait enlever pour ses sacrifices magiques les enfants des familles les plus nobles, principalement ceux qui étaient les plus chers à leurs parents, afin de mériter, en excitant plus de pleurs et de regrets par ce raffinement de barbarie, les faveurs des cruelles divinités de l'enfer.

L'œuvre de celui qui fut « homicide et menteur dès le commencement[107] » de Satan, apparaît ici d'une façon bien manifeste. Son but n'était pas de payer le prix de pareils crimes, mais de les faire commettre. S'il les paya quelquefois d'une réponse, nous ne savons. Mais si quelques-uns des ministres des oracles ou des idoles prirent part au sacrifice, il répondit certainement à sa place. Rien n'était plus familier à ces sortes de gens que la supercherie ; il leur fallait bien suppléer à ce que Satan ne voulait pas faire lui-même.

Ceux de l'Égypte, moins criminels du moins en ce point, usaient de la fantasmagorie pour produire des ombres, que les spectateurs considéraient comme des apparitions surhumaines. « Dans les discordes civiles, et toutes les fois que les magistrats ne pouvaient se mettre d'accord, les ministres des dieux assemblaient le peuple, et évoquaient Osiris, pour qu'il terminât lui-même le différend. On apercevait sur la muraille du temple une masse de lumière, faible d'abord et éloignée, mais qui se rapprochait ensuite, se resserrait et se transformait en un visage évidemment divin et surnaturel, d'un aspect doux, mais sévère, et d'une beauté remarquable. Personne, après cela, n'aurait osé contrevenir à la volonté du dieu[108]. »

La croyance aux fantômes et aux revenants, sujet perpétuel de terreur pour les âmes faibles, mais qui a sa raison d'être dans des faits naturels, dans une multitude de supercheries adroitement accomplies, dans une peur instinctive dont l'homme n'est pas maître, et certainement aussi dans un grand nombre d'apparitions plus réelles qu'on ne pense, se lie étroitement à la nécromancie. C'était l'âme du mort que le nécromancien voulait consulter. Horace, dans ses imprécations contre Canidie, n'oublie pas de menacer la sorcière de la fureur de l'âme du malheureux enfant qu'elle sacrifie à sa cruauté.

Cette créance universelle donna lieu à une multitude de supercheries et de stratagèmes, ordinairement couronnés du succès ; il suffira d'en rapporter quelques exemples. Pendant la première guerre de Messénie, Aristomène et un de ses amis, déguisés en Castor et Pollux, allèrent se mêler aux Lacédémoniens, tandis qu'ils célébraient la fête de ces héros, les enivrèrent et les vainquirent dans leur ivresse. Périclès se fit promettre la victoire par un de ses amis déguisé en Pluton au sein d'un bois consacré à ce dieu, en présence des chefs de son armée, qui furent émerveillés, et marchèrent au combat avec cette assurance qui donne la victoire. Gabinius, dans le cours de la guerre

[107] Il était homicide dès le commencement et n'était pas établi dans la vérité, parce qu'il n'y a pas de vérité en lui : quand il profère le mensonge, il parle de son propre fonds. (Jean, VIII, 44).
[108] Damascus, ap. Phot. in Biblot. cod. 242. — Jamblique en fait mention d'une manière plus nette encore, *de Myster.* sect. III, ch. 17. Il appelle cet art une épiphanie divine.

civile entre César et Pompée, travestit en furies les femmes de Salone, et les envoya effrayer les assiégeants, qu'il dispersa plus aisément ensuite.

Les grandes et puissantes nations qui asservissaient l'univers se laissaient asservir elles-mêmes par les ministres des superstitions les plus ridicules. Isaïe compte par milliers les enchanteurs et les magiciens de Babylone ; Daniel cite en passant quatre sortes de devins en grand crédit à la cour de Nabuchodonosor au temps de la captivité : *Chartumim*, des enchanteurs ; *Asaphim*, des interprètes des songes ; *Mechasphim*, des magiciens ; *Chasdim*, des Chaldéens ou astrologues. Et l'astrologie ne régnait pas seulement à la cour de Perse ou d'Assyrie, mais d'un bout de l'univers à l'autre. Toutefois, chez les Romains, l'art augural prédomina sur toutes les superstitions : l'augure fut le grand régulateur des affaires, particulières et publiques, depuis le mariage du moindre des citoyens jusqu'aux comices du peuple, au choix des magistrats, aux mouvements des armées, aux traités de paix et aux déclarations de guerre ; la loi des Douze Tables prononçait la peine de mort contre ceux qui n'obéissaient pas à la décision de l'augure. Les plus grandes familles de Rome se trouvaient fort honorées, lorsqu'un de leurs membres était élevé à la dignité d'augure ou à la garde des vers de la sibylle.

Les pontifes eux-mêmes du rang le plus éminent, flamines et archiflamines, n'étaient que de pauvres devins, chargés de reconnaître la volonté des dieux dans les mille détails d'un sacrifice : comment la victime avait souffert la mort, comment étaient ses entrailles encore palpitantes, comment le feu du bûcher avait flambé, comment la fumée s'était dirigée, comment les tisons s'étaient éteints, comment les cendres s'étaient disposées. Et toutes ces observations formaient des branches diverses de la science sacrée des pontifes, telles que la thymatique, l'extipiscine, la pyroscopie, la capnomancie, la spodomancie.

Les esprits cultivés s'affranchissaient, il est vrai, de quelques-unes de ces superstitions, mais non de toutes ; ils se permettaient même de les railler, et y demeuraient cependant asservis de plus d'un côté. Cicéron, tout en respectant fort peu les dieux, et en disant qu'il ne comprenait pas comment deux augures pouvaient se regarder sans rire, eut un songe dans sa maison d'Atina qu'il considéra comme divin, et dont il tint un grand compte. Caton le Censeur répondait à un sénateur de ses amis qui venait le consulter sur un prodige menaçant arrivé dans sa maison : Il n'y a rien de prodigieux à ce que les rats aient rongé vos chaussures ; ce serait différent, si vos chaussures avaient mangé les rats ; mais il n'aurait pas été trop rassuré si pareille chose était arrivée à son égard, lui qui n'osait passer, si une souris venait à traverser le chemin devant lui. Il croyait qu'on pouvait remettre les os disloqués au moyen de paroles magiques ; voici sa recette : chanter avec force : G.F. *Motas danata dardaries astolaries*. César, qui avait osé franchir le Rubicon, n'osait monter dans son char sans prononcer une certaine formule magique. Le sénateur Servilius-Nonnius portait des périaptes[109] pour se guérir du mal des yeux; Périclès et Bion, si réputés pour leur sagesse parmi les Grecs, en portaient pour se préserver de la peste.

Si de ces hommes qui tinrent un rang éminent parmi leurs contemporains, nous descendons dans les classes inférieures de la société, nous y trouverons tous les genres de divination pratiqués et en crédit: la rabdomancie, art de deviner par le moyen de baguettes de coudrier lancées à l'aventure sur une aire préparée à cet usage: c'est l'origine de l'écriture runique; la bélomancie, art de deviner avec des fers de flèches: c'est l'origine de l'écriture cunéiforme; l'aleuromancie, art de deviner avec de la pâte, duquel Apollon reçut le surnom d'Aleuromancien; l'astragalomancie, art de deviner avec des dés; la captromancie, avec un miroir; l'hydromancie, avec de l'eau; l'actinomancie, avec une hache; la cosquinomancie, avec un crible; l'alectromancie, par le moyen d'un coq endormi la tête sous l'aile; l'agatomancie, par le moyen d'agate pulvérisée; l'alphitomancie, par le moyen de petits pains contenant des feuilles de laurier; mais qui pourrait tout compter?

Et les sorts! Ceux de Dodone, que renversa un jour avec tant d'irrévérence le singe du roi des Molosses; ceux de Préneste, trouvés dans un rocher par un certain Numérius Suffucius; ceux d'Euripide, de Musée, d'Homère, de Virgile, que les agyrtes, prêtres de Cybèle, avaient seuls le droit d'interpréter!

Le sortilège était partout, la magie partout, et le peuple tremblait devant les magiciens, car il leur attribuait une puissance sans bornes. Il s'imaginait qu'ils pouvaient, par la vertu des enchantements, faire descendre les astres du firmament, forcer l'eau des fleuves à remonter vers sa source, briser en éclats les plus durs rochers, rendre la vie aux morts, amonceler les orages, intervertir l'ordre des saisons, voyager au sein des nuages, exciter les tempêtes, arrêter subitement les chevaux lancés à la course, se changer en loups. Il les accusait de causer la stérilité des champs, de distribuer à leur volonté la maladie et la mort, de semer la discorde et la haine au sein des familles, de divulguer les secrets les mieux gardés, d'ouvrir sans clef les portes les plus soigneusement fermées, de jeter sur leurs ennemis, comme un funeste sort, les frénésies et les amours insensées. Tibulle, Ovide, Virgile, éloquents échos de ces tristes croyances, ont contribué à les propager; mais, du reste, elles n'étaient pas absolument vaines.

C'est à l'opinion où étaient les anciens, que les sorciers allaient peser d'un grand poids sur les tombeaux, pour en exprimer l'âme des morts, qu'il

[109] Du grec περίαπτον, amulette que l'on attache autour du cou.

faut attribuer cette formule d'adieu qu'ils adressaient à leurs amis et à leurs proches, et qui a passé jusque dans notre langage : *Que la terre vous soit légère !*

Suivant le récit de Pausanias, le prêtre de Jupiter Lycien pouvait, en temps de sécheresse, faire tomber la pluie sur les campagnes voisines du mont Lycée. Il lui suffisait pour cela de frapper avec un bâton de chêne la surface d'une fontaine qui coulait du sommet de la montagne. Beaucoup d'autres ministres des dieux étaient réputés dépositaires d'aussi grands pouvoirs, et de là provenaient de la part du peuple à leur égard tant de respects et de servilité.

Ces sortes de gens n'étaient pas excusables quand ils trompaient le peuple, mais ils l'étaient moins encore lorsqu'ils préparaient à l'usage des voleurs la main des suppliciés, cette fameuse main de gloire que nous verrons reparaître au moyen âge ; ou quand, devenus les complaisants d'une haine homicide, ils façonnaient ces statues de cire dans la poitrine desquelles les faibles et les lâches, animés du désir impuissant de nuire, devaient enfoncer des aiguilles à l'intention d'un ennemi, croyant le blesser du même coup. Il était digne de Néron d'essayer ces ténébreux moyens de faire le mal ; il en reconnut promptement l'inefficacité ; mais l'expérience qu'il en fit, ne devait pas rendre plus sages ses pareils dans les siècles suivants.

Ce dernier usage n'était pas étranger à la Grèce, car Platon en fait mention dans plusieurs passages de son traité des lois ; il veut que les magistrats répriment sévèrement de pareilles tentatives, quoiqu'elles soient sans dangers : Ce sont, dit-il, des choses difficiles à comprendre et difficiles à croire ; aussi peu de personnes daignent-elles y ajouter foi.

Au moment où le christianisme apparut, ces moyens de séduction étaient déjà passablement discrédités dans la Grèce, peuple frivole et léger, mais d'un bon sens exquis, les Grecs osaient de tout, même des oracles, sans y attacher une grande importance. Déjà, dans un passage d'Hésiode, rapporté par Clément d'Alexandrie, on lit : Nul devin ne saurait pénétrer les secrets du maître de l'univers. Plus tard, Pindare dira dans sa douzième olympique : Nul homme n'a jamais obtenu des dieux un signe indubitable qui lui révèle l'avenir. Sophocle, dans le chœur d'*Œdipe roi*, proclame que les devins sont des trompeurs, et Euripide fait dire par le chœur de son *Iphigénie à Aulis*, que les tablettes des muses ont été inventées pour accréditer des mensonges. Il ajoute : Si quelquefois le hasard vient à propos servir un devin, il y a toujours cependant plus d'impostures que de vérités dans ses oracles. Les conseils des dieux cheminent vers l'inconnu, dit-il ailleurs. Aussi la Grèce n'avait plus conservé à la fin que le côté littéraire et poétique de ses anciennes traditions ; la foi s'était envolée loin des sanctuaires, et les temples, déchus des respects que leur avaient valus jadis les croyances des aïeux, s'étaient abaissés, dans la pensée populaire, au niveau de musées artistiques ; mais rien ne venait prendre la place de la foi.

Or, en l'absence des formules d'une foi traditionnelle, en l'absence de tout sentiment de respect ou de crainte, en l'absence des enseignements d'une philosophie, qui ne descend jamais d'ailleurs dans les masses, en l'absence d'un frein et d'une sanction, quelles devaient être les mœurs publiques ? Saint Paul va nous l'apprendre ; le tableau a été peint en face du modèle. « Dieu a livré les idolâtres aux passions les plus ignominieuses : les femmes entre elles et les hommes entre eux ont appris à se souiller de toutes les hontes, à s'abandonner aux goûts les plus dépravés. On les voit abonder en toute sorte d'injustice, de méchanceté, de débauche, d'avarice, d'iniquités ; ils sont envieux, homicides, querelleurs, fourbes, jaloux, calomniateurs, détracteurs, impies, insulteurs, superbes, hautains, dresseurs d'embûches, rebelles à l'autorité paternelle, légers, volages, sans affection, sans foi, sans entrailles. »

Satan devait être content ; ses œuvres s'accomplissaient ainsi d'un bout de l'univers à l'autre. Mais n'anticipons pas sur des détails de mœurs qui trouveront bientôt leur place.

CHAPITRE VII : LA MAGIE JUDAÏQUE

Les Juifs ne surent pas se préserver du culte abominable pratiqué par les nations voisines, et c'est ce qui leur attira, comme châtiments de la part de Dieu, les huit servitudes successives qu'ils eurent à subir avant l'établissement de la royauté. S'ils furent depuis lors un peu moins insensés, ils ne restèrent pas non plus toujours sages ; mais enfin un dernier malheur vint punir leurs derniers excès, ce fut la grande captivité des soixante-dix ans. Il faut voir en quels termes et comment les prophètes leur reprochent l'idolâtrie, la magie, la célébration des honteux mystères du paganisme. Aucune page ne nous semble plus éloquente que la suivante du prophète Ezéchiel. Le fils de Buzi, relégué alors sur les bords du fleuve Chobar, dans la Babylonie, est transporté en esprit près du temple de Jérusalem, et le Seigneur lui dit :

« Fils de l'homme, percez la muraille, et regardez ce qu'ils font. J'ai regardé, et j'ai vu les murs couverts de représentations idolâtriques : des reptiles, des quadrupèdes et toutes sortes d'images pour objet de culte aux fils d'Israël ! Les parois de la maison sainte en étaient couvertes, et soixante-dix vieillards, des premiers de la nation, ayant à leur tête Jézonias, fils de Saphan, encensaient à l'envi ces idoles, et le temple était rempli d'un nuage de fumée d'encens. Et en me tournant vers la grande porte du côté de l'aquilon, j'ai vu de plus tristes abominations encore : il y avait là des femmes en pleurs qui célébraient les mystères d'Adonis ; puis, dans l'atrium, entre le vestibule et l'autel, vingt-cinq personnes, le dos appuyé au temple et les regards fixés vers l'Orient, qui attendaient le lever du soleil pour lui adresser leurs adorations. »

La captivité des soixante-dix ans, précédée à plusieurs reprises de très grands malheurs, comme d'autant d'avertissements, eut enfin raison d'un tel aveuglement. Ceux des Juifs qui en revinrent étaient instruits et corrigés.

Mais, ne voulant pas rester en arrière des autres peuples en fait de magie, et se priver d'un avantage que toutes les nations estimaient à si haut prix, ils en créèrent une à leur propre usage, en rapport avec leur religion, et aussi différente des autres magies que leur religion était différente des autres religions. Ils l'appelèrent du nom de cabale, et la déduisirent d'interprétations tirées de prétendues traditions qui remontent on ne sait où, et s'appuient sur on ne sait quoi.

Des auteurs modernes se plaisent à chercher l'origine de la cabale dans les dogmes de la religion de Zoroastre, auxquels les Juifs se seraient initiés pendant la captivité ; mais cette pensée est certainement vaine ; la cabale n'a rien qui ressemble au zoroastrisme. Elle est née, dans la Judée même, des excès d'une exégèse trop subtile, et si elle ressemblait à autre chose qu'à elle-même, ce serait plutôt par sa dogmatique aux idées cabiriennes.

La cabale se divise en deux parties principales : la *mercava* et la *bereschit*. La mercava est la cabale savante, qui traite de Dieu et des natures angéliques. Le mot mercava, qui veut dire chariot, fait allusion au chariot mystérieux des prophéties d'Ezéchiel. Bereschit est le premier mot de la Genèse ; les cabalistes l'ont choisi pour exprimer cet autre genre de cabale qui court après les merveilles.

Le mot *cabale*, qui veut dire acception, est formé lui- même cabalistiquement du corrélatif *mororah*, qui veut dire tradition.

La cabale existait comme exégèse biblique au temps des Lagides, puisqu'on en trouve des traces nombreuses dans la traduction des Septante. Elle existait comme magie au premier siècle du christianisme, puisque Josèphe fait mention d'ouvrages de ce genre attribués à Salomon. Ils sont perdus, et le plus ancien livre cabalistique qui nous reste parait être le *Zohar*, de Simon-ben-Jokaï, contemporain de Josèphe. On le considère comme le fondement de la cabale moderne.

Nous ne suivrons pas la mercava dans ses hautes et folles contemplations ; il nous suffira de montrer le parti que Satan sut tirer de ce moyen pour altérer le dogme religieux.

Aux yeux des cabalistes, la création se fait dans le sein de Dieu même, par suite d'un mouvement ondulatoire qu'il imprima dès le commencement à la lumière incréée, qui est sa propre substance. Ce mouvement produit dix ondes, qui sont les dix séphiroth, ou splendeurs de Dieu, et les dix mondes créés, inférieurs en perfection l'un à l'autre, comme les ondulations produites à la surface de l'eau par un choc sont inférieures en puissance l'une à l'autre, à mesure qu'elles s'éloignent du centre. D'où résulte que tout est à l'image de Dieu, comme le vêtement à l'image du corps.

Ainsi, déjà la création est niée : tout procède de Dieu par émanation, tout est la substance même de Dieu, tout est Dieu. Dès le premier pas nous voilà arrivés au panthéisme, qui est la suppression de la personnalité, et celle du bien et du mal moral. Les cabalistes modernes admettent cette conséquence ; beaucoup parmi les anciens l'admettaient également.

Mais ce n'est pas tout ; la lumière incréée est incorporelle, d'où il suit que la matière n'est qu'une vaine apparence et n'existe pas en réalité, et, par une conséquence immédiate, que tous les actes qui nous semblent accomplis à l'aide de nos membres, n'ont aucune réalité, et ne peuvent ainsi constituer ni le bien ni le mal, et leur répétition ni le vice ni la vertu.

Au premier degré des émanations est l'*Adam-Kadmon*, l'homme immense, l'homme divin ; au dernier, l'Adam terrestre, microcosme de tout ce qui existe.

De l'Adam-Kadmon procèdent les quatre mondes : *Asiluth*, habité par les *pasuphim*, esprits célestes faits à l'image d'Adam-Kadmon ; *Briah*, habité par les *chérubim*, les *séraphim*, les *malachim* et les *béni-éloïm*, esprits inférieurs les uns aux autres et aux *pasuphim* ; *Jésirah*, habité par les *klippoth* ; *Asiah*, habité par l'homme.

Les *klippoth*, ayant voulu se soustraire à l'obéissance envers les *béni-éloïm*, entraînèrent l'homme dans leur parti ; mais, ne pouvant atteindre ce but même avec son aide, ils brouillèrent et gâtèrent toutes choses, par esprit de vengeance, dans leur monde et dans le monde de l'homme. *Bélial* est le chef de tous les *klippoth* ; *Lilith* est son épouse.

Ainsi disparaît la notion des esprits purs, la notion du péché ; la révolte ne remonte pas jusqu'à Dieu, et il ne reste en face de l'homme qu'un désordre accidentel. Lorsque viendra le *Messie*, sa mission consistera à rétablir l'ordre.

Le monde inférieur habité par l'homme est peuplé d'une multitude d'esprits, de quatre natures diverses, résidant, chacun selon sa nature, dans les quatre éléments ; ces esprits sont des deux sexes ; ils ont été créés en qualité d'amis et de serviteurs de l'homme. La cabale pratique apprend les moyens de commercer avec eux.

Le microcosme, abrégé de tous les mondes, tire du premier la pensée, du second la raison, du troisième les passions, du quatrième les appétits physiques. La plupart des cabalistes lui donnent au moins deux âmes : l'une qui est la source de la pensée et de la volonté, l'autre dans laquelle naissent les passions et le sentiment ; il en est qui le gratifient d'une troisième, laquelle serait pareille à celle des animaux, c'est-à-dire le pur instinct. Cet étrange composé se redécompose par suite de la mort, non pas instantanément, mais successivement et lentement, en repassant de monde en monde, où chaque parcelle rentre dans ses affinités, jusqu'à ce que la dernière, définitivement séparée des autres, se réabsorbe dans le sein de Dieu.

Si une telle dogmatique n'est pas la négation de toute morale divine ou humaine, ce n'est rien. S'il reste des devoirs, ils ne peuvent être que de convention ou de convenance ; des lois, elles n'ont pas de sanction. Il ne reste d'espoir ni pour la vertu ni pour le malheur ; le seul paradis de l'homme est sur la terre. Aussi l'Évangile nous montre qu'au temps du Sauveur, beaucoup de Juifs n'espéraient rien après la vie, et la plupart considéraient les biens du monde comme les seuls dons de Dieu.

Mais comment descendre de ces hauteurs à la bereschit, ou cabale magique ? Toujours par l'exégèse, puisque l'exégèse est la voie et le moyen de toute la cabale.

L'exégèse a trois méthodes : la *themura*, la *gématrie* et la *notarique*. La themura consiste dans le déplacement des lettres d'un mot ou d'une phrase, et donne naissance au grand art de l'anagramme, à la stéganographie, qui est la science des écritures secrètes, et à la lecture récurrente, qui consiste à commencer la lecture d'une phrase par le dernier mot, ou d'un mot par la dernière lettre.

La gématrie consiste à considérer chaque lettre comme valeur numérale, chaque mot comme un total formé de plusieurs sommes ; d'où il arrive qu'en remplaçant un mot par un autre d'une valeur égale, on a de nouvelles combinaisons et de nouvelles phrases, qui révèlent souvent des mystères inconnus.

La notarique est le grand art des cippes et des acrostiches. Le nom si glorieux des Machabées est formé cabalistiquement des cippes de la phrase suivante : *Ma camoch ba elim Jehovah* ; qui est semblable à toi, Seigneur, entre les forts ?

Ces méthodes aidèrent à trouver dans l'Écriture tous les noms d'anges et de démons, c'est-à-dire de klippoth, dont on eut besoin ; puis, en attribuant aux lettres de leurs noms la double valeur, extrinsèque et intrinsèque, qu'elles comportent, on eut des puissances actives sous la main, et la cabale magique fut créée.

Les douze lettres simples correspondent aux douze signes du zodiaque, aux douze mois de l'année, aux douze membres du corps humain; car il y en a douze, ni plus ni moins. Les sept doubles correspondent aux sept extrémités de toutes choses, qui sont le dessus et le dessous, le nord et le sud, le levant, le couchant et le milieu, qui est le palais de la sagesse.

Au surplus, qu'est-ce que les lettres ? Ne sont-ce pas les éléments des mots ? Mais qu'est-ce que les mots, si ce n'est le nom des choses ? Qu'est-ce, en outre, que le nom de la chose, si ce n'est sa propre essence ? Aussi la savant, Reuchelin a-t-il pu dire avec raison que la cabale est une théologie symbolique, dans laquelle les mots et les lettres ne sont pas les signes des choses, mais plutôt l'âme des choses, *res rerum*. Le nom et la chose peuvent donc être pris l'un pour l'autre ; la même vertu, la même valeur se trouvent dans les deux. Le nom de Dieu, qui est Dieu même, ainsi qu'il est d'ailleurs révélé, est donc aussi puissant que Dieu. *Jéhovah* étant l'archétype de toutes choses, son nom est l'abrégé de l'univers : celui qui le prononce, met le monde entier dans sa bouche ; il fait trembler le ciel et la terre, et les anges épouvantés se demandent quel est l'audacieux mortel qui a osé imprimer une telle secousse aux éléments.

Si le nom prononcé a tant de pouvoir, le nom écrit ne doit pas en avoir moins. Écrivez donc ce nom redoutable et portez-le ; vous serez invulnérable, l'univers vous sera asservi, vous serez tout-puissant. Nous voilà arrivés aux talismans, c'est-à-dire à la cabale magique. Avant d'en exposer les détails, nous demanderons seulement au docte cabaliste si le mot pain et le mot or, prononcés ou écrits, même en hébreu, équivaudraient à une table servie ou bien à une bourse garni ?

La cabale magique se réduit presque à l'art des amulettes. Il en est de différentes espèces, nommés *théphilim*, *théraphim* et *totaphot*, suivant la méthode employée à les façonner. On peut les diviser en deux grandes classes : les amulettes astrologiques et les amulettes bibliques.

Les amulettes astrologiques, produit des principes de l'astrologie judiciaire combinée avec l'exégèse biblique, rentrent dans la classe des abraxas, et prennent le nom de *sceaux*. Il y a le sceau de la Lune, le sceau du Soleil, le sceau de Saturne, etc. Celui-ci représente un œil droit, est inscrit du nom divin *Abgaïtar* et du nom de l'ange *Raphaël*. Le sceau de Jupiter représente l'œil gauche, est inscrit du nom divin *Karchhochetan* et du nom de l'ange *Gabriel*. Vénus a une main droite, le nom divin *Hakbathnach* et le nom de l'ange *Zadéchiel*, et ainsi des autres.

Les amulettes bibliques sont de quatre sortes : les unes sont inscrites du nom de Dieu ; les autres, de noms d'anges cabalistiques ; les troisièmes, de quelques versets de l'Écriture en rapport avec le but qu'on se propose ; les quatrièmes sont déduites de l'art des nombres.

Les amulettes inscrites d'un des noms de Dieu sont assurément les plus saintes et les plus puissantes ; mais l'art est difficile, quoique les règles soient connues. Et d'abord il faut s'entendre sur le nom à inscrire : il y a le nom *keptacontadyagrammaton*, c'est-à-dire de soixante-douze lettres ; le nom *tesseracontadyagrammaton*, formé de quarante-deux lettres ; le nom *dodécagrammaton*, formé de douze lettres : ce sont les plus efficaces ; seulement il se présente tant de chances d'erreurs dans la manière de former les lettres, car il y a les jours, les moments et les moyens pour chacune, sans parler des détails de la façon, qu'il est peu sûr de compter sur de telles amulettes. Le *tétragrammaton*, nom de quatre lettres, appelé *schemhamphoras*, serait donc de beaucoup le meilleur ; mais il se présente d'autres difficultés, car il y a au moins quatre noms de quatre lettres, *Jaij*, *Agla*, *Jéhovah*, *Élohim*, et quel est le véritable schemhamphoras ? Beaucoup d'auteurs tiennent pour *Jaij*, qui a l'avantage d'être un cippe : il est formé des initiales des mots *Jéhovah*, *Adonaï*, *Iah*, *Jaddud*, qui sont des noms divins, et sa valeur est 31, nombre égal à la valeur du mot *Ell*, le premier des noms de Dieu. On leur répond que cet avantage est compensé par un défaut, le cippe n'étant point parfait, puisque les mots dont il est extrait ne forment pas une phrase. *Agla* est préférable, du moins en tant que cippe parfait : il se compose des initiales des mots *Atah gabor leolam, Adonaï*, tu es puissant éternellement, Seigneur ; signification en rapport avec tel but qu'on puisse se proposer. Nonobstant, il parait que le courant se porte de préférence vers *Jéhovah* ; *Élohim* est peu en faveur. Et pourtant il y a sur Jéhovah des difficultés radicales insolubles : comment faut-il le prononcer, comment faut-il l'écrire ?

Sans parler du changement de caractères et peut-être d'idiome qui s'opéra sous l'administration d'Esdras, changement auquel les cabalistes ne daignent pas foire la moindre attention, quoiqu'il soit de toute importance pour la valeur des principes de leur art, il est certain que ce nom ne se prononce pas comme il s'écrit, et il est très-probable qu'il ne s'écrit plus comme Moïse l'avait écrit. Les cabalistes affirment que dans leur respect pour ce nom adorable, et afin qu'il ne tombât point dans le domaine du vulgaire, leurs ancêtres changèrent la manière de l'écrire, une telle affirmation pourrait bien être vraie, et elle le parait d'autant plus, qu'elle se reproduit avec insistance depuis le sixième siècle du christianisme. Toutes les anciennes bibles manuscrites et celles des premiers siècles étaient l'ouvrage des scribes Israélites, tous, ou peu s'en faut, entichés de la cabale. Dès la fin du sixième siècle, les Juifs affirmaient que la manière d'écrire et de prononcer le nom de Dieu était un mystère pour tout le monde ; autrement, disaient-ils, chacun pourrait faire des miracles, et serait le maître de bouleverser les lois de la nature. Ils ajoutaient que les prophètes et les thaumaturges n'avaient pas eu d'autre secret ; qu'il avait suffi à Josué, instruit par Moïse, de prononcer comme il faut ce nom adorable, pour arrêter le soleil. Ils prétendaient que le Sauveur s'était emparé furtivement de ce même nom, en s'introduisant secrètement dans le sanctuaire, où il le copia sur un fragment de parchemin, qu'il cacha ensuite dans une blessure faite avec intention à sa jambe, afin de pouvoir sortir sans que le vol fût aperçu des prêtres ni des chérubins d'or préposés à la garde du Saint-des-Saints. Ils oublient qu'il n'y avait plus ni arche ni chérubins à cette époque.

Les Juifs de ce temps-là, moins bien avisés, accusaient tout bonnement le fils du charpentier, comme ils l'appelaient, d'opérer ses miracles par le nom de Béelzébud, prince des démons. Il est vrai, toutefois, que c'était encore de la cabale. Et en effet elle était alors florissante, comme le montreraient, à défaut d'autres preuves, ce nom et cette classification ; mais il en est de plus positives : le Sauveur reprochait dès lors aux docteurs de falsifier la loi en vertu de leurs prétendues traditions. L'apôtre saint Jean fait une allusion très claire aux mêmes traditions dans l'Apocalypse : « Il viendra un temps, dit-il[110], où personne ne pourra acheter ni vendre, à moins d'être marqué du

[110] Apoc. XIII, 17 et 18.

nom de la bête, de son *caractère* ou de son *nombre*. Que celui qui a la *science* étudie le mystère : le *nombre du nom de la bête est* 666, *et correspond à un nom d'homme.* » Parmi le grand nombre de noms auxquels ce nombre correspond, nous nous contenterons de citer les noms symboliques de l'antéchrist : *Teitan, Lampetis, Lateinos, Artemos*. Le nombre 6 à son tour renferme un sens mystérieux, beaucoup plus mystérieux encore lorsqu'il est répété trois fois, comme ici, d'autant plus que la somme est le produit de 6 deux fois multiplié par lui-même, puis par 3 et augmenté de 3 fois 6.

Quant aux amulettes qui portent des noms d'anges, nous venons de dire qu'une partie se forment d'une manière passablement arbitraire ; on en prend aussi quelquefois de toutes formées dans la Bible, d'une manière qui n'est guère moins arbitraire : par exemple le mot *Schiauriri*, que quelques personnes portent répété et écrit en forme d'équerre, pour se guérir les yeux. L'auteur de la Genèse, en parlant des anges qui frappèrent d'aveuglement les coupables habitants de Sodome, rend leur action par le mot *beschiauriri* ; qui ne voit dès lors que *Schiauriri* est l'ange de la vue, et que son nom préserve de la cécité ?

Les amulettes inscrites de quelques passages de l'Écriture sont les plus simples ; le choix des versets est déterminé par le but qu'on veut atteindre. On les écrit sur des bandes de parchemin, qu'on porte en guise de fronteaux ou de bracelets, conformément à la recommandation de l'Exode et du Deutéronome[111], de graver sur son front et dans ses mains le souvenir des grandes merveilles opérées de Dieu en faveur de la nation juive. Il en est une spéciale, nommée *mezuza*, qui se compose des versets 4 jusqu'à 9 du sixième chapitre du Deutéronome, et des versets 13 jusqu'à 20 du onzième chapitre du même livre. Ces passages contiennent les recommandations les plus pressantes relativement à l'observance de la loi 9 et se terminent ainsi : « Vous écrirez ceci sur le seuil et sur la porte de vos maisons[112]. » C'est pourquoi le mezuza s'enroule dans un étui, se suspend à la porte de l'habitation, chacun le touche du doigt en entrant et en sortant, et baise le doigt qui l'a touché. Mais, à part la grossièreté de l'interprétation, qui oserait blâmer le pieux usage ? N'est-ce pas un rappel perpétuel à l'observance de la loi divine, et un touchant souvenir de la patrie absente ?

La Bible leur tenant lieu de tout, les cabalistes cherchèrent dans la Bible ce

[111] Ce sera pour toi un signe sur ta main, un bandeau sur ton front, car c'est par la force de sa main que Yahvé nous a fait sortir d'Égypte (Exode, XIII, 16). — Tu les attacheras à ta main comme un signe, sur ton front comme un bandeau (Deutéronome, VI, 8) ; — Ces paroles que je vous dis, mettez-les dans votre cœur et dans votre âme, attachez-les à votre main comme un signe, à votre front comme un bandeau. (Deutéronome, XI 18).

[112] Tu les écriras sur les poteaux de ta maison et sur tes portes. (Deutéronome, VI, 9) — Tu les écriras sur les poteaux de ta maison et sur tes portes. (Deutéronome, XI, 20).

qui n'y était pas, et ne manquèrent pas de l'y trouver, par la manière même dont ils le cherchaient. Après avoir calculé les nombres des noms de Dieu et des anges, ils en formèrent des carrés magiques, c'est-à-dire des quantités disposées de telle sorte qu'on peut les additionner en suivant un ordre quelconque, sans que le total soit différent; puis, ajoutant superstition à superstition, ils les écrivirent sur du parchemin vierge, afin de leur donner plus de puissance. On appelle parchemin vierge, celui qui est fait de la peau d'un animal qui n'a pas encore porté.

À l'art des amulettes se joignit l'art des conjurations. Quels anges et quels démons n'eût-on pas contraints par la vertu toute-puissante des noms mystérieux de Dieu! Si les Gentils pouvaient évoquer les anges et les âmes des morts par la force de la magie, les Juifs, possesseurs de la véritable science, devaient-ils rester en arrière? On entassa donc dans des formules bizarres les mots *Agla*, *Sabaoth*, *Tétragrammaton*, *Ell*, *Élohim*, et tous ceux auxquels on supposait plus de vertu; et, pour concilier à ces formules un plus grand respect, on les mit sur le compte de Salomon, trop sage pour s'être jamais occupé de pareilles stupidités. Ce n'est pas lui, du moins, qui aurait dit que Dieu porte des amulettes inscrites sur son front et sur ses bras, et qu'il se met à genoux pour faire ses prières.

Bronzes représentant le dieu égyptien Apis

CHAPITRE VIII : ÉTAT RELIGIEUX ET MORAL DE L'UNIVERS AU TEMPS DE L'ÉTABLISSEMENT DU CHRISTIANISME

Le dogme religieux commençant à s'altérer dans la Judée, l'observance de la loi devenait uniquement de pratique extérieure, la rigidité pharisaïque tournait à l'hypocrisie ; les saducéens ne laissaient pour espoir et consolation à l'homme que les biens de la vie présente ; la cabale introduisait mille superstitions ; Hérode, tout en rebâtissant le temple avec magnificence, inaugurait les mœurs et les coutumes de la gentilité ; encore un siècle de ce régime, et la loi de Moïse aurait de nouveau disparu sous toutes ces excroissances parasites.

Le monde grec et romain avait complètement perdu la notion de Dieu ; il ne restait plus que des divinités imaginaires, inadmissibles à la raison et au bon sens, aussi bien que le dogme mythologique qui s'y rattachait. L'idée même de la divinité était tombée si bas dans l'estime publique, qu'on ne pensait pas déshonorer les dieux en introduisant dans leurs rangs des tyrans sanguinaires comme Auguste et Tibère, des valets sans pudeur comme Éphestion et Antinous, des courtisanes comme Acca Laurentia, Laïs et Lamie, des brigands comme Trophonius, et jusqu'à des bêtes, comme la chèvre Amalthée, le cheval Actéon et le chien Agriodos.

Du côté de l'Égypte, cet antique berceau de la civilisation en Occident, le mal était encore plus grand, car le panthéon, c'est-à-dire le paradis de ce temps-là, était peuplé d'une manière presque exclusive par les bêtes. Outre le chat Œlurus, les bœufs Apis et Mnévis, le bouc Azazel de Mendès, chaque nome, chaque ville, chaque village avait son dieu bestial ; et ces dieux avaient des prêtres, et prêtres et peuples les adoraient, leur adressaient des prières et leur offraient des sacrifices, et les nomes limitrophes se faisaient quelquefois de cruelles guerres pour leurs dieux.

C'était un beau spectacle, de voir des multitudes prosternées devant un chien ; un singe ou chat devaient faire de risibles contorsions en recevant la fumée de l'encens. Et s'ils avaient eu de l'intelligence, ils auraient bien ri des stupides adorateurs qui prenaient leurs mouvements pour des oracles.

Neuf villes d'Égypte adoraient les crocodiles : Coptos, Arsinoë, les deux Crocodilopolis, Ombos, Thèbes, Éléphantine, Syène, Philes ; Oxyrinchus adorait un brochet ; Péluse et Casium, des oignons, et cela d'une façon qu'il ne serait pas honnête d'expliquer[113]; Athribis et Buto, les musaraignes; Hermonthis, Héliopolis et Memphis, un bœuf; Momemphis, Chuse et Àphroditopolis, une vache; Paprémis, un ours; Lycopolis, un loup; Héracléopolis, une belette; les deux Hermopolis et Babylone, un singe; les deux Hiéracompolis, un épervier; Sais, une chouette; Thèbes, un aigle; Latopolis, une dorade; Lepidotum, une carpe; Mételis, Térénuthis, Cnuphis, des couleuvres; Taposiris, la moutarde; mais la nomenclature serait trop longue[114].

Les Orientaux n'étaient pas plus sages, puisqu'ils prenaient le soleil et la lune pour objet de leurs adorations: à Babylone, sous les noms de Baal et Baaltis, Adab et Atergatis en Syrie, Adramélech et Anamélech dans l'Assyrie, Aglibélus et Malachbélus à Palmyre; sans compter le culte rendu aux planètes et aux étoiles les plus brillantes, ainsi qu'à une multitude de génies aériens bons ou mauvais de tout sexe, de tout rang, et dont l'histoire n'est guère moins étonnante que la mythologie grecque et romaine, à cela près qu'elle n'est pas aussi ignominieuse.

Les peuples réputés barbares, tels que les Bretons, les Gaulois, les Germains, ne différaient de tout ceci que par une religion moins compliquée et des idées plus grossières.

Le cruel Moloch des Phéniciens régnait par toute l'Afrique.

Et à tous ces dieux il fallait des victimes humaines, du sang humain, beaucoup de sang: des victimes humaines et beaucoup de victimes, des hommes, des femmes, des enfants, surtout des enfants à Moloch; beaucoup de victimes humaines aux dieux des druides dans la Bretagne, la Gaule et la Germanie; des victimes humaines aux dieux de la Grèce; des victimes humaines aux dieux des Romains. Oui, les Romains, qui abolissaient les sacrifices humains dans les pays dont ils faisaient la conquête, les pratiquaient chez eux, à Rome: combien de citoyens inoffensifs des nations qu'ils redoutaient, n'ont-ils pas enterrés vivants dans le forum ou sur les frontières de l'empire! Il fallait du sang humain, des immolations d'enfants des deux sexes aux dieux de la Grèce: la farouche Diane Orthosie, qui se repaissait de victimes humaines dans la Tauride, n'était pas inconnue des Lacédémoniens. S'ils ne lui offraient plus de vies dans les derniers temps, ils fouettaient du moins cruellement leurs enfants en son honneur, pour lui offrir du sang. Il fallait des victimes humaines aux dieux de l'Orient, comme le montrèrent les Assyriens et les

---

[113] Taceam de formidoloso et horribili cepe, et crepitu ventris inflati qui pelusiaca religio est. (Ne dites rien concernant les oignons redoutables et terribles, et le choc du ventre qui gonfle, qui est la religion pélusiaque.) (Hieron. in Is. lib. XII, cap. 46).

[114] On trouve encore des nécropoles sacrées remplies de milliers de momies de ces dieux religieusement embaumés.

Babyloniens envoyés par Salmanasar pour repeupler la Samarie après la destruction du royaume de Jéroboam[115].

Il fallait du sang humain à Baal, et, à défaut d'autre, il prenait du moins celui de ses prêtres[116].

Il fallait des actions déshonnêtes pour honorer Moloch, le dieu de Tyr, de Sidon, de Samarie, de Carthage ; Vénus, la déesse des Romains et des Grecs ; Isis, la déesse des Égyptiens ; Bel, le dieu de Babylone ; Milytta, la déesse des Assyriens. Mais tirons le voile sur ces abominations, et laissons dans l'oubli des divinités plus immondes encore. Ne parlons pas des collèges de prêtres et de prêtresses consacrés au culte de ces impures divinités, et qui ne pouvaient prétendre à un tel honneur, qu'en renonçant eux-mêmes à l'honneur personnel. Nous ne saurions non plus décrire l'immodestie de beaucoup d'idoles, appeler par leur nom ou même indiquer les images publiquement adorées, portées processionnellement par les dames des plus nobles familles à Rome ou à Memphis.

L'abomination divinisée, du sang humain et de la boue pour offrandes, l'humanité dégradée pour ministre : tel dieu, tel culte, tel sacerdoce.

Et dans ce culte, il ne s'agissait ni d'adoration, ni d'amour, ni de prière ; les Juifs seuls et les chrétiens ont su adorer Dieu et le prier, seuls, ils ont osé l'aimer. À l'égard des faux dieux, il s'agissait tout uniment d'emprunter leur science ou leur pouvoir, d'apaiser leur courroux, de se racheter de leur vengeance ou de se prémunir contre leurs coups, en les mettant en opposition les uns contre les autres ; culte intéressé, pure magie, théurgie depuis le commencement jusqu'à la fin. C'est pour cela qu'il fallait un culte infâme à des dieux infâmes, des ministres déshonorés à des dieux abominables. Car la mythologie avait logé dans les cieux l'exemple de tous les vices ; la vertu seule en était absente. Une seule divinité, sur les milliers qui peuplaient l'Olympe, a été appelée vertueuse, c'est Isis, et on sait de quel genre de vertu ; une seule appelée chaste, c'est Diane, mais il faut oublier le nom d'Endymion ; on donnait aussi l'épithète de chaste à Lucine, mais c'était par antiphrase ; un seul dieu a jamais été appelé bon, c'est Jupiter, mais c'était par flatterie. Pas une seule vertu dans le ciel des païens, mais en place tous les genres de crimes et de débauches.

---

[115] Les gens de Sepharvayim brûlaient leurs enfants au feu en l'honneur d'Adrammélek et d'Anammélek, dieux de Sepharvayim. (Rois, XVII, 31).

[116] Je me tournerai contre cet homme et le retrancherai du milieu de son peuple, car en ayant livré l'un de ses fils à Molek il aura souillé mon sanctuaire et profané mon saint nom. (Lévitique XX, 3). — Si les gens du pays veulent fermer les yeux sur cet homme quand il livre l'un de ses fils à Molek et ne le mettent pas à mort... (Lévitique XX, 4). — Il profana le Tophèt de la vallée de Ben-Hinnom, pour que personne ne fît plus passer son fils ou sa fille par le feu en l'honneur de Molek. (Rois, XXIII, 10).

Et quelles devaient être les vertus et les mœurs des adorateurs de pareilles divinités ? Vertus et mœurs purement publiques, dont le code des lois était la mesure et la règle ; ou plutôt il n'en existait point, puisque les choses que nous appelons mœurs et vertus n'avaient pas même de nom dans la langue des hommes. Le mot vertu vient de *vir*, qui veut dire un homme fort, et signifie le courage civique ; le mot mœurs vient de *mos*, qui veut dire la coutume et l'usage, de sorte que les bonnes mœurs étaient la conformité avec l'usage même mauvais et criminel, et les mauvaises tout ce qui s'en écartait. Excluez d'une telle société la charité, car ce mot chez les païens voulait dire égoïsme ; il vient de *caro*, qui signifie la chair, et s'étend du père et de la mère aux enfants[117] ; séparez-la en deux parts, dont l'une est esclave et l'autre maîtresse avec droit de vie et de mort, couronnez-la de débauche et d'usures, supprimez-en la crainte de l'enfer et l'espoir du paradis, et vous pourrez alors concevoir une faible idée de ce que dut être, de ce que fut la société païenne.

En tel état Satan avait réduit l'humanité, lorsque Dieu fit apparaître dans la Judée le Messie promis depuis cinq mille ans, au moment où cette société allait tomber en décadence et se dissoudre d'elle-même ; comme il avait appelé et séparé Abraham, au moment où le polythéisme et l'idolâtrie allaient envahir l'univers.

D'abord faible enfant, Satan le poursuivra de sa haine ; il entreprendra de le faire mourir au berceau, et, pour mieux y réussir, il fera massacrer par les mains d'Hérode des milliers d'autres enfants. S'il s'aperçoit bientôt que celui qu'il voulait atteindre lui a échappé, il se réjouira du moins d'avoir fait commettre un si grand crime, couler tant de pleurs et répandre le sang humain à si grands flots.

Plus tard, lorsque le divin Messie, ayant atteint l'âge de la virilité, se mettra à enseigner une doctrine toute céleste, en opposition avec les doctrines sataniques admises comme des vérités par tout l'univers, et montrera des exemples en opposition avec les pratiques et les usages reçus également partout comme la règle du bien et du bon, Satan le poursuivra de nouveau en suscitant contre lui toutes les haines, les passions, les préjugés, et, ne pouvant réussir à étouffer sa voix, le fera mourir de la mort la plus déshonorante, afin que cette parole qu'il redoute soit éteinte, et la doctrine qu'il hait étouffée sous une montagne d'opprobre et d'ignominie.

Mais, ô merveille sur laquelle Satan n'avait pas compté, le Messie, par la mort même qu'il endure, paye à Dieu le prix de tous les crimes que Satan a

---

[117] Si on aime mieux le faire dériver du mot grec Χάρις, il signifiera encore moins, puisque ce mot veut dire enjouement et bonne grâce. Les mots vertu, mœurs, charité, sont exclusivement chrétiens.

fait commettre ; les exemples et les doctrines messianiques sont confiés au cœur et à la mémoire de douze hommes, qui ont mission de les répandre par l'univers ; l'esprit divin, descendu sur eux à cinquante jours de là, les remplit de plus de courage que n'en ont jamais eu les héros, de plus de sagesse que n'en ont jamais possédé les philosophes, de plus de puissance que n'en ont jamais réunie les princes des grandes monarchies et les chefs des grands empires.

Les célestes vertus, la sainte vérité, les divines lumières s'établiront donc au sein de l'univers, et y fonderont le royaume de Dieu au centre de l'empire de Satan. Ce royaume, si faible et si petit d'abord, mais destiné à grandir, sera un dissolvant qui désagrégera les éléments des empires fondés et organisés avec tant de soin, de perfidie et de puissance apparente par Satan, et de leurs débris formera de nouveaux royaumes et de nouveaux empires, qui s'appelleront chrétiens.

Le serpent est donc vaincu, il a la tête écrasée ; mais il cherche encore à mordre le talon qui l'opprime.

Il élèvera dogmes contre dogmes, morale contre morale, Église contre Église ; cette œuvre s'appellera gnosticisme. Il résistera par le fer et le feu pendant trois cents ans ; cette résistance s'appellera persécutions. Il divisera par des doctrines pernicieuses, par le schisme, l'hérésie, et cela s'appellera arianisme, nestorianisme, protestantisme, jansénisme, donatisme, mahométisme, orthodoxisme, et de cent autres noms divers. Il maintiendra dans les bas-fonds de la société l'ignorance, les mauvaises mœurs, les pratiques de la magie, le culte de la chair, les usages du paganisme, les sociétés secrètes. Quelquefois le scandale descendra d'en haut, par les mauvais princes, par les maîtres de la science et de la philosophie ; mais vains efforts, triomphes éphémères : l'Église des douze regagnera peu à peu tout ce qu'elle aura perdu ; la tempête aura inutilement soufflé sur la barque, les flots de la mer l'auront inutilement couverte ; l'œuvre divine marchera à la conquête du monde, quelquefois plus vite, quelquefois plus lentement, mais toujours et sans s'arrêter.

Dans l'ordre divin, Satan est l'opposition. C'est à cette œuvre ténébreuse et mauvaise accomplie au sein de la société chrétienne que nous le suivrons désormais.

Quant aux nations sur lesquelles son règne a persévéré, il les a conduites à un tel état de dégradation intellectuelle, d'abaissement moral ou de crétinisme, que la régénération de la plupart n'est plus possible, et que beaucoup se sont éteintes ou s'éteignent d'elles-mêmes. La lumière de l'Évangile et celle de la civilisation chrétienne sont pour elles, ce qu'est la lumière du jour pour les oiseaux de la nuit ; elles la fuient, ne pouvant la comprendre et surtout la supporter.

Lorsque les Européens retrouvèrent l'Amérique, il n'y avait plus que des restes de nations, jadis grandes et florissantes, puis, sous le nom de peuplades, des débris informes d'autres restes de nations qui avaient pareillement été grandes. L'Amérique est couverte de monuments et de ruines qui attestent une civilisation antérieure remontant à des siècles inconnus.

Il ne faut pas s'imaginer que les autochtones de l'Amérique sont des rudiments de peuples ; ce sont des ruines éparses dont le ciment est usé.

Les Espagnols et les Portugais y accomplirent l'œuvre providentielle de Josué dans la Palestine : l'extermination de peuples irrémédiablement perdus. Nous n'entendons pas justifier les atrocités qu'on impute aux conquérants, pas plus que l'extermination des habitants de Haï ou de Jéricho par Josué : tout cela ne se justifie point, c'est Dieu qui l'a fait. Seulement les Espagnols envoyaient des missionnaires avant les soldats, ce que ne fit pas Josué.

Les Anglais et les Français, moins ardents à la conquête, ont refoulé, pour se faire place, dans les solitudes et les déserts, où elles s'éteignent, des peuplades qu'ils ne pouvaient s'assimiler, et qui ne sont plus capables de s'absorber dans aucune civilisation.

Depuis trois siècles, les missionnaires chrétiens ont dépensé des torrents de sueur et de sang pour convertir ces sauvages ; ils ont accompli des travaux dont les missionnaires sont seuls capables. Ils s'y sont sanctifiés et ont racheté une multitude d'âmes. Nous ne voulons pas diminuer leur mérite, mais le résultat ? Où sont les peuplades converties, c'est-à-dire civilisées ? Où sont les peuplades qui aient même compris la nécessité de mettre un vêtement sur leur nudité ? C'est une œuvre jusqu'ici sans avenir, puisqu'elle est sans clergé, et qu'il n'est pas possible d'en former un. Depuis trois siècles, ces malheureux vivent dans la pénombre de la lumière et de la civilisation chrétiennes t sans y avoir rien désiré, rien compris, rien emprunté, que des fusils et de la poudre, pour mieux se détruire entre eux, et de l'eau-de-vie, pour se détruire plus vite eux-mêmes.

Les belles et florissantes réductions chrétiennes du Paraguay, dont les jésuites ont tant parlé et au sort desquelles l'Europe s'est si fort intéressée, ont-elles existé ailleurs que sur le papier ? Et si elles ont existé, ce que l'on conteste, qu'en reste-t-il ?

Il en est des races polynésiennes comme des races américaines : depuis les vingt ou trente années que les missionnaires européens arrosent de leurs sueurs, de leur sang, évangélisent de leur parole et de leurs exemples magnifiques les îles du grand Océan, ils n'ont pas encore fondé une chrétienté durable. Pourquoi ? Parce qu'ils n'ont pas encore pu faire comprendre la nécessité de travailler ou de se vêtir, ou de se construire une maison. Il en est des uns et des autres comme de l'animal domestique qui regarde souvent arranger un sofa et s'y couche après, ou qui porte un brillant collier : il n'apprendra jamais à disposer convenablement sa place, et si le collier tombe, il n'en courra que plus légèrement, sans songer à le ramasser.

En cet état Satan a réduit les peuples qu'il a tenus longtemps sous son empire. Et il faut bien que le Créateur ne les trouve plus régénérables, puisque, au lieu de les rappeler à la lumière et à la civilisation, il envoie auprès d'eux d'autres races qui les écartent, les refoulent, les éteignent et les remplacent.

Beaucoup de peuples de l'Asie ne sont peut-être pas régénérables, parce qu'ils ont perdu la virilité. Leur nature n'est plus capable des sacrifices que la vertu impose ; leur courage, de l'héroïsme que la religion demande dans ses commencements ; leur intelligence, des vérités que la foi enseigne. Les Romains d'Auguste pouvaient devenir des chrétiens, puisqu'ils étaient encore des hommes ; ceux d'Augustule n'étaient plus bons à rien, qu'à servir de pâture aux barbares.

Il s'établit dans l'humanité une dégradation successive de race en race, qui conduit les familles et les populations vicieuses jusqu'au bord du néant, si un événement providentiel ne vient les relever à propos. C'est sur cette donnée si pratique et si vraie qu'est fondé le droit public et particulier en Europe. Autrement pourquoi l'aristocratie héréditaire, que des lois d'un jour peuvent abolir, mais à laquelle il faut toujours revenir dans la pratique ? Pourquoi l'hérédité des biens ? Pourquoi l'hérédité du déshonneur et du mépris ? Pourquoi l'enfant qui naît apporte-t-il des aptitudes et des goûts, des inclinations et des penchants si différents suivant le peuple ou la famille à laquelle il appartient, et que l'éducation ne fera jamais complètement disparaître ? Le vice s'incarne donc dans l'homme, transforme peu à peu sa nature et l'altère.

L'inverse n'est pas toujours vrai ; aussi est-il sans cesse besoin de la grâce divine pour maintenir le bien, tandis que pour le mal il suffit de suivre la pente naturelle et l'instigation satanique.

C'est à désespérer des races nègres ; c'est pareillement à désespérer des peuples mahométans. Ils ne se convertiront point, ils ne se transformeront point, ils n'en sont plus capables. Le vice est de trop longue date, la nature humaine est altérée ; au point que les enfants pris au berceau parmi eux, et élevés ensuite avec les plus grands soins par des mains chrétiennes, brisent la tutelle avant d'avoir atteint l'âge de la majorité. C'est le louveteau apprivoisé, qui demeure caressant et docile tant qu'il est jeune, et reprend le chemin des bois sitôt qu'il lui est venu des griffes et des dents.

Tous les pays qu'ils occupent se dépeuplent par le fait même de leurs mœurs et de leur religion ; et c'est tant mieux. Il n'y en aurait plus depuis longtemps en Europe ni dans l'Asie Mineure, si les populations chrétiennes des contrées qu'ils occupent avaient été des populations catholiques. Qu'on se souvienne de l'histoire d'Espagne depuis Pelage jusqu'à Isabelle. Mais que peut faire la branche séparée du tronc et vouée à l'aridité ?

Charles X commit une grande faute en constituant le royaume schismatique de la Grèce. C'est peut-être cette faute qu'il est allé expier en exil.

Qu'on ne parle pas de la puissance de la Russie schismatique : elle deviendra catholique par la voie de la révolution qui se prépare, et tend à d'autres fins ; mais alors ce ne sera plus la Russie, ce seront plusieurs nations diverses.

Animisme en Afrique, imprécations contre les fétiches lorsqu'il ne pleut pas.
(Gravure de 1893)

CHAPITRE IX : COUP D'ŒIL SUR LE CULTE ACTUEL RENDU À SATAN DANS LES PAYS NON CHRÉTIENS

Parmi les peuples barbares, la magie n'a cessé d'être l'observance la plus importante de la religion, et, pour plusieurs, de constituer toute la religion.

Dans les pays incivilisés, le magicien est l'arbitre des destinées des hommes et de la société. Il choisit le jour et l'heure propices pour les combats et les entreprises ; il désigne les parages où doivent se faire la chasse et la pêche ; il guérit les malades en invoquant les démons.

Dans tous les pays incivilisés, si la mer entre en fureur, c'est un démon qui l'agite ; si les vents sifflent, ce sont les démons qui amassent la tempête ; si les volcans vomissent des flammes, ce sont les démons qui soufflent le feu recélé dans les entrailles de la terre. Aux yeux des nations polynésiennes, lorsque le sol tremble sous les pas, lorsque les torrents de soufre liquéfié s'élancent du cratère des monts ignivomes, Pèle est dans une grande et redoutable colère.

La plus misérable, la plus abrutie, la plus dégradée de toutes les races humaines, la race noire, qui, dans certaines contrées, semble n'avoir conservé de l'humanité que la forme et la faculté du langage, est aussi la plus superstitieuse : il n'en est pas qui se livre avec plus d'abandon aux magiciens. La préoccupation perpétuelle du nègre de Guinée est de recueillir des *gri-gris*, de les disposer suivant des formes de convention, d'en orner ses flèches et sa lance, de leur offrir des présents, de leur faire des saluts et de leur marmotter des prières. Une plume, un osselet, un insecte brillant, l'œil d'un chacal, la dent d'un serpent, un serpent vivant, un crabe de terre, voilà ses génies protecteurs, ses dieux puissants.

Mais les superstitions des peuplades noires ne sont pas toujours aussi innocentes ; il suffit de rappeler les cruels sortilèges des Cafres, les sacrifices humains que les terribles *giagas* du Benguéla offrent au démon, qu'ils appellent *mokisso*, sacrifices précédés de conjurations magiques durant un jour entier et suivis de festins de chair humaine. C'est la plus solide victoire que Satan ait remportée sur l'humanité déchue, de persuader aux hommes de se manger les uns les autres. Tout le monde tremble devant le pouvoir des gangas du Congo ; ils savent éloigner la tempête, conjurer la maladie, faire descendre les calamités sur la terre ; le monarque lui-même s'incline devant leur chef, qui prend le titre de *chalombo*. Les albinos du Loango sont sorciers par privilège de naissance, et vivent à ce prix aux dépens du public ; leurs *mokis-*

sos sont pourtant moins cruels que ceux du Benguéla. Il existe à Madagascar une fabrique de merveilleux talismans, dont les magiciens de la province de Matolan ont le monopole exclusif.

Aux Nouvelles-Hébrides, dans l'archipel Viti, les magiciens sont à la fois prêtres et médecins ; toute leur science, à ce double titre, se réduit aux conjurations, aux charmes et au sortilège.

Les îles de Tikopia, Vanikoro, Bornéo, les archipels Nitendi, de Salomon, des Célèbes, sont peuplés d'esprits bons et mauvais, que les magiciens invoquent par des cris et des contorsions, avant la chasse, la pêche, le combat, les festins, les cérémonies publiques, dans la maladie, les calamités, à toute occasion.

À Tikopia, on n'entreprend jamais une expédition maritime, sans avoir lancé à la mer une pirogue couverte de fleurs et ornée de plumes, pour conjurer les esprits de la tempête, en offrant cette pâture à leur fureur. Les Égyptiens et d'autres peuples de l'antiquité faisaient de même. À Nitendi et aux îles de Salomon, les magiciens sont de véritables énergumènes, des extatiques agités de l'esprit de Satan, qui les renverse, les transporte, les plonge dans l'insensibilité et les plus violentes contorsions. À leur réveil, ou lorsque l'esprit les quitte, un cri aigre, sifflant, prolongé, s'échappe de leur poitrine. Les magiciens des Célèbes plongent leur tête et l'enferment dans la poitrine de la victime toute palpitante, et ne l'en retirent, ruisselante de sang, que quand ils sont entrés dans une extase furibonde. Dans les lieux les plus sauvages, où l'on n'adresse aucun culte à la divinité même, où l'on ne croit plus qu'au démon, objet perpétuel des terreurs populaires, comme à Bornéo, la magie n'est que plus féroce et plus habituelle.

Les infortunés habitants de la Nouvelle-Hollande[118] sont toujours en transes devant une multitude de terreurs, causées par la présence des esprits, particulièrement des âmes des morts. Il est interdit sous des peines rigoureuses de siffler dans une case, crainte d'y attirer les esprits ; en voyage, crainte de réveiller les mauvais génies ; de prononcer, durant un certain nombre de semaines, le nom d'un mort, crainte d'évoquer son âme ; ceux qui portent un nom pareil, doivent en changer pendant le même espace. Et s'il est quelquefois nécessaire de convoquer les esprits, c'est le soin des *mulgaradoks* et des *korrédaïs*, qui seuls en possèdent le secret et la permission. Ces magiciens ont le pouvoir de déchaîner et de calmer les vents et les flots, de faire naître ou disparaître les maladies et les malheurs. Leur pouvoir n'a d'égal que la crainte, le respect et la confiance qu'ils inspirent. Ils précèdent les convois funèbres, en frappant de leurs sagaies dans toutes les directions, et princi-

[118] Nous supposons qu'il s'agit ici de l'Australie qui portait ce nom jusqu'en 1825. (NDE)

palement dans les buissons, pour déloger et chasser les mauvais esprits ; ils tracent des caractères magiques sur l'écorce des arbres voisins, décrivent des cercles autour de la sépulture et y plantent des morceaux d'écorce de certains arbres, pour empêcher les mauvais esprits d'en approcher. On devient korrédaï en passant une nuit couché sur une tombe, parce qu'on s'incorpore ainsi l'esprit du mort.

L'islamisme n'a rien changé aux croyances ni aux pratiques de magie des nations noires qui l'ont adopté. À Gorée, par exemple, les marabouts sont à la fois prêtres, juges, médecins et magiciens. Si les hommes tremblent devant le poignard de ces autres francs-juges, qui exécutent eux-mêmes leurs arrêts, les femmes ne tremblent pas moins devant l'autorité de *Mama-Cambo*, cruel démon, représenté par une grande et grotesque idole d'écorce, à laquelle les marabouts font remuer la tête, branler les bras et prononcer des sentences contre celles qui ont eu le malheur de leur déplaire.

Ce qui distingue la race noire et en général les nations incivilisées, c'est principalement la paresse, c'est-à-dire l'horreur de toute fatigue corporelle et de toute application d'esprit en l'absence d'un appétit actuel. Le nègre ne se souvient du passé qu'au profit sa vengeance, et ne se soucie pas du lendemain, s'il est environné de fétiches. Plus inappliqués encore, s'il est possible, les Océaniens et les sauvages de l'Amérique ne prennent pas même la peine de se préserver des maux ; ils se contentent de les rejeter sur les mauvais esprits, lorsque les maux arrivent. Et s'ils cultivent l'amitié de ces mauvais esprits, c'est pour s'en aider à faire le mal, car en l'absence de leur méchanceté native, méchanceté d'enfant, prompte, irascible, impitoyable, portée à la vengeance sans calculer les représailles, ces peuples n'auraient aucune religion, pas même la démonolâtrie qui leur en tient lieu.

Aux Antilles, les Caraïbes avaient leurs *boyés*, dont la principale fonction était d'évoquer les bons esprits et de chasser le *mabouya*. Dans la Guyane, ils ont toujours leurs *piaches*, qui viennent auprès des malades avec des instruments de sortilège, dont le principal est une grosse calebasse remplie de cailloux, qu'ils agitent et font tourner avec rapidité, en invoquant le *Jouahou*.

Les habitants des rives du Tuamini et du Cano-Pimichin portent le plus grand respect au *botuto*, trompette sacrée que les magiciens font résonner aux jours des grandes conjurations. La plus fameuse de ces trompettes, fétiches du premier ordre, qu'il est défendu, sous peine de mort, aux femmes de regarder, et auxquels on fait des offrandes de fruits et de boissons, est conservée au confluent du Témi. Quelquefois le grand Esprit daigne l'emboucher lui-même.

Les Muyscas de la province de Condinamarca, les sauvages du Brésil, de la province d'Alvellos, les Coréanas, les Botocudos, n'ont pas d'autre culte que celui des esprits, et principalement du démon, auquel ils donnent les noms de *Famagota*, *Juruphuri*, *Sarauhe*, *Tipapakijin*. Les Botocudos divisent en deux classes les *janchous* qu'ils invoquent, démons inférieurs et démons supérieurs. Ces nations, et presque toutes celles du Nouveau Monde en général, pratiquent aussi le culte du serpent ; de même toutes les races noires, ou à peu près. Nous allons le retrouver dans l'Inde.

Les Puris du Brésil circonscrivent d'un cercle tracé sur le sable les lieux de leurs réunions et de leurs divertissements, pour que les mauvais esprits ne viennent pas en troubler le cours. Leurs *pajes* sont à la fois prêtres, magiciens, astrologues, devins et médecins ; mais toute la médecine consiste à conjurer le démon. Au Chili, les *machis* se servent d'un tambour magique comme leurs confrères de Laponie ; comme eux ils tombent en extase et éprouvent d'affreuses convulsions. Ils invoquent le diable sous le nom de *Ouancubu*.

Les Patagons, l'une des nations les plus stupides et les plus misérables de toute l'Amérique, ou, pour mieux dire, du monde entier, peuplent les éléments d'une multitude de génies beaucoup plus souvent malfaisants que favorables, et leur préoccupation la plus constante est de s'en préserver. Ils éprouvent une peur affreuse au nom du *galichu*, qui est le chef de tous ces démons.

Ils ont des magiciens des deux sexes, qui sont en même temps prêtres et médecins, et deviennent eux-mêmes à la mort de mauvais génies. On les voit prophétiser au milieu des accès et des transports d'une extase frénétique ; l'œil en feu, la chevelure hérissée, la bouche écumante, armés d'un petit tambour et d'une calebasse remplie de cailloux, conjurer l'esprit des maladies auprès du lit des mourants, ou bien, pareils aux anciennes pythies, s'asseoir sur un trépied et se tordre comme elles dans les convulsions d'une douleur qui va quelquefois jusqu'à la mort.

C'est ainsi que la magie a usurpé un crédit absolu parmi les peuples incivilisés, et a contribué à les abrutir jusqu'au suprême degré, en les soumettant à l'empire de Satan. Les nations polynésiennes vont nous en fournir de nouveaux exemples ; il n'y a pas de différences à cet égard entre les races jaune, cuivrée, olivâtre ou blanche. Toutes ont des magiciens, qui exercent parmi elles le sacerdoce et la médecine : les fonctions de leur sacerdoce consistent à conjurer les démons et les mauvais esprits ; leur médecine, à désensorceler. Il en est ainsi dans les archipels Sandwi, Nouka-Hiva, Waihou, Pomotou, Taïti, Tonga-Tabou, dans la Nouvelle-Zélande, à Rotourna, aux Mulgraves, aux Carolines, partout.

Les *tahouas*, ou magiciens de Nouka-Hiva, sont d'habiles jongleurs, de terribles convulsionnaires, de perfides engastimythes, qui expulsent les démons bruissant dans les flots de la mer, sifflant dans la tempête, éclatant avec la foudre, bourdonnant dans l'aile des insectes. Ils dansent une danse satanique autour du grabat des mourants, pour aider l'âme à sortir du corps. Les habitants de Tonga-Tabou ont des listes, des classes et des séries de démons que la cabale pourrait leur envier. Leurs magiciens, pareils également aux pythonisses, surpassent peut-être celles-ci par la puissance de leurs accès de possession satanique. Au moment de l'inspiration, le magicien devient mélancolique et sombre ; il semble lutter péniblement contre la force supérieure qui le dompte graduellement. Vaincu enfin, il parle d'une voix sourde, puis grave, ensuite éclatante ; il presse ses paroles, il les précipite, il les jette heurtées. Arrivé au paroxysme de la convulsion, il est pris d'un tremblement épileptique, la sueur l'inonde, son visage se ride et se déforme, ses dents claquent, ses lèvres noircissent, son pouls devient saccadé, sa poitrine haletante ; puis des larmes abondantes s'échappent de ses yeux, le soulagent, et il revient à lui.

Le *tohunga*, ou magicien de la Nouvelle-Zélande est en outre astrologue, augure et rabdomancien[119] ; mais sa profession principale est de conjurer les *vaïdouas*, ou mauvais démons. Mais il faudrait multiplier indéfiniment ces détails, qui reviendraient presque toujours les mêmes ; nous les terminerons par une dernière remarque : c'est que les habitants des Mariannes, qui ne connaissaient pas Dieu avant leur conversion, et n'avaient pas même dans leur langue un nom pour le désigner, connaissaient fort bien Satan, qu'ils appelaient *Kaïfi*, et avaient des magiciens de trois sortes pour le servir, des *makanas*, des *mangatchangs* et des *kamtis*.

L'adoration de Satan n'est pourtant pas le dernier degré d'abaissement que ce dieu étrange inflige à l'humanité ; qui a consenti à l'adorer, doit descendre encore de quelques échelons dans cette échelle descendante. Nous avons vu les Égyptiens adorer des chats, des chiens et des singes vivants ; ils les adoraient même après leur mort, comme le prouvent les immenses nécropoles remplies de ces divinités soigneusement et religieusement embaumées. On ne dit pas qu'ils allassent plus loin sous ce rapport; mais les Asiatiques, Chinois, Tibétains, Annamites vont au-delà, puisqu'ils adorent même le manitou d'un chien mort. Qui pourrait croire qu'une ville entière élève un temple et une idole en l'honneur d'un chien décédé, réputé pendant sa vie pour sa férocité, et va processionnellement, avec pompe, à certains jours de sa fête, porter sur une civière dorée, dans un vase de porcelaine recouvert de papier doré et environné de parfums, et humblement déposer devant son idole, nous n'osons dire quoi, mais enfin ce dont il a dû goûter quelquefois dans ses moments d'appétits dépravés ? Est-ce assez ? L'humanité est-elle assez avilie comme cela ? Eh bien ! Non. Le chien a pu dévorer un enfant pendant sa vie ; si on en

[119] Rabdomancien, celui qui pratique la rabdomancie, technique de divination utilisant le jet de petites baguettes. (NDE, Encyclopédie théologique, Abbé Migne, 1856.)

engraissait pour les immoler à l'honneur de son manitou et devant son idole, le culte serait encore bien plus saint. Qu'est-ce qu'une vie d'homme auprès de l'âme d'un chien mort ? Daignera-t-elle en accepter l'hommage ? Que n'a-t-on mieux à lui offrir !

Les Péguans, les habitants d'Aracan et du Laos honorent le démon d'un culte spécial, et lui font des offrandes ; leurs prêtres, les *talapoins*, sont partout de grands magiciens.

La religion lamaïque, celles de Fo et de Confucius ne rendent pas de culte direct au démon ; mais la religion des taossés, qui vit à côté de celles-ci dans les provinces chinoises, le connaît et l'invoque ; on peut dire même que le culte du démon en forme la partie principale, avec les pratiques de la magie de tous les genres, horoscopes, amulettes, philtres, breuvages d'immortalité. Les immabos, ces anachorètes des montagnes du Japon auxquels le peuple porte un si grand respect, sont aussi de grands magiciens, et c'est leur premier titre au respect public.

La religion de Mahomet est pure du culte de Satan ; mais que de superstitions sataniques ont cours parmi les mahométans, principalement ceux de la secte d'Ali ! Un Persau a peut-être plus d'amulettes encore, qu'un nègre de Guinée n'a de *gri-gris*.

Nous avons parlé du culte du serpent dans les Indes ; c'est un culte dogmatique, raisonné, et ainsi le mal est plus grand. Les brahmanes professent publiquement un grand respect pour les oies et le serpent chaperonné. À Java, on fait des processions à l'honneur des oies et des serpents, et on en porte des images dorées sur des palanquins dorés. Les statues placées en sentinelles à l'entrée des temples, comme pour imprimer le respect à mesure qu'on en approche, sont environnées de serpents. Wishnou repose sur des serpents, et spécialement sur le fameux serpent *Adisseshen*, monstre à mille têtes qui soutient l'univers. Les bouddhas de Ceylan et de la terre ferme sont aussi le plus ordinairement assis sur des serpents.

On sait combien l'ophiolâtrie fut répandue dans l'Ancien Monde. L'Égypte fut son centre, sinon sa terre natale : les prêtres de l'Égypte et de l'Éthiopie, nous dit Diodore de Sicile, portaient des figures de vipères entortillées autour de leur coiffure. Ils nourrissaient des serpents sacrés, comme font encore les peuples de Juida, beaucoup de peuplades nègres, et les isiaques achevèrent de propager par tout l'univers ce culte repoussant, absurde et dangereux.

C'est un des plus grands triomphes de Satan, de s'être fait adorer sous la forme qu'il emprunta pour dégrader l'humanité, et l'amener sur la voie de la mort et de l'enfer.

Mais le résultat de ces pratiques ? Le résultat, ce sont des manifestations sataniques assez nombreuses et assez évidentes pour les entretenir et les perpétuer. Croit-on qu'elles durassent depuis tant de siècles, si elles ne produisaient jamais rien ? Qu'en Chine, par exemple, le culte des esprits serait toujours une religion, si les esprits ne donnaient jamais un signe de leur puissance ? Qu'au Thibet les chabérons seraient toujours l'objet du respect des populations et de leurs lamas eux-mêmes, s'il ne se révélait jamais en eux une vertu réputée divine ?

Aux Indes, rien n'est plus commun que les idoles qui parlent ou qui remuent la tête. Ce sont, dira-t-on, des idoles pareilles au Bel de Babylone ; peut-être, nous n'excluons pas la supercherie ; mais lorsque ce sont des objets qui se déplacent d'eux-mêmes, des individus qui se trouvent transportés par une force invisible d'un lieu à l'autre, peut-on encore accuser la supercherie[120] ?

En Chine, lorsque les habitants du littoral de la mer ou des fleuves se réunissent dans des fêtes communes, auxquelles chaque village emporte une barque armée de ses avirons, pour juger par le résultat quel est le village dont l'esprit tutélaire est le plus puissant, et qu'on voit ces barques posées sur la terre s'agiter d'elles-mêmes, avancer sous le jeu des avirons qu'aucune main ne remue, et glisser comme sur les flots, peut-on supposer quelque supercherie[121] ?

Au Tibet, lorsque le chabéron, grand lama ou boudha vivant d'une lamaserie, vient à mourir, ses disciples s'adressent au chabéron du voisinage qui a le plus de réputation, pour savoir où leur maître a daigné recommencer sa nouvelle vie. Celui-ci indique ordinairement un enfant de six à douze ans, qui se trouve en un lieu éloigné. Les lamas vont le chercher, et l'enfant doit, à leur aspect, demander à s'en retourner à sa lamaserie ; il doit reconnaître sans hésiter les objets qui ont été à son usage pendant sa vie précédente, et qu'ils lui présentent mêlés à beaucoup d'autres par forme d'épreuve. Si l'épreuve ne les satisfaisait pas, et si plus tard il ne se montrait pas inspiré d'un esprit extranaturel, ils le quitteraient et se répandraient dans les lamaseries où il se trouve des chabérons puissants en œuvres, et qui y attirent ainsi des aumônes abondantes. Nous nous arrêtons à ces exemples[122].

---

120 *Lettres édif.* tom. VI, VII. — *Anales de la prop. de la foi*, tom. II, V.

121 *Lettre édif.* lettre lXXX et relation qui la suit.

122 Huc Évariste-Régis, *Voyage au Thibet*, tome I. (Tournai).

Évariste Régis Huc (1813-1860), missionnaire en Chine et au Tibet

CHAPITRE X : ANTICHRISTIANISME

Pendant les douze années que les apôtres du Christ se tinrent dans la Judée à évangéliser ceux qui devaient recevoir les prémices de la foi, Satan les combattit là, en suscitant contre eux tous les genres de résistances et la persécution. Sitôt qu'ils franchirent les limites de la Judée, et se répandirent au sein des nations, Satan, réunissant en une seule église les éléments des sociétés secrètes et des mystères, systématisant en un corps de doctrines les égarements de la raison et les préceptes en opposition avec la morale, donnant au tout pour attrait les plaisirs sensuels, et pour moyen de séduction les prestiges de la magie, opposa apôtres à apôtres, doctrines à doctrines, miracles à miracles, église à église. Œuvre ténébreuse, comme tout ce que fait Satan, mais qui s'attacha comme une lèpre au christianisme naissant et lui causa de grands préjudices ; miracles infimes et de mauvais aloi, les seuls que Satan puisse opérer ; doctrines qui contenaient des mystères beaucoup plus nombreux que ceux du christianisme, mais des mystères de délire et de folie, devant lesquels la raison ne saurait s'incliner, parce qu'ils sont ridicules. L'œuvre apostolique s'appelait le christianisme, l'œuvre satanique s'appela le gnosticisme, du mot *gnose*, qui veut dire la science humaine.

Le gnosticisme, en se transformant par le laps du temps, donna naissance à l'ophitisme et au manichéisme.

Simon le Magicien et le diacre Nicolas, sortis de l'école des apôtres, furent les premiers à lever contre eux l'étendard de la révolte ; mais l'œuvre ne s'organisa pas immédiatement.

§ I — La gnose proprement dite

Les mystères du paganisme avaient servi de voile à la dépravation ; la gnose s'appliqua à légitimer tous les excès, par le moyen d'une dogmatique savamment combinée, qui changeait les vices en vertus, le démon en dieu, et Jésus en démon.

Les Pères de l'Église attachèrent une grande importance à combattre ces dogmes détestables : ce qui prouve que la masse des initiés leur accordait de la créance. Ils ne pouvaient espérer de convaincre les maîtres, puisque ceux-ci n'en faisaient qu'un jeu d'esprit, toujours prêts à changer les formules, sans cesser d'être gnostiques, à l'instar du fabuleux Protée, qui changeait toujours de formes, sans cesser d'être Protée.

Un créateur de dogmes nouveaux ne saurait se croire lui-même, à moins d'être insensé.

Les premiers chefs de l'école gnostique, après Simon et Nicolas, sont, à peu près dans l'ordre suivant, Ménandre, Cérinthe, Ébion, Saturnin, Basilide, Cardon, Carpocrate, Tatien, Marrion et Valentin.

Cérinthe était Juif d'origine; il vivait sous le règne de Domitien, et fut longtemps contemporain de l'apôtre saint Jean; il semble même que ce fut pour réfuter les erreurs de Cérinthe, que l'apôtre écrivit son Évangile, dans lequel il fait ressortir à tant de traits la divinité de Jésus-Christ.

Outre Cérinthe, il y avait à cette époque Ménandre, Ébion, Saturnin, peut-être déjà Basilide, les simonites et les nicolaïtes, car ces deux sectes sont réellement les premières, et c'est d'ailleurs un fait admis par le plus grand nombre des historiens[123].

Basilide était d'Alexandrie. Il vivait à la fin du premier siècle et au commencement du second. Il fit des changements considérables à la vieille théogonie des mystères. Suivant lui, le *Bythos*, dieu suprême, inconnu, engendre *Nous*, la pensée; de *Bythos* et de *Nous* naît *Logos*, le verbe, la parole; puis de *Logos* et de *Nous*, *Phronésis*, la prudence; *Phronésis* et *Logos* donnent naissance à *Dunamos*, la force; *Dunamos* et *Phronésis*, à *Sophia*, la sagesse. *Sophia* engendre *Abraxas*, qui, s'unissant à sa mère, produit les 365 cieux, les 365 chœurs des anges qui les habitent, et les milliers d'esprits inférieurs répandus dans toute la nature. Basilide enseignait la métempsycose, probablement à la manière des cabires; mais il est plus fameux par l'invention des abraxas que par le reste de sa doctrine. Nous reviendrons sur ce sujet.

Évidemment l'auteur ne pouvait pas croire à de pareilles rêveries, arrangées méthodiquement et à loisir par sa propre imagination; à moins cependant que ce ne fût une de ces révélations sataniques dictées par l'esprit d'erreur, comme nous en retrouverons dans les derniers temps, à l'apparition des tables tournantes[124].

Les simonites entendaient autrement la théogonie. Selon eux, le *Bythos* engendrait *Eunoé*, l'intelligence. Ces deux agents exerçaient une double action: l'action extérieure produisait les choses visibles; de l'action intérieure émanaient trois conjugaisons ou syzygies: *Nous* et *Epinoé*, l'esprit et la pen-

---

[123] Cf. Matter, *Histoire du gnosticisme*. — Massuet, *Introduct. à saint Irénée*. — Vitringlus, *Observat. sacr.* 1. ch. XII. —Acta erudit. Lips. anno 1712. —Hooper, de Valentin. hæres. conject. — Clément. Recognit. 1. I, c. II. —Nicephor. *Hist. eccl.* I. II, ch. XLVII. —Ignatii epist. ad Trall.

[124] Voy. *Les tables tournantes de Jersey*, chez Victor Hugo (NDE).

sée ; *Phone* et une seconde *Eunoé*, la voix et l'intellect ; *Logisma* et *Entymésis*, la raison et le raisonnement.

Carpocrate, contemporain de Basilide, de Saturnin, de Valentin, de Colobarsus, était d'Alexandrie. Il enseignait, comme Basilide, que les actions de l'homme sont indifférentes ; que les passions sont excitées en lui par des anges, et que ce serait un crime de refuser quelque chose aux désirs de la nature. Ses disciples s'imprimaient une marque sous le pli de l'oreille par le moyen d'un fer chaud, afin de se reconnaître les uns les autres. Son fils Épiphane, mort à 17 ans, jouit d'une grande célébrité dans la secte ; il composa des ouvrages pour soutenir les doctrines de son père, et posa résolument les principes du communisme avec ses conséquences les plus étendues. On a dit que ses disciples lui érigèrent des autels.

La cosmogonie et la théodicée de Valentin formèrent le système le plus complet, le plus savamment combiné de toute la gnose, et en même temps le plus dangereux à l'endroit du christianisme, dont il acceptait les dogmes, pour les défigurer avec une rare perfidie.

Valentin divisa l'être divin en trois degrés, comprenant trente personnes, ou éons, dont la réunion forme ce qu'il appelle le *plérome*, c'est-à-dire la plénitude de la divine substance. Le premier degré comprend deux quaternaires, ou huit éons, naissant successivement de l'union des deux précédents, sauf le *bythos*, ou principe éternel, qui communique la vie et ne la reçoit point.

Le second degré se compose des dix éons, et le troisième de douze. Le dernier de ceux-ci est *Sophia*, la sagesse ; à elle se termine la nature divine, et ce terme lui-même est un éon, surnommé *Horos*, ou limite, qui enferme toute la substance de Dieu, sans être dieu.

Mais comme la pensée est dans l'homme sans être l'homme, de même dans le sein de Dieu se trouvent trois autres éons qui ne sont pas dieu, savoir : le Christ, ou *Christos* ; le Saint-Esprit, ou *Pneuma-Agios*, produits par le *Bythos* seul, et le Sauveur, ou *Soter*, résultat de l'amour mutuel des éons divins.

À *Sophia* commence la création. Du mécontentement de cet éon, qui se trouve humilié d'être au dernier rang, naît un fruit abortif, rejeté en dehors du *plérome*, auquel *Christos* donne une forme, et qui prend le nom d'*Achamoth*, ou mère de la vie. *Achamoth*, rempli de douleur à la vue de son infortune, est consolé par *Pneuma-Agios*. De ses larmes naît l'élément matériel ; de son rire, l'élément animal ; de son union avec *Pneumo-Agios*, l'élément spirituel. Éléments informes, mêlés, confondus, véritable chaos, sans organisation et sans vie.

Mais il est né de l'union de *Christos* et d'*Achmoth* un *démiourge*, éon organisateur, quoique aveugle, qui forme, tant bien que mal, trois mondes avec les productions de sa mère, et les façonne à l'instar du plérome. De la sorte, des corps s'organisent d'une petite portion de l'élément matériel ; des âmes, d'une petite portion de l'élément animal ; des esprits, d'une petite portion de l'élément spirituel. *Achamoth* et *Démiourgos*, réunissant ensuite un corps organisé, une âme et un esprit, en forment l'homme *choïque*, ou terrestre, image d'*Anthropos*, le second éon du second quaternaire divin.

L'homme ainsi constitué vivait et se suffisait à lui-même, mais dans une profonde ignorance de sa nature et de son origine, lorsque *Sophia* lui députa *Christos*, pour l'instruire. *Christos* ne pouvait remplir cette mission, sans se faire homme pour un moment : il déroba donc une âme à l'aveugle démiourge, se forma un corps dans le sein d'une femme nommée Marie, fit descendre en lui l'éon *Soter* au moment de son baptême, et prit le nom de *Jésus*. Quand il eut révélé à l'homme tous ces mystères, il abandonna son corps, vile matière, aux mains des Juifs, remit son âme au réservoir commun de l'animalité, se sépara de *Soter*, et rentra dans le sein du plérome. Voilà ce que ne savent ni juifs ni chrétiens, qui croient les uns et les autres posséder la vraie science, qui ne s'entendent pas et ne sont dignes que de pitié.

Telle est cette belle et magnifique théogonie, cette riche pneumatologie, tant admirée même de nos jours, et qui ne serait digne elle-même que de pitié avec ceux qui l'admirent, si elle n'avait été inventée dans la vue de certaines conséquences pratiques faciles à déduire ; les voici : il n'y a point de jugement après la vie, point de ciel à espérer, point d'enfer à craindre. Il n'existe ni péché ni rédemption, ni vertus ni vices, ni bien ni mal moral. Les trois substances dont se forme l'homme, agissent chacune suivant sa nature ; la vie les unit sans les mélanger et sans leur imposer la solidarité ; la mort les rendant à la liberté, chacune se replonge dans son élément, et toute individualité disparaît.

Les mœurs des gnostiques furent conformes de tout point à une dogmatique qui n'avait été créée que pour leur servir d'incitation et d'excuse. Il n'est pas d'exception à faire à cet égard, sauf, peut-être, en faveur de la secte des apotactiques[125] ou encratites[126], qui fut toujours peu nombreuse, et de celle des montantes. Montan[127] repoussait, il est vrai, le nom de la gnose, mais

[125] Ascètes du IVe siècle qui renonçaient à tous les biens terrestres.

[126] Les encratites, du grec ancien ἐγκρατής (enkratès) signifiant *continents*, formaient un courant du christianisme ancien, l'encratisme, qui s'inscrivait dans une tendance très ascétique qui traversait alors le christianisme et qui joua un rôle important dans son édification. (NDE, Wikipedia.)

[127] Montan ou *Montanus de Phrygie* était une personnalité du christianisme ancien du IIe siècle, initiateur d'un courant spirituel, prophétique et eschatologique connu de ses contemporains sous le nom de « christianisme phrygien », se présentant comme la « *Nouvelle Prophétie* » et qui est passé à la postérité sous le nom de « *montanisme* », donné par ses détracteurs.

il acceptait une partie de ses doctrines, et les femmes extatiques au ministère desquelles il recourait pour opérer des prodiges, nous sont singulièrement suspectes d'incontinence. Simonites, cérinthiens, valentiniens, basilidiens, ébionites, marcosiens, priscillianites, tous doivent être mis sur la même ligne en fait de mœurs ; et, quoi qu'en disent certains auteurs modernes, les premiers siècles de la gnose ne furent pas plus purs que les derniers. Il n'y a, à cet égard, qu'une voix parmi les historiens et les Pères de l'Église : Tertullien, Origène, saint Irénée, Eusèbe, saint Épiphane, saint Jérôme, Théodoret en parlent tous de la même manière, et sont seuls croyables.

Toutes les sectes gnostiques cultivèrent également l'art de la magie, soit comme un accessoire obligé, par lequel elles croyaient pouvoir combattre l'influence des miracles du christianisme, soit comme un moyen de séduction de la part des chefs à l'égard du peuple. Simon se vantait de pouvoir évoquer les âmes de l'autre monde, animer les statues, les faire mouvoir, se rendre invisible, pénétrer à travers les montagnes, se dégager des chaînes, ouvrir la porte des prisons. Il racontait qu'ayant un jour envoyé sa faucille moissonner, elle fit seule l'ouvrage de dix moissonneurs. Il avait le secret de faire jaillir, en donnant le baptême, une étincelle, qu'il disait être le Saint-Esprit. On lui prête un grand nombre de miracles de ce genre[128].

Le Samaritain Ménandre, son disciple, s'adonna, comme lui, à l'art des prestiges. Il inventa cette rénovation physique et morale de l'homme par le moyen d'abstinences, de purgations et d'ablutions, que les illuminés de nos jours, ses continuateurs, car lui aussi intitulait sa doctrine du nom d'illuminisme, devaient rendre si célèbre dans un certain monde.

Carpocrate avait un genre de magie qui lui était propre : comme il peuplait l'univers de génies bons et mauvais, auxquels il attribuait tous les événements de ce monde, il avait inventé une multitude de recettes, pour se mettre en rapport avec eux, les évoquer, les conjurer, les contraindre. Enchantements, philtres, agogymes, préservatifs, divination, tous les procédés de la magie étaient à son usage, dit saint Irénée et par eux il se vantait de tenir les éléments asservis. Priscillien, dit Sulpice Sévère, fut jusqu'à deux fois convaincu judiciairement de se livrer à la magie. Les gnostiques, dit Eusèbe, ne pratiquent pas en secret, comme les autres malfaiteurs, la science des maléfices ; loin de là, ils en font ostentation, ils s'en glorifient. Les helcésaïtes s'adonnaient tellement à l'astrologie, que le peuple ne les désignait pas autrement que par le nom de pronostiqueurs. Les priscillianites les surpassaient encore dans cet art, dit saint Grégoire le Grand ; ils faisaient dépendre le salut de chacun de l'influence des astres, et lisaient les destinées au firmament dès

[128] Clement. Recognit. I, II. — Nicephor. *Hist. eccl.* I, II, c. XXVII.

le moment de la naissance. Les messaliens s'attribuaient le privilège exclusif d'interpréter les songes ; ils cultivaient avec persévérance l'art de les faire naître. Les carpocratites fondèrent des écoles de magie, inventèrent de nouvelles formules, de nouveaux secrets ; ils s'érigèrent en réformateurs de l'art. Les marcosiens s'adonnaient spécialement à la science des charmes et des breuvages ; ils avaient des extatiques. Marc lui-même opérait publiquement des miracles ; celui qu'il pratiquait le plus souvent consistait à changer en sang l'eau d'une fiole ; peut-être à la teindre subtilement en rouge, comme font encore nos charlatans de tréteaux, au grand ébahissement de la foule.

Certaines sectes portèrent l'art de l'extase à un degré de perfectionnement qui n'a pas été surpassé depuis, même par les magnétistes. Montan avait formé à ce métier deux femmes, nommées Priscille et Maximille, qui jouaient le rôle de prophétesses, et croyaient avoir pendant leurs extases des conversations avec les anges et avec Dieu même. Elles annonçaient à l'empire des maux qui ne devaient pas arriver ; elles tombaient en fureur, en frénésie, s'exprimaient en un langage mystérieux. Le grave Tertullien, qui fut la dupe de l'une d'elles, en parle avec admiration dans son *Traité de l'âme* ; il affirme qu'elle possédait le secret des pensées les plus cachées ; elle indiquait, dans ses extases, les médicaments qui convenaient aux malades. Perpétue et Quintille se firent également une grande réputation dans la même secte ; Quintille avait appartenu à la secte des caïnites[129]. Philomène et Marcelline ne se rendirent pas moins fameuses parmi les carpocratiens[130]. Ces derniers, aussi bien que les basilidiens[131], avaient des congrégations de prophétesses, douées d'un pouvoir merveilleux sur les démons.

Mais les basilidiens cultivèrent avec plus de ferveur encore la science des *abraxas*. C'était un grand art, de bien faire ces divins talismans, à la puissance

[129] Les Caïnites, apparus vers l'an 159, vénéraient Caïn et les Sodomites, et possédaient un évangile de Judas dans lequel ce dernier était présenté comme un initié ayant trahi Jésus, à sa demande, pour assurer la rédemption de l'humanité. (NDE, Wikipedia.)

[130] Les Carpocratiens ont parfois été appelé les *gnostiques libertins* dans le sens où leur morale leur dictait d'avoir toutes les expériences possibles, fussent-elles considérées comme des péchés par leurs contemporains. Les carpocratiens croyaient en la métempsycose, ou réincarnation, une croyance probablement inspirée par les indiens ou les croyances pythagoriciennes.

[131] Les basilidiens étaient une secte gnostique paléochrétienne fondée à Alexandrie par Basilide au IIe siècle. Elle semble avoir compté des adeptes jusqu'au IVe siècle. D'après ceux-ci, ils ne croyaient pas en la crucifixion de Jésus Christ. Ils admettaient deux âmes dans le même homme pour expliquer les combats de la raison et des passions, et croyaient à la métempsycose. La doctrine des basilidiens différait de celle des simoniens, en ce qu'ils comptaient autant de cieux qu'il y a de jours dans l'année, trois cent soixante-cinq. Aussi regardaient-ils comme saint le mot *Abrasax*. Les basilidiens voyaient en lui leur dieu suprême. Ils disaient encore que Jésus-Christ n'était qu'un fantôme bienveillant envoyé sur la terre par Abrasax. (NDE, Wikipedia.)

desquels rien ne pouvait résister. Il fallait choisir à cet effet une pierre précieuse d'une espèce convenable, travailler à des jours, à des heures, sous des influences déterminées. Suivant le docte saint Jérôme, Abraxas est le nom corrélatif[132] de Mithra, inventé par Basilide ; sa valeur numérale, aussi bien que celle du mot *meitras*, est égale à 365, nombre en rapport avec la série des émanations du plérome, nombre des cieux, des anges et des jours de l'année[133]. Ce mot était toujours accompagné de quelques caractères magiques, parfois d'une figure sidérale ou d'un Hercule terrassant le lion de Némée.

Abraxas et Mithra, noms redoutables, dit Apulée, qui ont le pouvoir de faire remonter vers leur source les torrents les plus impétueux, d'apaiser subitement les dots de la mer en courroux, de calmer tout à coup les plus furieuses tempêtes, d'éteindre la lumière du jour, de couvrir d'un voile la face de l'astre des nuits, de faire tomber les astres du firmament, d'empêcher le jour de naître ou la nuit de se terminer, de faire écrouler la voûte des cieux, ramollir la terre, pétrifier les fontaines, liquéfier les montagnes, ranimer les cadavres, précipiter les dieux aux enfers, et transférer du séjour des vivants au séjour des morts la lumière qui éclaire le monde.

La gnose emprunta une partie de ses symboles au système sidéral de la Perse et de l'Égypte : à la Perse, les douze signes du zodiaque, emblèmes des éons de la dodécade suivant les marcosiens ; à l'Égypte, le serpent enroulé sur lui-même, figure de la révolution solaire autour du globe ; le serpent à tête d'épervier et le serpent à tête humaine environnée de rayons, figures du soleil à son apogée ; l'épervier et le loup des mystères ; le bélier, figure d'Amoun-Râ, principe de la reproduction des êtres ; le bouc, symbole du dieu lascif de Mendès et de Panoplie. Tous ces signes se retrouvent sur les abraxas.

Mais il y eut dans la gnose quelque chose de plus impur que la gnose même, s'il est possible : savoir, l'ophitisme.

§ II — Ophitisme et manichéisme

On a cru à tort que les ophites avaient reçu leur existence de la décadence de la gnose : ils sont antérieurs à cette époque ; mais on ignore le moment pré-

132 Passeri croit ce mot emprunté à la langue d'Égypte. — Joan. Bapt. Passerius, de Gemmis stelliferis, I, II, p. 222.

133 A B R A X A S
1 2 100 1 60 1 200
M E I T R A S
40 5 10 9 100 1 200

cis de leur apparition aussi bien que le lieu de leur naissance. Leur doctrine est un système complet, et, pour ainsi dire, à part, de la gnose.

Marcion, disciple de Cerdon, en établit les principes : il disait, conformément à la doctrine de son maître, que Caïn, les habitants de Sodome, Coré, Dathan et Abiron avaient été tirés des enfers par Jésus-Christ, tandis que Noé, Abraham et les autres patriarches y étaient restés ; que la matière, et la chair en particulier, était l'œuvre du mauvais principe ; d'où il condamnait le mariage, destiné à perpétuer cette œuvre, sans toutefois condamner la volupté. Avant de mettre au jour de pareilles doctrines, il s'était fait bannir du royaume de Pont, à cause du scandale de ses mauvaises mœurs.

Le but de tels principes était le libertinage, mais le plus honteux de tous, et leur résultat, une haine de Dieu portée jusqu'à la frénésie et au blasphème, jusqu'au défi lancé contre le ciel. Tels furent les caïnites, les nicolaïtes, les adamites, les séthiens, les stratiotiques ou borboriens, ainsi nommés du genre et de la publicité de leurs désordres. On les appelait aussi barbeliotes, du nom de l'éon Barbelo, fort obscur d'ailleurs, sous la protection duquel ils s'étaient placés.

Dans la dogmatique des ophites, le premier être est toujours le *Bytos*, et *Sigé* sa première émanation. Ceux-ci produisent *Christos*, espèce de messie pneumatique qui na rien de commun avec l'humanité, et *Achamoth*, l'homme-femme[134]. Achamoth produit le monde, et donne naissance à *Jaldabaoth*, qui est chargé de l'organiser. Jaldabaoth crée six ouvriers : *Yao, Sabaoth, Adonaï, Elohi, Oraios* et *Astaphaios*, qui forment avec lui les sept mondes planétaires. L'homme, habitant du dernier, ravit à *Jaldabaoth* une partie de sa lumière, et s'attire ainsi son courroux ; aussi *Jaldabaoth* lui députa le cruel *Ophiomorphos*, le génie à jambes de serpent, à buste humain et à tête de coq des pierres gravées, le tentateur, nommé encore *Michaël* et *Sammaël*, qui le trompa, en lui donnant le funeste conseil de s'abstenir du fruit de vie ; mais *Achamoth* lui dépêcha aussitôt son bon génie, le serpent *Ophis*, qui lui porta des conseils plus salutaires. Le serpent terrestre, image vivante d'*Ophis*, recevait donc à sa place les adorations des véritables *pneumatiques*, car les ophites gardaient pour eux seuls ce beau nom ; ils nourrissaient des serpents familiers, les employaient dans la célébration de leurs mystères, et leur faisaient toucher, par forme de consécration, les vêtements, les aliments et jusqu'à eux-mêmes[135].

L'ophitisme se divisa en plusieurs sectes, assez opposées dans leur cosmogonie ; mais toutes se réunissaient dans cette conclusion commune, que

---

134 Omnem illi honorem contulerunt fæminæ, puta et barbam, ne diverim cætera. (Tertull. advers. Valent. ch. XI)
135 Augustin. hæres. VI.

la Bible et l'Évangile étaient l'œuvre du tentateur *Ophiomorphos*, et qu'il fallait pratiquer le contraire de ce qui y est prescrit. Aussi rendaient-elles un culte à tous ceux dont les livres saints ont signalé les noms à l'exécration des hommes, à Caïn et à Judas en particulier.

L'éon androgyne *Achamoth, Sophia, Mete, Prouniquès*, connu sous ces différents noms dans les différentes sectes, avait pour attributs une longue barbe, des mamelles pendantes, et étendait ses bras vers les bords d'une sphère ovoïde, dont la périphérie était formée par un cordon entrelacé figurant les anneaux d'une chaîne. Cette chaîne était celle des éons[136], parmi lesquels sept jouaient un rôle d'autant plus important, qu'ils étaient les premiers dans le système sidéral; savoir, *Ophiomorphos*, qui se représentait alors sous l'emblème du lion; *Sariel*, du taureau; *Raphaël*, du serpent; *Gabriel*, de l'aigle; *Thautabaoth*, de l'ours; *Erathaoth*, du chien; *Tartaraoth* ou *Onoël*, de l'âne. Ces génies semblent en rapport avec les constellations boréales du même nom; et Origène nous apprend que ces diverses appellations, et en général celles des éons, étaient employées dans les évocations de la magie. Les ophites cultivaient, en effet, avec une grande ferveur cet art détestable. Ne connaissant pas d'autres puissances extranaturelles, ils ne pouvaient invoquer que leurs éons, et ne pouvaient les invoquer que par les formules et les moyens de la magie. L'idée de Dieu, des anges et des saints, telle que la présentent les religions monothéistes, comporte seule l'idée accessoire d'une humble et confiante prière.

Les sectes ophitiques se sont toutes montrées jalouses de transmettre à la postérité le souvenir de leurs doctrines, en ciselant sur une multitude de monuments de licencieux emblèmes, et en y traçant, en lettres grecques et arabes, une multitude d'inscriptions, dont le sens est toujours: renie et sois heureux. Elles aimaient à figurer le serpent, emblème à double signification[137], dont le culte était commun entre elles.

Les ophites donnaient à leurs candidats un second baptême, en les faisant passer par le feu. On les accuse d'avoir mêlé à leur eucharistie du sang humain et plus encore, par un honteux renchérissement sur l'ancien culte de Moloch. Abominables anthropophages, ils se sont nourris de la chair de petits enfants. Cette accusation, très nettement formulée par les Pères de l'Église, est repoussée comme absurde par les historiens philosophes de nos jours; mais elle devient certaine par l'insistance même avec laquelle elle s'est reproduite depuis le premier siècle de l'ère chrétienne jusqu'au quinzième.

---

136 De Hammer, *Mémoire sur deux coffrets gnostiques.*

137 Serpentem, fluctuosam intestinorum positionem imitantem, ostendere genitalem sapientiam.(Le serpent imitait les ondes de l'intestin pour figurer la sagesse de l'appareil génital). (Theodoret. Hæretic. fabul. I, I, ch. XIII).

Elle servit même de prétexte, dans les premiers siècles, à de violentes persécutions contre le christianisme, parce que les païens ne distinguaient pas les chrétiens des gnostiques et des ophites. Or ce qui n'était pas vrai des premiers, ne l'était que trop des derniers.

Il nous reste encore à considérer la gnose dans sa dernière transformation, qui est le manichéisme.

Le manichéisme est une gnose reprise à sa source, mais une gnose moins savante et moins riche ; une gnose à ignoble langage et à vêtements de haillons. Le Syrien Cerdon, venu à Rome vers l'an 140, en avait posé les bases dans un nouveau système qui prenait pour point de départ le double principe de Zoroastre, en conservant la morale de la gnose ; morale contenue tout entière dans cet aphorisme, que la chair est l'œuvre du mauvais principe. L'esclave Curbicus, connu depuis sous le nom de Manès, élevé à l'école du magicien Térébinthus, et instruit des dogmes de la Perse, reprit à son tour l'œuvre de Cerdon au siècle suivant.

Dans le manichéisme, la haute théosophie du *Zend-a-Vesta* est méconnue ; Ahrimanes, ou Satan, n'est plus que le génie de la matière inerte. La matière est dieu, Satan est dieu, tout est dieu. Il y a, comme dans la gnose, une chaîne d'éons ; mais les douze principaux ne sont plus que les génies des douze signes du zodiaque. Sophie, ou Achamoth, est toujours la mère de la vie ; mais ce n'est plus que l'âme de la matière. Il y a un Bythos, ou dieu, mais ce dieu a une double puissance : l'une pour le bien, l'autre pour le mal, et ces deux puissances se combattent ; l'une crée l'esprit, l'autre la matière. La matière et l'esprit se mélangent dans l'homme, dans les animaux, dans les plantes, dans tout enfin. Le christianisme aussi fournit ses éléments à cet impur système : le génie du soleil s'incarne, c'est Jésus. Mais pourquoi s'incarne-t-il ? Afin d'instituer Manès, douze disciples, soixante-douze fidèles et une petite famille de parfaits chargés de dégager l'esprit d'avec la matière par la digestion des aliments et autres actes moins honnêtes. Tout l'esprit qui n'est pas dégagé de la sorte erre d'un corps à l'autre, à mesure de la formation des êtres organisés et de leur dissolution : ici c'est la métempsycose ; puis voici venir un souvenir de la psychologie des mystères : l'esprit qui se trouve dégagé de la matière, s'élève vers la région de la lune, se purifie dans cet astre par un bain qui dure quinze jours, puis dans le soleil par quinze autres jours passés à l'ardeur des flammes, et rentre enfin dans le sein de Dieu. On appelait du nom de *cathares*, c'est-à-dire purificateurs, ceux qui étaient chargés de purifier l'esprit, en le dégageant ainsi de la matière. Le même nom s'appliquait également à la secte entière des apotactiques, mais dans un sens différent.

Ce dogme grossier, au surplus, n'était fait que pour le vulgaire. Déjà les auditeurs savaient l'interpréter et en tirer cette déduction morale, que les actes des parfaits avaient seuls quelque valeur, ceux des autres hommes étant de soi indifférents; que, par conséquent, il n'existait ni bien ni mal moral, et que les plaisirs de la terre étaient le seul paradis de l'homme.

Ceci peut nous dispenser de nous étendre sur les mœurs des disciples de Manès. Nous ferons observer seulement que leur corruption était moins ostensible que celle de la plupart des autres gnostiques, sans être moins profonde. Les signes non équivoques de l'horreur publique, la voix puissante des docteurs de l'Église et quelques persécutions de la part du pouvoir temporel leur avaient appris à dissimuler.

Ils étaient divisés en deux degrés, les auditeurs et les parfaits. Les auditeurs se divisaient en croyants et élus. Le président, le conseil des douze et le collège des soixante-douze ne formaient pas une classe à part, mais un gouvernement choisi dans la classe des parfaits. Ceux-ci étaient peu nombreux, et on ne parvenait à ce degré suprême, dans lequel était enfin manifesté le sens mystérieux des symboles, qu'après avoir passé un long temps parmi les auditeurs, et subi de grandes épreuves.

Organisés en société secrète, de même que les gnostiques, les manichéens avaient un triple signe de reconnaissance: la parole, le geste et l'attouchement[138]. À couvert sous les apparences extérieures du christianisme, l'œil vigilant des pasteurs de l'Église avait souvent peine à les discerner, à moins qu'ils ne se trahissent par la manifestation de quelqu'une des superstitions qui leur étaient spéciales, telles que le jeûne du dimanche en l'honneur du soleil.

Leur entêtement pour les pratiques de la magie ne saurait être contesté, nonobstant ce que Beausobre en a dit dans son *Histoire de Manichée*. Saint Augustin les accuse positivement; saint Léon dit la même chose des priscillianites l'une des principales sectes du manichéisme, en particulier, et de toutes en général. Le savant Mosheim n'a pas eu de peine à démontrer que la magie était une conséquence naturelle de leurs principes.

Les premiers empereurs chrétiens poursuivirent avec ardeur les restes des superstitions du paganisme, et spécialement les pratiques de la magie. La persévérance de leurs efforts est la meilleure preuve de la persistance de l'abus qu'ils combattaient. Déjà, dès avant la naissance du christianisme, la magie était proscrite par les lois; mais de funestes exemples venaient trop souvent empêcher l'effet de la législation. Marc-Aurèle avait des enchanteurs à sa suite dans la guerre des Marcomans; il leur fit consacrer des talismans, qu'il

---

138 Signa oris, manuum et sinus (Signes de la bouche et de la paume des mains). (Augustin). — Manicheorum alter alteri obviam factus, dextras dant sibi ipsi signi causa. (Les manichéens pour se reconnaître entre eux se font des signes de la main droite).(Épiphane).

enterra sur l'extrême frontière de l'empire, afin d'y arrêter les ennemis : ce qui prouve que la sagesse et la philosophie ne sont pas la même chose.

En 319 et en 337, Constantin renouvela les édits contre la magie. Constantin II en 357. Valentinien, Valens, Théodose les renouvelèrent à leur tour ; Arcadius en ajouta de nouveaux en 389 ; mais tous la proscrivirent de manière à lui donner plus d'importance, parce qu'ils s'inclinaient devant son pouvoir. Constantin révoqua même en partie ses premières ordonnances, déclarant qu'il n'avait pas entendu proscrire la magie utile, c'est-à-dire celle qui aide à préserver la terre des fléaux du ciel. Constance bannissait les magiciens sous le prétexte que la magie trouble le repos des morts, l'harmonie des éléments et des saisons, détruit les récoltes et cause les épidémies. Était-il plus puissante et plus solennelle recommandation ?

Julien la remit en honneur.

Léon crut lui porter un dernier coup, mais il s'inclinait encore devant son pouvoir.

Elle existait donc dans toute sa puissance par tout l'empire au quatrième siècle, et des mesures maladroites ajoutaient à son prestige une espèce de consécration légale.

Le manichéisme apparut, la recueillit, l'abrita dans son sein et la grandit de ses propres progrès.

Une femme, nommée Agapé, disciple d'un Égyptien nommé Marc, très versé dans les secrets de la magie, au rapport de saint Jérôme, et qui avait été disciple de Manès, introduisit le manichéisme en Espagne avant la fin du quatrième siècle. Elle gagna le rhéteur Helpidius, et plus tard le célèbre Priscillien, qui devint fondateur d'une nouvelle secte, et répandit ses pratiques dans toutes les provinces méridionales de la Gaule.

Il y avait des manichéens à Rome, lorsque saint Augustin y arriva, c'est-à-dire en 383. Le nombre en fut considérablement augmenté lors de la destruction de Carthage, en 439, parce que beaucoup d'habitants de cette ville, infestée de l'hérésie, vinrent chercher un refuge en Italie. Saint Léon les poursuivit avec tout le zèle dont il était animé, et dissipa leurs assemblées. L'empereur Valentinien joignit ses efforts à ceux du pontife ; mais les persécutions et l'exil, au lieu de détruire la secte, dispersèrent ses éléments et étendirent ses ravages. Les empereurs Justin et Justinien employèrent les mêmes moyens, et arrivèrent aux mêmes résultats[139]. Mais comment faire ?

À la fin du neuvième siècle, les manichéens étaient si nombreux en Arménie, où on les appelait pauliciens, du nom d'un de leurs premiers chefs, qu'ils

---

[139] Thomassin, *De l'unité de l'Église*, t. I, p. 339.

purent soutenir des guerres longues et sanglantes contre l'empereur Bazile le Macédonien[140].

Pierre de Sicile nous apprend que, tout en se défendant vigoureusement contre ce prince, ils envoyèrent en Bulgarie de nombreux missionnaires, et que l'hérésie y jeta de profondes racines. La Thrace était depuis longtemps infestée[141]. La même hérésie faisait de grands ravages en Perse, en Syrie et dans la Mésopotamie pendant le règne de l'empereur Anastase ; en Sicile, sous le pontificat de saint Grégoire le Grand[142].

Dès le milieu du cinquième siècle, les gnostiques, les ophites et les manichéens des provinces occidentales, confondus dans une même proscription, avaient réuni leurs doctrines et leurs pratiques en même temps que leurs intérêts. Déjà Théodoret ne met plus entre eux aucune différence.

Les nouveaux mystères ne se tenaient plus en public, mais ils se continuaient en secret, et dans des réunions moins bruyantes et moins nombreuses. Ce ne furent même plus des mystères à proprement parler ; ce furent des chasses de Diane, des courses de Habonde, des sabbats. Nous retrouverons toutes ces choses au moyen âge.

Nous n'avons pas à écrire l'histoire des persécutions ; cette grande et mémorable page des annales du monde appartient plutôt à l'histoire de l'Église ou même à l'histoire générale. Toutefois il ne faut pas oublier que Satan attaquait au-dehors par le fer et le feu l'œuvre du Christ, en même temps qu'au dedans par les moyens que nous venons de signaler. La persécution, commencée l'an 64, dixième du règne de Néron, ne devait s'arrêter qu'en 325, lorsque Constantin donnerait la paix à l'Église. Pendant cet intervalle de 260 ans, la société chrétienne n'eut pas un seul jour de paix ou de repos ; il ne se passa pas d'année, de semaine peut-être, que le sang chrétien ne coulât sur un point de l'empire ou sur l'autre, et la persécution redevint générale et furieuse à quatorze reprises différentes, mais si générale et si terrible, que l'on crut plusieurs fois toucher aux temps prédits par l'Évangile concernant la fin du monde, notamment pendant les règnes de Dèce et de Dioclétien. Le nombre des victimes fut si considérable sous le règne de Dioclétien, que l'histoire y a fixé une de ses époques mémorables sous le nom d'ère des martyrs. Quoi qu'en disent les ennemis du christianisme, intéressés à diminuer le plus qu'ils peuvent ses gloires et ses triomphes, s'il n'est pas possible de déterminer même approximativement le nombre des confesseurs de la foi dans cet

[140] Bossuet, *Histoire des Variations des Églises protestantes*. I, XI, n° 13.
[141] Bossuet, *Histoire des Variations des Églises protestantes*. I, XI, n° 14.
[142] Bayle, *Dictionnaire historique et critique*, art. *Marcion*.

intervalle de deux grands siècles et demi, il s'éleva certainement à plusieurs millions.

Satan espérait-il noyer le christianisme dans le sang chrétien ? Peut-être ; mais, quel que fût le résultat, sa haine contre l'homme était toujours satisfaite, puisque le sang humain coulait à grands flots.

Satan hait-il davantage l'humanité ou le christianisme ? Il le sait. Dans cette circonstance, il s'attaqua à l'humanité sous le prétexte du christianisme : il fit imputer aux chrétiens les pestes, les famines, les fléaux, les insuccès dans la guerre, attribuant tous les malheurs à la colère des dieux, irrités des blasphèmes et de l'impiété des chrétiens. Il leur fit imputer les crimes des gnostiques, dont les chrétiens gémissaient plus encore que les païens. Il excita les colères et les jalousies des prêtres du paganisme, qui voyaient leurs temples devenir déserts, leurs oracles réduits au silence : vains efforts, Satan ne pouvait pas, ne devait pas prévaloir ; son triomphe se réduisit au mal qu'il avait fait ; le ciel se peupla de ses victimes, et le sang des martyrs fit germer de nouveaux et plus nombreux chrétiens.

CHAPITRE XI : CONTINUATION DU CULTE DE SATAN AU SEIN DU CHRISTIANISME — SCHISME ET HÉRÉSIES

Avant que le christianisme eût révélé au monde l'idée et le sentiment sublimes du divin amour, la magie et le culte des dieux se confondaient en une seule et même chose. Le divin Platon, pour parler le langage de ses disciples, n'appelait pas la magie d'un autre nom que le service divin[143]. C'est Apulée qui en fait la remarque, et il faut voir en quels termes respectueux il en parle lui-même dans son Apologie. Vous accusez quelqu'un d'être magicien, dit-il à son délateur ; mais songez donc que la magie est le culte des dieux, la science des choses célestes, l'art d'honorer les immortels ; qu'elle tire sa noble origine de Zoroastre et d'Oromase, qui l'enseignèrent aux Perses, chez lesquels il n'est pas permis à tout le monde d'être magicien, pas plus que d'être roi ; car la magie est un royal apanage. C'est aussi, et chez tous les peuples, un apanage du sacerdoce, et si c'est un crime d'être magicien, c'est donc aussi un crime d'être prêtre.

Les peuples barbares qui détruisirent l'Empire romain n'avaient pas de si hauts pensers, ni tant de science, ni l'art de si bien dire ; mais ces idées étaient les leurs. Dans la Gaule et la Germanie, les druides remplissaient le double rôle de magiciens et de ministres des dieux. Les druides étaient savants dans l'art des conjectures et dans l'astrologie, dit Cicéron Tertullien ajoute que ces prêtres passaient des nuits auprès des tombeaux des guerriers et des sages, afin d'y recevoir des inspirations pendant le sommeil. Neuf vierges sacrées faisaient leur résidence dans l'Ile de Sein, à l'extrémité occidentale de la péninsule armoricaine, suivant le récit de Pomponius Méla, et conjuraient les vents et les flots, afin de procurer aux navigateurs une mer favorable. Elles savaient prendre la forme de divers animaux, guérir les maladies par la vertu des enchantements et prédire l'avenir. On les nommait gallicènes ou barrigènes. Diodore de Sicile parle de certains prophètes adonnés à l'auscultation et à l'extipicine, qui immolaient des victimes humaines, pour chercher dans leurs entrailles la révélation de l'avenir. Il assure que ces détestables usages remontaient à des temps fort reculés, et que les Cimbres les transportèrent dans la Gallo-Grèce. Les Gaulois avaient encore les bacères, chargés du soin

143 Θεών θεραπείαν

d'interroger les astres, et les eubages, de celui de consulter les entrailles des victimes et le vol des oiseaux.

Nul peuple ne les surpassa dans cette dernière science, dit Justin, excepté peut-être les Basques, non moins crédules et non moins superstitieux, ajoute Lampride. Les Gaulois faisaient un si grand cas de l'ornithomancie, que les mouvements de leurs armées étaient toujours réglés sur le vol des oiseaux ; et c'est ainsi que l'une d'elles se trouva conduite jusqu'en Pannonie.

Outre les superstitions qui leur étaient communes avec les Grecs et les Romains sur les préservatifs et les amulettes, ils en avaient de spéciales, telles que celles qui se rattachaient au gui de chêne et aux œufs de serpent. Le gui de chêne était le grand et tout-puissant préservatif contre le tonnerre et contre les épidémies, l'heureuse et efficace bénédiction des champs, des villages et des maisons. La possession d'un œuf de serpent portait bonheur dans toutes les entreprises[144].

Les peuples de la Germanie ne le cédaient pas à ceux de la Gaule dans les pratiques de la divination : ils cultivaient l'art des auspices et des sorts ainsi que celui de la rabdomancie[145]. Ils n'entreprenaient aucune affaire importante, sans avoir interrogé le hennissement de chevaux blancs qu'ils nourrissaient en qualité d'oracles dans des prairies sacrées. Ils immolaient des victimes humaines dans le but de consulter leurs entrailles, tandis qu'elles palpitaient encore de la chaleur de la vie, sur les chances de la guerre et l'issue des négociations.

Tout ceci est déraisonnable, atroce ; mais c'est le règne de Satan, toujours et partout le même : destruction de l'homme, abaissement de l'humanité.

Lorsque les peuples d'au-delà du Rhin, Saxons, Bructères, Saliens, Chamaves, Angrivariens, Sicambres et ceux qui formaient la confédération franque, quittèrent les forêts de la Germanie, pour venir chercher en Gaule une autre patrie sur une terre plus féconde et sous un ciel plus clément, ils apportèrent donc de nouvelles pratiques de magie, qu'il fait ajouter à celles que les Gaulois avaient reçues des Romains, et à celles qu'ils tenaient d'eux-mêmes.

Ils apportèrent, entre autres, l'art des runes, si cultivé parmi la plus grande partie des nations du Nord.

Il y avait les runes *victorieuses*, qui donnaient la sagesse, l'esprit, le courage, et préparaient tous les genres de triomphes. Les guerriers les gravaient

---

[144] Frey, Admiranda Gall. cap. X. — Plin. Hist. nat. lib. XXIX, cap. 3. — Malouet. *Voyage en Guyane*, art. *d'Iracubo*.

[145] Mode de divination à l'aide de baguettes, pratiquée notamment dans la recherche des sources, des trésors ou des mines. (NDE, Encyclopédie théologique, Abbé Migne, 1856.)

sur la garde et le fourreau de leur épée, tout le monde les portait écrites sur des carrés de parchemin; elles devaient être accompagnées de la lettre *tyr*, deux fois reproduite. Les navigateurs inscrivaient les runes maritimes et fluviales sur la poupe, le gouvernail, les mâts et les voiles des navires, pour préserver l'équipage et les marchandises de tout fâcheux accident. Ceux qui avaient des procès à soutenir, des querelles à venger, des droits à faire prévaloir, cachaient les runes protectrices dans les tentes qui servaient de prétoire à la justice et jusque sous les sièges des magistrats. Les runes bacchiques, gravées sur l'anse des amphores et sur les gobelets, préservaient les buveurs des surprises qu'on aurait pu leur faire dans l'ivresse; pour plus de sûreté encore, ils se les traçaient sur la main, et écrivaient la lettre *naud* sur leur ongle. Les médecins faisaient usage des runes *auxiliatrices*, pour procurer aux femmes des couches heureuses et faciles; mais ce n'était que la moindre partie de la science du véritable médecin: il devait posséder à fond le secret des runes *corticales*, afin de les inscrire convenablement sur l'écorce des arbres et du côté qu'il fallait, pour guérir les maladies, détourner les sorts, lever les enchantements, arrêter les hémorragies, fermer les blessures. Les runes *cordiales* donnaient le courage aux lâches; on les inscrivait sur la poitrine, à la région du cœur. Les runes *puissantes* se tatouaient sur celui des membres dont on devait faire le principal usage: sur les bras, pour le travail; sur les cuisses, pour la marche[146].

Et ces sortes de peintures soulevèrent de nombreuses et énergiques réclamations de la part des prélats pendant les sixième, septième et huitième siècles, sous prétexte qu'elles constituaient une invocation au démon, déshonoraient des membres consacrés par le baptême, et que l'ostentation qu'en faisaient ceux qui les portaient, blessait souvent les lois de la modestie.

Ces pratiques et cent autres pareilles se traînèrent encore misérablement pendant de longs siècles au sein des nations nouvellement converties à la foi chrétienne; il suffit d'interroger la législation du temps, pour en trouver des preuves nombreuses. En effet, la répression des crimes commis par le moyen de la magie fut un des objets les plus constants de la sollicitude des législateurs. Aussi peu avancés dans les sciences démoniaques que dans la civilisation, les barbares ne connaissaient que la grossière et brutale magie, mais telle quelle ils la connaissaient et en faisaient usage. L'empoisonnement, les vénéfices et les maléfices, les ligatures et les charmes, les sorts et les enchantements, les assemblées de sorciers et des festins abominables, telles sont les pratiques contre lesquelles des codes de lois, si laconiques sur maints autres points, sévissent avec le plus de détails[147].

---

146 Canciani, Leges barbarorum antiquæ, t. III, p. 91.

147 Collect. de D. Bouquet, t. IV, p. 136. — Canciani, Leges barbororum antiquæ. — Lindem-

Si une femme empêche par maléfice une autre femme de devenir mère, elle payera deux mille cinquante deniers d'amende, dit la loi salique dans son titre XXIIe. Si le vénéfice est bu par celui-là même qui l'avait préparé pour un autre, le vénéficiateur survivant sera condamné à deux mille deniers. Celui qui aura jeté un maléfice sur autrui, ou qui l'aura déposé avec des ligatures en un lieu quelconque subira une amende de deux mille deniers. Si une sorcière a dévoré quelqu'un, dit ailleurs la même loi, elle payera deux cents sous d'amende.

Rien n'est plus curieux que de voir un barbare se railler des autres barbares à cette occasion. Il ne faut pas croire, dit Rhotaric dans le code des lois lombardes, qu'une femme avale un homme tout vivant, car cela est impossible[148]. Mais Rhotaric se moquait de ce qu'il ignorait, comme il est arrivé à tant d'autres. Il n'était pas question d'hommes avalés vivants ou entiers, mais de victimes dépecées, rôties et mangées en détail, ainsi que nous le verrons bientôt.

Le sou d'or, dont il est question dans la loi, avait une valeur de quinze francs environ de notre monnaie, suivant l'estimation la plus probable. Deux cents sous représentaient donc environ trois mille francs, somme très élevée pour une époque où la rareté du numéraire était si grande, comparativement à la nôtre.

Si quelqu'un, continue la même loi, accuse un homme d'être *herbourg*[149] c'est-à-dire *strioporteur*, ou bien, en d'autres termes, *d'avoir porté la chaudière d'airain aux festins des sorcières*[150], et qu'il ne puisse pas prouver son dire, il payera soixante-deux sous d'amende. Il parait qu'alors l'injure était défendue et la diffamation permise, puisque l'accusateur était admis à présenter ses preuves. Le mot herbourg n'est pas encore sorti du langage en certaines provinces; il est même des familles qui portent un pareil nom.

La loi des Ripuaires contient des dispositions semblables. Nous compléterons ce que l'une et l'autre laissent à désirer par un exposé des articles de la loi des Wisigoths sur la même matière.

Si quelqu'un, dit-elle, consulte les sorciers, les aruspices ou les devins relativement à l'époque de la mort du prince ou de quelque autre personne, il deviendra esclave, s'il est ingénu, ses biens seront confisqués, et il sera fla-

---

brog, Codex legum antiquarum, in lege Salica. tit. XXI, XXII, LXVII, etc.

148 Nullatenus est credendum, nec possibile est, ut hominem mulier vivum intrinsecus possit comedere. (Ils n'ont pas à être approuvé, ce n'est pas possible qu'un homme soit mangé vivant par une femme). (Lex. Rhotaric. cap. CCCLXXIX.

149 Hereburgium.

150 Ubi striæ coccinant. On lit ailleurs *cocinant*, et même *concinant*. Il s'agit de cette chaudière aux poisons que nous retrouverons plus tard.

gellé. S'il est esclave, on lui fera subir diverses tortures, et il sera exilé, pour servir encore comme esclave, dans les pays par delà les mers.

Un ingénu ou un esclave qui aura fait des vénéfices, sera puni du supplice le plus ignominieux, si la mort s'en est suivie ; sinon, il sera mis à la disposition du vénéficié.

Les maléficiateurs, ceux qui causent des tempêtes, ceux qui donnent la folie par l'intervention des démons, seront frappés publiquement de deux cents coups de fouet, et tondus d'une manière déshonorante. On leur fera faire dix fois le tour des champs voisins, et ensuite on les confinera dans la prison. Ceux qui les auront employés recevront deux cents coups de fouet en présence du public.

L'esclave ou l'ingénu de l'un ou de l'autre sexe qui aura fait des maléfices ou des ligatures contre les hommes ou les animaux, et en général contre tout ce qui se meut de soi-même, contre les champs, les vignobles ou les arbres ; celui qui aura composé, ou seulement essayé de composer des pactes, pour causer à quelqu'un le mutisme, des maladies, la mort ou un dommage quelconque en son corps ou en ses biens, sera puni de deux cents coups de fouet publiquement administrés ; il sera ensuite enfermé dans une prison, et ses biens confisqués.

Telles sont les prescriptions des lois des francs et des Wisigoths relativement à la magie. La loi des Bourguignons garde sur cet article un silence d'autant plus remarquable, que ce peuple était alors le plus civilisé de la Gaule. L'était-il au point d'ignorer la magie ?

Il fallait que ce crime fût alors bien commun, pour demander une telle répression et de telles précautions. Il le devint cependant de jour en jour davantage, si on en juge par les prescriptions législatives des siècles suivants. Il ne se tint pas un concile, une assemblée de la nation, jusqu'au règne de Charles le Chauve, sans qu'il y fût question de la magie, soit pour la réprimer par des lois nouvelles, soit pour faire revivre les lois anciennes.

Le concile d'Auxerre parle des *charaudeurs*, ou jeteurs de sorts, contre lesquels saint Éloi, évêque de Noyon, devait également s'élever un peu plus tard, et dont nous retrouvons encore la mention sous la plume de Maurice de Sully, évêque de Paris au douzième siècle[151].

Il n'était douteux pour personne que ces pratiques ne fussent des restes de paganisme. Maurice de Sully l'affirme positivement ; de même un concile de Rouen de l'an 630 environ : « Il faut, disent les prélats, réprimer, ou plutôt détruire entièrement l'usage qu'ont certains bergers, des chasseurs et autres

---

[151] Lebeuf, *Mém. de l'Acad. des inscr.*, t. XVII, p. 723. — Ducange, Glossaire, aux mots Cargii et Caraulæ. Ducange n'a pas compris la vraie signification de ces expressions.

personnes de réciter des enchantements sur du pain, des herbes ou des billets, qu'ils cachent ensuite dans les arbres ou dans les carrefours, afin de guérir leurs animaux, en donnant la mauvaise chance à ceux d'autrui. Il est évident que de telles pratiques sont des restes du paganisme. »

« Nous voulons, disait Childéric III dans une ordonnance de l'an 742, que chaque évêque s'applique à détruire dans son diocèse les usages païens auxquels le peuple se livre encore, tels que les sacrifices profanes en l'honneur des morts, les sortilèges, les divinations, les phylactères, les augures, les enchantements, l'immolation des victimes : il faut abolir tout ce qui reste du paganisme, et en particulier les feux sacrilèges appelés *nédrales*. » Les mêmes, sans doute, dont il est parlé dans un capitulaire de Carloman de l'an 743, sous le nom de *nodfir*. La première étincelle avait été obtenue par le frottement de deux morceaux de bois.

La liste serait incomplète, si nous n'empruntions quelques détails au sermon de saint Éloi sur la même matière : « Nous vous conjurons par tout ce qu'il y a de plus sacré, dit le prélat, de vous abstenir des coutumes abominables du paganisme ; loin de vous les prestigiateurs, les devins, les fabricateurs de sortilèges et d'enchantements ; les consulter, c'est renoncer au privilège et à la grâce du baptême.

» Loin de vous les interprètes des augures et de l'éternuement. Lorsque vous vous mettez en route, ou lorsque vous commencez un ouvrage, n'écoutez pas quel est l'oiseau qui chante ; munissez-vous plutôt du signe de la croix. Ne choisissez pas les jours pour vous mettre en route ou commencer vos entreprises ; tous les jours appartiennent à Dieu, et nous viennent également de sa main libérale. L'attention aux jours fastes et néfastes, aux aspects de la lune ; les impiétés et les farces ridicules des calendes de janvier, les mannequins de vieilles femmes, les mascarades, les jeux folâtres, les tables dressées à l'entrée des nuits, les étrennes, les intempérances qui font partie des réjouissances de cette époque, les bûchers allumés, les chants qu'on prononce en s'asseyant, sont autant de pratiques condamnables. »

Les tables dressées à l'entrée des nuits dont parle ici l'évêque de Noyon, rappellent les repas offerts en plein champ aux déesses Maires et à la déesse Habonde, ou Abondance, si ce n'est le même usage.

L'orateur continue de la sorte : « Que personne, à la fête de saint Jean ou de quelque autre saint, ne fasse des solstices, des circonvallations, des danses ou des charaudes[152] ; que personne ne chante les cantiques du démon. Que personne n'invoque les noms du démon, ni Orcus, ni Neptune, ni Diane, ni

---

[152] *Charaudes* : sans doute de « *charalt* » (XIIe-XIIIe siècles) = sortilège, sorcellerie. Même racine que « *charai* « = signe magique. *Dict. de l'ancien français* – Larousse, 1947.)

Minerve, ni le génie, ni aucun autre être fantastique. » Littéralement, aucune autre ineptie de ce genre.

« N'observez plus le jeudi, continue le prélat, ni pendant le mois de mai ni dans un autre temps ; il suffit de l'observance des fêtes et des dimanches. Que personne ne suspende des flambeaux ou des objets votifs près des temples, des pierres, des fontaines, des arbres, aux maisons ou dans les carrefours. »

L'usage dont parle ici l'évêque de Noyon fut des plus persistants. Les évêques se virent enfin obligés de faire enfouir les termes et les milliaires[153] ; ils firent ériger des croix à la place des idoles des carrefours ; ils donnèrent le nom de quelque saint aux fontaines consacrées par la superstition, afin de sanctifier, en changeant leur objet, des habitudes qu'ils ne pouvaient détruire.

« Ne mettez point d'amulettes au cou des hommes ou des animaux, dit toujours le prélat, quand même elles auraient été faites par des clercs, ou quand elles contiendraient des passages de l'Écriture ; car tout cela est vain, inutile, diabolique, indigne d'un chrétien. Ne faites plus de lustrations ni d'enchantements sur les champs ; ne faites point passer vos troupeaux entre les deux parties d'un arbre entr'ouvert, ni par des voies souterraines : on pourrait croire que vous les consacrez au démon. Femmes, ne portez plus d'ambre suspendu à votre cou ; n'imprimez plus le nom ou la figure de Minerve sur votre linge ou sur vos étoffes ; invoquez plutôt la bénédiction du Seigneur. Ne criez pas quand la lune s'éclipse. Ne donnez le nom de Seigneur ni au soleil ni à la lune ; ne jurez point par leur puissance. Ne croyez ni à la destinée, ni à la fortune, ni aux thèmes des astrologues. Si quelque infirmité vous atteint, laissez là les devins, les enchanteurs, les sorciers, les prestigiateurs ; ne recourez ni aux phylactères, ni aux fontaines, ni aux arbres, ni aux dieux des chemins, car tout cela ne vous servirait de rien ; ayez recours aux choses saintes et à la miséricorde de Dieu. »

C'est ainsi, pour le dire en passant, que les prélats de l'Église catholique justifiaient d'avance la religion des reproches d'obscurantisme et de superstition qui devaient lui être adressés de nos jours.

En complétant ces détails par les indications d'un capitulaire de Carloman daté de l'an 749, et qui contient une longue et curieuse liste des superstitions de l'époque[154], on voit qu'il se célébrait des mystères dans le silence des forêts, que la fiente des bœufs et des chevaux était employée à l'art divinatoire en certaines circonstances, et la cervelle de plusieurs animaux à des

[153] Qui marquait un mille, en parlant d'une borne placée au bord des voies romaines. (NDE)

[154] Cette liste, intitulée *Indicubus superstitionum paganicorum*, désigne jusqu'à trente observances superstitieuses. Canciani l'a expliquée fort longuement ; ce qu'il en dit est aussi curieux que savant, et mérite d'être lu. (*Leges Barbar.* t. III, p. 88).

usages magiques; qu'il se faisait des courses nocturnes aux flambeaux et en haillons; que les sorciers pratiquaient des enchantements sur des statuettes de pâte ou de chiffons, sur des pieds et des mains artificiels, dans le but de causer des maladies ou la mort à des personnes absentes; qu'on supposait aux sorcières le pouvoir de commander à la lune, et d'énerver par le moyen de ses influences le courage des plus vaillants guerriers.

Il est à peine quelqu'une de ces pratiques qui ne se trouve mentionnée de nouveau dans les capitulaires de Charlemagne, de Pépin, roi d'Italie, de Louis le Débonnaire et de Charles le Chauve: ce qui prouve de plus en plus leur persistance au sein de la société chrétienne. Les devins, les astrologues, sous le nom de mathématiciens, les sorciers, les enchanteurs, les véneficiatcurs, les augures, les noueurs d'aiguillette, les tempêtiers, les invocateurs de démons, les défouisseurs de trésors, y sont nommément désignés. Les philtres, les amulettes, les phylactères, les sorts, l'interprétation des songes, les pactes, les brevets pour guérir les maladies, y sont proscrits sous diverses pénalités, et quelquefois sous peine de mort.

On y trouve une mention positive des pratiques de la cabale et des mœurs de l'ophitisme; le législateur n'ose même pas désigner en termes trop clairs l'impure mixtion dont les sorciers souillaient l'oblation eucharistique, à l'instar de l'eucharistie des ophites et des festins des manichéens. On y reconnaît l'existence d'engastrimythes, désignés sous le nom de pythons. On y trouve la preuve qu'il y avait des anthropophages en Europe à une époque aussi avancée. Il ne faudrait pas croire que ce dernier crime ne se trouve signalé dans la loi que comme un souvenir ou par habitude, car un second capitulaire du grand empereur, promulgué en Saxe, en parle d'une manière si explicite, qu'il n'est pas possible d'élever le moindre doute: « Si quelqu'un, y est-il dit, sous prétexte qu'un homme ou qu'une femme sont sorciers, et qu'ils mangent des hommes, les mange lui-même ou les fait manger à d'autres, après les avoir embrochés et rôtis, qu'il soit puni de mort. » Ainsi parle un des législateurs les plus judicieux de l'époque chrétienne; et comment supposer qu'en rédigeant un pareil article de loi, il avait en vue des crimes imaginaires?

Tandis que les nations nouvelles appelées à peupler le champ de l'Église dans les provinces du Nord, se débattaient ainsi dans les liens à demi brisés de leur antique barbarie, de leurs superstitions et des abominables pratiques dans lesquelles Satan essayait de les retenir, le même Satan semait la division au sein des Églises d'Orient et d'Afrique par le moyen des hérésies: donnant ainsi aux peuples incivilisés et grossiers des occupations grossières, et aux peuples philosophes et disputeurs, des arguties et des subtilités perfides pour aliment intellectuel.

Sitôt que le sang chrétien eut cessé de couler à son instigation sur les échafauds, pendant que la gnose grouillait partout dans les bas-fonds du christianisme comme une fangeuse vermine, dès le commencement duIV[e] siècle, Arius, prêtre d'Alexandrie, dans un accès d'orgueil froissé, et pour se venger en suscitant des troubles, s'avisa d'enseigner que Jésus-Christ n'était pas Dieu. Cette déplorable nouveauté ne s'insinua que trop aisément auprès des grands et des gens sans défiance. L'arianisme s'étendit de proche en proche et gagna une à une toutes les provinces de l'empire. Nous n'entreprendrons pas de tracer sa longue histoire : persécutions, exils, disputes, conciles et anticonciles, guerres déclarées, sang humain versé à grands flots, tel en est l'abrégé. Les troubles durèrent deux siècles, et couvrirent de ruines l'empire d'Orient, l'Espagne, la Gaule, l'Italie, l'Afrique. Si Satan avait triomphé, le christianisme était anéanti, mieux encore que par la gnose, puisqu'il en restait toutes les apparences, la morale et les pratiques, mais en l'absence de la rédemption, qui est le dogme capital, et de l'eucharistie, qui est le dogme générateur.

Pendant qu'Arius enseignait ses erreurs en Égypte, les deux Donat divisaient l'Église d'Afrique par un des schismes les plus funestes qui aient affligé le troupeau de Jésus-Christ, à l'occasion de l'élection d'un évéque de Carthage, nommé Cécilien, qui, par l'exactitude de sa doctrine et de sa vie, avait eu l'honneur de déplaire à quelques personnes trop puissantes.

Bientôt après parurent les macédoniens, qui nièrent la divinité du Saint-Esprit. Hérésie faible et petite dans ses commencements, mais qui s'étendit en se transformant, infesta peu à peu tout l'Orient, et dure encore, puisque c'est, avec la primauté romaine, le point capital qui divise l'Église grecque de l'Église latine. Si les Grecs orthodoxes, comme ils s'appellent, ne nient plus la divinité du Saint-Esprit, ils rejettent du moins sa procession du Verbe divin.

Le cinquième siècle vit les pélagiens, qui rejetèrent la nécessité de la grâce, et, par une conséquence inévitable, la nécessité de l'incarnation et de la rédemption, puisque l'homme pouvait ainsi se sauver sans le secours divin ; les nestoriens, qui divisèrent Jésus-Christ en deux personnes, l'une divine, l'autre humaine, ce qui anéantissait d'autre façon la valeur de la rédemption, puisque la personne humaine ayant seule pu souffrir et mourir, rien n'avait été acquis pour l'humanité, sauf une doctrine toute céleste enseignée par la personne divine. Vinrent ensuite les eutycbiens, qui supprimèrent en Jésus-Christ la nature humaine, en l'absorbant dans la nature divine, ce qui rendait impossible toute réalité dans l'accomplissement des scènes douloureuses de la passion du Sauveur. Il ne restait plus qu'une vaine apparence et des ombres au calvaire. Et, dans un cas comme dans l'autre, la Vierge divine perdait son beau titre de Mère de Dieu, puisqu'elle n'avait donné l'être qu'à un homme, selon Nestorius, et qu'elle n'était mère qu'en apparence, selon Eutychès.

Au milieu de ces déchirements, suscités et entretenus par Satan, l'Église d'Orient perdit son unité ; la division succédant sans cesse à la division, les liens de la discipline se relâchèrent, la confiance n'exista plus des fidèles aux évêques, des évêques à leurs patriarches. Elle perdit sa fermeté et son assurance dans la foi, au sein de ce ballottage perpétuel entre des doctrines diverses et multiples : et où la discipline et la foi se relâchent, les mœurs se pervertissent. Or c'est ce qui arriva; il ne resta bientôt plus que le nom et les apparences du christianisme. Des moines ignorants, disputeurs, orgueilleux, en révolte contre les évêques ; nul zèle pour l'extension de la foi et la correction des mœurs, puisque toutes les attentions étaient appelées vers la dispute ; un peuple ignorant et tournant à tout vent de doctrine, parce qu'il n'attachait d'autre importance à ces changements, que la facilité qu'il y trouvait de s'affranchir du joug des mœurs chrétiennes, telle fut dès lors presque toute cette portion de l'Église qui parlait la langue grecque.

Depuis longtemps le catholicisme était détruit en Afrique : le Vandale Genséric l'avait enseveli sous des ruines et noyé dans le sang ; il n'y restait plus que l'arianisme, qu'il y avait importé et implanté sur des décombres. La population qu'il y laissa, beaucoup moins nombreuse que celle qu'il y avait exterminée, ne tarda pas à perdre, avec la vigueur belliqueuse qu'il lui avait imprimée, les dernières traces de vie et de foi chrétiennes. Jésus-Christ ne pouvait plus reconnaître son Église ici ni là. Le ministre des vengeances divines parut : Mahomet fonda sa religion et son pouvoir en l'an 632.

Genséric avait été l'ange exterminateur de cette Église d'Afrique si grande, si puissante et si belle, mais déjà si divisée au temps du grand évêque d'Hippone, et disposée par là même à recevoir des doctrines plus néfastes encore ; elle se laissa, en effet, honteusement salir et profondément gangréner par le manichéisme. Mahomet allait l'être de l'une et de l'autre, en rayant définitivement celle qu'avait fondée Genséric, et en ébranchant vigoureusement l'Église grecque, jusqu'à ce qu'il n'en restât plus que les tronçons.

Ainsi Dieu accorde à l'ange infernal la puissance de tenter, puis la puissance d'exercer la vengeance envers ceux qui ont succombé à ses séductions ; de sorte qu'il est lui-même le vengeur des crimes qu'il a fait commettre.

Les sanglantes querelles et les sacrilèges attentats des iconoclastes achevèrent de semer la division et d'ébranler la foi dans le sein de la malheureuse Église d'Orient pendant le VIIIe siècle; puis, au IXe, Photius, patriarche de Constantinople, la sépara par un schisme de l'Église d'Occident ; d'où il arriva que le secours puissant des princes de l'Occident lui fit défaut, et que la foi défaillit en même temps au cœur de ses enfants. Aussi les deux tiers échangèrent la croix contre le turban, pour ne pas mourir, et l'autre tiers accepta la servitude dans ses propres foyers.

CHAPITRE XII : OCCIDENT — LÉGENDES DÉMONIAQUES — VAINES CROYANCES — ŒUVRES SATANIQUES

Ceux qui se livraient aux abominables pratiques de démonolâtrie dont nous avons parlé étaient d'autant moins excusables, que leurs intentions n'étaient pas meilleures que leurs œuvres : ils savaient fort bien que c'était le démon qu'ils invoquaient, et c'était à son pouvoir qu'ils entendaient avoir recours. Lorsque les deux reines Frédégonde et Brunehaut, par exemple, s'arrachaient l'une l'autre à prix d'argent les sorcières et les magiciens les plus en renom, c'était bien à des suppôts de Satan qu'elles entendaient avoir affaire, et le pouvoir satanique qu'elles se proposaient d'utiliser au profit de leurs détestables desseins. Lorsque Frédégonde reçut à sa cour et protégea ostensiblement une pythonisse faisant le métier de retrouver les choses perdues ou dérobées, qui s'était enfuie des mains des officiers d'Agéric, évêque de Verdun, ce n'était ni par compassion ni par pitié, mais pour user au besoin de son talent.

Ces mœurs et ces pratiques entretenaient dans tous les esprits, sinon la peur ou l'amour de Satan, du moins la pensée, de sorte qu'il n'était pas possible de le mettre en oubli.

Les moralistes en profitèrent pour corriger les mœurs par les idées mêmes qui avaient cours : ils firent des peintures effrayantes du pouvoir satanique, des vengeances divines, des supplices de l'autre vie, et les mirent en apologues.

Le roi Dagobert entre un des premiers sur la scène : c'est un moine de Sicile, nommé Jean, qui vit son âme aux mains des démons, et c'est Aymoin qui le raconta. Ce prince, qu'on a surnommé le Salomon de la France, n'avait pas toujours été de mœurs édifiantes ; aussi, à la mort, les démons ravirent-ils son âme ; ils l'emportaient dans la barque infernale, lorsque les saints Denis, Maurice et Martin vinrent la leur disputer. Il fut convenu de part et d'autre qu'on procéderait à un nouveau jugement, que les bonnes actions seraient pesées contre les mauvaises, et qu'alors il adviendrait selon le droit et la justice. On ne sait trop ce qui serait arrivé, si une main officieuse n'avait jeté l'abbaye de Saint-Denis dans le plateau des bonnes actions. Le poids énorme du saint édifice fondé par le monarque trancha la difficulté, et les saints emportèrent Dagobert au paradis, en chantant le psaume : *Heureux celui que vous avez choisi et appelé dans vos demeures éternelles.*

Cette fable, plus morale que gracieuse, mélange inélégant d'idées païennes et chrétiennes, devait inspirer pendant longtemps la main des artistes. On en voit le sujet représenté sur un grand nombre de monuments, entre autres sur le tombeau du prince à Saint-Denis.

Le fond une fois trouvé, il ne restait plus qu'à imiter et embellir. Cependant l'imagination n'étant pas florissante dans ces siècles d'une stérilité si malheureuse, il se fit peu de progrès dans le genre, et ce fut partout et toujours le même thème, avec le seul changement des personnages. On n'inventa donc rien de mieux que de rajeunir l'histoire, et d'en faire l'application à Charlemagne lui-même ; la voici sous sa nouvelle face :

Turpin, archevêque de Reims, et l'un des meilleurs amis du magnanime empereur, étant un jour en prières après l'offrande du saint sacrifice, entendit un si grand bruit dans la rue, qu'il ne put s'empêcher d'interrompre son oraison, pour s'enquérir de la cause qui le produisait. C'était une troupe de démons allant assister au jugement de Charlemagne, qui venait de décéder, afin de réclamer son âme. Il leur fit promettre de lui rendre compte au retour de ce qui se serait passé, et se remit à prier avec plus de ferveur. Mais voilà, ô vertu admirable de la prière et des bonnes œuvres ! que saint Michel, saint Denis et l'apôtre saint Jacques arrivèrent à temps pour forcer les démons de lâcher prise, et mettant dans le plateau des bonnes œuvres les pierres, le bois et les autres matériaux que Charles avait employés à construire des églises, des hôpitaux, des monastères, et les grandes sommes d'or et d'argent qu'il avait dépensé pour les doter et les enrichir de meubles précieux, il se trouva que le bien l'emporta sur le mal, et les démons se retirèrent maltraités et confus.

Cette seconde histoire devait encore être rajeunie plus tard, et attribuée à d'autres personnages, parmi lesquels Gervais, successeur de Turpin au siège de Reims, joue un rôle important.

Charles Martel n'avait fourni que trop de prétextes à de tels apologues ; aussi fut-il damné sans rémission, et, ce qui est plus remarquable, en corps et en âme. Saint Eucher, évêque d'Orléans, fut censé l'avoir appris par révélation, et, pour mieux confirmer cette prétendue révélation, on ajouta que Fulrade, premier chapelain de Pépin le Bref, ayant visité la bière du damné, pour s'assurer si le corps en était effectivement absent, trouva le fond du cercueil brûlé, et n'y vit, au rapport de Denis le Chartreux, qu'un gros serpent, qui s'évanouit en une fumée puante.

Les moralistes anglais avaient trouvé quelque chose de mieux que tout ceci : savoir, de terribles descriptions du purgatoire et de l'enfer. Le vénérable Bédé, qui en parle un des premiers, rapporte qu'un de ses compatriotes, nommé Drithelme, ayant été miraculeusement rappelé à la vie, épouvanta ses contemporains par le récit de ce qu'il avait vu dans le purgatoire. Il y avait là de profondes vallées remplies de flammes, et de hautes montagnes couvertes de neige et de glace ; des milliers d'âmes, alternativement plongées dans les feux et dans la glace, éprouvaient d'affreuses tortures par ce genre de supplice, en attendant qu'elles fussent délivrées par l'effet des prières et des bonnes œuvres des vivants. Drithelme avait été si effrayé de ce spectacle, qu'il passa sa seconde vie tout entière dans la plus austère pénitence, en disant que les plus rudes travaux lui semblaient doux en comparaison de ce qu'il assit vu.

Grégoire de Tours avait déjà raconté, il est vrai, quelque chose de semblable du roi Gontran et de son frère Chilpéric Ier ; mais il parait que ses compatriotes négligèrent d'en tirer parti, car il n'est plus question de ces sortes de voyages dans l'empire de la mort jusqu'au temps de Charles le Chauve.

Un fabuliste s'avisa enfin de prêter à ce monarque un ravissement, pendant lequel il parcourut le purgatoire et l'enfer sous la conduite d'un ange, qui lui avait, par un excès de précaution difficile à comprendre, attaché à la main le fil d'Ariane, de crainte qu'il ne se perdit dans les détours de ces vastes et ténébreux labyrinthes. Il y vit les plus grands personnages et les plus étranges merveilles, mais des merveilles qui laissent loin derrière elles, quoique dans le même genre, ce que les païens racontaient du noir Tartare et des royaumes de Pluton. Tantale, Ixion , Sisyphe, les Danaïdes, ne sont rien auprès. Du reste, cette fiction est une leçon à l'adresse des mauvais rois, des ministres cupides, des courtisans ambitieux et des prélats peu réguliers.

Charles le Chauve n'apprit pas grand-chose dans sa course aventureuse, ou du moins il n'en profita guère, car il fut trouvé lui-même en purgatoire quelque temps après par un autre fabuliste. Charles, réduit au plus piteux état, était plongé dans un bourbier infect, couvert d'ulcères, rongé de vers, à demi vêtu de haillons, les cheveux et la barbe en désordre. Il se recommanda tristement aux prières du visiteur, nommé Berthold; celui-ci lui fit dire des messes aussitôt qu'il fut revenu sur la terre, et le malheureux prince en fut soulagé, comme on le sut après, car Berthold alla plus d'une fois dans ces sombres demeures. Il y vit, à diverses reprises, les personnages les plus qualifiés du temps : prélats, rois et ministres. Il dénonça aux vivants la cause des supplices endurés par ces illustres morts, et fit prier pour eux.

Berthold, ou son pseudonyme, se donna bientôt pour un inspiré, un illuminé peut-être, et on le prit au mot. De grands personnages s'y laissèrent surprendre, sans examiner si les prétendues visions étaient de tout point conformes à la saine raison et à l'orthodoxie, si ses descriptions ne respiraient pas la mythologie beaucoup plus que l'Évangile. Hincmar, archevêque de Reims, ne craignit pas de consacrer les unes et les autres par une approbation éclatante, en les racontant à ses diocésains et à ses suffragants dans une circulaire qu'il leur adressa à ce sujet.

Le but de Berthold était le même que celui de ses prédécesseurs : réprimer le vice parmi les vivants, en infligeant aux scandales donnés par les morts la publicité du châtiment ; montrer la justice de Dieu exerçant ses droits imprescriptibles où la justice des hommes avait manqué d'exercer les siens. Si quelques prélats, tels que Jessé, Enée, Ebbon, Léopardelle, sont condamnés aux flammes, c'est qu'ils ont affligé l'Église par une conduite dont le souvenir est encore présent. Si Charles le Chauve est puni, c'est pour avoir donné des bénéfices ecclésiastiques à ses courtisans et à des laïques, selon la remarque de Loup de Ferrières et de Denis le Chartreux. On le voit, ce n'est pas une diffamation, c'est une leçon de morale à la manière de Lucain.

La même intention se reconnaît encore dans une autre vision mise sur le compte d'un moine de l'abbaye de Reichenaw, nommé Wettin, qui vivait en 824. Elle est si semblable aux précédentes, sauf de légers détails, qu'il devient inutile de la rapporter. Celui-ci vit en enfer Charlemagne, divers prélats notoirement coupables de simonie, et un certain nombre de courtisans de l'empereur.

La célèbre histoire de la conversion de saint Bruno, consacrée par tant de monuments et par les légendes de quelques bréviaires du quinzième siècle, ne parait pas avoir une autre valeur que celles qui précèdent, ni un autre sens ; mais comme elle a le mérite de s'écarter des sentiers suivis jusqu'alors, nous la rapporterons en détail.

On faisait l'office des morts pour un docteur de l'université de Paris ; c'était l'an 1082, quoique l'université n'ait été fondée que cent dix-huit ans plus tard ; ou, suivant une autre version, pour un chanoine nommé Raymond, dont il n'est d'ailleurs resté aucun souvenir. La bière était placée dans le chœur de la basilique. Quand le lecteur en fut à ces mots d'une des leçons : *Responde mihi*, c'est-à-dire répondez-moi, le mort se souleva et s'écria d'une voix formidable : *Je suis accusé au juste jugement de Dieu.* Les assistants fuirent épouvantés, et l'office demeura interrompu. Le lendemain, à la reprise de la cérémonie, le mort se souleva de nouveau aux mêmes paroles et s'écria : *Je suis jugé selon le juste jugement de Dieu.* Nouvelle épouvante et nouvelle interruption. Le troisième jour, il répondit : *Je suis condamné par le juste jugement de Dieu.* On délibéra sur cet étrange événement, et la conclusion fut de refuser la sépulture ecclésiastique au damné. Un des spectateurs, nommé Bruno, plus effrayé que les autres, ou par suite de réflexions plus sérieuses sur le néant des choses humaines, fit vœu de dire au monde un éternel adieu, et de passer le reste de sa vie dans une dure pénitence. Telle est l'histoire légendaire de la fondation de la Chartreuse.

Césarius, moine de l'ordre de Cîteaux, maître des novices au couvent d'Heisterbach, auteur de plusieurs ouvrages ascétiques, dans lesquels il a consigné une foule d'anecdotes propres à soutenir l'attention et à exciter la piété des élèves, s'occupant beaucoup plus de l'effet que de la vérité du récit, est de tous les écrivains celui qui a donné le plus de célébrité à ce prodige, sans en être toutefois l'inventeur. César d'Heisterbach est mort vers l'an 1240 ; aucun des contemporains de saint Bruno n'a fait allusion à ces détails, et les motifs connus de la conversion du pieux solitaire sont entièrement différents.

Occupons-nous d'un apologue moins triste, et qui surpasse en mérite et en poésie tous ceux dont nous venons de parler ; il a été composé à l'intention des gens du monde. Orderic Vital, qui le rapporte, met la vision sur le compte d'un prêtre du diocèse de Lisieux, nommé Gauchelme, et en assigne la date à l'année 1091.

Gauchelme, revenant de porter les secours de la religion à des malades, traversait nuitamment une forêt, lorsque son attention fut attirée par un grand bruit qui se produisait à peu de distance. La curiosité l'emportant sur la frayeur, il s'approcha et se cacha. Il vit passer toute la procession des damnés, dans laquelle il reconnut beaucoup de grands personnages décédés depuis peu. Prélats et abbés, moines et séculiers ; de hauts barons et d'humbles vilains ; des maîtres sans miséricorde et des valets éhontés ; des châtelains superbes, des juges iniques et des guerriers sans loyauté ; des femmes sans pudeur, de fringants trouvères, des courtisans menteurs, des hobereaux tyranniques, il y a place pour tout le monde. Les profanateurs des lieux saints, les spoliateurs des veuves et des orphelins, les arrogants, les mondains, les intempérants, tous sont là. Mais tous y sont dans le plus triste équipage : placés sur des montures brûlantes comme le fer rouge, et qui les emportent d'une course éternelle, irrémissible. Ils voudraient bien descendre ! Non, marche ! Marche toujours, malheureux damné ! Ils voudraient bien secouer de leurs mains ces anneaux, ces joyaux, ces armes ; de leurs pieds ces éperons, ces houseaux ; de leurs têtes ces casques, ces couronnes ; de leurs épaules ces brassards, cette cotte, qui les brûlent d'un feu inextinguible ! Non, non ; jamais ! Porte l'instrument de ton supplice, misérable compagnon du diable ! Ce qui causa jadis ton orgueil, engendre maintenant ton tourment. Il voudrait bien être débarrassé des fers de moulin qu'il porte aux talons, ce seigneur, maître jadis d'un moulin banal, qui s'enrichit aux dépens de ses vassaux ! Ils voudraient bien être déchargés de ces objets dérobés pendant leur vie, et qui maintenant, liés sur leurs épaules, les écrasent d'un poids plus lourd que celui des montagnes, ces spoliateurs des faibles, ces voleurs de grand chemin ! Mais non ; toujours, toujours tu les porteras, misérable suppôt d'enfer.

À la suite de la procession venaient un grand nombre de montures sellées et bridées, comme pour attendre leurs maîtres. L'une d'elles s'étant approchée de Gauchelme, il y porta la main pour la caresser ; mais, en la touchant, il se sentit brûlé comme par un fer rouge, et poussa un cri perçant, qui le trahit. Aussitôt il fut environné par les valets, qui le maltraitèrent, pour le punir de son indiscrétion, et le couvrirent de plaies, ou plutôt de brûlures, jusqu'à ce que quelqu'un, moins coupable apparemment que ses compagnons, et qui n'était qu'en purgatoire, intervint pour le délivrer. C'est ce personnage qui expliqua tout à Gauchelme, jusque-là plus émerveillé qu'instruit. Il se recommanda à ses prières ainsi qu'à celles de quelques amis, le chargea de plusieurs commissions et de beaucoup d'avertissements pour les vivants. Il lui dit que les montures sans cavalier qui suivaient la procession, étaient préparées pour des personnages encore vivants, qu'il lui désigna, et nommément celui qui aurait le cheval auquel il s'était si fortement brûlé. Gauchelme révéla sans pitié le nom des morts, et fut assez discret pour taire celui des vivants.

Orderic Vital affirme qu'il a connu Gauchelme, et vu les cicatrices des brûlures de cette nuit fatale; mais il ajoute, à l'intention de ceux qui y regarderont de plus près, qu'il a écrit cette histoire en vue de l'édification, pour l'affermissement des justes et la conversion des pécheurs.

Terminons tout ceci par un apologue moins triste, et passons l'éponge sur beaucoup d'autres du même genre que ceux qui précèdent.

Le bon roi Gontran, s'étant un jour endormi dans la campagne sous la garde d'un de ses soldats, rêva qu'il voyageait, dit le chroniqueur Réginon, et qu'il se fatiguait excessivement au bord d'un fleuve, en cherchant un pont qui lui permit de passer outre. Lorsqu'il l'eut enfin trouvé, il franchit le fleuve, entra dans une grotte creusée au pied d'une montagne, dans laquelle il vit un grand trésor, et revint par le même chemin. À son réveil, le prince, qui avait toujours grand besoin d'argent, car il dépensait tout en aumônes et en libéralités, aurait bien voulu retrouver son trésor, mais il avait oublié la route. Or voici ce qui s'était passé: le soldat avait vu une hermine, sans doute l'âme du roi, sortir de la bouche du monarque endormi; il l'avait vue courant dans la campagne, et avait placé, pour servir de pont, son épée sur un ruisseau qu'elle essayait vainement de franchir. Il l'avait vue se loger un instant dans un tas de pierres, revenir et rentrer dans la bouche du roi, qui se réveilla aussitôt. Lorsque Gontran eut raconté le songe à son fidèle gardien, la montagne, la caverne et le trésor ne furent pas difficiles à retrouver. Aimoin, Réginon et Sigebert sont garants de la vérité de l'événement. Le moine Hélinand le place à une époque plus rapprochée, et l'attribue à un soldat de la suite de l'archevêque de Reims, Henri, frère de Louis le Jeune, ce qui ne le rend ni plus vrai ni plus vraisemblable.

Cette mythologie chrétienne n'était pas faite pour diminuer le nombre des croyances superstitieuses léguées par le paganisme, ni la confiance populaire dans les sorciers et les magiciens; aussi tout était-il, et plus que jamais, à la magie; mais elle accuse de nouvelles tendances, encore incertaines et timides, ou du moins des aspirations vers un nouvel ordre d'idées que nous verrons bientôt se développer. Toutes les pensées étaient tournées vers le merveilleux, mais vers un merveilleux satanique plus souvent que divin. Les chroniques du temps abondent en miracles menaçants et de funeste augure: ici un loup pénètre dans une église, et, saisissant avec les dents la corde de la cloche, il se met à sonner la messe; là, on voit des loups qui bêlent comme des chèvres, et qui, par conséquent, ne peuvent être que des démons; ailleurs, les statues de pierre des églises versent des torrents de larmes; ailleurs encore, il pleut des pierres: il en tomba pendant trois jours sur la maison d'un seigneur en Bourgogne; on en vit une grande pluie à Joigny; quelquefois c'était du blé, de petits crapauds ou de petits poissons, de petites étoiles, du miel, de la laine. Rien n'était si commun que les pluies de sang: le roi Robert ayant eu la nouvelle d'un pareil phénomène, en écrivit à plusieurs évêques, afin d'avoir leur avis sur un si grand prodige. Les prélats répondirent en citant une longue série de semblables merveilles. Charles le Chauve assiégeant la ville d'Angers, une nuée de sauterelles, qu'un vent d'Afrique avait transportées jusque sur la France, s'abat sur les campagnes environnantes; on les prend pour des démons. Et que pouvaient-elles être, sinon des démons? N'avaient-elles pas six ailes, les mandibules dures comme des pierres? Ne marchaient-elles pas en ordre de bataille, précédées par des éclaireurs?

Mais tout ceci est dépassé de bien loin par ce que nous révèlent les écrits du bienheureux Agobard , évêque de Lyon, décédé en 840.

« Dans ce pays, dit le savant et pieux évêque, presque tout le monde, grands et petits, pauvres et riches, vieux et jeunes, s'imaginent que les hommes peuvent produire à volonté la grêle et le tonnerre; tout le monde dit, quand il tonne: c'est un orage factice; et si on demande ce que c'est qu'un orage factice, tout le monde répond que c'est un orage formé par les tempêtiers.

» Il y a une multitude de personnes assez stupides, assez crédules pour s'imaginer qu'il vient par-dessus les nuages, du pays imaginaire de Magonie, des navires qui achètent des tempêtiers les blés avariés par l'orage. Un jour, nous avons eu beaucoup de peine à délivrer des mains du peuple ameuté trois hommes et une femme, que la foule croyait tombés de ces navires aériens, et qu'elle conduisait au lieu du supplice, pour les lapider. »

Après avoir prouvé, par de solides raisons, que Dieu seul peut amonceler les orages et lancer la foudre, le prélat continue de la sorte: « Pauvres insensés, demandez donc aux tempêtiers un peu d'eau pour vos champs altérés, car il doit être plus facile de faire de l'eau que de la grêle; ou bien priez-les de faire pleuvoir sur votre verger, en épargnant la moisson qui mûrit à côté. J'ai toujours eu le plus grand désir de connaître un tempêtier, mais je n'ai pu y parvenir ; tous m'ont constamment renvoyé de l'un à l'autre, en convenant, chacun en particulier, qu'ils ne l'étaient pas eux-mêmes. La croyance aux tempêtiers est partout, et les tempêtiers nulle part. Les gens les plus pauvres, ceux qui ne font pas l'aumône et qui ne payent pas même la dîme, mettent en réserve une partie de leur récolte, pour en faire cadeau aux personnes qu'ils considèrent comme les arbitres des orages. Celles-ci reçoivent, souvent avec surprise, mais ordinairement avec plaisir, de pareilles offrandes.

» Ne s'imagina-t-on pas, il y a quelques années, à l'occasion d'une épizootie qui frappa la race bovine, que Grimaldi, duc de Bénévent, ennemi de l'empereur très chrétien, avait envoyé des gens avec des charretées d'une poudre empoisonnée, qu'ils faisaient répandre par des enfants sur les prairies et les champs, dans les puits, les fontaines et les rivières. Outre qu'il faudrait, pour empoisonner un empire de la grandeur de celui de Charles, plus de charretées de poudre qu'il n'y a de poussière dans le duché de Bénévent, et, pour les répandre, plus d'hommes et d'enfants qu'il n'en peut nourrir, il serait fort extraordinaire que ce poison tuât les bœufs, sans nuire aux autres animaux. Cependant on arrêta violemment un grand nombre de personnes soupçonnées de ce crime ; on en massacra une partie et on jeta les autres dans le Rhône, après les avoir liées sur des planches. Mais, ce qui est plus incroyable, nous avons vu et entendu beaucoup de ces malheureux convenir qu'ils étaient magiciens, et qu'ils avaient contribué à répandre des poudres.

» Tant d'erreurs et des erreurs si absurdes ont cours dans ce misérable monde, qu'il est douteux que les païens, disposés à tout croire, vu leur aveuglement, eussent daigné y prêter attention. » Ainsi dit le prélat.

Les grands et les rois partageaient ces erreurs avec le peuple ; les Capitulaires de Charlemagne, de Louis le Débonnaire et de Charles le Chauve, en frappant des peines les plus sévères les magiciens qui forment les orages, en fournissent la preuve. Pendant le règne de ces princes, on observa diverses aurores boréales, et on ne manqua pas de les attribuer à la magie. L'an 927, une semblable clarté alarma la ville de Reims ; ce signe annonçait une grande peste, dit le chroniqueur Flodoard. Nicolas Chesneau, dans ses notes posthumes sur la chronique de Flodoard, assure que ces signes et cette peste furent causés par les maléfices des sorciers ; puis, craignant d'avoir dit une impiété, il se reprend et ajoute : ou plutôt par le courroux du ciel, irrité contre les sorciers.

Des sorciers, il y en avait en effet partout, et tout en était rempli. On ne voit que des sorciers, dit Hincmar, archevêque de Reims : ici, ce sont des magiciens, ou maléficiateurs, comme on les appelle à cause de la grandeur des maux qu'ils font ; là, des nécromanciens, qui feignent de rendre la vie aux morts, et qui les interrogent ; ailleurs, des hydromanciens, qui évoquent les démons et les consultent par le moyen de carafes remplies d'eau ; plus loin, des charlatans qui offrent des sacrifices et adressent des prières à des idoles ; plus loin encore, des aruspices qui scrutent les entrailles des victimes. Nous voyons des augures bayer aux oiseaux, des pythonisses parler du ventre, des astrologues ou mathématiciens de trois ou quatre espèces, des sorciers qui devinent selon les indications du hasard, des prestigiateurs qui fascinent les yeux des spectateurs. Il y a les superstitieux, qui craignent la rencontre d'un ecclésiastique, les noueurs d'aiguillette, et ceux qui font aboyer les chiens devant le tronc d'un arbre comme après une bête fauve. Celui-ci porte des vêtements enchantés, celui-là a été frappé de folie par les sorcières ; un autre meurt en langueur, charmé qu'il est par des magiciens ; un autre encore est blême comme la mort, pour avoir été sucé par des lamies[155].

Il y avait des magiciens jusqu'à la cour des princes ; le fameux médecin juif Sédécias en est un exemple. Il se fit admirer en 876 à la cour de Louis le Débonnaire. Il fut tout puissant à celle de Charles le Chauve, qui l'avait pris pour médecin et qu'il empoisonna. Sédécias savait forcer un verger à se couvrir de fleurs en plein hiver, à produire instantanément de la verdure et des fruits ; il le remplissait de même d'oiseaux, qui y faisaient entendre leur ramage. Il dévorait des cavaliers, armes, bagages et monture, des charrettes avec les chevaux et le conducteur. Il hachait des hommes en morceaux, faisait bouillir la chair, et les rendait à la vie. Il volait au milieu des airs, et faisait entendre une multitude de voix, comme de chiens et de chasseurs.

Ceux qui sont familiarisés avec les tours de passe-passe de nos escamoteurs modernes, de nos engastrimythes et de nos prestigiateurs, ne conviendront pas, sans doute, que le savoir-faire de Sédécias fut nécessairement démoniaque. On a vu dans tous les siècles de pareils prodiges, qui ne reposaient que sur l'habileté de l'opérateur et la surprise des spectateurs. Les anciens avaient leurs euryclées, ou engastrimythes, et autres agyrtes, réunissant autour de leurs théâtres des cercles de curieux qu'ils amusaient par des prestiges et à qui ils vendaient ensuite des médicaments et des charmes. Athénée, dans ses *Dyphnosophistes*, et Apulée, dans ses *Métamorphoses*, parlent de virtuoses qui mangeaient du feu et vomissaient des flammes, qui avalaient des épées et se perçaient d'outre en outre avec des javelots. Le charlatanisme n'est pas nouveau, nous doutons qu'il soit en progrès.

Mais les siècles dont nous écrivons l'histoire virent de véritables suppôts de Satan, livrés à des œuvres plus criminelles : des illuminés, des cabalistes et des extatiques démoniaques.

---

[155] Monstre merveilleux de la mythologie antique qui était censé dévorer les enfants. (NDE, Dictionnaire des sciences occultes, Collin de Plancy, 1861.)

L'un des premiers par rang d'ancienneté est un illuminé de Bordeaux, nommé Didier, qui se disait en commerce de lettres avec saint Pierre et saint Paul, plus puissant que saint Martin et l'égal des apôtres. On lui amenait de tous côtés des malades, qu'il guérissait par l'attouchement et l'imposition des mains, principalement des paralytiques, auxquels il faisait frictionner et tirer vivement les membres. Il tombait en extase, voyait ce qui se passait en des lieux éloignés, pénétrait les consciences, reprochait publiquement les fautes les plus secrètes, et principalement le mal qu'on avait dit de lui. C'était au VIe siècle.

Grégoire de Tours parle d'un bûcheron de Bourges qui devint extatique par suite des piqûres d'un essaim d'abeilles. Il parcourut, accompagné d'une prophétesse, nommée Marie, la plus grande partie du Gévaudan, se donnant pour le Messie. Une foule incroyable de personnes s'attachaient à ses pas. Il guérissait les malades par attouchement ; il prédisait l'avenir ; en un mot, il opérait tant de merveilles, que ceux qui refusaient de le reconnaître pour un envoyé de Dieu, le croyaient du moins en relation avec le démon. Nous le croyons de même, et de même encore celui qui précède et ceux qui suivent.

Adalbert, illuminé du VIIIe siècle, possédait, disait-il, de merveilleuses reliques et des amulettes d'une vertu plus merveilleuse encore, qu'un ange lui avait apportées des extrémités du monde créé. C'est une histoire étonnante, que celle de ces reliques et de ces talismans ; il est étonnant à quels grands et saints personnages ils avaient été confiés, et en quels lieux du ciel et de la terre ils avaient été déposés, jusqu'à ce qu'enfin Dieu prit le parti de les envoyer directement par un de ses messagers à Adalbert, à qui ils étaient d'ailleurs destinés dès l'origine. Il distribuait à ses disciples les rognures de ses cheveux et de ses ongles. Il connaissait l'avenir et lisait dans la pensée. Allez en paix, disait-il aux personnes qui s'adressaient à lui ; je connais vos péchés, ils vous sont remis. Il montrait partout une lettre que le Fils de Dieu lui avait écrite. Adalbert enseignait à ses disciples une oraison universelle, capable d'obtenir du ciel les plus grandes faveurs et les plus grands miracles ; elle était ainsi conçue : « Seigneur Dieu tout-puissant, père de Notre-Seigneur Jésus-Christ, Alpha et Oméga, qui êtes sur le trône souverain, sur les chérubins et les séraphins, je vous prie et vous conjure, ange Uriel, ange Raguel, ange Cabuel, ange Michel, ange Inias, ange Tabuas, ange Sabaoth, ange Simiel, de m'accorder... » On demandait ici la faveur désirée. Tout cela n'était point nouveau ni de nouvelle invention : cette formule avait été condamnée en un concile de Rouen tenu sous le pontificat du pape Zacharie ; elle est signalée dans les capitulaires de Hirard, archevêque de Tours en 859. C'est la cabale, c'est l'illuminisme qui se remuent, qui s'unissent peut-être ; il semble que Satan leur prête un concours actif : mais les faits ont été trop peu étudiés et trop mal exposés, pour qu'il soit possible de juger maintenant. Adalbert fut mis en prison, il y demeura longtemps, et finit par y mourir.

Une certaine prophétesse du nom de Thiota remplit, en 847, la ville de Mayence du bruit de ses prédictions et de la crainte du dernier jour, qu'elle annonçait comme devant arriver dans l'année même. Son rôle ne fut pas long ; les magistrats la condamnèrent à une flagellation publique, après laquelle elle ne prophétisa plus.

Cette époque est celle de l'apparition du fameux livre Jetsirah, ou d'Abraham, l'un des éléments de la cabale moderne. La cabale, cultivée alors par les Juifs avec une ardeur sans pareille, effaçait presque à elle seule toutes les autres sciences secrètes[156]. L'infatigable Agobard, l'ennemi déclaré des superstitions de son temps, la combattit dans ses écrits, et la signala à l'attention de l'empereur et des magistrats ; et, afin de donner plus de poids à la dénonciation, il se concerta avec deux de ses collègues, Bernard, évêque de Vienne, et Eaof, évêque de Cavaillon. Laissons parler ces prélats : « Les Juifs, disent-ils, se font un dieu corporel, qui a, de même que l'homme, des membres et des organes différents pour les sens divers et les diverses fonctions de la vie ; seulement ils lui donnent des doigts inarticulés et inflexibles, parce qu'il n'emploie pas ses mains au travail. Ils le font s'asseoir sur un trône supporté et transporté çà et là par quatre animaux, et placé dans un grand palais. Ils le font penser à une multitude de choses ; mais comme, parmi ses pensées, un grand nombre sont vaines, superflues et non susceptibles de se réaliser, celles-ci se changent en démons. Ils se font des représentations de ce dieu bizarre, et les adorent. Ils enseignent que les lettres de l'alphabet hébreu sont éternelles, que chacune remplit de grands ministères, et préside à diverses parties des choses créées. La loi de Moïse était, disent- ils, écrite bien des siècles avant la création. Ils affirment qu'il y a plusieurs terres, plusieurs enfers et plusieurs cieux, dont un s'appelle *Rocha*, c'est-à-dire firmament. Dans celui-ci sont les moulins de Dieu, auxquels il fait moudre la manne qui sert à la nourriture des anges. Ils disent que Dieu a sept trompettes, dont l'une est longue de mille coudées. Mais qu'est-il besoin d'en rapporter davantage ? C'est ainsi qu'ils altèrent tous les dogmes de l'Ancien Testament. Et non seulement cela, mais ils apprennent encore aux chrétiens à mépriser le Nouveau, en disant que Jésus n'était qu'un disciple de Jean-Baptiste, qui voulut avoir lui-même des disciples, et qui donna à l'un le nom de Pierre, à cause de la dureté de sa conception. À les en croire, Jésus était un magicien, qui promit à la fille de Tibère qu'elle deviendrait mère sans cesser d'être vierge, et qui ne put lui faire enfanter qu'une pierre. Pour ce fait, Tibère le condamna à mort ; son corps fut mis dans un tombeau situé sur le bord d'un torrent, lequel, ayant débordé, emporta le cercueil. Pilate le fit chercher pendant douze lunes, et, ne le trouvant pas, il publia que Jésus était ressuscité, et voulut le

[156] *Mém. sur la Cabale*, par de la Nause, dans les *Mém. de l'Acad. des inscr.*

faire adorer comme un Dieu.» Telle est la relation des prélats signataires de la lettre à l'empereur, et ainsi les Juifs travestissaient aux yeux des chrétiens les mystères de la religion chrétienne. Wagenseil, qui a, de son côté, recueilli ces blasphèmes et beaucoup d'autres pareils dans un ouvrage spécial, les a justement intitulés des flammes d'enfer vomies par Satan.

À côté des cabalistes il y avait des convulsionnaires qui s'agitaient par grandes masses, que Satan marquait visiblement à son cachet, et qui préludaient dès ce moment aux scènes des Cévennes et du cimetière Saint-Médard : ce sont encore les écrits d'Agobard qui nous en ont conservé la mention : « Vous m'informez, écrit-il à Barthélemi, évêque de Narbonne, qu'il se fait un grand concours de peuple en certains lieux, et surtout dans une église d'Uzès dédiée à saint Firmin. Je connaissais déjà ces détails par une lettre d'un de nos vénérables frères. Vous me dites qu'on y voit des personnes tomber par terre, et s'agiter à la manière des épileptiques et de ceux que le vulgaire considère comme possédés, et qu'il nomme démoniaques ; vous ajoutez qu'on aperçoit fréquemment des marques de brûlure sur les membres de ceux qui tombent ainsi, et qu'en effet ils paraissent en ressentir la douleur. Chacun s'empresse, dites-vous, de porter en ces lieux des dons et des offrandes, et vous me demandez ce que je pense de tout cela. Je pense que c'est de la déraison. Quant à des miracles, je n'en aperçois pas même l'apparence, puisqu'il ne s'opère pas de guérisons. »

Fort de cet avis, l'évêque de Narbonne défendit le concours, ce qui fit cesser l'illusion, et rendit le calme aux esprits.

Mais les convulsionnaires ne se tinrent pas pour vaincus ; c'est un métier si doux de se donner en spectacle, et de recevoir des offrandes et les hommages dus à la sainteté ! Ils transportèrent ailleurs le théâtre de leurs exploits, et recommencèrent bientôt, ainsi que nous l'apprenons d'une lettre d'Amulon successeur de saint Agobard, qui donne exactement les mêmes avis à Thiébault, évêque de Langres, à l'occasion du concours qui se faisait à Saint-Bénigne de Dijon.

On le voit, Satan n'a fait que peu de progrès dans l'art des merveilles : la science satanique se traîne dans une ornière profondément creusée par le temps, et la plupart des jongleries des siècles postérieurs ne sont que des vieilleries remises à neuf. Toutefois il ne semble pas qu'il lui soit loisible de passer outre dans les sociétés chrétiennes : il ne précède plus, mais il accompagne ; il ne fait pas naître le fruit, mais il le pique et y dépose un ver qui le ronge.

Ainsi nous allons le voir, pendant les onzième et douzième siècles, se mêler au mouvement qui emporte les intelligences vers de nouveaux horizons, se poser toujours et partout comme le moteur unique et nécessaire, et ramener tout à lui. Faites attention à moi, c'est moi qui suis Dieu, tel est le cri qu'on entend toujours retentir.

Les onzième et douzième siècles sont marqués à un cachet qui leur est propre : la candeur et la frivolité de l'enfance, sa curiosité et son ardeur. L'esprit humain est ce papillon qui, sorti depuis un jour seulement de ses limbes de chrysalide, voltige de fleur en fleur dans le parterre qui l'a vu naître, aspire une goutte de miel sur chacune, ferme ses ailes et se repose sur la dernière, jusqu'à ce que le vent l'emporte en un autre univers.

Toute la médecine consiste encore dans la connaissance de quelques simples et de quelques secrets ; la physique, dans un petit nombre d'expériences sur le froid et la chaleur ; l'histoire, dans les récits bibliques ; l'astronomie, dans le mouvement des planètes et du soleil autour de la terre considérée comme centre ; la philosophie, dans l'art du raisonnement et les prolégomènes de la théologie. À vingt ans, le jeune savant a parcouru tout le cercle des connaissances humaines ; il possède aussi à fond que ses maîtres les sept arts libéraux, et il ne lui reste plus, pour couronner l'œuvre, qu'à se rendre habile dans la pratique des enchantements et de la magie. La magie est le *nec plus ultra* de l'esprit humain. Mais aussi quiconque a pu s'élever jusque-là, saisit la massue d'Hercule et devient invincible. Mahomet n'employa point d'autres secrets pour opérer les merveilles qui l'ont fait regarder comme un dieu, nous dit un auteur du temps :

Qui pourrait faire assez d'efforts,
Pour savoir arguments et sorts,
La physique et l'astronomie,
Et nécromancie leur amie,
Serait si sage et si puissant,
Qu'il en ferait miracles grands.
Ainsi fit Mahons les vertus
Dont il fut pour un dieu tenu[157].

Et ce témoignage exprime la pensée qui courait alors le monde. Un autre auteur, également contemporain, dit de même :

De tout ce qu'en ce monde soit,
Quiconque astronomie sauroit,
Pourrait de tout rendre raison ;
Et mainte chose en ferait-on,
Qui semblerait miracle aux gens[158].

---

[157] *Parthenopsus de Blois*, vers. 4581 et suiv.
[158] *Ymage du monde.*

CHAPITRE XIII : ONZIÈME ET DOUZIÈME SIÈCLES — LE RÈGNE DE SATAN SUR LES INTELLIGENCES

Pour beaucoup de gens, même savants, l'autorité des siècles écoulés est en toute chose la raison suprême ; ce genre de respect devient un funeste travers d'esprit, lorsqu'il est porté trop loin. Beaucoup d'autres ne peuvent jamais s'isoler assez de leurs antécédents scientifiques et littéraires, et portent ainsi partout des préjugés qui les arrêtent dans la voie des découvertes intellectuelles. Cela explique comment tant de bons esprits, à la naissance du moyen âge, empruntèrent leurs inspirations à la littérature grecque et romaine, qui était toute à la magie, ou bien à celle des huitième et neuvième siècles, qui était toute à la démonologie.

Pourquoi ne pas convenir que le pape Sylvestre II, Albert le Grand, saint Thomas, Pierre d'Ailly, Roger Bacon, Arnauld de Villeneuve et quelques autres célébrités de l'époque étudièrent les sciences occultes et y crurent plus ou moins, ou bien pourquoi leur en faire un crime ? Si Lanfranc, saint Anselme, Abeilard, saint Bonaventure, saint Bernard, Jean Gerson et plusieurs autres ne daignèrent pas s'en occuper, et firent bien, quelle conséquence peut-on en déduire ?

Il est certain que l'austère et rigide théologie condamna toujours la magie et toute relation avec les puissances infernales ; mais il n'est pas moins certain que des esprits éminents, les chercheurs, les hommes avides d'apprendre, étudièrent la magie, sans s'arrêter à ces scrupules. Qui sait même s'ils ne considéraient pas comme une chose utile et glorieuse pour l'humanité, comme le triomphe de la religion, le pouvoir de s'assujettir les puissances de l'enfer, et par elles de reprendre l'empire de la nature ?

Des sciences très réelles, telles que la physique, la chimie, la mécanique, l'algèbre, passaient pour de la magie ; certaines branches de la magie, telles que l'art des évocations, l'astrologie, la science des préservatifs et des amulettes, passaient pour des sciences réelles. La pneumatologie cabalistique et démoniaque faisait partie de la métaphysique. Tout était encore mêlé, confondu, et il fallait du temps et un grand talent pour débrouiller ces éléments hétérogènes, et les placer chacun en leur lieu.

Tandis qu'on poursuivait Gerbert en France comme magicien, on le laissait fort tranquille en Italie sous ce rapport. Tandis que certains docteurs et certains religieux condamnaient les sciences occultes, d'autres religieux, d'autres docteurs allaient les étudier en Espagne, où on les enseignait publiquement.

Les Occidentaux avaient laissé le flambeau de la science s'éteindre dans leurs mains ; les peuples de l'Orient l'avaient entretenu. Les Arabes d'Espagne se distinguaient entre tous par leur réputation scientifique et par leur ardeur réelle pour l'étude, sinon par l'étendue de leurs connaissances. Il y avait à Tolède, à Séville, à Salamanque, des écoles fameuses, dans lesquelles on étudiait les sciences positives et la magie, leur complément nécessaire. Il s'y rendait un grand nombre d'écoliers de tous les pays du monde, dit César d'Heisterbach. La somme des connaissances réelles qui formaient l'objet de l'enseignement, étant beaucoup trop restreinte, l'esprit devait, lorsqu'il en avait tari la source, demander aux fausses sciences un supplément nécessaire. L'école de Tolède s'est maintenue jusqu'à la fin du XVe siècle, et les sociétés secrètes de l'Europe, celles-là principalement qui s'occupaient de la chrysopée, ne cessèrent de prendre une part active à ses travaux. C'est par leurs adeptes que nous avons connu la plupart des inventions chimiques des Arabes ; il suffit de nommer l'alkaëst, l'alkali, l'alkool, et de rappeler l'alchimie, qui nous a dotés d'un grand nombre de méthodes et de produits précieux.

Il faut voir de quel air et avec quelle conviction le continuateur inconnu du vénérable Bède, qui vivait pendant le règne de Henri II, roi d'Angleterre, parle de la célèbre école de Tolède et des sciences magiques qui faisaient l'objet spécial de son enseignement ! Il faut l'entendre parler notamment des secrets de l'alchimie ; de la poudre de projection, qui changeait tout en or ; de la science astrologique ; des statues chargées de garder des trésors, ou de les indiquer en un langage énigmatique ; des cavernes dans lesquelles il y avait des cavaliers d'or montés sur des chevaux d'or ; ce qu'il dit des progrès dans cette célèbre académie du pape Gerbert, qu'il nomme mal à propos Jean XV d'après Guillaume de Malmesbury.

Mais est-il bien vrai que l'abbé Gerbert, l'un des hommes les plus distingués, les plus savants, les plus habiles de son siècle, l'un des premiers propagateurs du mouvement intellectuel en Europe, et qui aida Hugues Capet à constituer la France moderne, après avoir voulu la donner à l'empereur Othon, ait étudié dans l'école de Tolède ? Il n'en reste pas de preuves positives ; mais il étudia certainement les sciences occultes, et entretint des liaisons avec les savants de la péninsule ibérique, ainsi que le démontre sa lettre à Lupitus de Barcelone, dans laquelle il demande communication d'un traité d'astrologie, que celui-ci vient de traduire.

L'accusation de magie n'a pas été épargnée aux hommes les plus éminents de cette époque. Naucler et Platine ont rangé parmi les magiciens tous les papes sans exception depuis Sylvestre II jusqu'à Grégoire VII inclusivement.

Le cardinal Bénon, qui se croit plus modéré, réduit le nombre à cinq: savoir, Sylvestre II, Benoit IX, Jean XX, Jean XXI et Grégoire VII. Onuphre n'en compte plus que deux: Sylvestre II et Benoit IX; et c'en est encore trop, si on attache au mot de magie la signification odieuse qu'il comporte aujourd'hui

Que n'a-t-on pas dit d'Albert le Grand? On lui a fait honneur d'un recueil intitulé *les Admirables Secrets d'Albert le Grand*, misérable fatras, dans lequel on trouve de toutes choses, excepté du bon sens. On lui a imputé un autre recueil intitulé *le Solide Trésor du petit Albert*, plus dangereux que le premier. On l'a gratifié d'un gamahé, ou camée naturel, marqué d'un serpent, qui avait la propriété d'éloigner les reptiles. On en a fait un grand alchimiste, quoiqu'il n'eût étudié les livres hermétiques, que pour ne rien ignorer de ce qui s'écrivait alors. Le traité intitulé *Livret d'alchimie d'Albert le Grand* n'est pas de lui, pas plus que le traité *des Secrets et des Vertus*. Celui-ci parait être de Henri de Saxe, son disciple. L'abbé Trithème a suffisamment vengé la mémoire d'Albert le Grand de semblables calomnies.

Mais quand il serait démontré qu'Albert le Grand composa une androïde, ou tête parlante, que saint Thomas d'Aquin, son disciple, brisa, dit-on, d'un coup de pied, la prenant pour un démon, il ne serait pas besoin, pour expliquer une telle merveille de mécanique, de recourir avec les démonographes à la puissance du diable; avec les astrologues et avec Guillaume de Paris, à l'influence des astres. Les orgues hydrauliques et les autres machines conçues ou exécutées par l'abbé Gerbert, n'étaient ni moins merveilleuses ni plus démoniaques.

Arnauld de Villeneuve, le restaurateur, ou plutôt le père de la médecine moderne et des sciences naturelles, fut plus sérieusement magicien, car il composa un livre de l'explication des songes; il s'occupa d'astrologie, et prédit la fin du monde pour l'année 1335. L'invention, ou du moins la propagation des acides sulfurique, muriatique, nitrique, de l'alcool et de l'essence de térébenthine est pour lui un titre de gloire plus solide.

Mais le peuple crut à la magie de sa foi la plus robuste, et les auteurs de fictions littéraires l'entretinrent dans ce préjugé. Il y eut au monde une autre puissance à côté de celle de Dieu, dont le magicien fut le dépositaire et l'arbitre. À la voix de l'enchanteur, la tempête s'apaisa, les flots se calmèrent, l'esquif glissa de lui-même à la surface des eaux; les vents se déchaînèrent et formèrent les orages, ou transportèrent sur leurs ailes le maître qui commandait à la nature. Un souffle fit naître et jouter des armées, un souffle les fit disparaître. À la voix de l'enchanteur, les tigres perdirent leur férocité, les reptiles leur venin. L'auteur de *Parthenopeus* nous montre le magicien Maruc, qui par

... Ses enchantements
Endort couleuvres et serpents,
Et fait tapir les yeux ouverts
Les autres bêtes des déserts.

Maruc, conduisant des amis dans une forêt qu'il a préalablement enchantée, fait voir aux promeneurs

Les ours et léopards féroces
Et autres bêtes et serpents,
Tant dehors le bois que dedans,
Qui tant craignent leur enchanteur,
Qu'ils n'osent dormir pour la peur.
Les ours sont blottis aux rochers
Et les dragons aux noirs mûriers,
Et les lions aux monts hautains,
Et les léopards sous les rains.
Appuyés sont tout en estant
Aux grands arbres les éléphants[159].

L'usage de ce pouvoir merveilleux, qui, dans la pratique, était à peine regardé comme un crime, tant les hommes étaient accoutumés à confondre la magie et la science véritable, n'était plus dans la spéculation qu'une œuvre digne d'admiration : l'apothéose, pour ainsi dire, de l'intelligence et de talent L'auteur de l'*Ymage du monde* se fâche même sérieusement contre ceux qui osent médire d'une pareille science : Ce sont, dit-il, des ignorants qui ne la blâment, que parce qu'ils ne la connaissent pas, ou plutôt qui ne savent rien de rien.

Et s'ils connaissaient la manière,
Ils la tiendraient à très légère
Et adroite œuvre de nature,
Sans mal et sans autre figure ;
Mais ne sachant rien de la chose,
Ils en disent la fole glose.
Ce qui leur étoupe les yeux,
C'est qu'ils ne savent ce ni mieux.

---

[159] *Parthenopeus de Blois*, vers 5873 et suiv.

C'était donc au feu sacré de la magie, que le conteur et le poète allaient réchauffer leur génie. Apollon, privé des muses, s'était fait enchanteur, en attendant qu'il lui fût permis de prendre avec la féerie une forme moins austère.

Pendant le dixième siècle, si stérile en apparence et si peu littéraire, les siècles suivants s'élaboraient. Il se faisait dans les intelligences un travail de transformation ; des matériaux pour une nouvelle littérature, de nouvelles mœurs, un nouveau monde intellectuel se préparaient. C'était l'entracte, pendant lequel le théâtre recevait une autre disposition ; le changement s'opérait derrière la toile.

Deux chroniques fabuleuses et toutes remplies de démonologie, composées pendant ce même siècle, allaient servir de point de départ à la littérature des siècles suivants : celle du faux Turpin, origine de la nombreuse famille des romans de Charlemagne, et celle que publia Geoffroi de Montmouth, origine de la famille plus nombreuse encore des romans de la Table ronde. Si on y ajoute les alexandréides, dont on ne s'avisa qu'après, il n'y a presque plus rien au-delà.

Les auteurs des premières fictions littéraires ne pouvaient mettre en œuvre que les matériaux existants ; le merveilleux ne se crée pas plus que le reste. Or voici quels étaient ces éléments : les miracles, les reliques, l'intervention des anges, des saints, des démons, sujets tirés du fond même du christianisme ; les enchantements et la magie, sujet des préoccupations du moment ; les géants traditionnels, les nains à la mode, les apparitions fantastiques, sujet de toutes les époques, et les grands coups d'épée des héros du temps.

Quant aux dieux de l'Olympe et du noir Tartare, cet élément du merveilleux des beaux siècles de la Grèce et de Rome, les novateurs des dixième et onzième siècles le rejetèrent avec dédain. On n'en trouve nulle trace dans leurs écrits. Benoît de Sainte-Maure, auteur du roman de la *Guerre de Troie*, déclare même qu'il veut refaire toute l'*Iliade*, parce que ce poème est absurde. Quoi de plus ridicule, en effet, dit-il, que de voir des dieux combattre contre des hommes ? Les Athéniens n'en crurent rien, ajoute-t-il, et prirent Homère pour un fou.

Tenu lui fut à rêverie
Et à merveilleuse folie,
Que les dieux en hommes humains
Il faisait combattre aux Troiains.

Au milieu de ce grand travail de rénovation, il s'établit deux courants, qui divergèrent un moment et finirent par se réunir. En France, la magie domina d'abord ; en Angleterre, ce fut la féerie ; et la féerie absorba la magie.

En France, la chronique, la légende, le roman ne nous présentent que des enchanteurs et les plus disgracieuses figures de démons. Les contes, les fabliaux, les drames, et généralement les compositions des trouvères, qui naissent ensuite, commencent à se mélanger, ainsi que les romans de la seconde et de la troisième époque, d'un peu de féerie comme pour faire pardonner les restes de la démonologie qui s'y trouvent encore. Nous allons indiquer la marche de l'esprit humain dans cette double direction.

Et d'abord la chronique ; disons un mot de celle du faux Turpin. S'imaginerait-on pourquoi et comment fut fondée la ville d'Aix-la-Chapelle ? Le grand empereur avait à sa cour une amie dont il ne pouvait se séparer, c'était l'âme de son âme ; si bien que, quand cette amie fut décédée, il fit placer la bière dans le lieu le plus apparent de son palais, sans pouvoir se résoudre à l'éloigner. L'archevêque Turpin, soupçonnant du mystère à une telle conduite, visita le cercueil, et trouva sous la langue de la morte un anneau, qu'il enleva. L'anneau était enchanté ; d'où il arriva que Turpin devint l'objet d'une obsession ridicule, et, pour s'en débarrasser, jeta le talisman dans un étang. L'empereur s'éprit aussitôt d'un tel amour pour l'étang, que ne pouvant se décider à quitter désormais ses bords, il y fit construire un palais magnifique, puis la capitale de l'empire.

Les anneaux enchantés jouèrent un grand rôle pendant les onzième et douzième siècles et encore après. Geoffroi, prieur de Vigeois, nous apprend dans sa chronique que Gouffler de Lastour acquit, pendant le siège de Jérusalem, un semblable anneau, auquel on attribuait de grandes vertus. Adhémar III, vicomte de Limoges, contraignit Gouffler de le lui céder. Gui, neveu d'Adhémar, en hérita, et le donna à son frère, Adhémar, qui mourut à Antioche. Gui, l'ayant eu une seconde fois par héritage, le rapporta dans le Limousin, et on le retrouve longtemps après entre les mains de Guillaume Passavant, évêque du Mans, sans trop savoir comment il y était venu.

Les compositions historiques moins fabuleuses, en apparence, que celle de Turpin, ne sont pas moins démoniaques. Nous n'en voulons pour exemple que la *Chronique de Saint-Denis*, commencée par ordre de Suger ; le *Polycraticos* de Jean de Salisbury ; le *Spéculum* de Jean de Beauvais, composé par ordre de saint Louis, et la *Chronique d'Hirsauge*, pour ne parler que des plus fameuses. Toutes sont remplies de traits plus ou moins vraisemblables de démonologie.

La démonologie fait le fond des livres ascétiques. Pierre le Vénérable raconte dans ses *Lettres* le trait suivant, arrivé, dit-il, à un comte de Mâcon, grand spoliateur d'églises et de monastères, blasphémateur, impie, persécuteur de moines. Il était environné de sa cour, lorsqu'un grand homme noir se présenta inopinément, demandant à l'entretenir en particulier. Le comte, sorti seul, sans défiance, n'eut pas plutôt franchi le seuil, que l'inconnu le pria de monter sur un cheval noir, qui l'attendait là sellé et bridé, et qui l'emporta à travers les airs à la suite du ravisseur. On entendit l'infortuné comte appeler à son secours, crier, demander grâce, mais en vain : il fuyait d'une course irrémissible ; on ne le revit plus. Son fils se rendit à Cluny, où il se fit moine avec trente de ses chevaliers ; et ce fait s'accomplit sous le gouvernement de Hugues, abbé en 1109, prédécesseur de l'abbé Pierre, qui le rapporte. Comment ne pas croire une pareille histoire, si elle était croyable ?

Nous avons parlé de la manière de César d'Heisterbach. Qui ne connaît le *Bien universel* de Thomas de Cantimpré ; la *Légende dorée* de Jacques de Voragine, archevêque de Gênes en 1298 ? C'est dans ce dernier ouvrage qu'on trouve la légende de saint Antoine assailli par les sept péchés capitaux en forme de sept démons, et réduisant un lion, qui voulait dévorer ses moines, à servir sept ans dans le monastère en qualité de frère convers ; celle de saint Patrice et de son fameux purgatoire d'Irlande ; de sainte Marguerite, qui flagellait les démons ; de saint Christophe, qui se fit le valet d'un démon, et le servit de longues années dans les déserts de l'Éthiopie.

Robert de Lincoln, dans son *Trésor de l'âme*, amplifia les merveilles du purgatoire souterrain de saint Patrice. La légende du *Trésor de l'âme* devint à son tour le sujet d'autres amplifications, que beaucoup de gens prirent an sérieux. Combien de pèlerins n'allèrent pas demander où était l'entrée du fameux purgatoire !

Vient ensuite le *Livre des saints anges*, composé par le frère François, cordelier, mort en 1392. On voit dans celui-ci le curieux procès de Satan contre Jésus-Christ, plaidé contradictoirement par-devant Salomon, et renvoyé en appel devant Aristote et Jérémie, choisis pour arbitres.

La part des romanciers proprement dits est de beaucoup la plus large ; c'est dans leurs récits qu'on trouve la peinture des mœurs du temps et le symbole complet des croyances.

Le roman des *Faits merveilleux de Virgile* est l'une des plus anciennes compositions fantastiques du moyen âge ; il précéda les romans de chevalerie.

Le héros du roman est fils de Rémus. Tandis qu'il étudie la magie dans l'académie de Tolède, Romulus veut s'emparer de son héritage ; mais le jeune magicien, averti par ses lutins familiers, revient à temps mettre obstacle aux desseins de son oncle. Il se joue si bien de lui durant une année, soit en s'enfermant, soit en l'enfermant lui-même dans des murs infranchissables d'air condensé, qu'à la fin le fondateur de Rome est obligé de s'avouer vaincu, et de laisser Virgile jouir en paix de sa légitime. Celui-ci, agissant dès lors en toute liberté, se crée des affections dans les pays les plus lointains. Il épouse la fille d'un sultan de Babylone, voyage sur des ponts aériens jetés sur les nuages.

Il fonde en se jouant la ville de Naples, y érige une colonne, au sommet de laquelle il place une mouche talismanique, qui préservera la ville de tout insecte ailé. Il élève sur une des portes deux statues, dont une s'appelle *Joyeuse et belle*, l'autre, *Triste et hideuse*; quiconque entre du côté de la première, réussit en toutes ses affaires; c'est le contraire pour la seconde. Une autre statue d'airain embouche une trompette, dont les sons éclatants refoulent vers la mer les miasmes des marais de Pouzzoles. Il allume un foyer perpétuel, dont la chaleur prémunit les habitants contre la fraîcheur des nuits. Une statue d'airain, armée d'un arc et prête à tirer la flèche, éteindra le brasier si cette flèche vient à partir, et elle partira si on y touche. Elle demeura longtemps, mais un fou la fit partir en touchant la statue[160].

Tels sont les traits principaux de la vie du magicien; sans parler du miroir dans lequel se reflétaient toutes les actions accomplies dans la ville, au grand déplaisir de ceux qui avaient quelque intérêt à cacher les leurs; du cheval de bronze, qui guérissait les chevaux malades, pour peu qu'ils le vissent seulement; de la tête parlante, qui instruisait le magicien de tout ce qu'il désirait savoir, et de quelques autres merveilles de ce genre que les Napolitains n'ont pas oubliées, et que les *ciceroni* racontent aux étrangers qui visitent la ville de Naples.

Dès le douzième siècle, le roman des *Faits merveilleux de Virgile* était devenu de l'histoire pour les Napolitains, comme on peut s'en convaincre par un récit de Jean de Salisbury, qui y est relatif, et par quelques détails de la vie de saint Guillaume, fondateur de l'abbaye du Montvierge. Il ne faut pas confondre le héros du roman avec le poète de Mantoue, comme l'ont fait beaucoup d'écrivains, et déjà cette confusion était accomplie pour quelques-uns au douzième siècle, mais non pour tous.

La même chose a failli arriver plus récemment à une occasion semblable : un auteur du seizième siècle s'étant avisé d'appeler du nom de Jean Faust le héros d'un roman de magie, très bizarre et très piquant, que toute l'Allemagne a su par cœur, et qui n'est pas encore oublié, les gens sans critique l'entendirent du véritable Faust, et la mémoire du père de l'imprimerie n'est pas encore aux yeux de tout le monde lavée d'une si grande injure[161].

Il est deux autres fictions de monologiques qui remontent pareillement à une époque reculée, et qui appartiennent en propre à la France : celles de Richard sans Peur et de Robert le Diable, supposés ducs de Normandie. Toute

---

[160] *Les Faits merveilleux de Virgile*, 8°. Paris, Nivard. Le grand d'Aussy prétend (*Fabliaux et Contes*, I vol. Note pour le Lai *d'Hippocrate*) que ce roman est postérieur au *Lai d'Hippocrate* ; c'est le contraire. C'est le roman qui a servi d'inspiration pour ce lai et celui d'Aristote.

[161] *Hist. prodigieuse et lamentable de Jean Faust, grand et horrible enchanteur, et sa mort épouvantable.*

analyse serait superflue ; c'est le genre démoniaque le plus brutal, et souvent le plus dégoûtant. On trouve pourtant dans le premier, quoique le plus ancien, un trait de féerie qui indique le nouveau point de vue déjà saisi par l'esprit humain. Annotons encore, en passant, qu'il y est fait mention de la mesgnie Hellequin, nom macaronique du diable ; le héros du roman la suit à travers les airs depuis Rouen jusqu'au mont Sinaï, suspendu à l'angle d'un linceul, puis se fait rapporter en un instant par un démon, qui le place sur son cou, « et comme foudre et tempête se prend à courir. »

Deux épisodes de cette fiction, racontés à titre de faits historiques par Bromton, écrivain du XIIe siècle, démontrent son antiquité.

Ils démontrent aussi que ces grossières imaginations, en rapport avec les mœurs et les croyances du temps, s'imprimaient fortement dans les esprits ; elles devaient réagir à leur tour sur les mœurs et les croyances, et les rendre de plus en plus superstitieuses. Ce n'étaient que des contes, mais ces contes ont laissé de telles impressions, que les débris du château de Moulineaux, qui passe pour avoir été le séjour de Richard et de Robert, sont demeurés un objet de terreur, dont personne n'oserait encore s'approcher pendant la nuit.

Nous relaterons plus en détail la fiction du pape Gerbert, parce que la démonologie a le mérite d'y être moins disgracieuse et plus variée.

Le jeune moine d'Aurillac, d'une naissance à demi satanique, s'enfuit de son couvent, afin d'aller étudier les sciences occultes à l'académie de Tolède. Déjà avancé dans cette étude, il trompe la confiance de son maître, et s'enfuit de nouveau avec un livre de magie, qu'il lui a dérobé. Le professeur, instruit de l'événement, appelle en aide ses connaissances astrologiques, et poursuit le ravisseur, en suivant l'indication des étoiles. Gerbert a recours au même art pour se dérober ; mais enfin, sur le point d'être atteint, il se cache sous la voûte d'un pont, où il reste suspendu entre le ciel et l'eau, afin du faire perdre la piste au professeur, qui se trouve ainsi obligé de renoncer à la poursuite. Gerbert, de retour en France, se sert de sa science et de son livre pour monter aux honneurs et aux dignités. Il fait un pacte avec le diable, enferme un démon dans une tête parlante, qui servira désormais d'oracle à l'un pour s'exprimer, à l'autre pour s'instruire.

Il devient ainsi pape, à l'aide de Satan, mais à la condition de ne pas célébrer la messe en Jérusalem, condition qui lui semblait d'autant plus facile à remplir, qu'il n'avait nulle envie d'y jamais aller.

Il y avait à Rome, au milieu du champ de Mars, une statue qui portait cette inscription gravée sur son front : *Frappez ici*, et qui désignait du doigt un lieu éloigné. Déjà une multitude de personnes avaient frappé soit la statue, soit la terre en différents lieux, sans obtenir de résultat. Le devin, mieux avisé, remarqua la place à laquelle s'arrêtait l'ombre du doigt indicateur, y fit faire des fouilles, et trouva un palais souterrain, construit tout en or, garni de meubles d'or et orné de statues d'or. Une escarboucle admirable, brillante comme un fanal, l'éclairait d'une lumière splendide. L'avide Gerbert aurait bien voulu s'approprier tout ou partie de ces trésors, mais son art lui révéla que c'était chose impossible. Son compagnon ayant essayé de dérober seulement un petit meuble, un archer d'or décocha aussitôt une flèche contre l'escarboucle, dont la lumière s'éteignit, pour ne reparaître que quand l'objet eut été remis en place. Les deux imprudents faillirent mourir de frayeur au milieu de ces profondes ténèbres. Gerbert, obligé de renoncer à tout espoir, fit détruire la statue et fermer l'entrée du caveau, qui n'a plus été retrouvée depuis.

Si cela était vrai, il faudrait convenir que le grand magicien n'était guère avisé, car il aurait mieux valu laisser l'entrée ouverte, et y retourner avec une chandelle. Mais on ne pense pas à tout, et un si grand trésor aurait pu devenir embarrassant.

Au surplus, tout ceci finit très mal, car un jour que Gerbert alla dire la messe à Saint-Jean de Jérusalem en dehors des murs, il s'éleva de grands cris dans la partie supérieure de l'édifice, quand il se disposa à retourner à son palais : c'étaient les démons qui venaient réclamer leur proie. Le pontife, s'étant informé du nom de l'église, comprit aussitôt qu'il lui fallait mourir ; mais, afin de sauver du moins son âme, il ordonna à ses serviteurs de hacher sa chair en morceaux, et de la jeter en pâture aux réclamants : ce qui fut fait à l'heure même. C'est ainsi qu'on attrape ordinairement le démon, mais dans les contes et les romans seulement. Les ossements de Gerbert, rapportés à Saint-Jean de Latran, furent enfermés dans un tombeau de marbre, dont la sueur prophétique n'a cessé d'annoncer à l'avance à la ville éternelle soit la mort de ses pontifes, soit les maux qui la menacent.

Cette légende, dont le cardinal Bénon rapporte quelques traits, considérés déjà comme historiques, dans sa *Vie du pape Hildebrand*, moins d'un siècle après la mort du véritable Gerbert, est relatée également par Sigebert, décédé en 1112, et beaucoup plus au long par Guillaume de Malmesbury, décédé en 1141. Au siècle suivant, elle est devenue décidément de l'histoire : Vincent de Beauvais, Hélinand, Albéric, Martin Polonus la reproduisent à ce titre sans aucune hésitation[162].

Arrêtons-nous, pour donner quelques détails sur les *mesgnies*, dont il vient

[162] Hélinand, I. XVLI, t. VII, Bibl. Cisterc. — Benon, Vita Hildebr. I, II. — Sigebert. sub anno 995. — Vincent. Bellovac. in Specul. hist. P.IV, I. XXV, cap. XCVIII. — Mart. Polon. Chronic. — Willelm. Malm. I, III, cap. VIII. — Eximius Gerbert injuriis... liberatus, Thesis a Joan. Conrad. Spoerl, Altorf, 1720, 4°.

d'être parlé. Ce mot veut dire un cortège, une famille[163]. La mesgnie Hellequin, si fameuse encore dans les campagnes sous le nom de chasse à Arlequin ou à Charles-le-Quint, c'est-à-dire Charles le Chauve, et attribuée en différents lieux à Hugues Capet, à Caïn, à Hérode, au roi Arthus, à saint Hubert, à saint Eustache, aux diables, aux Machabées, n'était pas moins connue au douzième siècle. Orderic Vital et Pierre de Blois en parlent, le premier sous le nom de chasse de *Herlequinus*, le second, sous celui de chasse de *Herlininus*.

L'idée de ces chasses nocturnes, qui se rattache peut-être au bruit que produisent dans leur vol des bandes d'oiseaux aquatiques, traversant les airs pendant la nuit à une hauteur où l'œil ne peut les apercevoir, est certainement d'origine païenne, et c'est la même superstition qui, chez les Grecs, avait fait donner à Diane les surnoms de chasseresse et de rugissante. Souvent aussi la redoutable déesse commandait une troupe de fantômes, à laquelle des vivants se sont parfois imprudemment mêlés. Mais comme cette communication était réputée impure, Pline rapporte que si quelqu'un avait été à la danse nocturne de Proserpine, il se faisait plonger dans l'eau avec des cérémonies magiques, pour se purifier.

Les chasses nocturnes ont été dépeintes en ces termes par un des auteurs qui ont le mieux étudié le moyen âge : « C'était l'heure où l'on croit entendre la chasse Hennequin, cette meute d'esprits infernaux qui passent entre le ciel et la terre avec des cris lamentables, entrecoupés par le bruit de la corne sauvage et les aboiements des chiens. Si quelqu'un était assez téméraire pour s'écrier : je prends part à la chasse, du sang pleuvait sur sa tête, et devant lui tombaient les lambeaux des cadavres soustraits au tombeau par la sorcière Harpin, pour le festin des démons qu'elle entraîne à sa suite. Souvent aussi Brudemor leur dispute les airs, suivi de ses dix mille huarts, noirs démons dont le cri répand l'épouvante. Brudemor est en Normandie ce qu'est le moine bourru en Picardie, la male-bête à Toulouse, le mulet Odet à Orléans, le loup-garou à Blois, le roi Hugon à Tours, et Forte-Épaule à Dijon. Moins terrible que ces monstres funèbres, le gobelin vient aussi la nuit dans la campagne à la lueur du fourlour[164]. Lorsqu'il est irrité, il pénètre sous les toits des nourrices, pour changer les enfants, et met le fils d'un berger à la place du fils d'un roi. Dans ses instants de folâtre humeur, il aime à prendre la forme d'un palefroi, et disparaît tout à coup entre les jambes du cavalier qui l'avait enfourché[165]. »

Ces croyances étaient tellement enracinées dans l'imagination du peuple,

---

163 « À tant s'en va Joseph, luy et sa mesgnie, » dit l'auteur du *Saint Graal*. — Tant mieux, dit Nabon à Tristan, dans le roman de *Tristan de Léonis*, car toujours portay hayne à ta maignée ; à la mort ores es-tu venu. »

164 Le feu-follet.

165 Demarchangy, *Tristan le Voyageur*, t. II, ch. XXXv.

que les évêques ne cessaient de les combattre, sans parvenir à les détruire. Nous avons relaté précédemment une décision de l'Église sur les courses de Diane ; nous pourrions ajouter ici les statuts d'Auger II, évêque de Consérans, publiés en 1280, les ordonnances d'un concile de Trêves en 1310, les canons pénitentiaux de Burchard, évêque de Worms, et beaucoup d'autres monuments. Toutefois les avertissements et les censures de l'Église se rapportent à des idées et à des faits de différents ordres : aux mesgnies, aux sabbats et au transport supposé des hommes par le diable. Car on croyait aussi que le démon transportait volontiers les hommes à travers les airs, pour peu qu'on l'en priât. Le personnage le plus anciennement connu pour avoir voyagé de la sorte est saint Antide, évêque de Besançon[166], vivant en 411. Il se fit transporter à Rome par le diable. On raconte des légendes semblables de saint Maxime de Turin et de saint Ambroise. Les historiens Guillaume de Nangis et Polydore Virgile attribuent le même fait au célèbre Béranger, archidiacre de Tours ; mais, de cette fois, ce serait à un magicien que Satan aurait obéi. Les Allemands prêtent une pareille histoire à Jean leTeutonic, prêtre d'Alberstaed en 1271. Dans le diocèse de Bayeux, c'est à un chanoine du nom de Jean Pataye ; dans le diocèse de Coutances, à un curé de Nay dont le nom est ignoré. Toutefois il reste dans le cimetière du village une pierre tombale sans inscription qui lui est attribuée, et sur laquelle les fiévreux viennent de plusieurs lieues à la ronde se coucher, pour y être guéris par la vertu satanique. Ils en emportent des raclures, pour les prendre en breuvage à la même intention. Ceux qui se faisaient transporter ainsi devaient éviter avec soin de produire le signe de la croix, quoique Satan les y invitât souvent, parce qu'il les aurait laissé choir du haut des airs. Les historiens en rapportent des exemples.

Un auteur, dont le nom n'est pas mieux connu que celui du héros de l'aventure, n'a pas craint de passer de longues veilles à rédiger en vers récurrents l'invitation captieuse de Satan :

> Signa te, signa, temere me tangis et angis ;
> Borna tibi subito motibus ibit amor,

lui fait-il dire, ce qui présente aussi peu de sens que de poésie ; mais le principal est qu'on puisse lire également en commençant par la gauche ou par la droite. On attribue communément l'invention des vers récurrents à Jean Meschinot, poète du XVe siècle ; ceux-ci pourraient être de sa façon, mais il

[166] Tabourot, *Bigarrures*. — Chifflet. — Pontac. *Chronogr.* — Leloyer, *Disc. des spectres.* — Bodin, *Démonom.*

n'est pas l'inventeur du genre, puisque Martial en fait mention. Quoi qu'il en soit, ils n'ont rien de diabolique, pas même l'artifice de leur combinaison[167].

Beaucoup de fictions littéraires de la seconde époque sont aussi sataniques : les romans de Baudouin, comte de Flandre, du preux Jason et de la belle Médée, du preux et vaillant Hercule, par Raoul le Fèvre, peuvent être cités pour exemples : c'est de la magie classique. L'Amadis de Gaule, les romans d'Olivier de Castille et de Gérard de Nevers, également démoniaques, le sont d'une façon moins brutale ; la magie et les enchantements y ont toujours la part principale, mais les premières lueurs de la féerie y jettent déjà quelque éclat.

Les alexandréïdes, dont les premières sont antérieures à l'an 1300, ne valent pas mieux sous ce rapport : rien de plus grossier que leur merveilleux, tout magique et tout démoniaque. L'histoire du noble et vaillant Alexandre le Grand, jadis roi et seigneur de tout le monde, par Eustache, est brodée sur ce thème ; toutefois, elle présente une exception remarquable, en ce que le merveilleux est emprunté de préférence à la cabale : le héros se transforme de diverses manières, pour vivre dans des étangs de feu avec les salamandres, dans l'air avec les sylphes, dans la terre avec les gnomes et dans l'eau avec les ondins. De cette sorte, il parvient à connaître tous les secrets de la nature. L'auteur place à la cour de Perse des étangs de feu, dans lesquels les salamandres se jouent comme les poissons dans l'eau.

Les premiers romans de Charlemagne s'alimentent aux mêmes sources ; la plupart sont de véritables gigantomachies. Dans ceux des quatre fils Aymon, branche bâtarde, conçue dans une pensée hostile à la France, et qui se rattache sous beaucoup de rapports aux romans de la Table ronde, la féerie commence à se montrer gracieuse et belle : il suffit de rappeler Ogier le Danois. Puis elle apparaît dans toute sa splendeur avec Cléomadès et Parthenopeus de Blois. C'est toujours la magie, si l'on veut ; mais du moins elle devient de bon ton et prend de belles manières. Elle a même changé ce nom hideux en celui de nécromancie. Aussi l'auteur de *Parthenopeus*, Denis Pyrame, est-il un trouvère anglo-normand, qui a vécu à la cour d'Henri III. L'Angleterre voguait alors à pleines voiles dans cet océan ; la France se laissait entraîner dans le sillage ; le *Jeu de la feuillée*, d'Adam de la Halle ; le *Lai de Lanval*, de Marie de France, et quelques autres compositions du même genre, marquèrent les premiers pas dans la nouvelle carrière. C'est toujours la magie, nous en convenons de nouveau, mais enfin c'en est la poésie, et l'on n'y aperçoit plus la griffe de Satan. Pour cette cause, peut-être, le succès ne devait pas être durable.

De très savants écrivains, dans ces derniers temps, sont allés chercher

---

[167] Des Accords, *Bigarrures*, I,IV. — Amélie Bosquet, *La Normandie romanesque et merveilleuse*, ch. XV.

les origines de la féerie dans tous les pays du monde et dans tous les ordres d'idées; temps perdu, vaines recherches: la dernière magicienne fut mère d'une enchanteresse, et celle-ci est la sœur aînée d'une fée. L'Angleterre est la patrie des fées, les romans de la Table ronde furent leurs berceaux[168].

Dans la Chronique de Geoffroi de Montmouth, Merlin n'est encore qu'un magicien disgracieux, un suppôt d'enfer: il reçoit la naissance de l'opération d'un démon; il parle, il opère des prodiges dès son berceau. Le roi Aurélius-Ambrosius faisait construire une forteresse qui s'abîmait à mesure qu'on l'élevait; les magiciens consultés, on ne trouva pas de meilleur expédient que de la cimenter avec du sang. Merlin était destiné à fournir le sien le premier, parce qu'il était d'une naissance illégitime. Mais il se soulève dans son berceau, et montre aux magiciens leur ignorance, l'iniquité et l'inutilité du moyen qu'ils indiquent. La tour qu'on bâtit, leur dit-il, est posée sur une caverne remplie de dragons, qui en rongent les fondations, et c'est pour cela qu'elle s'enfonce à mesure qu'on l'élève; mais laissez-moi faire. Il tue les dragons, et fait venir d'Écosse, à travers les airs, de gros rochers, que des géants détachent, qui volent dans l'espace, y dansent en mesure, se posent et s'arrangent d'eux-mêmes pour achever la forteresse, et servir d'ornement à la ville d'Ambrosiopolis. Le reste est à l'avenant. Rien de moins féerique, par conséquent; cependant le nom de Mourgue, la plus ancienne des fées, y apparaît.

Puis la féerie se montre, quoique timidement, à côté des philtres, des enchantements, en compagnie de la magie et de la nécromancie, dans les romans de *Perceval le Gallois* et de *Trislan de Léonais*, ouvrages de la fin du onzième siècle; ensuite mieux dans *Lancelot à la Charrette*, et enfin avec splendeur dans *Lancelot du Lac*, translaté vers l'an 1200 par Chrétien de Troyes et continué par son disciple Geoffroy de Lagny.

Les traducteurs, pour le moins aussi auteurs que les auteurs mêmes de ces ouvrages, et en général des romans de la *Table-Ronde* et du *Saint-Graal*, qui en sont une branche, étaient pensionnaires de Henri II, roi d'Angleterre. La féerie s'élève dans les fictions du *Saint-Graal* au même niveau que dans celles de la *Table-Ronde*, et on s'aperçut à la fin que la chevalerie de la Table ronde n'avait été instituée que pour la recherche du Saint-Graal, caché par les fées, et pour la protection des fées elles-mêmes, que les mauvais procédés de certains chevaliers discourtois avaient contraintes à s'enfuir et à se cacher dans leurs puits de la forêt de Londres.

Le Saint-Graal, ou Saint-Grès, est la coupe de terre dans laquelle le Sei-

[168] De la Villemerqué, *Chants populaires de la Bretagne*. — Dumège, *Monuments religieux des Volces*. —De Lincy, *le Livre des légendes*, appendice V. — Walknaër, *Dissert. sur les contes*, n° 3. — Liquet, *Hist. de Normandie*, t.1. — Depping, Introd. à l'Histoire de Norm., ch. I. etc.

gneur offrit le vin, à la dernière cène, et qui appartint depuis à saint Joseph d'Arimathie.

Mais ne nous laissons pas entraîner au-delà de notre sujet. La féerie, d'origine satanique, nous avons dû le montrer, se convertit au christianisme, et de ce moment ne nous appartient plus.

Nous quittons à regret cependant, il faut l'avouer, ces gracieuses et poétiques enchanteresses qui n'ont rien de satanique, dont la vie et les amours sont marqués au cachet de la chasteté, de l'élégance, des bonnes manières et du savoir-vivre ; ces vierges, puissantes comme des divinités, le plus souvent pures comme des anges, ordinairement bienfaisantes, mais timides, et qu'un mot malsonnant met en fuite. Merlin, le disgracieux Merlin, se civilise et se polit en leur compagnie, et devient presque un petit maître à la cour de Viviane.

Il y a plus de poésie, plus d'invention, plus de grâce dans tel ou tel roman de la *Table-Ronde* que dans toute la mythologie ; les romans de *Perceforêt* et de *Lancelot du Lac* valent mieux que l'*Iliade* ou l'*Énéide*, et l'histoire de Mélusine ou d'Andaine, la fée d'Argouges, est plus belle que la *Pharsale* ou l'*Odyssée*. Il ne leur a manqué que de naître dans des circonstances favorables, c'est-à-dire après que le langage aurait été fixé, les règles tracées et le goût réglé par la délicatesse et le bon ton d'une société déjà policée.

La voie semblait bonne ; mais Satan ne permettrait pas à la pauvre humanité de la suivre longuement ; il ramènerait l'esprit humain, par le moyen de cette renaissance qu'on devrait appeler plutôt une reculade ou une décadence, au culte de la chair et à la sale et puante mythologie de la Grèce et de Rome. On reverrait Jupiter, Vénus et Mercure en tête du progrès, et ouvrant la marche au-devant des siècles rajeunis.

Pendant ce temps, la cabale classait ses démons. Jean Wier, dans son traité *des Prestiges*, en a inséré un curieux spécimen, qu'il a intitulé *Pseudomonarchie démoniaque* : c'est l'explication d'un tableau contenant soixante-neuf personnages pris parmi les chefs des légions de l'enfer. Il s'en retrouve une partie dans le IVe livre de la *Philosophie occulte* de Corneille Agrippa et dans le *Grand Grimoire* ; on ne saurait donc révoquer en doute l'authenticité du tableau.

Les forces militantes de Satan se composent de 6 666 légions, et chaque légion de 6,666 démons, nombre mystérieux dont nous ne chercherons pas la clef ; mais c'est le compte exact de Molina et des néocabalistes. Toutes ces forces sont divisées entre quatre princes, qui s'appellent rois de l'Orient, rois de l'Occident, rois du Nord et rois du Midi.

On voit sur la liste des personnages bicéphales et tricéphales, des hybrides plus disgracieux les uns que les autres, et tous diversement armés, vêtus et montés. Rien de plus étrange que leurs noms, depuis Asmodée, Béliai, Astaroth, jusqu'à Marchocias, Gomory et Glasialabolas. De plus amples détails sur ces chimères abominables nous sembleraient sans objet; on en jugera d'ailleurs par ce seul spécimen. Baal-Bérith est représenté sous l'apparence d'un soldat couronné, vêtu de rouge, montant un cheval rouge et portant au doigt un anneau magique. Il révèle à ceux qui l'évoquent le passé et l'avenir, enseigne le secret de changer tout en or, et dirige dans la route qui mène aux honneurs; mais il faut se défier de lui, parce que c'est le plus artificieux et le plus trompeur des démons. Baal-Bérith est le fameux dragon rouge des défouisscurs de trésors et des sorciers de village[169].

---

[169] Nous ne voudrions pas affirmer que tout ceci n'est pas de la stéganographie; mais la sténographie est une copie de la magie cabalistique.

CHAPITRE XIV : DOUZIÈME ET TREIZIÈME SIÈCLES — RÉSURRECTION DU GNOSTICISME — LE CULTE DIRECT DE SATAN

§ Ier — Manichéisme

Les messaliens n'avaient cessé d'exister dans la Thrace et dans plusieurs autres provinces de l'empire d'Orient, ni les pauliciens en Cappadoce. Ceux-ci fondèrent sur le mont Argée un phalanstère, nommé Téphrique, c'est-à-dire Distinction, qui devint la cité et le refuge de tous les hommes perdus de l'empire. Bien que l'impératrice Théodora en eût fait exterminer plus de cent mille, ils continuèrent longtemps de troubler la paix publique et de ravager les provinces de l'Asie ; en Europe, la Bulgarie et la Bosnie furent les théâtres principaux de leurs excès.

Les messaliens de Thrace avaient leurs apôtres, ou- prédicants, leurs euchètes ou illuminés, et leurs gnostes ou parfaits ; ceux-ci possédaient seuls la science des mystères et les secrets de la secte. Les messaliens pratiquaient toujours l'antique eucharistie des gnostiques, mélangée d'une substance ordurière, du sang et de la chair de petits enfants, par dérision de cette parole du Sauveur dans l'Évangile : *Si vous ne mangez pas la chair du Fils de l'homme et si vous ne buvez pas son sang, vous n'aurez point la vie en vous.* Ils célébraient leurs plus détestables orgies le Vendredi saint[170].

Ils se communiquaient les uns aux autres l'esprit, c'est-à-dire l'imprégnation démoniaque, par la communion, par l'attouchement, par l'insufflation. Les apparitions sataniques étaient fréquentes parmi eux ; les euchètes se livraient à tous les genres d'extases, et les gnostes enseignaient aux disciples que Dieu ne s'occupait de rien, ayant abandonné le gouvernement des choses créées à ses deux fils, dont le jeune était au ciel et l'aîné sur la terre : celui-ci c'est Satan, seigneur et maître de l'univers, leur dieu unique et véritable, qu'il faut honorer en s'abstenant de ce que prescrit l'Évangile et en faisant ce qu'il défend.

Ces détails nous sont révélés par Psellus, précepteur de Michel Ducas,

---

170 Clemens. Rom., de Rebus gest. Petri. — Les carpocratiens, les cataphrygiens, les pépusiens pratiquaient une pareille eucharistie, et ce rite remontait à Simon le Magicien. (Epiph. Hæres. 27 et 28. — Augustin. Catalog. hæres.)

qui fut député à Elasone pour mettre ordre à ces déportements, vers 1050. Il n'était pas encore sorti de la ville de Constantinople que celui des chefs qu'il avait mission d'arrêter annonçait à son auditoire la persécution qui se préparait, et l'arrivée prochaine du commissaire envoyé contre eux. Il le désigna si bien, que Psellus fut reconnu de tous à son arrivée. Le prédicant d'Elasone avait été initié, dit-il, par un certain Alyta, d'origine lybienue, qui lui avait fait des onctions, mis de sa salive dans la bouche et fait goûter une certaine plante. Après cette cérémonie, il s'était trouvé tellement en possession des démons, qu'il ne pourrait plus s'en délivrer, lors même qu'il le voudrait ; mais, en revanche, ils lui étaient soumis, et obéissaient à ses ordres. Il annonça à Psellus des événements fâcheux à son retour et des dangers multipliés, que lui feraient courir les démons irrités contre lui, parce qu'il troublait leur culte, ce qui ne manqua pas d'arriver.

Le manichéisme n'avait pas cessé d'exister non plus en Italie, principalement dans le Milanais[171].

Importé en France par des émissaires des sociétés secrètes, qui, pour mieux se soustraire aux soupçons des évêques, avaient revêtu l'habit monastique, il se propagea avec rapidité dans l'Aquitaine vers l'an 1010. Quinze ans plus lard, il avait étendu ses ravages jusque dans l'Orléanais et jusqu'en Normandie. Robert le Pieux, averti de ces faits par le duc de Normandie Richard III, fit commencer contre les sectaires des procédures, à la suite desquelles treize personnes furent envoyées au bûcher ; et c'est, dit-on, le premier exemple en France du supplice des hérétiques. Mais l'observation n'est pas juste, car ce ne fut pas pour crime d'hérésie que ces treize malheureux furent condamnés ; ce fut pour crime d'assassinat, de blasphème, d'adoration du démon, de magie et du genre de libertinage qui leur était habituel.

Laissons à Adhémar, historien contemporain, le soin de raconter les faits qui concernent les manichéens d'Orléans : « Ils avaient été séduits, dit-il, par un paysan qui se vantait de posséder le pouvoir d'opérer des prodiges, et portait de la cendre d'enfants consumés par le feu.... Ils invoquaient le démon, qui leur apparaissait sous la forme d'un homme aussi noir que les habitants de l'Éthiopie, et ensuite sous celle d'un ange brillant de lumière.... Ils s'engageaient à lui obéir. Ils reniaient le Christ, et se souillaient chaque jour de crimes et d'abominations : ce qui ne les empêchait pas de feindre tous les dehors de la piété. On en trouva pareillement à Toulouse, qui furent aussi condamnés. Il en existait encore en plusieurs autres lieux de l'Occident, qui se cachaient avec soin, mais n'en propageaient pas moins leurs doctrines. »

---

171 La bibliothèque ambrosienne contient plusieurs traités écrits à cette occasion, dont Muratori a donné des analyses.

Le moine Glaber confirme ces détails, et ajoute que la ville d'Orléans devint le séminaire de la secte. Il dit que ceux qui y subirent le dernier supplice marchaient gaiment au bûcher, espérant que le démon les préserverait des flammes, ainsi qu'il le leur avait promis ; mais que, quand ils vinrent à en ressentir les premières atteintes, ils s'écrièrent qu'ils étaient désabusés, demandant grâce, et promettant de faire pénitence. Il fut impossible de les sauver, parce que le feu était déjà trop ardent.

Le manichéisme n'était pas moins répandu dans les provinces septentrionales, ainsi qu'on le voit par les actes d'un synode tenu à Cambrai en 1025. Mais Gérard, évêque de cette ville, fut assez heureux pour convertir sans persécution les coupables et obtenir de leur part une abjuration publique.

L'hérésie se manifesta ainsi sur une multitude de points à la fois, soit que les missionnaires, répandus partout en même temps, eussent conquis partout des disciples, soit qu'à leur voix les restes du gnosticisme se fussent réveillés simultanément après un long assoupissement. Quoi qu'il en soit, l'Église eut à lutter encore une fois en faveur des principes de la morale, des enseignements de l'Évangile, et la société chrétienne, à défendre son existence compromise.

De leur côté, les émissaires des pauliciens de l'Arménie et des messaliens de la Thrace, revêtus également de l'habit monastique, pour mieux éloigner les soupçons, n'avaient pas fait moins de progrès dans la Bulgarie. Leurs disciples y prirent le nom de bogomilles, c'est-à-dire invocateurs de la miséricorde de Dieu. Cette abominable hérésie gagna de proche en proche une étendue considérable.

Au commencement du XIIe siècle, on la trouve dans le diocèse de Cologne puis bientôt après dans la Flandre, où les disciples ont repris leur ancien nom de cathares. Ils l'avaient repris de même en Italie, d'où ils entretenaient un commerce suivi avec leurs frères de la Flandre et avec ceux du midi de la France. Ceux-ci le reprirent également, et ne tardèrent pas à se confondre avec les vaudois, ou pauvres de Lyon. Dans le diocèse de Bourges, on les nomma coteraux et ruptariens ; ceux des provinces pyrénéennes reçurent, de l'ancien nom du pays, Novempopulanie, le nom de poplicains, et, par altération, publicains.

Les historiens anglais nous apprennent que ces derniers envoyèrent en Angleterre une compagnie.de trente missionnaires, qui y furent promptement arrêtés, et ensuite condamnés dans un synode d'Oxford

On voit les mêmes publicains inonder la Gascogne depuis l'an 1181 jusqu'en 1198 ; ensuite apparaître à Sens à cette dernière époque. Déjà on leur donnait le nom de bulgares, ce qui dénote les rapports qu'ils entretenaient avec leurs frères de Bulgarie.

À Narbonne et dans le pays circonvoisin, on les connaissait sous le nom de bonshommes, quoique ce nom ne s'appliquât pas à tous indistinctement, mais seulement aux parfaits, car ils étaient là aussi divisés en plusieurs classes. C'étaient de véritables manichéens, disent les Pères du concile de Lombez, qui les condamnèrent en 1165.

Un concile de Toulouse excommunia en 1178 les mêmes hérétiques sous le nom d'agenais, qui indique le lieu d'où l'hérésie avait été apportée dans cette ville.

Ils sont connus également sous les appellations de patarins, bégars, brabançons, navarrais, basques, henriciens, léonistes, aragonais, pétrobusiens, arnaldistes, piffres, tisserands, passagiens, trivardins, etc. Mais quelques-unes appartiennent spécialement aux vaudois ; quelques autres indiquent simplement les provinces habitées par les sectaires ; plusieurs dérivent du nom de leurs principaux docteurs. Celle d'albigeois, qui les renferme toutes, sera toujours la plus fameuse.

Répandus principalement dans la Provence et le Languedoc, la ville d'Albi était leur métropole. Condamnés par les conciles de Toulouse en 1119, de Latran en 1139, de Tours en 1163, ils n'en persévérèrent pas moins dans leurs égarements et leurs pratiques détestables. Le pape Innocent III leur envoya en 1206 une députation composée des plus grands personnages du temps, parmi lesquels on comptait Diégo, évêque d'Osma, saint Dominique, Arnauld, abbé de Cîteaux, et Pierre de Château-Neuf, évêques de Carcassonne, honoré du titre de légat. Les albigeois repoussèrent les ouvertures qui leur furent faites ; le comte de Toulouse lui-même autorisa l'assassinat du légat. Une pareille conduite n'était propre qu'à attirer sur leur tête une vengeance des plus terribles, et c'est ce qui advint. Le souverain pontife excommunia le comte Raimond, fit prêcher une croisade contre lui, et chargea Simon, comte de Montfort, de la conduire. Il ne nous appartient pas de raconter les événements de cette guerre désastreuse, qui commença en 1210, se prolongea jusqu'en 1228, et donna lieu à l'établissement de l'inquisition en 1229. Toutefois nous devons dire ici, pour constater des faits trop méconnus, que l'inquisition ne fut point un tribunal de sang ni de tortures, tant qu'il resta purement ecclésiastique, c'est-à-dire jusqu'à ce que l'autorité civile s'en fût emparée comme d'un moyen de gouvernement. Nous devons dire aussi que les malheureux hérétiques provoquèrent toujours les représailles et les vengeances, sous lesquelles ils devaient succomber, et qu'ils attaquaient ou se défendaient, non comme des hommes, mais comme des bêtes furieuses avec lesquelles il était impossible de compter.

En 1183, une bande de sept mille cotereaux se précipitèrent dans le Berri, massacrant sans distinction et incendiant tout sur leur passage. Philippe-Auguste envoya aussitôt un corps d'armée qui les extermina. En 1234, les albigeois d'Espagne se soulevèrent spontanément, et commencèrent une pareille campagne ; il fallut une croisade pour en avoir raison. En 1230, les stadingues d'Allemagne, après avoir massacré les missionnaires qui leur avaient été envoyés et les légats qui cherchaient à les ramener aux mœurs et à la foi de l'Évangile, se précipitèrent comme des frénétiques sur tout ce qui se trouvait à leur rencontre. Burchard, comte d'Oldembourg, entreprit de réprimer leur fureur, et y perdit la vie avec la meilleure partie de son armée. Les comtes de Clèves et de Hollande, le duc de Brabant et le sire de Mathan le vengèrent en 1234. De cette fois, les stadingues furent exterminés, et leurs restes jetés aux quatre vents, disent les chroniqueurs.

Le troisième concile de Latran, qui comprit dans le même anathème les brabançons, les aragonais, les navarrais, les basques, les cotereaux, les trivardins, leur reproche à tous les mêmes excès. Ils n'épargent, disent les Pères, ni le sexe, ni l'âge, ni les lieux, ni les personnes. Le concile de Tarascon parle de la même manière. Mais nous n'avons pas à faire le récit de leurs provocations insensées, et nous n'oserions présenter le tableau des mœurs qui leur étaient familières ; qu'il nous suffise d'insister davantage sur les pratiques de magie auxquelles ils se livraient avec un entêtement qui tiendrait du prodige, si Satan n'y avait pas répondu quelquefois et ne les avait pas inspirés de son esprit. Et à ceux qui demanderaient si les mœurs qui leur étaient spéciales et les honteuses pratiques de la démonolâtrie n'étaient pas un simple accident, ou un appât jeté à la tourbe des initiés, nous répondrions sans hésiter : non ; le mal était le but, le secret, la fin ; il n'y eut jamais rien de plus ni rien de moins, sauf cette imprégnation démoniaque qui les rendait furieux, et leur était le sens et la raison.

Les auteurs anglais, parlant de ceux qui furent brûlés à Oxford en 1156, les signalent comme des fabricateurs de maléfices et des adorateurs du démon ; ils portaient ostensiblement sur leur visage la brûlure qui est la marque de la sorcellerie. Suivant Albéric, ils enchantaient si bien ce à quoi ils touchaient, que quiconque avait une fois goûté de leurs aliments, s'attachait à eux malgré lui, sans plus pouvoir s'en séparer.

Les stadingues invoquaient le démon ; ils avaient des pythonisses, ils fabriquaient des images de cire, et profanaient de la manière la plus horrible la divine eucharistie, la faisant entrer dans la composition de leurs maléfices.

Il fut établi au concile de Mayence, en 1233, que les lucifériens de la ville de Cologne consultaient une image de Lucifer, qui leur tenait lieu d'oracle et s'adonnaient à la magie. La Chronique belge en parle même uniquement comme de fabricateurs de maléfices, et ajoute qu'il y en eut un si grand nombre de livrés aux flammes à ce titre en Allemagne, qu'on ne saurait les compter. Elle dit, de plus, qu'un professeur de nécromancie, venu de Tolède, avait fondé une école dans la ville d'Utrecht.

Deux hommes de la secte des cathares, dit César d'Heisterbach, allèrent s'établir à Besançon, dans le but d'y propager leurs erreurs. Ils avaient un extérieur très mortifié, marchaient les pieds nus, jeûnaient tous les jours, ne manquaient jamais d'assister à l'office de la nuit dans l'église principale de la ville; ils ne demandaient rien à personne, et ne recevaient d'aumônes qu'autant qu'il était strictement nécessaire pour leur nourriture et leur entretien. Quand ils eurent gagné par ces moyens la confiance du public, ils commencèrent à semer des dogmes nouveaux, une doctrine inouïe; puis, joignant les miracles à la prédication, ils firent cribler de la farine sur le pavé, et marchèrent dessus sans y laisser d'empreintes. Ils marchèrent sur l'eau sans enfoncer. Ils brûlèrent des vêtements sur leurs membres, sans que la chair fût atteinte. Quand ils crurent les esprits suffisamment préparés, ils se mirent à prêcher sans ménagements, disant au peuple: si vous ne croyez pas à nos paroles, croyez à nos œuvres. L'évêque et le clergé songèrent enfin à mettre une digue à l'erreur; mais il était déjà trop tard; le peuple faillit lapider ceux qui voulaient s'opposer aux novateurs. Cependant, comme il fut bientôt démontré qu'ils étaient magiciens et invocateurs du démon, la haine publique se tourna contre eux, et le peuple les jeta de lui-même dans un bûcher qu'ils avaient fait allumer, et dans lequel ils refusaient d'entrer, après qu'on leur eut retiré un pacte qu'ils avaient sous l'aisselle.

Nous éviterons de reproduire les détails qui se lisent dans les auteurs contemporains et les nombreuses procédures de l'inquisition de Toulouse; de tels récits provoqueraient l'horreur et le dégoût. La bulle de Grégoire IX contre les stadingues nous fera suffisamment connaître ces abominables sectaires. Voici de quelle sorte le souverain pontife parle de leurs sabbats et de la réception de leurs néophytes:

« Lorsqu'un novice, dit-il, demande à être reçu dans leur association, on lui présente une espèce de grenouille, ou même un crapaud. Ils baisent cet animal au derrière et à la gueule, ils mettent sa langue dans leur bouche et sucent sa salive. Ils en ont, à ce qu'on assure, d'une grosseur monstrueuse, de la grosseur d'un canard ou d'une oie; on va même jusqu'à dire de la grosseur d'un four[172].

» Le novice est introduit après cette cérémonie; un homme d'une grande pâleur se présente et l'embrasse; cet embrassement le pénètre d'un froid glacial, et lui fait oublier les dogmes de la foi catholique[173].

---

[172] Le souverain pontife parle ici d'après des récits évidemment exagérés.

[173] Cette même sensation de froid glacial se trouve mentionnée dans une multitude de récits

» La réception est suivie d'un festin, à la fin duquel on voit descendre le long d'une statue un chat noir gros comme un chien de moyenne taille. Le nouveau reçu doit le baiser le premier de la façon la plus repoussante. Le grand maître fait la même chose après, puis chacun à son tour. À la fin, le grand maître s'incline vers le chat en lui disant : pardonnez-nous, et fait signe à ses deux assesseurs de l'imiter ; un autre personnage ajoute : nous vous promettons obéissance. Ensuite on éteint les lumières.

» Après que chacun a repris sa place, un homme éblouissant de lumière depuis la tête jusqu'à la ceinture, et couvert ensuite jusqu'aux pieds d'un poil épais et hérissé, apparaît subitement à un angle de la pièce, sortant d'une cachette, comme ces scélérats en ont tant. Le grand maître lui présente le nouvel adepte, et lui offre, en signe de servitude, un filament arraché au vêtement de celui-ci. L'homme lumineux l'accepte, le rend et recommande au grand maître, en le félicitant de son zèle, le nouvel associé ; il disparaît ensuite.

» Ces misérables vont communier tous les ans à Pâques, et emportent chez eux, pour la traiter d'une manière infâme, en haine du Rédempteur, l'adorable hostie. Ils disent que Dieu a chassé du ciel Lucifer, et l'a précipité en enfer contre toute justice, mais que Lucifer lui rendra la pareille un jour, et qu'alors ils iront jouir avec lui de l'éternelle béatitude. En conséquence, ils s'appliquent à faire tout ce que le Créateur défend, et ne font rien de ce qu'il ordonne. »

Les gnostiques du moyen âge étaient donc bien les continuateurs des anciens gnostiques ; ils étaient donc constitués en sociétés secrètes avec des réceptions mystérieuses. L'histoire abonde en détails sur ce point.

Le moine Ivonnet[174] le dit d'une manière positive. Trithème ajoute qu'ils usaient d'un langage symbolique, et qu'ils étaient divisés en trois classes, les fidèles, les disciples et les parfaits. Ils avaient un chef résidant à Milan, qui dirigeait toute l'association, et auquel ils payaient un subside. Ils avaient partagé l'Europe en royaumes, provinces et diocèses. Ils recevaient du chef le signe et le mot d'ordre, étaient répandus partout et tellement nombreux, que, de l'aveu de plusieurs d'entre eux, qui furent découverts et condamnés au feu en Alsace vers 1280, un membre de l'association pouvait voyager depuis Anvers ou Londres jusqu'à Rome aux frais de l'hospitalité fraternelle, sans éprouver d'autre embarras que celui du choix. Tout était, dans toutes les maisons, à la disposition de ceux qui se faisaient connaître. Chaque maison

---

relatifs aux œuvres de la magie. Serait-ce celle de l'imprégnation satanique ?

[174] Ivonnet in Summa, part. V, cap. II.

portait un signe conventionnel, imperceptible aux yeux des profanes et qui se changeait d'année eu année.

Ces détails sont confirmés par une lettre d'un ecclésiastique de Narbonne, qui, ayant été accusé d'hérésie, s'enfuit et se cacha parmi eux, en se faisant passer pour un frère persécuté. Il pénétra leurs secrets ; il apprit de leur bouche qu'ils avaient organisé une active propagande, et qu'ils entretenaient en France un certain nombre de disciples, dont les uns avaient pour mission de parcourir les foires et les marchés sous prétexte de commerce, et en réalité pour répandre leur doctrine ; les autres, de s'insinuer auprès des grands et des riches ; d'autres encore en plus grand nombre, de résider dans les villes où il existait des écoles célèbres, notamment à Paris, de s'y former à la dialectique et de corrompre les élèves. J'ai parcouru, dit l'auteur de la lettre, adressée à Girard, évêque de Bordeaux, toutes les villes de la Lombardie sans être reconnu, et chaque fois que je changeais d'asile, on me remettait un signe propre à me faire ouvrir une autre maison.

En 1223, ces hérétiques se constituèrent un antipape, du nom de Barthélemi, pour les provinces de Bulgarie, de Croatie et de Dalmatie. Celui-ci institua des églises et des évêques.

Le nom de cathares, ou, comme ils s'appelaient eux-mêmes, patarins, c'est-à-dire soumis à la persécution, s'appliquait d'une manière plus spéciale à ceux qui habitaient la Lombardie, la Toscane, la Marche d'Ancône et la Provence, au dire du jacobin Raynier, qui le savait d'autant mieux, qu'il avait lui-même fait partie du troupeau. Ils étaient classés en quatre degrés : ceux du rang le plus élevé prenaient le titre d'évêques ; ceux du second, le titre d'enfants majeurs ; ceux du troisième, le titre d'enfants mineurs ; au quatrième étaient les diacres ; au-dessous de ceux-ci, la tourbe des disciples, qui portaient le nom de chrétiens et chrétiennes. Ils étaient divisés en seize grandes Églises embrassant l'univers, et dirigées par quatre mille ministres. On en comptait cent cinquante en France et en Lombardie ; deux cents dans les provinces de Toulouse, Albi, Carcassonne et Agen ; mais les diverses Églises étaient loin de s'entendre sur tous les points, et plusieurs avaient même rompu toute communion avec les autres. Les disciples ne parvenaient à la connaissance des derniers secrets qu'après de longues épreuves, et en passant par différentes initiations.

Entre autres particularités remarquables, l'histoire des néognostiques présente ce trait singulier : Vers l'an 1120, dit Guibert, abbé de Nogent, quatre hérétiques manichéens ayant été mis en prison et condamnés pour divers crimes, on ne put parvenir à noyer leur chef, nommé Clément. Il surnageait comme un morceau du bois le plus léger, sans qu'il fût possible de le tenir sous l'eau. Toute la secte poussa des cris d'admiration et de triomphe. Pour nous, continue-t-il, nous nous empressâmes d'aller porter cette nouvelle au concile de Beauvais, où nous nous rendions, afin d'avoir l'avis des prélats sur un événement si étrange. Mais le peuple n'attendit pas la réponse ; il se porta sur la prison, en arracha les détenus, les conduisit hors de la ville, et les brûla, puisqu'on ne pouvait les noyer[175].

§ II — Vaudois — Pastoureaux — Illuminés

Issus d'une source entièrement différente et plus pure, les vaudois ne tardèrent pas à s'adjoindre aux néognostiques.

On place en 1157 l'origine de ceux-ci. Un riche marchand de Lyon, nommé Pierre de Vaud, y donna lieu en renonçant au monde pour se livrer à des austérités excessives. Il eut des imitateurs, et bientôt des disciples. Ces gens, profondément ignorants pour la plupart, et remplis d'orgueil à la pensée de leurs propres mérites, voulurent s'ériger en réformateurs de l'Église, et se mirent à dogmatiser. Réprimandés, et ensuite condamnés à cause de leur obstination par Jean de Belles-Mains, archevêque de Lyon, ils furent expulsés du diocèse ; ce qui commença de les répandre, et ajouta, aux yeux des ignorants et des disciples, et de même à leurs propres yeux, le mérite de la persécution à leurs autres mérites.

Ils furent condamnés en 1170 par le pape Grégoire IX, et de nouveau en 1198 par Innocent III. À cette époque, ils étaient déjà nombreux dans les diocèses de Dax, de Narbonne, d'Auch, d'Embrun, de Tarascon, d'Auxonne, de Toulouse, de Consérans, de Castres, de Béziers, de Carcassonne, de Nîmes, de Metz, et jusqu'en Italie et dans l'Aragon. Une persécution plus violente en ce dernier pays les en expulsa. La persécution les rapprocha des cathares, persécutés comme eux ; ils unirent leurs intérêts et en grande partie leurs doctrines : c'est-à-dire que les vaudois apprirent les détestables pratiques des cathares, et ne conservèrent plus, pour souvenir de leur origine, que l'air mortifié et le simulacre de l'austérité des mœurs ; extérieur auquel l'éloquent abbé de Clairvaux s'était laissé surprendre lui-même, car il ne craignit pas de faire publiquement leur éloge[176]. En 1170, ils étaient déjà constitués en sociétés secrètes ; leurs disciples se divisaient en plusieurs classes ; ils avaient des formules secrètes de correspondance et des signes de reconnaissance, dont l'un consistait à porter la main à l'oreille.

On confondit bientôt cathares et vaudois, et cette dernière appellation

[175] Si on veut bien rapprocher ce fait de ce que nous rapporterons plus tard du bain des sorciers, on conviendra qu'il peut y avoir sous tout ceci un phénomène de l'ordre satanique.
[176] S. Bernard, sermo 65 in Cantic.

devint le nom général de tous les hérétiques de l'époque, nonobstant des différences notables entre les branches diverses de l'hérésie. On le donna aux sectateurs de Jean Hus, qui le repoussèrent toujours avec énergie[177] malgré la conformité apparente des doctrines et les démarches qu'ils avaient tentées pour se réunir aux vaudois. On le donna aux lollards, aux disciples de Wiclef, qui se rapprochaient des uns et des autres ; on le donna aux albigeois, quoique ceux-ci fussent de véritables gnostiques[178].

Les vaudois étaient très nombreux dans la Savoie et le Dauphiné vers le milieu du quinzième siècle et il ne parait pas que le nombre ait diminué jusqu'en 1517, que Claude Seyssel, archevêque de Turin, entreprit de les combattre avec les armes du raisonnement. Ceux de la Savoie viennent d'obtenir du gouvernement piémontais une reconnaissance officielle et des droits à un traitement de l'État pour leurs ministres. Les parfaits, nommés aussi barbes ou ensavatés, possédaient seuls les derniers secrets de la secte. Nous n'oserions affirmer que le nom de barbes, encore usuel au dix-huitième siècle, et qui faisait appeler barbets les religionnaires du Dauphiné, ait quelques rapports avec les barbeliotes dont nous avons parlé précédemment. Le nom d'ensavatés, ou porteurs de savates, venait de l'usage où ils étaient de se chausser de sandales, à l'imitation, disaient-ils, des apôtres, et afin de pouvoir, comme eux, consacrer le corps et le sang du Sauveur.

On les traita avec trop de douceur en France pendant le quatorzième siècle au gré du pape Grégoire XI, car il se plaignait à Charles V, en 1373, de ce que, nonobstant le nombre de ces hérétiques dans le Dauphiné et les provinces voisines, les officiers royaux refusaient de seconder dans leur mission les familiers de l'inquisition. Une seconde lettre, adressée à Charles VI en 1375, montre que la cour de France n'avait pas eu assez égard à la première.

Il est certain que la plupart des sectes vaudoises s'adonnèrent aux pratiques de la magie. Il est des auteurs contemporains qui emploient indifféremment l'un pour l'autre les noms de vaudois ou de magiciens C'était un effet inévitable de leur mélange avec les néognostiques, surtout avec les roncariens, l'une des sectes les plus abominables du gnosticisme. On les accusa pareillement de vénérer les chats et les crapauds et de tenir des sabbats.

Ces détestables roncariens, les béghards, non moins impurs, et les lucifériens ont prolongé très longtemps leur existence. En 1450, il y avait encore des lucifériens, qui vénéraient Lucifer, et le regardaient comme un frère de Dieu, que celui-ci avait injustement dépouillé de son héritage. Ils le priaient

[177] La Confession de foi présentée à Ladislas en 1506. — Une seconde confession de 1573. — L'Écrit apologétique de 1532. — La Lettre à Calvin de 1560, inter. Litt. Calv. n° 298.
[178] Bossuet, *Hist. Des variat.* I, XI.

de leur donner des trésors. Ils immolaient en son honneur des petits enfants. Ils lavaient la tête de ceux qui avaient reçu le baptême, afin de leur ôter le caractère du christianisme. Ils se réunissaient en des lieux souterrains, pour célébrer leurs mystères immoraux. Les lucifériens d'Italie se cachèrent longtemps sous le nom des fraticelles, quoique leur doctrine fût entièrement différente. Pendant le XIVe siècle, ils envoyèrent de nombreux missionnaires en Allemagne, principalement dans la Bohème.

Ceux-ci furent les docteurs et les pères de ces lollards qui commencèrent à paraître en Autriche et en Bohême vers l'an 1320, qui y suscitèrent les plus grands troubles et y corrompirent les mœurs. Ils prêchaient l'abolition du mariage et la liberté du vice, l'inutilité des sacrements et de tout le culte chrétien. Ils enseignaient que Satan et ses anges avaient été injustement chassés du ciel, et que c'était eux qu'il fallait adorer et prier, parce qu'ils y rentreraient un jour, lorsque le nombre de leurs fidèles serait assez grand pour en chasser saint Michel et les saints, et les précipiter à leur tour en enfer.

Les lollards infestèrent même l'Angleterre, où ils préparèrent les voies aux wicléfites, avec lesquels ils unirent plus tard leurs intérêts au temps de la persécution, comme ils les avaient préparées aux hussites en Allemagne. On peut dire même, avec Mosheim, qu'ils absorbèrent en Angleterre et en Allemagne tous les restes des sectes démoniaques qui les avaient précédés, et que le nom de lollards est plutôt général que spécial à une secte d'adorateurs du démon.

Nous ne parlerons pas de certaines associations de communistes selon toute l'étendue du mot, qui se manifestèrent parmi les gnostiques et les vaudois ; mais nous ne devons pas omettre de mentionner les illuminés, dont Éon de l'Étoile et Doucin furent les chefs les plus remarquables.

Éon de l'Étoile profitait de la consonance de son nom avec le mot *eum*, qui se trouve dans la conclusion des exorcismes de l'Église[179], et qui se prononçait alors de cette manière, pour faire accroire à ses disciples que c'était lui qui devait juger les vivants et les morts. Il parait, du reste, que les gnostiques n'étaient pas forts sur la langue latine, quoiqu'on entendit encore communément le latin et qu'on le parlât même en public, car ils répondaient à ceux qui leur faisaient un reproche de l'hérésie : Tant mieux, puisque le Sauveur a dit : Bienheureux les hérétiques. C'est qu'ils confondaient le mot *eritis*, vous serez, avec le mot *hæretici*, qui veut dire hérétiques.

Éon de l'Étoile portait un bâton fourchu, et disait qu'en élevant deux des extrémités vers le ciel, il accordait à Dieu le gouvernement des deux tiers de l'univers ; lorsqu'il les abaissait vers la terre, il le prenait pour lui-même.

---

[179] Per eum qui venturus est judicare vivos et mortuos et seculum per ignem. (Par celui qui viendra juger les vivants et les morts et le monde par le feu.)

Ayant débité cette impertinence devant le concile de Reims y où il fut jugé, en 1148, les Pères de la sainte assemblée s'abandonnèrent à un mouvement d'hilarité qui lui profita, car, au lieu de le traiter comme un hérétique, ils le traitèrent comme un insensé ; l'abbé Suger se chargea de le garder, et le fit enfermer pour le reste de sa vie. Aucun supplice ne put amener ses disciples à reconnaître leur erreur ; ils aimèrent mieux mourir.

Cette obstination seule prouverait qu'Éon de l'Étoile n'était pas un personnage aussi ridicule qu'on se plaît à le supposer, puisqu'il avait su s'attacher par des liens aussi forts un grand nombre de sectateurs. Il tombait en extase ; il avait des entretiens avec Dieu ; il parlait comme s'il eût été lui-même une divinité. Tous les genres de prestiges lui étaient familiers ; l'usage qu'il en faisait, et sans doute aussi le pillage des églises et des monastères, lui procurait les moyens de vivre avec un faste royal, et d'entretenir des centaines d'adhérents, qui ne quittaient jamais sa personne. La vue d'une église ou d'un monastère allumait sa fureur. Il semblait voler plutôt que marcher, tant ses courses étaient rapides et son apparition inattendue dans les lieux qu'il visitait. Ses nombreux disciples passaient leur vie au milieu du faste, de l'abondance et des plaisirs bruyants.

Les sectateurs d'Éon de l'Étoile ne furent pas anéantis par la persécution ; car, selon toute apparence, ce sont les débris de la secte qui, recueillis par Doucin, au commencement du quatorzième siècle, et reconstitués en corporation, se trouvent dans les montagnes des Alpes sous le nom d'apostoliques et de dulcinistes. Une nouvelle persécution les dispersa dans la France et l'Allemagne.

Doucin enseignait le communisme absolu et le pratiquait, mais avec des réserves en sa faveur. Poursuivi dans les montagnes du Bressan et du Bergamasque, il fut pris par famine avec trois mille des siens, et conduit à Novare, où il périt en 1307 au milieu des supplices, sans se rétracter et sans donner un signe de douleur.

Eon de l'Étoile n'avait pas créé une nouvelle secte ni de nouvelles doctrines ; il avait rassemblé une partie des éléments qui existaient en si grand nombre au sein de la société ; aussi son apparition ne demeura pas isolée : la levée de boucliers des pastoureaux sous la conduite du moine hongrois Jacob, qui avait apostasié l'ordre de Cîteaux pour se coiffer du turban, et qui jeta le turban pour revenir en Europe avec la qualité de prophète, fut une autre ébullition du même gnosticisme visionnaire, illuminé et renforcé du charme satanique. Comme son prédécesseur, Jacob conversait familièrement avec Dieu, la Vierge et les anges. C'était au nom du Ciel qu'il parlait à ses sectateurs, ignoble ramassis de tout ce qu'il y avait de plus impur dans la société, et qu'on appela du nom de pastoureaux, non point parce que les bergers s'y trouvaient en nombre, mais parce qu'ils portaient des agneaux peints sur leurs étendards. C'était au nom du Ciel qu'il leur ordonnait le massacre général des prêtres et des moines, sous prétexte qu'eux seuls étaient cause par leurs péchés de la captivité de Louis IX, qu'il avait mission de terminer, disait-il. C'était au nom du Ciel qu'il communiquait à ses disciples le pouvoir de remettre les péchés, même avant qu'ils fussent commis, faculté qui n'était pas de nature à diminuer le nombre des crimes.

Les pastoureaux se donnaient eux-mêmes pour de grands magiciens, et le peuple les considérait comme tels. « Vers l'an 1251, dit le judicieux Tillemont, il parut un imposteur, Hongrois de nation, nommé Jacques ou Jacob, qui ayant été autrefois dans l'ordre de Cîteaux, avait abandonné la vie religieuse, s'était rendu disciple des impiétés de Mahomet et serviteur du sultan de Babylone. Il avait de l'éloquence ; mais surtout il était habile dans les secrets de la magie. Il était maigre et pâle, et portait une grande barbe, de sorte que le peuple le regardait comme un homme de Dieu et d'une abstinence extraordinaire.

» Ce chef, qu'on appelait le maître de Hongrie, prétendait que c'était la Sainte Vierge qui lui avait fait commandement, et il avait toujours la main fermée, comme s'il avait tenu l'acte de l'ordre qu'elle lui avait donné. Ses disciples rapportaient sur cela des visions de la Vierge et des anges, qu'ils firent représenter sur une ou plusieurs de leurs bannières, qu'ils portaient partout pour tromper les ignorants. Le chef avait mis sur son étendard un agneau qui portait une croix ; ce que les autres firent ensuite sur les leurs, qui étaient au nombre de cinq cents.

» Dès que ces imposteurs appelaient un paysan, celui-ci quittait aussitôt ses moutons, ses vaches ou ses chevaux, et, sans demander permission ni à ses maîtres ni à ses parents, il les suivait à pied, sans se mettre en peine de rien, avec une ardeur, ou plutôt une rage aussi étonnante qu'extraordinaire ; et c'est ce qui faisait croire qu'ils se servaient de sortilège[180]. On contait que leur chef, arrivant en France, avait jeté une certaine poudre, comme pour sacrifier au démon. Ainsi, partout où ils passaient dans les villages et dans les campagnes, les paysans qui écoutaient leurs exhortations les suivaient comme le fer suit l'aimant.

» Ils marchaient en corps d'armée sous des capitaines de cent hommes et de mille hommes, et ils avaient des drapeaux dans chaque corps. Ils donnaient à quelques-uns d'eux le titre de maîtres. On prétendait qu'ils faisaient des miracles, et que le vin et les viandes qu'on leur servait ne diminuaient point et comme se multipliaient.

» Mais le désordre devint bientôt intolérable, car parmi ces gens simples il

[180] C'était le sortilège en effet dans toute sa puissance.

se mêla plusieurs voleurs, homicides, magiciens, sorciers, femmes de mauvaise vie, bannis, fugitifs, excommuniés ; et c'étaient ces gens-là qui avaient le plus de part aux secrets des chefs et à la conduite des autres. Ce désordre commença cette année après Pâques, vers le temps que le pape Innocent IV quitta Lyon pour s'en retourner en Italie. »

On sait de quelle manière finit cette entreprise insensée. Jacob était venu à Paris à la tête de trente à quarante mille hommes, et Paris n'avait osé ni l'arrêter à ses portes, ni l'expulser de ses murs. Reçu dans Orléans comme un prophète, et malgré l'opposition de l'évêque, Guillaume de Bussy, il y fit massacrer le clergé. De là il se rendit à Bourges, où sa troupe se divisa ; mais la régente ayant donné ordre de le poursuivre, il fut exterminé avec les siens à deux lieues de cette ville. Les autres détachements de son armée eurent un sort pareil à Aigues-Mortes, à Marseille, à Bordeaux et ailleurs.

Cependant l'illuminisme n'était pas encore érigé en système avec principes et méthode ; il devait même se passer beaucoup de temps, avant qu'il eût atteint ce point culminant du progrès. Mais quel esprit de vertige planait donc alors sur l'univers ! Pourquoi cette dépravation et ces crimes ? Pourquoi ces associations de malédiction ? Faut-il donc tout mettre sur le compte de l'ignorance et de la grossièreté des mœurs ? Les sauvages au fond de leurs forêts sont plus grossiers encore, plus ignorants et plus stupides cent fois, et ils ne connaissent pas ces saturnales du crime.

Il est donc bien grand le pouvoir mystérieux d'Ahriman, qui se joue de la sorte de la faible humanité, et qui remue les sociétés jusque dans leurs bas-fonds, pour en faire remonter le limon vers la surface ! À intervalles réglés, après de courtes périodes, il se forme sans cesse de nouveaux orages ; les barbares du dehors ou dedans reparaissent menaçants, il faut engager de terribles luttes. C'est en vain que l'homme aspire vers le progrès, qu'il tend vers la perfectibilité ; s'il est une puissance qui dit aux flots de la mer : vous n'irez pas plus loin, il en est une autre qui dit à l'humanité : tu ne t'élèveras pas plus haut. Ainsi s'accomplit la divine mais redoutable sentence : *La terre sera maudite sous tes pas.*

§ III — Sabbats

Les sabbats des néognostiques n'ont rien de commun avec le sabbat des juifs, et n'en dérivent point, même quant à l'étymologie. Dans la langue sainte, le mot sabbat vient de la racine *schab*, qui veut dire repos ; dans la langue démoniaque, il vient du mot grec *sabadzios*, Bacchus, d'où ont été formés les mots *sabadzô*, se livrer aux plus indécentes folies de l'ivresse, *sabakai*, des bacchantes ; *sabasmos*, le cri des bacchantes en fureur. Les sabbats des gnostiques sont donc la continuation des plus détestables mystères du paganisme.

Certains auteurs trop superficiels ont nié mal à propos l'existence des sabbats. Le Père Malebranche lui-même, dans son livre de la *Recherche de la Vérité*, a inséré sur la sorcellerie et les sabbats une fiction romanesque à peine ingénieuse, qu'on a prise trop au sérieux, plus qu'elle ne méritait, prouvant par là, comme par cent autres endroits, qu'il avait moins de lecture que de philosophie, moins de jugement que d'imagination.

Les sabbats se tenaient toujours dans des cachettes, ou dans des lieux éloignés des voies fréquentées. Par excès de précaution, l'on plaçait des sentinelles à l'entour, avec mission d'éloigner les passants ou d'avertir du danger ; ce qui n'empêcha pas toujours des personnes étrangères d'arriver à l'improviste, et à leur grande surprise comme à celle des assistants, au milieu de la réunion.

Sur un autel trônait une idole : une oie, un chat, un bouc, un tronc d'arbre, le vase aux crapauds ; souvent un homme à masque de bouc, avec des visages humains aux genoux et ailleurs ; quelquefois un homme et une femme non masqués, qu'on appelait le roi et la reine du sabbat. Les noms de plusieurs de ceux-ci ont été révélés dans les procès pour cause de sorcellerie : tels que ceux de maître Léonard, maître Jean Moulin, Pierre Daguerre. Lorsque le président était masqué, le masque portait trois cornes, avec un fanal à celle du milieu. Des appariteurs armés de baguettes réglaient l'ordre et maintenaient les rangs. Chacun, à son arrivée, allait saluer le président ou l'idole, et lui faire une offrande, ne fût-ce que celle d'un filament de son habit. Au départ, tous recevaient des jetons de présence, consistant en une rondelle de cuir, de fer mince ou de cuivre de la grandeur d'une pièce de monnaie. Ces jetons, habilement substitués dans le commerce à la monnaie véritable, ont fait croire aux gens du peuple que l'argent touché par les sorciers se changeait en rondelles de cuir, et qu'il leur en venait réellement du démon. Cette opinion n'est pas encore effacée.

Les parents amenaient leurs enfants, et quand ceux-ci étaient trop jeunes pour prendre part à des actes dont ils auraient pu être les révélateurs, on les plaçait au bord d'un ruisseau ou près de vases remplis d'eau, on leur donnait des baguettes, et on leur disait de battre l'eau pour former la grêle.

Tous les membres de ces nocturnes assemblées n'étaient pas initiés au même degré. Les nouveaux venus devaient être présentés par des parrains responsables, sous peine des plus cruelles fustigations et d'expulsion. L'admission était suivie d'un nouveau baptême, administré avec des cérémonies dérisoires. Les enfants des personnes affiliées n'étaient soumis qu'à cette dernière formalité ; mais tous, en s'y soumettant, devaient renoncer au Christ, au chrême et au baptême, c'étaient les expressions consacrées, et reconnaître pour créateur et pour maître le démon, banni du ciel par la jalousie de Dieu, et qui devait le reconquérir un jour, et y placer ses adorateurs, après en avoir expulsé les saints.

Les membres qui n'étaient pas initiés complètement croyaient voir le démon lui-même en regardant l'idole ; et cette idole, quand c'était un être humain, poussait des cris rauques, pour rendre l'illusion plus complète, ou parlait en altérant sa voix, pour n'être pas connu. Il recommandait à ses adorateurs le crime, et principalement la vengeance : *Vengez-vous ! Vengez-vous !* Tel était ordinairement le cri de clôture de l'assemblée. Chacun allait donner un baiser à l'idole, et cette cérémonie se faisait processionnellement, avec des torches de résine ou de cire non blanchie, condition de rigueur pour mieux dénigrer ce qui se pratiquait à l'église. Le diable distribuait ensuite des poisons, des poudres, des pommades et le jeton de présence.

Les plus jeunes membres et ceux dont le zèle n'était pas encore éprouvé, étaient obligés de faire leur confession ; ceux qui n'étaient pas trouvés assez coupables, recevaient une sévère admonestation, ou même un châtiment. La vengeance, l'empoisonnement des hommes ou des animaux, le crime et le vice, quels qu'ils fussent, recevaient des encouragements.

Après les premières cérémonies, venaient la représentation burlesque du plus auguste de nos mystères, le baptême des crapauds, les joutes et autres exercices de gymnastique ; le festin, dans lequel il est malheureusement trop prouvé qu'on a servi jusque près de nos jours de la chair de petits enfants. Les procédures faites en Allemagne s'accordent en ce point, comme dans tout le reste, avec les dépositions reçues par les tribunaux de France. Venaient ensuite les rondes dos à dos et les danses de diverses espèces. Trois étaient plus spécialement en usage dans les sabbats : la valse, la danse bohémienne et le branle ; celle-ci s'exécutait en tournant, avec des mouvements de tête en avant et en arrière, à droite et à gauche. Elle était encore très commune au XVIe siècle, et surexcitait les sens au suprême degré.

Chacun devait apporter son crapaud au sabbat.

Nous ne saurions rendre raison du culte adressé par les sorciers à ce reptile immonde et repoussant ; à moins que ce ne soit une réminiscence, une dernière forme de l'ophitisme. Il y avait émulation à qui présenterait le plus gros. On les nourrissait dans des vases remplis de son ; ils étaient familiers, et mangeaient dans la bouche de leurs maîtres. Ceux-ci les paraient de rubans pourpres et de colliers. On les nommait, en style d'argot, des marionnettes, des mirmillots, ou plus simplement ma bête. Nous croirions volontiers que le nom de marionnettes comportait une intention injurieuse à la sainte et vénérable mère du Sauveur.

Nous venons de voir un pape reprocher aux stadingues le culte du crapaud. Il y a des preuves multipliées à l'appui de cette allégation. Le *Livre de plomb*, que le docte Montfaucon attribue aux gnostiques, et dont il a publié deux feuillets[181], présente, à la page qui indique les douze heures du jour, un crapaud pour emblème de la dixième heure. À la quatrième, la cinquième et la sixième, sont des abraxas, tels qu'on en voit sur les camées. Sérapis avec son boisseau est à la septième.

Les sabbats furent, non seulement le séminaire de la dépravation, mais aussi une école d'apprentissage pour tous les crimes. Le cri de vengeance qui y retentissait, accuse une association de malfaiteurs qui, repoussés et proscrits par la société à cause de leurs doctrines, de leurs crimes et de la terreur qu'ils inspirent, cherchent à assouvir dans le sang et les larmes de leurs semblables la haine qu'ils portent à Dieu et aux hommes. La société entière, tributaire de leur vengeance, est solidairement responsable à leurs yeux, ou de la juste répulsion qui les irrite, ou de la législation qui les opprime. Ce sont bien là les restes d'une famille jadis proscrite et en butte au courroux des lois.

Dans les sabbats, on apprend l'art dangereux de composer et d'administrer ces poisons qui donnent une mort prompte comme la foudre, ou qui hébètent et font mourir de langueur; ces poisons qui, répandus sur les champs, semés dans les chemins, placés dans les étables, rendent les animaux furieux ou les tuent. Heureusement leur composition est demeurée un mystère, et ils n'ont été connus que par leurs effets. On ignore également la composition de cette poudre des sabbats qu'on appelait poudre du diable; on sait seulement qu'il y entrait de la poussière de crapauds calcinés. Kivasseau ajoute de la poussière de chats, de lézards et d'aspics également calcinés. Nous n'osons dire davantage: il y a des infanticides et des sacrilèges.

On connaît mieux la composition de la pommade par le moyen de laquelle les sorciers se procuraient les extases qui leur représentaient les plaisirs du sabbat. Prédisposés par l'habitude à cette sorte de visions, pouvaient-ils rêver autre chose? Et d'ailleurs on sait que le genre des hallucinations produites par une même substance est toujours le même. Il leur semblait donc assister à leurs réunions favorites; être emportés à travers l'espace par l'idole qu'ils avaient coutume d'adorer, et le lendemain, au réveil, ils se trouvaient épuisés de lassitude et fatigués d'un cauchemar qui leur paraissait une réalité; de sorte que la plupart, tous peut-être, y crurent de bonne foi. La base de cette pommade, nommée onguent terrible, était toujours l'inoffensive momie; mais l'ache, la jusquiame, la ciguë, le pavot y ajoutaient leurs sucs dangereux. La belladone, la morelle furieuse, l'aconit, la berle, le quintefeuille, l'acorum,

---

[181] *Antiquité dévoilée*, I, III, ch. VIII.

les boutons du peuplier venaient s'y adjoindre avec la suie, pour la rendre plus terrible encore.

Et si après l'usage extérieur, et quelquefois même intérieur, de pareilles substances, la mort ne s'ensuivit pas communément, c'est que leur combinaison en proportions exactes était le fruit de longues expériences et de savantes recherches. Le Chinois qui s'empoisonne avec l'opium ou avec le hachisch sait aussi la quantité qui convient pour ne pas mourir.

Ce sont là ces transports par le diable à cause desquels un grand nombre de sorciers ont péri dans les flammes, les juges ne sachant pas mieux qu'ils ne le savaient eux-mêmes discerner le fantastique du réel ; mais enfin, lorsque le temps de l'observation est arrivé, il a été possible de constater, par un grand nombre d'exemples, que le déplacement n'avait pas lieu, et il a bien fallu en revenir, comme toujours d'ailleurs, aux décisions de l'Église : le transport des magiciens au sabbat par le démon est imaginaire. Paolo Minucci, jurisconsulte de Florence, vivant au XVIIe siècle ; André Laguna, médecin du pape Jules III ; Bodin, Jean-Baptiste à Porta, Alciat, le cardinal Cajetan, Pierre Remy, se sont livrés à ces sortes de recherches. Le célèbre Gassendi lui-même n'y est pas resté étranger, et tous ont constaté le même fait d'un sommeil furieux occasionné par des liniments soporifiques.

On peut comparer ces faits avec le récit d'Apulée relatif à l'enchanteresse Pamphile, qui se servait de certaines pommades pour se métamorphoser en hibou, et s'envoler aux lieux où l'appelaient ses plus chères affections. On peut les comparer à l'illusion des prêtresses de la Mère des dieux, qui assistaient en imagination aux danses joyeuses des faunes, et recueillaient avec ravissement les sons harmonieux d'une musique qui n'existait pas.

Mais il n'en faudrait pas conclure que les sabbats eux-mêmes sont des assemblées imaginaires ; car il est prouvé par une multitude d'exemples, de dépositions judiciaires et de témoignages de toute sorte, qu'il en a été tenu réellement, jusqu'à une époque très rapprochée, en un grand nombre de lieux dont les noms sont connus, et que les membres s'y rendaient à pied et en revenaient de même[182].

Il n'est pas moins certain que les nouveaux venus y recevaient la marque d'un fer chaud, et que cette marque se renouvelait en diverses circonstances.

Un fait non moins constant, c'est que les principaux acteurs portaient un masque. Dans les Capitulaires, les noms de masque et de sorcière sont équivalents. Les lois des Lombards s'expriment de la même façon ; et il est bon de

---

182 Bodin, *Démonom.* — De l'Ancre, *Incrédulité du sortilège.* — De Saint-André, *Lettres sur la magie.* — Spina, Fortalit. fidei. — *Arrêts du Parlement de Paris* des 25 octobre 1593, août 1603, 29 avril 1608, 17 novembre 1609, 4 février 1615, 17 mai et 10 octobre 1616.

se souvenir que les mascarades faisaient partie intégrante des bacchanales, et aussi des mystères de l'Égypte, dit Apulée.

Le conseiller de l'Ancre, qui jugea tant de procès pour cause de sorcellerie, résume ainsi les dépositions qu'il a entendues relativement au personnage qui présidait les sabbats : « Il a le visage pâle et troublé, les yeux grands, ronds, fort ouverts ; une barbe de chèvre ; la forme du cou et tout le corps mal taillé ; le corps en forme d'homme et de bouc. Il a la voix effroyable et sans ton, avec la contenance d'un homme mélancolique et ennuyé. » Il est facile, à ces traits, de reconnaître un personnage masqué, et contrefaisant sa voix, de peur d'être reconnu.

Les sabbats, ou assemblées nocturnes des sorciers, remontent jusqu'au temps du paganisme : Horace les désigne par le nom de *Cotitia*, dérivé de celui de *Cotys*, déesse au souvenir ignominieux[183].

On en trouve la mention dans la loi des barbares, ou du moins dans une formule d'acte de renonciation à Satan publiée par Canciani à la suite de la loi des Saxons : Renoncez-vous à Satan et à tous les *gildes* de Satan ? demandait le ministre de la religion. J'y renonce, répondait le catéchumène[184]. Le commentateur dit que ce mot saxon signifie des assemblées secrètes, accompagnées de divertissements et de festins, dont les membres étaient astreints à un secret rigoureux : il s'appuie de plusieurs autorités pour le démontrer.

Postérieurement, les assemblées nocturnes de Diane, de Bensosia, de dame Habonde, car on les trouve proscrites sous ces différents noms par les conciles et les canonistes, continuent les sabbats jusqu'au XIIIe siècle. L'évêque de Chartres, Jean de Salisbury, écrivain du XIIe, en parle d'une manière précise ; il fait mention des réunions nocturnes, des festins, des fonctions diverses remplies par différents personnages, des châtiments infligés à ceux-ci, des éloges accordés à ceux-là.

Déjà, dès le commencement du XIe siècle, les sabbats s'étaient révélés d'une manière non équivoque, en même temps que les manichéens auxquels Robert le Pieux fit subir le dernier supplice à Orléans. Un cartulaire de Chartres, cité par l'auteur de l'*Histoire ecclésiastique du diocèse de Paris*, nous apprend que, dans leurs réunions nocturnes, ces hérétiques chantaient les litanies du diable[185], qu'ils purifiaient les enfants par le feu, le huitième jour après leur

---

183 Cotys déesse lunaire était vénérée par les Edoniens, habitants de Thrace. Les baptes (immergeurs) auraient été les prêtres ou sectateurs de Cotys dont un des rites consistait à la purification par l'eau. Proche des cultes de Sabazios et de Cybèle, les adeptes jurent par l'amandier et utilisent des petits tambours dans leurs cérémonies (tymphanon). Les danses pratiquées à ces occasions sont nettement obscènes.

184 Abrenuncias diabolo et omnibus diaboli gildis ? — Abrenuncio Canciani, Collect. legum antiq. Barbar. t. III.

185 Ad instar litaniæ nomina dæmonum declamabant. (Déclamant les noms des démons sur le modèle des litanies).

naissance, et qu'ils en consumaient quelques-uns entièrement, afin de composer de leurs cendres des drogues mystérieuses.

Enfin les sabbats se manifestent au XIIIe siècle avec toute la splendeur qui leur est propre. La poésie s'en empare, et leur prête ses charmes, les conteurs les mettent en récits, les peintres les représentent sur les plus beaux vélins, les statuaires les burinent jusque sur les murs des édifices religieux. Le roman de *Perceforêt*, entre autres, et le poème de *Fauvel* en contiennent de plaisantes et trop gaies descriptions, celui-ci avec accompagnement de miniatures du plus beau travail, mais aussi peu modestes que le sujet. Nous ne nous sentons pas le courage de cueillir des fleurs sur ce terrain maudit; nous aimons mieux les laisser pour la main qui les y sema[186].

En Italie, le noyer de Bénévent acquit une grande célébrité par ces sortes de réunions; saint Barbat, évêque de Bénévent, le fit abattre à la fin du VIIe siècle, mais le lieu n'en resta pas moins fameux jusqu'à la fin du XVe. En France, le mont Rhune, au pays des Basques, surtout l'Aquélart, ou bosquet du Bouc, et la chapelle portugaise de St-Jean-de-Luz, n'eurent pas moins de réputation parmi les adorateurs de Satan. Il y avait les petites et les grandes réunions, et, dans les contrées les plus infestées, les réunions de paroisse et de quartier. Les grandes réunions s'appelaient sabbats, les petites se nommaient esbats. La plus solennelle avait lieu la nuit de la Saint-Jean.

§ IV — Le Loup-garou

Parmi les mascarades les plus usitées dans les sabbats, il faut compter les travestissements en loup.

Le loup était en Égypte l'emblème du soleil et de l'année. Apollon loup, ou *lycœus*, est connu dès la plus haute antiquité. Pausanias nous apprend que Diane louve, ou *lycœa*, était adorée à Corinthe.

Or les fêtes de ces divinités et les mystères qui en faisaient partie, se célébrant avec des travestissements analogues, il est des auteurs anciens qui ont dit, il en est même qui ont cru que leurs adorateurs devenaient véritablement loups; Pline et Varron en citent des exemples prétendus. Cependant il n'est pas à croire, ajoute le premier, qu'un homme puisse se changer en loup; car aussi bien faudrait-il admettre sans examen tout ce que nous raconte l'antiquité fabuleuse.

Cette persuasion a pourtant été si universelle, et s'est tellement enracinée dans l'esprit du peuple, qu'elle dure encore, et qu'elle a donné lieu, dès

---

[186] Li romans de Fauvel, Bibl. Nat. m. s. n° 6812, fol. XXXXIIII, description du chalivali.

les temps les plus reculés, à un genre de monomanie qu'on a appelé du nom de lycanthropie, pendant la durée de laquelle le malheureux aliéné se croit transformé en loup, et en accomplit autant qu'il peut toutes les actions. Si les excès de toute sorte, un accident quelconque ou la disposition organique peuvent conduire à la folie, c'est nécessairement une idée préconçue qui en détermine le genre.

Cette maladie, très fréquente dans les siècles passés, s'est éteinte à mesure que les causes principales qui la produisaient ont disparu. Il s'en présenta de nombreux exemples au moyen âge, du temps où les sabbats, les onctions soporifiques et les pratiques diverses de la sorcellerie renouvelaient les excès du vieux paganisme.

Maintenant elle n'existe plus que comme souvenir, et les médecins qui écrivent sur la matière sont obligés de remonter aux siècles précédents, pour en assigner les symptômes[187]. Il n'y a pas de doute, au reste, sur la nature de la maladie, et les moyens curatifs sont les mêmes que pour toutes les monomanies furieuses; les médecins modernes et les anciens sont d'accord en ce point.

On doutait moins au moyen âge de la réalité de ces sortes de transformations, qu'un siècle ou deux avant le christianisme. Le savant Pierre Damien lui-même essaya d'en établir les preuves en présence du pape Léon VII. Le docte Trithème parait avoir cru de la meilleure foi du monde, que Bajan, roi de Bulgarie, se changeait en oiseau, en loup et en toute autre bête, quand c'était son bon plaisir. La métamorphose d'un jeune homme en âne, qui dut avoir lieu vers l'an 1001, par l'opération de deux vieilles femmes, était célèbre aux XIe et XIIe siècles. Seulement les auteurs qui la rapportent ne sont d'accord ni sur les circonstances ni sur le lieu de la scène. Guillaume de Tyr la place dans l'île de Chypre; il dit que le jeune homme ainsi métamorphosé était un soldat anglais; il ajoute qu'on fut longtemps sans se douter du tour dont il était la victime; mais qu'enfin on le reconnut aux signes de religion qu'il donna dans une église. Les sorcières avouèrent le maléfice, et en subirent la juste punition.

On supposait que les personnes excommuniées devenaient loups-garous, en expiation de leur crime et par le fait de l'excommunication, et on croyait que, pour leur rendre la forme humaine, il fallait les blesser entre les yeux de manière à leur faire répandre trois gouttes de sang.

Il n'est pas d'idée qui ait pénétré plus profondément dans les convictions de la multitude, et qui soit restée mieux gravée dans ses souvenirs. On connaît

---

[187] *Encycl. art. Lycanthropie.* — *Dict. des sciences méd.* art. *Lycanthr.* — Nynauld, *Traité de la lycanthropie*, etc.

dans tous les pays le varou, le loup-garou, la bête bigorne, le bisclavaret, la galipode et autres êtres imaginaires équivalents à un lycanthrope. Le nombre des contes en cette matière, qui circulent parmi le peuple des campagnes, est incroyable. La bête bigorne et la galipode sont les lycanthropes du Poitou ; le bisclavaret est celui de l'ancienne Bretagne : les Bretons modernes disent *denbleis*, un homme loup. Les Normands disaient *garoual*, et maintenant garou ; les Anglais disent encore *were-wolf*, comme les Saxons do temps de Burchard.

Il fut une époque, encore peu éloignée, où de pareilles croyances étaient tellement passées en force de chose jugée, qu'on écorchait vivants de pauvres maniaques qui se disaient changés en loups, pour voir si, n'ayant point de poil sur la peau, ils n'en avaient pas du moins dessous, ou bien, comme on disait vulgairement, s'ils n'avaient point la peau retournée.

Les démonographes n'admettaient pas même le doute, et, à plus forte raison, la discussion sur la possibilité de la métamorphose. Leur critique peu éclairée s'appuyait sur la transformation de Lycaon en loup, des compagnons d'Ulysse en pourceaux, de Nabuchodonosor en bœuf, quoique l'Écriture ne soit pas si précise sur ce dernier point. Venait ensuite la série des exemples journaliers, parmi lesquels toute anecdote faisait autorité. Le savant Gaspard Peucer, qui avait longtemps douté, se laissa enfin convaincre par tant de raisons ; et l'empereur Sigismond, non moins incrédule, fit débattre la question devant lui par les docteurs les plus habiles de l'Allemagne ; il se rendit à leurs preuves. Cependant quelques jurisconsultes, ne pouvant se résoudre à admettre une transformation réelle, aimaient mieux croire à une illusion produite sur les sens des spectateurs; comme si la difficulté avait cessé d'être la même[188].

Le loup-garou, si peu susceptible, en apparence, de se prêter aux inspirations de la poésie, fournit pourtant à Marie de France le motif du lai du Bisclavaret, l'un des morceaux les plus gracieux de la poésie des trouvères. L'analyse que nous en ferions ici, n'en pourrait donner qu'une faible idée et en diminuer les charmes ; il vaut mieux le lire en entier dans l'auteur.

§ V — Archéologie magique

Cette extravagance de mœurs et d'idées se trouve reproduite dans les monuments religieux des XIIe et XIIIe siècles et sur une partie de ceux du XIVe; y chercher, comme on le fait trop souvent, une symbolique chrétienne ou des allégories, c'est faire fausse route, et mettre les illusions de son imagination à la place de la réalité : les architectes du temps n'y avaient pas songé.

---

[188] Bodin, *Démonom.* I, II, ch. VI. — Le Loyer, *Discours des spectres*, I, II, ch. VII.

Sans doute, le mystère de la Sainte Trinité, la personne du Sauveur, celles des évangélistes, des passages de la Bible ou de l'Évangile, des pages apocalyptiques se présentent fréquemment parmi les décorations des monuments de l'époque romane ; mais des allégories de vices ou de vertus, des idées mystiques ! s'il en existe, elles sont très rares. Et encore faut-il prendre garde à ne pas confondre avec la représentation des quatre évangélistes certaines autres représentations purement cabalistiques qui leur sont semblables. Ainsi le livre *Jetsirah* nous avertit que le lion ailé, emblème de l'évangéliste saint Marc, représente également le midi, la droite, et qu'il est l'image de l'ange Michel ; la représentation cabalistique ne diffère de la première que par des ondes et la lettre *iod* (י), qui s'y trouvent ajoutées. Le bœuf ailé, emblème de l'évangéliste saint Luc, représente, sous le ciseau des cabalistes, le nord, la gauche, et figure l'ange Gabriel ; seulement il est en plus accompagné de flammes et de la lettre *he* (ה). L'aigle, emblème de l'évangéliste saint Jean, figure l'orient, selon la cabale, le devant, et est l'image de l'ange Uriel ; il doit être accompagné de nuages et de la lettre *resch* (ר). L'homme ailé, emblème de l'évangéliste saint Matthieu, signifie l'occident, le derrière, et représente l'ange Raphaël ; il est, avec cette signification, accompagné d'un globe et de la lettre *têth* (ט).

Quant aux péchés capitaux, qu'on croit reconnaître partout où il se présente des figures grotesques, voici leurs véritables symboles, d'après le *Jardin de plaisir et de récréation spirituelle* du P. Grespet, qui devait s'y connaître, puisqu'il a écrit *ex professo* sur la matière : *orgueil*, un lion ; *avarice*, un chameau ; *luxure*, un bouc ; *colère*, un loup ; *gourmandise*, un porc ou un ours ; *envie*, un chien ; *paresse*, un âne. En dehors de là, il faut tenir pour certain que la plus notable partie des décorations à personnages qu'on voit aux édifices du moyen âge représentent de mauvaises idées ou de mauvaises mœurs. Quelquefois aussi ce sont des jeux de burin et des fantaisies d'artistes de mauvais goût.

Les interprétations mystiques ne viennent qu'après coup. C'est ainsi que Guillaume Durand a trouvé dans la corde d'une cloche qui s'élève de la terre vers le ciel, une image de la foi ; dans les clavettes qui retiennent la cloche sur la hune, l'image des bonnes œuvres, qui soutiennent tout l'édifice de la vie chrétienne ; dans la flamme d'une lampe d'église, environnée des chaînes qui rattachent le corps de la lampe au suspensoire, une image de Jésus-Christ au milieu de ses apôtres[189]. Tout cela est fort édifiant ; mais il est certain que l'ouvrier qui mit le premier une corde à une cloche, ou des chaînes à une lampe, ne se doutait pas qu'on lui trouverait un jour tant d'esprit.

La symbolique chrétienne peut être fort commune et fort riche en Orient,

[189] Rationale divinorum officiorum.

mais elle est beaucoup plus pauvre et plus rare en Occident. Il y en a plus sur les vieux manuscrits, moins sur les vieux monuments.

Le même sujet n'occupe pas indistinctement toutes les places dans les édifices religieux. Le tympan est ordinairement consacré à un motif biblique ; les chapiteaux sont dévolus aux scènes de la vie publique, aux motifs gnostiques ou cabalistiques, et à ceux qu'on pourrait appeler astronomiques, si l'astronomie de ce temps ne rentrait dans la magie. Les corbeaux qui servent de supports au larmier sont réservés pour les scènes les plus ignobles des sabbats et de la dépravation des mœurs[190].

L'influence du gnosticisme sur les représentations architectoniques est un fait avoué par les plus grands maîtres dans la science archéologique. Ampère l'a proclamé dans son Histoire littéraire[191].

« Il ne faudrait pas croire, dit l'auteur de *l'Iconographie chrétienne*, au chapitre qu'il a intitulé avec plus d'impiété que de raison *Histoire de Dieu*, il ne faudrait pas croire que l'art ait toujours été parfaitement orthodoxe ; une simple observation suffira pour prouver le contraire. Tous les livres apocryphes ont été condamnés, sans exception, à plusieurs reprises. Néanmoins la plupart des légendes peintes sur les vitraux, sculptées sur le portail de nos cathédrales, sont tirées textuellement de ces livres apocryphes. À Chartres, la vie de saint Jean l'évangéliste, peinte dans le latéral du sud ; les vies de saint Thomas, de saint Jacques, de saint Simon, de saint Jude, de saint Pierre, de saint Paul, qui brillent aux fenêtres de l'abside, sont extraites du *Combat des Apôtres*, lequel est condamné comme un livre de fables. Saint Augustin réprouve la cruauté apocryphe de saint Thomas et cependant elle est sculptée dans l'église de Sémur et peinte dans la cathédrale de Bourges. Il faut reconnaître que des sujets tirés de livres anathématisés, hérétiques, composés surtout par des gnostiques, étaient et sont encore peints sur verre et sculptés dans la pierre au sein de nos plus grands et de nos plus catholiques monuments. »

Ces observations sont, du reste, pleinement confirmées par les ordonnances tant de fois portées dans les conciles, de faire disparaître ces sortes de représentations. Un concile de Milan, tenu en 1565, renouvelait encore les mêmes prescriptions[192].

---

[190] Nous ne donnons pas ces observations comme complètes et sans exception. Si cependant on révoquait en doute notre dernière assertion, il nous serait facile de l'établir, en montrant dans le roman de Fauvel, au lai cité précédemment, peints avec le costume complet de leur rôle dans les sabbats, les personnages et les masques de tant de modillons.

[191] *Histoire littéraire de la France*, t. I, p. 178.

[192] Ne quid pingatur aut sculptatur, quod veritati scriptarum, traditionum aut ecclesiasticarum historiarum adversetur.

Nous nous empressons de prévenir une objection qui pourrait se présenter ici : Comment, dit-on, les vénérables prélats qui ont élevé nos monuments religieux, et comment les moines qui les ont construits, ont-ils pu concourir, les uns par leurs encouragements, les autres par leur travail, à reproduire et à perpétuer ainsi les symboles de l'hérésie et des mauvaises mœurs ? Il suffirait, pour toute réponse, de montrer le fait, en laissant le soin de l'expliquer à qui voudrait l'entreprendre ; mais on peut dire que les pieux fondateurs des monuments religieux avaient égard principalement à la perfection de l'art, et ne se rendaient pas toujours compte de la pensée de l'artiste. Peu de prélats ont surpassé saint Bernard en science et en pénétration ; or il avoue que ces images étaient muettes pour lui. Voici ses paroles textuellement extraites de l'écrit apologétique qu'il adressa à Guillaume de Saint-Thierry : « Que signifie cette monstruosité ridicule, cette étonnante et difforme beauté, ou cette belle difformité ? Que font là ces singes immondes, ces lions féroces, ces centaures monstrueux, ces demis-hommes, ces tigres mouchetés, ces soldats qui se battent, ces chasseurs qui donnent du cor ? On voit plusieurs corps sous une même tête, ou plusieurs têtes sur un même corps. On aperçoit ici des quadrupèdes avec une queue de serpent ; là, des poissons avec une tête de quadrupède ; plus loin, un corsage de bête fauve est surmonté d'une tête de cheval, et terminé par la croupe et les pieds d'une chèvre ; ailleurs, le poitrail d'un coursier porte une tête armée de cornes... Mais, au nom du ciel, si on n'a pas honte de ces inepties, comment se fait-il qu'on n'ait pas regret au prix qu'elles coûtent ? »

Au prix qu'elles coûtent ! Ce seul mot n'indique-t-il pas suffisamment que les moines n'étaient pas constructeurs ? Si ces *inepties* avaient été leur ouvrage, elles n'auraient rien coûté, sinon le temps qu'il aurait fallu pour les ouvrer.

Il semble aussi que le saint docteur, avouant ici une ignorance qui lui fait honneur, vient de tracer une page de la *Pseudomonarchie des démons* dont nous avons parlé.

Il est démontré, par une multitude de témoignages que, longtemps avant l'époque à laquelle nous sommes arrivés, il existait des corporations de maçons constructeurs, dont les membres étaient liés entre eux par des serments et divisés en catégories. Les ordonnances de police de saint Louis, en donnant force de loi aux statuts de celle de Paris, confirmèrent seulement ce qui se pratiquait dès le temps de Charles-Martel, ainsi qu'elles le portent[193].

Différentes écoles d'architecture ont dominé simultanément dans différentes provinces. Ainsi la Normandie, le Maine, le Poitou, soumis à un même

---

193 Delamare, *Traité de la police*, t. IV, ord. de l'an 1268.

pouvoir politique, relèvent d'une même école, avec une légère différence pour le Poitou, dans lequel les souvenirs de la féerie, et notamment de Mélusine, sont très nombreux. Les provinces méridionales, travaillées par une même hérésie, dépendent d'une seule école, qui puise ses inspirations dans les dogmes de cette hérésie. On pourrait étendre une pareille étude à toutes les provinces de la France, à toute l'Europe ; mais la question est trop vaste, pour être traitée d'une manière incidente. On retrouverait ainsi les traces des idées dominantes à une époque donnée : ici la magie, là l'ophitisme, ailleurs les animaux fantastiques de la pseudomonarchie démoniaque, plus loin la féerie, ailleurs encore les sabbats ; souvent des pages de roman : le magicien Virgile, Aristote, Robert le Diable, Théophile et tant d'autres héros imaginaires d'aventures impossibles. La véritable allégorie, l'allégorie chrétienne n'apparaît communément en Occident qu'avec le style gothique.

Les corporations de maçons s'occupaient chacune d'un genre spécial de constructions. Celle des frères pontifes, qu'on voit établie à Avignon dès l'an 1178, construisit le pont de cette ville et presque tous ceux de la Provence, de l'Auvergne et du Lyonnais. D'autres élevèrent les cathédrales de Cologne, de Meissen, de Valenciennes, le couvent de Batalha, en Portugal, le monastère de Mont-Cassin, en Italie, et plus récemment la cathédrale de Strasbourg ; celle-ci fut placée par diplôme impérial à la tête de toutes les confréries de l'Allemagne[194].

Les déplorables écarts auxquels s'abandonnèrent les plus anciennes pendant les XIe et XIIe siècles, furent peut-être la cause principale qui donna lieu à la formation de nouvelles confraternités, fondées dans un but purement religieux. Parmi ces dernières, la confrérie qui édifia la cathédrale de Chartres en 1145 parait être la première en date[195]. Celles-ci adoptèrent ou introduisirent en France un style nouveau, qui commençait à se produire, et qui avait le double mérite de s'adapter beaucoup mieux au genre de la basilique chrétienne, et de se prêter moins aux caprices d'une imagination dévergondée. Les lourds reliefs du roman, quel qu'en soit le motif, ne sauraient se transporter sur les sveltes colonnes ni sur les élégants chapiteaux du gothique. Il en fut fait pourtant des essais, mais on dut les reconnaître pour malheureux, puisqu'ils sont demeurés toujours peu nombreux.

Le temple octogone de Montmorillon, construit vers le commencement du douzième siècle dans le cimetière de l'hôpital de cette ville, est, sans contredit, l'un des monuments les plus remarquables du gnosticisme en France. Il

---

[194] Chapuy et Jolimont, *Les Cathédrales de France.*

[195] In. Annal. Benedict. Litter. Hug. rothom arch. ad Tbeod. episc. Ambian. — *Ibid.* Litt. Haimon. ad monach. Lutteberg. hujus sacræ institutionis ritus apud Carnotensem ecclesiam est inchoatus, dit Aimoin, et il ajoute : Per totam fere Nortmanniam longe lateque convaluit.

existait au-dessous une crypte destinée à recueillir les ossements du cimetière, et au-dessus une tour à feu, ou fanal sépulcral, comme on en édifiait alors dans les grands cimetières[196].

Rien n'est plus remarquable que la forme octogone de ces lanternes des morts ; serait-elle en rapport avec l'ogdoade des gnostiques ? Nous n'oserions l'affirmer. La disposition octogone d'un grand nombre de monuments de France et d'Italie, tombeaux, églises, baptistères, chapelles domestiques, est un fait considérable, que l'allégorie des huit béatitudes ne suffit pas toujours à expliquer, surtout lorsqu'ils se trouvent ornementés, comme ici, de tous les symboles gnostiques : statues d'une révoltante immodestie, serpents familiers, crapauds, vases mystérieux portés à la main.

Or ces mêmes personnages caressant des reptiles, les allaitant, les baisant avec amour, se trouvent reproduits en beaucoup de lieux, notamment à Saint-Sernin de Toulouse, à Saint-Sauveur de Dinan, à Saint-Jouin de Marne, à Saint-Nicolas d'Angers, à Saint-Hilaire de Melles, sur des débris d'autres monuments conservés dans les musées de Toulouse et du Mans, et c'est la preuve qu'ils ne représentent pas une pensée ou un caprice isolé, mais bien un système admis et étendu.

Les antiquaires y ont cherché jusqu'ici l'allégorie de quelques vices ou l'image d'une conscience déchirée par le remords ; mais c'est une vaine pensée, car rien n'indique dans le geste ou la pose des personnages le déchirement ou l'horreur ; c'est le contraire.

Les sculptures des arcades latérales de Sainte-Croix de Bordeaux appartiennent également à l'inspiration du gnosticisme. La coupe et l'aumônière, que les antiquaires ont cru voir entre les mains de divers personnages, ont une signification bien différente parmi les symboles du gnosticisme. On portait quelque chose d'analogue dans les cérémonies nocturnes de ce culte abominable.[197]

Le Midi est riche en détails de ce genre. L'Auvergne, le Languedoc, la Franche-Comté, le Roussillon, pays des albigeois, offrent une multitude de monuments dignes de la plus sérieuse étude au point de vue de l'histoire. Malheureusement on ne les a étudiés jusqu'ici qu'avec de l'imagination, chacun isolément, et chaque auteur avec son imagination personnelle, sans tenir

---

196 Le docte Montfaucon s'est trompé sur la date de cet édifice, qui n'a rien de gaulois ni de romain, mais qui est tout entier du XIe ou du XIIIe siècle. Il ne s'est pas aperçu davantage qu'il avait été surmonté d'une lanterne des morts. Montfaucon, *Antiquité expliq. suppl.* t. II. — *Bulletins de la Soc. des ant. de l'Ouest*, 1838, 1er trim., *Coup d'œil sur Montmorillon.* —Millin, *Voyage dans le Midi de la France*, tom. IV, p. 732, et *Monuments inédits*, p. 233. — De Caumont, *Cours d'antiquités monumentales.* — *Mém. de l'acad. celt.* t. III, p. 18, Observations, etc., par Alex. Lenoir.

197 Johannet, Notice sur Sainte-Croix de Bordeaux. *Bulletins de la Société fr. pour la conservation des monuments*, VIIe vol., n° 7 ; — XIe vol., n° 3, p. 127. Nous sommes loin de partager de tout point les idées de l'auteur du mémoire.

compte ni de l'ensemble ni des circonstances dans lesquelles ces monuments se sont produits. On a bien pu retrouver ainsi le mot d'une énigme que les auteurs divulguaient eux-mêmes aux gens sans défiance; mais le sens véritable! Que font là tous ces reptiles qu'aucun pied n'écrase, qui se posent en triomphe, et que chacun vénère ou caresse? Et quelle ornementation pour l'intérieur d'un édifice chrétien[198]!

Moins abondantes en souvenirs du gnosticisme, les provinces de l'Ouest ont conservé plus de souvenirs des sabbats et de la magie. Dans tous les lieux où la pierre se montrait docile à la main de l'ouvrier, les modillons figurent presque toujours des mascarades et des scènes de sabbats: la ville de Caen et ses environs en fournissent une multitude d'exemples. Les boucs et les crapauds y sont nombreux, ainsi que les chats et les hiboux. Le serpent n'en est pas absent, mais on ne l'y voit qu'isolé. La danse des sabbats, la danse du lycanthrope, le zodiaque, la figure du Sagittaire, les animaux fantastiques ornent souvent les chapiteaux[199].

Or il faut savoir que le zodiaque est en très grand honneur sur les abraxas, et que le sagittaire de tant de monuments de France et d'Italie est une figure mithriaque. Quelques cérémonies du culte de Mithra continuèrent, à l'insu des évêques ou malgré eux, d'être célébrées dans les pays chrétiens jusqu'après le dixième siècle[200].

Il est un symbole d'autant plus digne d'attention, qu'il se trouve presque partout: celui de deux chimères bipèdes, à ailes de dragon et à tête de paon ou d'épervier buvant à la même coupe, du milieu de laquelle s'élève un jet

---

[198] Nous citerons pour sujets d'étude l'église de Saint-Julien de Brioude, Notre-Dame-du-Port, de Clermont, les églises de Saint-Gilles et de Rieux, dans le Languedoc; l'abbaye de Tournus, en Franche-Comté; dans le Roussillon, l'église de la citadelle de Perpignan, le cloître de l'église d'Elne, les églises de Cornelia, Coulonges, Villefranche, Custoja, Serrabone, l'abbaye de Saint-Michel de Cura. — On en pourra concevoir une idée imparfaite en jetant les yeux sur le *Voyage pittoresque* de Nodier, provinces d'Auvergne, Franche- Comté, Languedoc, Roussillon. L'homme à masque de chat et baisant des serpents de St-Julien de Brioude et le charmeur de serpents de l'abbaye de Tournus sont remarquables en ce genre.

[199] Il faut mentionner pour quelques détails les églises de Gournay, Boscherville, Grasville, Poissy. À Caen et aux environs, les modillons de l'abside de Saint-Nicolas, de la nef de l'abbaye aux Dames, de la chapelle de la citadelle, de l'église Saint-Georges, des clochers de Vaucelles et de Haute-Allemagne, des nefs de Matthieu, de Cambes, de Saint-Contaïs, d'Hérouville, sont très remarquables sous ce rapport. L'église de Ros a des colonnettes à chapiteaux présentant une danse d'adamites et une danse de lycanthrope. Les modillons de l'église de Blainville représentent les scènes d'un sabbat; la série commence par le baiser du crapaud. Les colonnes du cloître de Saint-Aubin d'Angers et les chapiteaux de Saint-Melaine de Rennes et de Saint-Eutrope de Saintes présentent une multitude de fantaisies que nous ne croyons pas exemptes de toute mauvaise idée.

[200] Gally-Knight, *Excursion monumentale en Normandie*. — De Caumont, Cours d'antiquités monum.IVe part. ch. VI.

de flammes. Les antiquaires ont coutume d'y chercher une allégorie de la foi et de l'espérance s'enivrant à la coupe de la charité. Mais les trois vertus théologales n'ont jamais été représentées par de tels symboles; ensuite ces chimères appartiennent à un ordre d'idées que nous avons signalé, et la coupe flamboyante est une image érotique entre les mains des gnostiques.

Il ne faut donc pas chercher des moralités dans ces représentations; il n'y en a pas plus que dans celle de la fête des fous sculptée dans les cathédrales de Strasbourg et du Mans, dans la truie qui file et l'âne qui vielle, ou plutôt qui joue de la harpe, dans les cathédrales de Chartres et de Saint-Paul de Léon. Mais si l'on a bien pu représenter dans les monuments chrétiens des scènes populaires ou ridicules, qu'il faut avouer, pourquoi ne pas avouer également les indices non moins évidents de mœurs et de croyances dépravées?

Les églises ogivales ont aussi quelques représentations démoniaques, avons-nous dit; mais ici la différence est grande: les démons sont à l'extérieur du temple, et c'est leur place; s'il s'en trouve à l'intérieur, c'est pour jouer un rôle dans des moralités qui ne tournent pas à leur honneur. Les démons de la cabale et des mystères païens représentent la puissance et la force; ceux de l'ogive, la méchanceté et la ruse: c'est la pensée chrétienne.

Une légende démoniaque termine l'histoire de la Vierge sculptée à l'abside du latéral septentrional de Notre-Dame de Paris; la légende démoniaque de Théophile est sculptée au portail du transept du même côté[201]. Ce sont les victoires de Marie sur Satan.

Un épisode du *Lai* d'Aristote et un autre des *Faits merveilleux* de Virgile sont ciselés sur des chapiteaux de la nef de Saint-Pierre de Caen; mais il n'y a pas à s'y tromper, le piteux état auquel sont réduits les deux grands personnages dit aux spectateurs: méfiez-vous de l'entraînement des passions, en considérant les folies auxquelles elles conduisent et les hontes qu'elles infligent[202].

---

[201] Théophile, économe de l'église d'Adana, en Cilicie, se vend au diable pour devenir riche. Il le devient; puis, touché de repentir, il avoue sa faute à l'évêque du lieu, qui lui impose une rude pénitence. Le plus difficile était de ravoir le pacte signé de son sang qu'il avait fait avec Satan. La Vierge, après de longues contestations, força enfin Satan de le rendre; tel est le thème de la légende. Paul, diacre, est probablement l'auteur de cette histoire, quoiqu'il dise l'avoir traduite du grec; il la dédia à Charles le Chauve; c'est donc une moralité de la même école que celles dont nous avons parlé précédemment. Roswide de Gandersheim la mit en vers latins au Xe siècle; Marbode, évêque de Rennes, au XIe; Rutebeuf en vers français au XVe.

[202] Le puissant magicien Virgile se laisse séduire par une courtisane, qui le dépouille de toute sa puissance, et l'expose à sa fenêtre dans une corbeille à la risée publique. Le docte et sage Aristote se laisse prendre à de pareilles séductions, et la misérable séductrice le fait apparaître devant la cour d'Alexandre le Grand, sellé et bridé et lui faisant l'office d'une monture. (Barbazan, *Fabliaux et contes*.) Nous ne prétendons pas que de telles moralités soient de bon goût ni à leur place dans une église; mais nous voulons établir la différence d'intentions qui

§ VI — La reine Pédauque — Les cagots

On voyait aux portails des églises Sainte-Marie de Nesle, Saint-Bénigne de Dijon, Saint-Pierre de Nevers, Saint-Pourcin, en Auvergne, de la cathédrale du Mans et d'une des églises de Toulouse, une statue de femme avec un pied d'oie, que le peuple nommait la reine Pédauque. Mais quelle est cette reine, question qui revient sans cesse et que personne n'a résolue ?

Les antiquaires ont fait à ce sujet des conjectures inimaginables. L'abbé Lebeuf, ordinairement mieux inspiré, est allé jusqu'à dire que Pédauque était la reine de Saba, si fameuse par ses relations avec Salomon, supposition que l'histoire sainte n'appuie d'aucune façon. Un savant moderne a cru sans plus de fondement que Pédauque était la même que Berthe aux grands pieds, mère de Charlemagne, et comme si cette opinion devait passer sans conteste, il n'a pas même songé à l'établir. Bullet avait pensé, avec plus de vraisemblance, que c'est la reine Berthe, première femme de Robert le Pieux[203]. Il s'appuie principalement sur cette observation, qu'à Saint-Bénigne de Dijon, la statue du monarque est accompagnée de celle-ci d'un côté, et de celle de la reine Constance de Provence de l'autre côté.

Il est probable que le déshonneur du pied d'oie a été infligé à la statue, comme une accusation de manichéisme adressée à la reine, soit par le peuple, toujours insolent envers les majestés déchues, soit par la jalousie de Constance, qui n'ignorait pas que Berthe lui était toujours de beaucoup préférée dans la tendresse du roi, et qui se montra si ardente, si personnelle dans la poursuite des manichéens d'Orléans. Il est vrai que l'histoire ne fait pas mention d'une pareille accusation; mais il est également vrai, qu'elle est d'un laconisme désespérant sur le compte de la reine répudiée. Cependant, toute laconique qu'elle est, elle en dit assez pour faire supposer l'accusation; car les écrivains contemporains, entre autres Pierre Damien, assurent que Berthe accoucha d'un monstre ayant la tête et le cou d'une oie[204]. Dès que ce prodige eut été rapporté au roi, qui hésitait encore entre son affection et les censures de l'Église, il résolut de se séparer définitivement; et c'était, il est probable, le but qu'on voulait atteindre en inventant une telle fable : les courtisans paraissaient beaucoup plus fatigués que lui des suites de l'excommunication qu'il avait encourue, pour avoir épousé cette princesse nonobstant deux empêchements canoniques.

Il ne faut pas perdre de vue que l'oie jouait un rôle important dans les mys-

---

existe dans les décorations de l'ogive ou du plein cintre. Les représentations immodestes disparaissent totalement dans le style ogival, et elles abondent sur le plein cintre.

[203] Paulin-Paris, *Berthe aux grands piés*, préface. — Bullet, *Discours sur la mythologie française.*

[204] Filium anserinum per omnia collum et caput habentem. Petr. Damian. Epist. I, III, epist. 15.

tères de l'Égypte, soit à titre de compagne obligée d'Harpocrate, ou comme l'oiseau sacré d'Isis et le symbole de Seb[205]. Elle apparaissait fréquemment et avec honneur dans les sabbats ; on la voit non moins fréquemment représentée sur les monuments du XIIIe siècle, où elle décore des pilastres et forme des rinceaux en se groupant deux à deux. S'il est permis de tirer quelque induction de ces rapprochements, on y trouvera peut-être le motif pour lequel elle devint un des symboles des gnostiques, choisi d'abord par eux-mêmes, et ensuite imposé par déshonneur.

La marque d'un pied d'oie, ou de *gui*, ou de canard, comme parlait le peuple, devint très anciennement obligatoire pour une certaine classe d'individus, nommés cagots, qui, par leur origine, appartenaient au gnosticisme, et, selon toute apparence, avaient puisé dans les mœurs inhérentes à cette hérésie le germe d'une maladie repoussante et en même temps des plus contagieuses, si on en juge par les précautions excessives qui furent prises pour en arrêter la propagation. Ils devaient porter cette marque attachée à leurs vêtements de la manière la plus ostensible, soit comme un avertissement aux personnes saines de fuir leur contact, soit comme un signe humiliant, propre à leur rappeler le déshonneur de leur origine, et à les maintenir dans un état perpétuel d'ilotisme. Les États de Béarn demandaient encore en 1460, au prince Gaston IV, qu'il fût enjoint aux cagots de porter l'ancienne marque du pied de l'oie comme par le passé ; mais le prince n'eut pas égard à leur demande. Alors la cagoutille était devenue seulement héréditaire. Cette maladie infesta les provinces de haute et de basse Navarre, de Guipuscoa, de Biscaye, de Gascogne, de Béarn, de Guyenne, de Bresse, de Bigorre, de Labour, de Soule, d'Armagnac, de Marsan, de Chalosse, le Poitou, le Maine, la Bretagne, et principalement l'évêché de Saint-Malo. On désigna ceux qui en étaient atteints par les noms de capots, agots, cahets, gahets, gavos et galfots, suivant les lieux. En Bretagne, on les appela cacous et cacouas. Dans cette dernière province, ils se donnaient entre eux le titre de cousins, expression d'autant plus remarquable, qu'elle est étrangère à la langue bretonne, et encore usuelle dans certaines confréries de compagnonnage ; partout ailleurs, les cagots se titraient de l'appellation de chrétiens, et, dans les provinces méridionales, crestias et cristias ; le peuple les appelait canards, et par corruption cagnards et chaignards, à cause de la marque flétrissante qu'ils portaient. Il est bon de se souvenir de ce que dit le moine Regnier, jadis un des leurs, que les cathares se donnaient entre eux le même nom de chrétiens[206].

---

205 Montfaucon, Antiq. expl. I, I, ch. XIII et passim.

206 Dès les premiers siècles, les gnostiques s'affublaient de ce nom, mais en l'altérant : ils

Il est possible qu'il y ait en quelques différences entre les cagots et les gahets, entre ceux-ci et les gaffots ; les actes publics qui les concernent, paraissent en établir une en effet ; mais ces différences étaient accidentelles, et elles allèrent en s'effaçant, à mesure que la maladie s'amoindrit ; de telle sorte qu'au milieu du XVe siècle on confondit les cagots entre eux et même avec les lépreux. Une ordonnance de Louis XI, de l'an 1439, relative aux malades de la ville de Toulouse, porte qu'ils sont « *entichez d'une trez horrible et griefve maladie, appelée la maladie de la lèpre et capoterie.* » En 1514, les agots de la Navarre étaient entièrement guéris, ainsi qu'il résulte d'une supplique adressée par eux au souverain pontife, pour obtenir leur réintégration au sein de la famille chrétienne.

Jusqu'alors, en effet, nonobstant les plus louables efforts de l'autorité religieuse et séculière, le préjugé et la répulsion universelle avaient retenu les malheureux cagots dans un état complet d'isolement. La grande révolution de 1789 effaça les différences en passant son niveau, mais elle n'effaça pas tous les préjugés ; il en est resté jusqu'à nos jours. Les cagots avaient une porte spéciale, ou plutôt un couloir long et étroit pour entrer à l'église ; ils y étaient séparés du reste du peuple par un grillage, ils avaient un bénitier à leur usage, dans lequel personne n'allait tremper le bout de son doigt, et si l'un d'eux avait osé s'approcher du bénitier commun, il aurait été fort malmené. Ils allaient à la communion après tout le monde, et recevaient de même le pain bénit ; on leur donnait la paix avec un instrument particulier, on les enterrait dans un cimetière spécial. Ils habitaient des villages séparés, ne s'alliaient qu'entre eux, et exerçaient les plus vils métiers. Ils étaient exempts de tailles et d'impôts ainsi que du service militaire.

Il n'est pas de race dont l'origine ait donné lieu à plus de recherches ; il n'est pas de nom dont l'étymologie ait été plus diversement interprétée ; nous croyons inutile de mentionner des suppositions qui se détruisent mutuellement, qui sont inadmissibles au même degré, et ne jettent aucun jour sur l'origine de la maladie. Les gnostiques sont les véritables ancêtres des cagots : c'est l'opinion la plus ancienne, la plus universellement admise parmi les populations au milieu desquelles ils vécurent, et adoptée par les écrivains qui parlèrent les premiers du cagotisme, celle qui régnait parmi eux, et à laquelle ils se ralliaient eux-mêmes dans la supplique adressée à Léon X en 1514. « Nos ancêtres, disaient-ils, passent pour avoir embrassé le parti des albigeois ; s'il en fut ainsi, c'est leur faute et non la nôtre ; pour nous, nous sommes attachés d'esprit et

---

s'appelaient chrestiani, et non pas *christiani*. Dans leur sens, *chrestiani* voulait dire des gens excellents, du mot Χρεστός.

de cœur à l'Église romaine, nous professons sa croyance et pratiquons ses préceptes. » Mais cette origine est étrangère, sinon tout à fait à la répulsion qu'ils inspiraient, du moins à l'isolement absolu dans lequel on les maintenait ; leur maladie seule pouvait, comme pour les lépreux, en être la cause. La cagoutille, ainsi l'appelait-on, se reconnaissait à l'odeur fétide des cagots, À la pâleur de leur teint, à la couleur terne de leurs yeux, à l'absence du lobe sous-auriculaire, aux plaies de leur dos, aux boutons dont leur langue et leur face étaient couvertes, et qu'on appelait les boutons de la mezellerie. Ils étaient sujets à des accès de folie ou d'idiotisme à intervalles réguliers, et plus spécialement au moment des pleines ou des nouvelles lunes.

Comme leurs ancêtres, les cagots étaient de grands sorciers, leur réputation n'a jamais varié à cet égard. Et la maladie développait en eux un phénomène particulier, qui devait puissamment contribuer à maintenir une telle réputation : savoir, la production des taches insensibles, aux pieds et aux mains, qu'on a prises si longtemps pour les stigmates du diable. Ambroise Paré et la plupart des médecins de l'époque affirment qu'on pouvait leur transpercer les pieds ou les tendons, sans qu'ils manifestassent la plus légère sensation.

Les *Établissements* de la ville de Marmande, rédigés en 1396, ordonnaient encore aux cagots de porter sur leurs vêtements la marque du *pied de guit (sic)*, formée d'un morceau d'étoffe rouge, long d'une *darne* et de trois doigts d'ampleur. Ces divers rapprochements suffisent, ce nous semble, pour justifier notre manière de voir à l'égard de la reine Pédauque et des races maudites, quoiqu'elle s'éloigne des opinions maintenant accréditées[207].

[207] Francisque Michel, *Histoire des races maudites*. — Guy de Chauliac, *la Grande Chirurgie*. — De Marca, *Hist. de Béarn*, I, i, ch. xvi. — Scaligeriana, p. 38.

CHAPITRE XV : QUATORZIÈME ET QUINZIÈME SIÈCLES

§ Ier — Envoûtements — Empoisonnements publics

La vile, l'ignoble magie démoniaque ne cessait de se repaître de crimes et de tentatives criminelles ; les nombreuses procédures qui se déroulèrent pendant la durée du treizième et du quatorzième siècle, devant les cours d'église et les tribunaux laïques[208], en fournissent la preuve. Alors la juridiction en cette matière n'était pas clairement déterminée ; l'Église et la justice séculière se disputaient le droit de juger, ou l'exerçaient simultanément, quoique d'une manière différente. Il en fut ainsi jusqu'en 1390, que le parlement attribua aux juges laïques seuls le droit de connaître, afin de soustraire les accusés à la bénignité des tribunaux ecclésiastiques, et à la protection qu'ils trouvaient dans les formes d'une procédure lente et régulière ; car on punissait les autres crimes par esprit de justice, et on poursuivait celui-ci avec haine et colère.

L'Église n'ayant jamais rendu de sentences capitales, ses officiers instruisaient l'affaire jusqu'à condamnation, et renvoyaient aux tribunaux laïques pour le prononcé du jugement, lorsqu'il y avait lieu d'appliquer la peine capitale, qui était ordinairement celle du bûcher ; autrement ils portaient eux-mêmes la sentence, qui consistait en des pénitences canoniques, et ne dépassait pas l'emprisonnement.

La principale occupation des magiciens du quatorzième siècle parait avoir été de composer des volts, ou images de cire, baptisées, nommées du nom de la personne à laquelle on se proposait de nuire, et dans la poitrine desquelles on enfonçait des pointes de fer à l'intention de cette même personne, qui, à ce que l'on croyait, devait mourir de la blessure. Peuple et monarques, gens de robe et gens d'église, tout le monde avait une grande frayeur de ce sortilège, dont le nom parait venir de *votum*, dans l'acception que lui donnaient les lois romaines ; c'est-à-dire une chose vouée à la destruction. Ici c'est une chose dévouée à la place d'une personne.

La tentative d'envoûtement relative à Aymar Taille-Fer, comte d'Angoulême, décédé l'an 1218, est une des plus anciennes et des plus mémorables dont notre histoire fasse mention. « La ville et la cathédrale de Saintes, disent à la fois Adhémar et l'auteur anonyme de l'*Histoire des comtes d'An-*

---

208 Floquet, *Histoire du parlement de Normandie*, t. V. — Le registre des *Olim*. sub anno 1282.

goulême, ayant été livrées aux flammes par la fureur des mauvais chrétiens (ces mauvais chrétiens sont les néognostiques dont nous venons de parler), le comte Aymar manifesta aussitôt le dessein de tirer une vengeance éclatante d'un pareil crime ; mais il fut bientôt après attaqué d'une maladie de langueur, qui retarda l'exécution de ses projets. Il se fit préparer un logement près de l'église Saint-André de la ville d'Angoulême, afin de pouvoir assister à l'office sans quitter son lit. Toute la province lui rendit visite ; on désespéra de ses jours. Beaucoup de personnes crurent qu'il était maléficié, car un pareil état ne semblait pas naturel ; et on découvrit en effet qu'une femme avait pratiqué des maléfices à son intention : elle avait fabriqué avec des étoupes et de la cire un certain nombre d'images, dont elle avait jeté les unes dans les fontaines, enfoui les autres, caché celles-ci aux pieds des arbres, inséré celles-là dans des cercueils avec le cadavre des morts. Comme il fut impossible d'obtenir d'elle l'aveu du crime, on remit la cause au jugement de Dieu, et l'on fit choix de deux champions, dont un se battrait pour elle, et le second pour le comte.

» Après les serments et les formalités d'usage, au jour dit, qui était le lundi de la première semaine de la Passion, les champions, armés d'un bouclier et d'un bâton, se rendirent dans une île de la Charente, lieu désigné pour champ clos, en dehors de la ville, et combattirent vivement et longtemps en présence d'un public innombrable. Le champion de l'accusée, nommé Guillaume, s'était mis sous la protection de certains magiciens, qui l'avaient enchanté ; le matin même il avait pris une potion enchantée. Le champion du comte, nommé Étienne, qui n'avait invoqué que la protection du Tout-Puissant, demeura vainqueur, et sortit du combat sans avoir reçu de blessures. Guillaume résista depuis la troisième heure jusqu'à la neuvième ; mais alors, couvert de contusions, inondé de sang et réduit à ne pouvoir attaquer ni se défendre, il tomba en défaillance et vomit les préservatifs qu'il avait pris le matin. On l'emporta à demi mort, et il fut longtemps sans guérir. Ses enchanteurs, qui regardaient la lutte d'un lieu éloigné d'où ils continuaient à faire des conjurations en sa faveur, s'enfuirent épouvantés.

» Cependant la sorcière ne voulut rien avouer ; on ne put même en obtenir une seule parole à la question, tant le démon l'affermit dans l'obstination ; mais il n'était, plus possible de douter de son crime, d'autant plus que trois autres femmes rendaient témoignage contre elle, en avouant leur complicité. Elles exhumèrent en présence du public plusieurs images enchantées, déjà pourries par leur long séjour dans la terre. Le comte lui fit grâce de la vie, et défendit qu'on l'inquiétât davantage. »

En 1305 mourut Jeanne de Navarre, femme de Philippe le Bel, par suite, à ce que l'on crut, d'un envoûtement, mais qui ne fut point prouvé.

Les enfants de cette princesse convinrent entre eux, par un accord mutuel, de se prêter un secours réciproque contre ceux qui voudraient attenter à leur vie par de pareils moyens. L'infortuné Enguerrand de Marigny, surintendant des finances de leur père, ne tarda pas à périr victime de ces terreurs. Ayant été mis en prison peu après la mort de Philippe le Bel, sous prétexte de concussion, et en réalité pour satisfaire la vengeance de Charles de Valois, qui lui avait voué une haine mortelle depuis qu'il en avait reçu un démenti injurieux en plein conseil, Alix de Monts, sa femme, et la dame de Canteleu, sœur de celle-ci, furent accusées de composer des sortilèges pour envoûter le roi, messire Charles et d'autres barons, et de pratiquer des maléfices pour faire évader le prisonnier. On trouva en effet à leur domicile des charmes et des images de cire.

« Et les imaiges estoient eslabourées de tele manière que si elles eussent longuement duré les devant dits roi et comte n'eussent faict chaque jour que amenuisier desfrire et seicher. Mais par la voulenté de Dieu cela fut sceu et annoncé à Charles de Valois qui moult esbahi le raconta à son neveu, » dit la *Chronique de St-Denis.* Les deux dames furent jetées en prison avec le magicien qui leur avait vendu son ministère, la femme de celui-ci et son domestique. Marigny, sans cette fâcheuse affaire, aurait probablement obtenu sa grâce ; il fut condamné à mort et attaché au gibet de Montfaucon le 30 avril 1315 ; puis le magicien huit jours après. La dame de Marigny et sa sœur furent relaxées plus tard, sur leur affirmation réitérée qu'elles n'avaient pas voulu faire mourir le roi, mais attendrir son cœur en faveur du prisonnier.

Le comte de Valois et son neveu se repentirent de leur cruauté ; celui-ci légua une grande somme à la famille du défunt, « en considération de la grande infortune qui luy estoit arrivée. » Le comte de Valois fit de grandes aumônes, et chargea ceux qui les distribuèrent de dire aux pauvres : priez Dieu pour l'âme de monseigneur Enguerrand de Marigny et pour monseigneur Charles de Valois. La mémoire de l'infortuné Marigny fut réhabilitée.

Deux ans plus tard, le 6 octobre 1317, Philippe le Long, le second des fils de Philippe le Bel, avertissait par lettres expresses le comte de Nevers, qu'un magicien, nommé Hugues de Boisjardin, réfugié dans son comté, cherchait à faire périr diverses personnes, « tant par invocations et commerce du dyable, comme par aucune voie défendue et vœux de cire. »

En 1319, Marguerite de Belleville, surnommée la Sage-Femme, magicienne en grande réputation à Paris, très-renommée pour son adresse à composer des vœux, « et qui estoit aussy charmeresse, » concourait avec cinq autres personnes à la composition d'un vœu dans le dessein de faire mourir la reine Jeanne de Bourgogne[209].

---

209 Registres criminels du parlement de Paris, registre 51.

Le pape Jean XXII prêta une grande attention à ces criminelles tentatives, alors presque universellement répandues. Le 27 février 1317, il chargeait l'évêque de Fréjus et le docteur Pierre Teissier d'informer « contre certains magiciens qui se mettaient dans des cercueils pour invoquer les malins esprits, qui donnaient des maladies aux hommes et aux animaux par la vertu des enchantements, qui renfermaient des démons dans des miroirs, des cercles et des anneaux. » Le 22 avril de la même année, il donnait pareille commission à l'évêque de Riez et au même Pierre Teissier, relativement à une conjuration de la même nature ourdie contre lui et contre le Sacré Collège ; mais de cette fois le danger était plus menaçant, car des breuvages empoisonnés devaient suppléer à l'inefficacité des charmes, en supposant que ceux-ci n'eussent pas produit leur effet. Le 27 juillet suivant, il dénonça au monde chrétien ces abominables pratiques, auxquelles concouraient tout à la fois la magie, l'empoisonnement et la profanation des objets les plus sacrés. Le 22 août 1320, le cardinal Guillaume Godin, évêque de Sabine, écrivait de sa part à une commission judiciaire : « Le pape vous ordonne d'informer contre ceux qui offrent des sacrifices au démon, qui l'invoquent, qui contractent des pactes avec lui ; contre ceux qui fabriquent des images de cire, et qui, dans leurs odieux maléfices, profanent les sacrements de baptême et d'eucharistie. » Cette insistance suffit pour montrer combien le mal était commun, et ces révélations, pour montrer jusqu'où il se portait.

Ces moyens sont anciens et universels comme la haine et la lâcheté ; on les trouve pratiqués en tous les lieux du monde et à toutes les époques. Les peuples du nord de l'Amérique en font grand usage ; les Orientaux, musulmans ou non, les ont toujours connus ; les païens ne les ignoraient pas, puisqu'Ovide les compte au nombre des secrets possédés par Médée, et qu'ils se trouvent en équivalent dans le genre de mort dont périt Méléagre.

Mais leur résultat ! Est-il donc possible de nuire à distance ? Nous le croyons, nous l'affirmons ; nous ne devons pas divulguer les conditions. La religion possède les préservatifs contre ces dangers et les remèdes contre de si grands maux.

Les *charmeurs* ne furent pas seuls à agiter le triste règne de Philippe le Long ; les juifs et les lépreux joignirent leurs efforts à ceux des sorciers, et composèrent des maléfices plus dangereux encore : ils méditèrent des empoisonnements universels. Les juifs en conçurent la pensée ; les lépreux, misérables parias rejetés de la société, se prêtèrent à l'accomplissement de leurs desseins ; ils y trouvaient la satisfaction d'une vengeance personnelle, et le moyen de rentrer dans l'ordre commun, si tout le monde avait été infecté de la lèpre comme eux.

En 1320 et 1321, dans beaucoup de lieux, et notamment dans le Languedoc, on aperçut au fond des puits et dans les fontaines de petits paquets de substances inconnues, attachés à une pierre qui servait à les retenir sous l'eau. De graves maladies n'ayant pas tardé à se manifester, quelle qu'en fût la cause, la justice commença des informations, qui furent suivies d'un grand nombre d'aveux, et pareillement de nombreux supplices. Le roi, averti des faits, ordonna une enquête plus étendue, par suite de laquelle il fut constaté que la tentative s'étendait à plusieurs provinces, et que les lépreux avaient agi à l'instigation des juifs. L'accusation remonta même jusqu'au roi maure de Grenade, qu'on désigna comme premier auteur du crime. On sut, par les aveux des accusés, que le maléfice se composait de sucs vénéneux, d'urine de lépreux, de sang et de bave de reptiles, de quelques autres ingrédients qu'ils ne purent nommer, et se compliquait d'une horrible profanation.

Beaucoup d'historiens, sans tenir compte de la reproduction du même crime, suivi des mêmes aveux, pendant le règne de Charles VI, dans le pays chartrain, accueillent ces récits avec le dédain de la pitié, et ne veulent y voir qu'un prétexte mis en avant par Philippe le Long, pour remplir son trésor aux dépens d'une nation détestée et malheureuse. On pourrait le croire, si les documents étaient moins précis, et si les juifs n'avaient, dans tous les siècles, manifesté par un grand nombre d'actes la haine irrémédiable qu'ils portent au nom chrétien. Il est vrai qu'ils avaient eux-mêmes de si nombreuses raisons de se plaindre du sort qui leur était fait par la société chrétienne, au milieu de laquelle il leur était impossible de ne pas être, que des sentiments de haine et de vengeance devaient incessamment fermenter dans leur âme. Et cela explique, sans les justifier, toutes les tentatives criminelles auxquelles le désespoir les poussa. Le treizième siècle fournirait seul plus de vingt exemples de crucifiements de chrétiens dans les synagogues le Vendredi saint. Nous nous garderons d'insister sur ces détails ; il nous suffit de montrer l'œuvre satanique où elle se manifeste.

Mais cette criminelle tentative, ces crimes isolés et pourtant trop retentissants, l'excès des usures qu'ils prélevaient sur le peuple, les grands, le monarque lui-même, ne prêtant pas à moins de quatre deniers parisis la semaine, ce qui faisait plus de cent pour cent par an, sans compter l'usure de l'usure, leur attirèrent tant de haines et amassèrent tant de préjugés et de colères contre eux, qu'une épidémie qui désola la France pendant le règne de Philippe de Valois, et qui leur fut attribuée, servit de prétexte à un massacre général ; il n'échappa que ceux qui purent se cacher ou fuir avec promptitude.

Comme si aucune douleur n'avait dû être épargnée à l'infortuné monarque, une tentative d'envoûtement plus fameuse que toutes celles dont il a été question, vint encore attrister son cœur ; sans parler de la conspiration d'un Anglais, du nom de Robert, qui, aidé de deux moines allemands du collège Sainte-Barbe, essaya de l'attirer dans un cercle magique qu'ils avaient tracé dans le jardin de la comtesse de Valois[210].

Robert d'Artois, beau-frère du monarque, s'adonnait ostensiblement à la magie, et passait aux yeux de ses propres serviteurs pour un grand sorcier. Banni de la cour à cause de ses crimes, il se retira au château de Namur, et s'y livra davantage à ses pratiques démoniaques. Ne sachant plus quel moyen employer pour se venger du roi, il eut recours au sortilège, mais heureusement sans succès. Les magiciens qui lui composèrent l'encre noire et l'encre rouge qui fait dormir, ne réussirent pas à faire dormir le roi et la reine plus qu'à leur ordinaire ; les domestiques mêmes du château sur lesquels le procédé fut employé, ne s'en aperçurent pas.

Les vœux de cire, baptisés ou non baptisés, quoiqu'ils eussent été confectionnés en différents pays par les gens les plus habiles, n'obtinrent pas plus d'effet. Le roi et la reine ne connurent que par les débats du procès criminel qui lui fut intenté pour d'autres méfaits, le mal que le prince félon avait médité contre eux[211].

§ II — Invocation du démon — Nouvelle vaudoisie

Il semblait qu'aucune affaire ne dût réussir, si préalablement on n'avait mis le diable de son côté ; on se serait accusé soi-même d'une haute imprudence, si, avant d'entamer une entreprise importante, on ne l'avait consulté sur l'événement. Le démon était l'arbitre des destinées du monde et l'oracle de l'univers ; quel prince eût osé livrer bataille, quel chevalier eût osé combattre, sans s'être mis à couvert sous la protection de ses suppôts ? Le comte de Flandre ne déclare la guerre à Philippe-Auguste, qu'après avoir consulté les nécromanciens. Mainfroi ne défend la Sicile contre le frère de saint Louis, qu'après avoir évoqué le démon ; Gui de Dampierre, le prudent général des Flamands, ne livre la bataille de Courtray, qu'après avoir réuni dans sa tente tous les magiciens de la province, et mis son ost sous la protection de l'enfer. Aussi l'histoire lui ravit-elle la plus grande part de l'honneur de cette mémorable journée, en attribuant au démon l'immense désastre de l'armée française.

Le diable avait assez bien vu la bataille de Bouvines, si toutefois l'oracle n'est postérieur à l'événement, car il avait dû répondre : « Le roi de France sera renversé de cheval et foulé aux pieds[212] ; il ne recevra point de sépul-

---

[210] Registr. crim. du parlement de Paris, registre V, f. 125.

[211] *Mém. de l'Acad. des Inscript.*, t. X, p. 627, anc. série.

[212] Rex ab equo multa juvenum vi stratus, equorum
Tundetur pedibus, nec eum continget humari;

ture; Ferrand fera son entrée dans Paris aux acclamations du peuple.» Mais quelle entrée et quelles acclamations! Ferrand avait les fers aux mains, et les Parisiens, après les vivats qui s'adressaient à son vainqueur, chantaient leur joyeux refrain:

Quatre ferranz très-bien ferrez
Traînent Ferrand bien enferré.

C'est ainsi que les oracles ont été de tout temps équivoques, et que les gens qui s'étaient promis d'applaudir à leur accomplissement, regrettent souvent après coup de ne pas avoir mieux deviné.

La sorcellerie joua le plus important de tous les rôles pendant le déplorable règne de Charles VI. Les ducs d'Orléans et de Bourgogne avaient ouvert dans leurs palais un asile à tous les sorciers de quelque réputation; il y avait émulation entre eux à qui aurait les plus habiles. Le duc d'Orléans, ne pouvant souffrir que son oncle le surpassât sous ce rapport, dénonça au parlement, et fit punir du dernier supplice, en 1398, un sieur Jean de la Barre, surnommé Beauclerc, qui passait pour le plus savant de tous ceux que le duc de Bourgogne avait à ses gages.

Celui-ci s'en vengea en accréditant le bruit public qui attribuait h folie de Charles VI aux enchantements de son frère. On disait que le duc d'Orléans avait conçu le projet de faire périr par magie la famille royale tout entière; qu'il avait confié des armes et un anneau à un moine apostat, pour les consacrer au démon; on citait les lieux où cette consécration avait dû se faire. Dès les premières opérations magiques, le roi avait été saisi de frénésie, les cheveux et les ongles lui étaient tombés, tant la charge avait été forte; une seconde, plus forte encore, le mit à toute extrémité. Cependant Charles VI n'était pas enchanté, mais intoxiqué par un breuvage.

L'infortuné monarque se croyait lui-même victime des enchantements; il voyait une épée qui lui traversait la poitrine, et priait qu'on la lui ôtât. Après ses accès, il s'écriait douloureusement: Hélas! si quelques-uns de la compagnie sont coupables de mes souffrances, je les conjure an nom de Jésus-Christ de ne pas me tourmenter davantage; que je ne languisse plus; qu'ils me fassent mourir promptement. Il implorait la pitié de son frère d'Orléans; il lui faisait dire d'ôter cette épée dont il avait la poitrine traversée.

On appela du fond de la Guyenne un magicien qui s'était vanté de le guérir d'une seule parole. Ce charlatan apporta à la cour un livre auquel il attri-

---

Altisonoque comes plausu, post prælia, curru
Vectus, ParisIIIs à civibus excipietu. (Guillelm. Briot in Philippid.)

buait une puissance merveilleuse, et qu'il nommait *Simagorad*. Il le tenait, disait-il, en ligne directe d'Adam, auquel Dieu l'avait donné pour le consoler de la perte d'Abel. Toute la puissance du Simagorad échoua contre la maladie ; après six mois d'efforts inutiles, on jugea l'expérience suffisante, et on renvoya le sorcier, qui fut remplacé par deux moines, car beaucoup de gens croyaient qu'il était légitime d'user de magie pour de bonnes fins, suivant la distinction établie par les lois de Constantin. Ils firent de profondes incisions à la tête du monarque, qui ne s'en trouva pas mieux. L'astrologue Jacques d'Angers lut aux astres qu'ils en voulaient à la vie du pauvre roi, et ils eurent la tête tranchée.

Lorsque le jeune duc de Bourgogne eut fait assassiner le duc d'Orléans, il renouvela, pour servir d'excuse à son crime, les accusations de magie, que sa victime lui avait déjà adressées à lui-même.

Tandis que la France assistait à de si misérables débats élevés entre de si grands princes, tandis qu'elle gémissait des malheurs du roi et des scandales publics, tandis que son sein était déchiré par les factions rivales des Bourguignons et des Orléanais, tandis qu'il ne restait plus au peuple accablé d'impôts et soumis à d'affreux brigandages de la part des gens armés, ni pain ni protection, les ignobles débris du gnosticisme fermentaient de nouveau.

En 1411, une secte de cathares, qui prenait le titre de société illuminée[213], et qui était dirigée, dans les provinces de Cambrai et de Brabant, par un vieillard du nom de Gilles le Chantre, leva imprudemment la tête. Elle fut réprimée avec une violence qui la força de rentrer dans l'obscurité.

Cet avertissement rendit prudents les gnostiques de France. Ils se continrent jusqu'en 1459 ; mais alors, enhardis par leur nombre et profitant de l'anarchie à laquelle la société était en proie, ils se montrèrent à découvert dans l'Artois ; leurs sabbats devinrent de la publicité la plus scandaleuse et la plus éhontée ; les magistrats s'en mêlèrent, les prisons se remplirent, les bûchers se dressèrent, et le duc Philippe de Bourgogne, aussi affligé que scandalisé de ce qu'il entendait dire de son pays d'Artois, envoya des officiers de la justice d'Amiens et des gens d'armes, avec ordre « de pendre aux branches les mauvais garçons qui leur tomberaient sous les mains. » La ville d'Arras était le foyer de ce libertinage, désigné dans le pays par le nom de vaudoisie ou même vauderie. L'Artois fut désolé par les exécutions, les exactions, les procédures, la honte qui s'attacha à une multitude de familles jusqu'alors honorées ; beaucoup quittèrent même le pays et changèrent de nom. L'on crut un moment que toute la province passerait en jugement. L'affaire avait commencé par le procès d'un nommé Robin de Vaulx, qui dénonça beaucoup de

213 Societas hominum intelligentiæ.

complices ; ceux-ci en dénoncèrent d'autres, et ainsi de suite. Le peuple était en révolte ; les juges, soutenus par le comte d'Étampes, étaient en colère ; ils firent arrêter jusqu'au chevalier Robert le Josne, gouverneur d'Arras. Les poursuites s'étendirent jusqu'à Tournay et à Amiens ; mais là on relâcha les captifs, en disant que ces gens-là étaient fous, puisqu'ils n'auraient pu faire tout ce qu'ils se vantaient d'avoir fait. Nous verrons un grand nombre de fois se reproduire un pareil phénomène, qui accuse, sinon le crime, au moins la possession démoniaque par contagion à un très haut degré.

Trente ans plus tard, en 1488, les mêmes excès reparurent dans la même ville, et les chroniques du temps en parlent dans les mêmes termes ; mais les procédures commencées à cette occasion eurent une autre issue ; le parlement de Paris les évoqua, les laissa traîner en longueur, et déchargea les accusés par un arrêt du 20 mai 1491, sous prétexte des calomnies qui se trouvaient mêlées aux dépositions. L'arrêt fut rendu sur l'appel du chevalier Payen de Beaufort, jeté en prison à l'âge de 72 ans, et qui justifia pleinement de son innocence.

Jamais peut-être Satan ne fit une plus ample moisson de crimes, de scandales et de maux que dans ce siècle malheureux. L'Église était divisée par le grand schisme ; le fameux Tamerlan, à la tête de ses huit cent mille Mongols, changea en solitudes de vastes contrées de l'Asie et une partie de la Russie ; Mahomet II acheva de détruire le christianisme en Orient par la prise de Constantinople en 1453, suivie de la conquête de la Servie, de la Morée, de l'Albanie et de l'empire de Trébizonde ; l'Allemagne était ravagée par les hussites, qui n'épargnaient ni le sexe ni l'âge, et qui soutinrent une guerre aussi longue que meurtrière contre l'empereur Sigismond, sous la conduite de Jean Ziska et de Procope. Celui-ci fut vaincu enfin à Bohemischbroda en 1434, parce que son armée était infestée à un trop haut degré de cette contagion satanique que les gnostiques portaient partout avec eux, étant remplie de Picards : c'est le nom qu'on leur donnait. Et ce nom ne vient point d'un individu natif de Flandre et appelé de la sorte, comme l'ont écrit tant d'auteurs, mais de ce que des gnostiques de la Flandre, de l'Artois et de la Picardie s'y étaient mêlés, et l'avaient corrompue. Le zèle et les sévérités de Jean Ziska n'avaient pas suffi à la purifier de cette lèpre ; or les Picards se battaient avec la fureur, mais aussi avec l'indiscipline et l'aveuglement d'un délire insensé.

Il serait difficile de peindre les incertitudes, les terreurs et les étonnements de la société française en particulier à une pareille époque. Beaucoup de personnes, conduites par curiosité ou par surprise dans des réunions de gnostiques, se trouvaient atteintes elles-mêmes de la contagion démoniaque au point de ne plus pouvoir s'en délivrer ; les magistrats poursuivaient avec haine, avec fureur, tout ce qui en était atteint, et, dans leur aveuglement, dépassaient le but; les bons esprits le voyaient, en gémissaient et tendaient à une réaction en sens contraire, mais en allant aussi trop loin de leur côté, puisqu'ils allaient jusqu'à nier l'existence de la magie ou établir son impuissance et son innocuité, comme il arriva au panégyriste de l'infortuné duc d'Orléans, qui laissa tomber du haut de la chaire une chaleureuse invitation à la docte université de Paris, de redresser en ce point le bon sens public, en lui faisant comprendre que «ces sciences occultes si redoutées sont des sciences vaines, qui ne contiennent ni vérité ni effets.» De véritables magiciens, comme on disait alors, c'est-à-dire des gens véritablement et volontairement livrés aux pratiques sataniques, niaient pareillement l'existence de la magie, pour se mettre à couvert. Beaucoup de magistrats se laissaient gagner à la même opinion, ce qui irritait leurs collègues au-delà de toute expression, et ne les rendait que plus ardents à la poursuite.

Des écrivains s'attachaient même à justifier doctrinalement la magie, et plus encore à recommander ses pratiques en qualité d'œuvres saintes, comme on le voit par une décision de la Sorbonne de l'an 1389, qui réfute de telles prétentions, et condamne la magie sous toutes ses faces[214].

L'Angleterre et l'Allemagne n'étaient pas moins tourmentées des mêmes inquiétudes et affligées des mêmes crimes. En 1417, en Angleterre, la reine Jeanne fut emprisonnée pour crime de magie. Bientôt après, la duchesse de Glocester, accusée d'avoir usé d'enchantements pour faire périr Henri VI, fut obligée de faire une pénitence publique, et ses agents furent pendus. Plus tard, Richard III dénonçait la reine au conseil de la couronne, comme lui ayant paralysé le bras par des opérations magiques. Les tribunaux marchaient sur les traces de ceux de France.

En Allemagne, les provinces rhénanes étaient infestées au suprême degré. La bulle d'Innocent VIII de l'an 1484, qui institue Sprenger et Institor grands inquisiteurs dans ces provinces ainsi que dans celles de Mayence, Cologne, Trêves, Salzbourg et Brème, révèle l'état déplorable auquel elles étaient réduites par la multitude des maléficiateurs, des débauchés de toute sorte et des apostats qui avaient renoncé à Dieu et au baptême, pour se livrer à Satan. Aussi la terreur, prédisposition suprême à la contagion démoniaque, était dans toutes les âmes, et tous les maux, grands ou petits, publics ou particuliers, étaient attribués à la maléficiation.

Toutefois le calme revint promptement, car les inquisiteurs établirent partout des tribunaux fonctionnant selon les lois canoniques, c'est-à-dire régu-

[214] Quelques écrivains, dont Calmet lui-même, assignent pour date à cette fameuse décision l'année 1318, d'autres disent 1378; mais ce sont des erreurs, elle est de 1389, ainsi que l'affirme Jean Gerson.

lièrement, sur audition de témoins non inculpés, après des monitions et des délais de grâce accordés aux coupables, et ne livrant au bras séculier que ceux qui avaient commis des crimes contre les lois humaines, les endurcis et les relaps, et encore le moins possible, moitié par suite de l'indulgence naturelle à l'Église, moitié par jalousie contre les tribunaux laïques, car les deux juridictions cherchaient à se diminuer l'une l'autre.

L'inquisition n'est pas ce que l'on dit ni ce que l'on croit, dans les lieux où elle demeura tribunal ecclésiastique ; mais dans ceux où elle devint un instrument politique, tels qu'à Venise, en Espagne, à Goa, c'est autre chose.

§ III — Pratiques spéciales de magie

Ceux qui ont escript la *Chronique Bordelaise*, dit Bodin dans sa *Démonomanie*, rapportent que, vers la fin du même siècle, la ville de Bordeaux fut désolée par une bande de malfaiteurs, enchanteurs et sorciers, qui pénétraient de nuit dans les maisons avec de la lumière enchantée, robaient tout ce qui tombait sous leurs mains ès églises et maisons des particuliers. Ils exhumaient les petits enfants, pour de leur corps faire maléfices. Ils exhumèrent également un prêtre, pour avoir ses habits à la même intention. Mais la justice les ayant appréhendés, ils furent menés dans la prison de ville, et condamnés par le maire et les jurats d'être pendus et exécutés à mort.

Cette lumière enchantée n'est pas différente de la fameuse main de gloire, si célèbre dans les annales de la magie du moyen âge. C'était une main de supplicié, desséchée par des procédés moitié magiques, moitié naturels, dont les doigts servaient de supports à cinq cierges de cire vierge, c'est-à-dire non blanchie, et magiquement consacrés. Partout où on la portait, les gens étaient censés dormir d'un sommeil léthargique, tant que les cierges étaient allumés.

Le siècle était à la nécromancie, à l'astrologie, à l'alchimie, à tous les genres de sortilège. Les sorciers de Paris allaient détacher clandestinement du gibet de Montfaucon les malheureux suppliciés ; ils payaient aux sages-femmes les enfants mort-nés qu'elles pouvaient leur procurer. Le 10 février 1404, le prévôt de Paris vint en porter plainte à la barre du parlement, qui ordonna une enquête de concert avec l'évêque[215].

À défaut des membres ou de la corde des pendus, qui portait bonheur, car tout le monde n'était pas assez audacieux ou assez riche pour se procurer ces trophées d'une mort ignominieuse, on employait la racine de mandragore, non moins réputée pour rendre heureux, faire trouver des trésors, multiplier

[215] Registres criminels de la Tournelle, registre XIII, p. 411.

les richesses, préserver des malheurs, rendre le diable propice, détourner le tonnerre, arrêter l'incendie, préserver les troupeaux, garantir de la peste, prolonger la vie, suppléer, en un mot, à l'esprit, au bon sens, au jugement, à l'habileté, aux chances de ceux qui n'en avaient pas. Il y avait des marchands qui en faisaient commerce, et qui savaient achever de lui donner cette forme à demi humaine que la nature a ébauchée[216].

Mais, pour être pleinement efficace, elle devait avoir été consacrée par la vertu du gibet. On la recueillait près des fourches patibulaires ; et afin d'éviter le danger de mourir dans l'année, car celui qui l'enlevait du sol, ne courait rien moins qu'une si terrible chance, on y attachait un chien, après l'avoir suffisamment mise à découvert ; en appelant à soi l'animal, il achevait de l'arracher. On la vêtissait ensuite, et on la soignait comme un enfant, jusqu'à ce que l'odeur fétide qui lui est naturelle, devenant insupportable par suite de la putréfaction, on la jetât, pour s'en procurer une plus fraîche.

Les deux faits que nous allons citer feront suffisamment connaître combien l'usage de cette plante était populaire au xve siècle.

Dom Gissey, dans son *Histoire du Puy en Velay*[217], dit qu'un certain frère Bazile ayant fait plusieurs sermons au milieu de la place publique de cette ville, en 1451, ses discours produisirent tant d'effet sur la multitude, que chacun renonça pour le moment à ses passions favorites, et que « ceux qui s'adonnaient à l'art magique, vinrent lui apporter leurs mandragores, brevets, charmes, caractères, et les livres dont ils se servaient en leurs sorcelleries. » Ce récit n'a pas besoin de commentaire.

Le Journal d'un Bourgeois de Paris, écrit pendant les guerres des premières années du règne de Charles VII, présente un fait analogue et exposé avec plus de détails. En 1429 , dit l'auteur, vint à Paris frère Richard, cordelier, qui opéra des prodiges par ses prédications. On le voyait suivi de cinq à six mille personnes, lorsqu'il allait prêcher dans la banlieue ; à Paris même, il y avait toujours un nombre beaucoup plus grand d'auditeurs autour de sa chaire, érigée en plein vent. Ses sermons, commencés à cinq heures du matin, se prolongeaient ordinairement jusqu'à dix ou onze heures. Hommes et femmes sacrifiaient à sa voix mondanités et parures ; sorciers et sorcières jetaient à la rivière charmes et mandragores, en avouant que depuis qu'ils les soignaient. Ils étaient devenus plus pauvres de jour en jour ; « car plusieurs conservaient des mandragores en lieu de repos, comme moyen de s'enrichir, enveloppées dans de beaux drapeaux de soie et de lin »

---

[216] La racine de mandragore présente la forme grossièrement ébauchée d'un enfant de la ceinture aux pieds.

[217] Ch. Nodier, *Voyage pittoresque*, Auvergne, t. III.

Ce cordelier, qui était un ardent royaliste, se garda de révéler ses sentiments politiques à Paris; mais, après son départ, les Parisiens ayant appris qu'il chevauchait avec les partisans du roi, qu'il lui gagnait des villes, et ruinait de tout son pouvoir le parti du régent, ils revinrent de dépit à leurs parures et à leurs mandragores ils firent prendre aux médailles pieuses qu'il leur avait données le chemin de la rivière, et les remplacèrent par des baudriers ornés de la croix de Bourgogne.

Que faisaient donc les tribunaux en face de pareilles pratiques ? Oubliaient-ils que tous les genres de magie sont des crimes défendus par les lois divines et humaines. Non, ils ne l'oubliaient pas; mais ils avaient assez d'occupation avec les sacrilèges, les invocateurs de démons, les débauchés, les homicides et les démoniaques, qui n'auraient pas dû être de leur ressort, puisque la possession, même volontaire, n'est pas un crime punissable.

L'ordonnance de Charles VIII, rendue en 1490, et qui porte: Sa Majesté veut et entend que tous les enchanteurs, les devins, les invocateurs de malins esprits, soient punis selon la rigueur des lois, parce que ces crimes attaquent directement Dieu et la foi catholique[218], vint ranimer leur ardeur, en étendre le champ et les forcer d'agir. Nous aurons bientôt à raconter les grands maux qui résultèrent de l'excès de leur zèle. Mais jusque-là et encore après, le terrain sur lequel s'étendait leur action était embarrassé de beaucoup d'obstacles, en commençant par leurs propres préjugés.

Comment, en effet, les magistrats auraient-ils pu sévir de tout point contre un fait universel, et dont l'exemple descendait du trône ? On a vu de quelle manière se comportaient à cet égard les princes qui gouvernèrent la France pendant la maladie de Charles VI. De semblables exemples se renouvelèrent plusieurs fois sous le règne de Louis XI, notamment à l'occasion de la mort de la duchesse de Montsoreau[219], et ensuite à l'occasion de la mort du duc de Berry.

Celui-ci, toujours mécontent de son frère, et souvent en révolte déclarée, étant mort prématurément, son allié, le duc de Bourgogne, Charles le Téméraire, lança un manifeste dans lequel il accusait Louis XI de l'avoir fait mourir «par poisons, maléfices, sortilèges et invocations diaboliques.» C'était trop de trois chefs; le poison seul aurait pu suffire.

Dans une société livrée à tant de vaines croyances, il devait y avoir place pour les bohémiens; ils s'y présentèrent, et firent des dupes très nombreuses. Il en arriva à Paris en 1427 une colonie composée d'un duc, d'un comte, de dix chevaliers et de cent vingt prophètes. La municipalité les logea à la Chapelle-Saint-Denis, où toute la ville alla les voir, se faire dire la bonne aventure, et

---

218 Fontana, t.IV, tit. vi, art. 3. — Jean le Gentil, *Recueil d'actes*, t. III, ire part., p. 203.
219 D'Argenté, *Hist. de Bret.*, I, xIII, ch. 423.

perdre qui sa bourse, qui son mouchoir, car ils firent preuve d'une adresse jusqu'alors peu commune dans l'art de l'escamotage. Ils étaient nécromanciens, chiromanciens, jongleurs, enchanteurs, prestigiateurs (sic), magiciens, sorciers, tout enfin, excepté probes et sincères.

Ils se donnaient pour une colonie égyptienne, sainte par état, mais condamnée à de perpétuelles pérégrinations, parce que leurs ancêtres avaient refusé l'hospitalité à la Sainte Vierge et à l'enfant Jésus. Ce conte trouva créance ; il en fut de même en Angleterre, où on les appelle encore *gypsies* ; en Espagne, où on les nomme *gitanos* ; en plusieurs contrées de l'Allemagne, où on les connaît sous le nom de *Pharaonepech*, c'est-à-dire Égyptiens et peuple de Pharaon ; ils se répandirent presque par toute l'Europe en même temps, quoique de différents côtés. Les anciennes ordonnances qui les concernent, car ils ne tardèrent pas à se faire proscrire et chasser, d'abord de Paris dès la même année, et de France par les états d'Orléans en 1560, les désignent par le nom d'Égyptiens. Leur nom de *boémiens*, et non Bohémiens, car ils n'ont aucun rapport avec la Bohème, veut dire des ensorcelés, ou des ensorceleurs.

Leur langage est l'hindoustani altéré par suite de leur longue absence de la patrie. Leurs congénères exercent exactement les mêmes métiers dans l'Inde, où ils se recrutent des mauvais sujets de toutes les classes, sans former eux-mêmes une classe, puisqu'ils sont un degré au-dessous des parias, qui, déjà déclassés, ne les reçoivent pas cependant.

Ceux-ci durent quitter l'Inde à l'époque des ravages de Tamerlan, c'est-à-dire en 1408 et 1409. Ils arrivèrent en Hongrie l'an 1417, en Suisse en 1418, en Italie en 1422, en France en 1427. Il y en a maintenant et depuis longtemps partout, même en Turquie et en Russie[220].

Mais tous ces faits sont minimes, insignifiants, pour ainsi dire, en comparaison de la criminelle vie de Gilles de Laval, maréchal de Retz.

Gilles de Laval, sire de Retz, mérita, très jeune encore, par sa bravoure et ses talents militaires, la confiance de Charles VII. En 1427, il prit d'assaut le château de Lude ; il enleva également aux Anglais ceux de Rennefort et de Malicorne, dans le Maine. Il se signala en 1429 au siège d'Orléans, à la prise de Jargeau, et assista à Reims au sacre du roi. Charles VII, pour le récompenser de ses brillants services, lui conféra la dignité de maréchal de France, qui ne se donnait alors qu'aux quatre gentilshommes les plus qualifiés, les plus riches et les plus illustres du royaume. Là se termine la période honorable de sa vie ; il avait environ vingt-quatre ans. Le reste ne fut plus qu'un tissu de crimes.

---

220 Pasquier, *Recherches d'Antiq.* — Crespet, de Odio Satanes. — Grellmann, *Hist. des Bohémiens.* — Camcrar. Medit. historicæ, I part. — *Voyage pittoresque*, province de Languedoc, IIIe vol. — Saigues, *des Erreurs et des Vérités*, IIIe tom.

Rentré dans ses foyers, il s'abandonna à un luxe sans frein, à des prodigalités si extravagantes, qu'elles anéantirent en peu de temps sa fortune, tout immense qu'elle était.

Sa famille, justement alarmée, obtint une ordonnance du roi qui le constituait en curatelle, et la fit publier à son de trompe à Orléans, à Nantes, à Tours, dans tous ses domaines et dans tous les lieux de sa juridiction.

Mis ainsi dans l'impossibilité de continuer ses prodigalités, il eut recours aux sciences occultes pour rétablir ses affaires, et braver l'interdiction contre laquelle il se débattait, mais ce fut inutilement : les richesses qui s'étaient échappées de ses mains ne revinrent point. Les alchimistes, qu'il appela à grands frais de l'Allemagne, de l'Italie et de tous les pays où il s'en trouvait de quelque réputation, au lieu de restaurer sa fortune, achevèrent de le ruiner. Les uns lui firent dépenser de grandes sommes en expériences, les autres s'enfuirent avec leurs gages et avec ses cadeaux.

Après avoir constaté l'impuissance des alchimistes, il se mit à la disposition des nécromanciens. Un Italien, nommé François Prelati, et un médecin du Poitou, nommé Corillon, pratiquèrent maintes fois en sa présence ou par ses ordres l'évocation du diable, sans que le diable se rendit à leur appel. Ils lui firent signer des pactes avec le sang de son petit doigt, tracer dans ses appartements des cercles qu'ils couvraient de caractères magiques ; ils inventèrent toutes sortes de pommades et de talismans ; tout fut inutile.

Ces pratiques abominables l'acheminèrent vers d'autres, beaucoup plus abominables encore. Ses magiciens lui firent accroire que, pour soumettre enfin l'esprit de ténèbres à ses volontés, il fallait lui offrir des sacrifices de jeunes enfants, lui composer des parfums de leur cœur et de leur foie, écrire des pactes avec leur sang, et, en outre que, pour être agréables au démon, ces victimes devaient être préalablement rendues dignes de lui. Il se décida à employer ces nouveaux moyens ; car il était trop avancé dans la voie du crime, pour reculer. Des domestiques affidés, entre autres Henriot, son chambellan, et un page nommé Ponton, furent donc charges d'enlever, ou d'introduire par surprise dans ses châteaux des enfants des deux sexes, de l'âge de huit à quatorze ans, et des femmes enceintes. Dans ses courses à travers les campagnes, ou même au sein des villes, il désignait d'un signe ceux qui lui paraissaient convenables pour ses desseins. Il prit goût à cette double débauche, et bientôt il ne fut plus en état de se rendre compte à lui-même de ce qu'il préférait de la luxure ou du sang. Il lui arriva souvent de les réunir l'une à l'autre. Exemple unique dans les fastes du crime et dans les annales de la folie.

Ses gens attiraient traîtreusement dans ses châteaux de pauvres enfants qu'on n'en voyait plus sortir. Ses émissaires parcouraient à la chute du jour les rues des villes, enveloppaient d'un grand sac et bâillonnaient ceux qui étaient destinés à ces affreux mystères. Ces sinistres disparitions ont laissé tant de terreurs après elles, que le peuple de Nantes et de Retz en conserve encore l'impression, et n'a cessé de parler proverbialement des empocheurs, qu'il met sur la même ligne que les sorciers et les loups-garous.

Enfin de si grands crimes eurent un terme ; la justice intervint, nonobstant le rang et la puissance du coupable. Il fut arrêté par ordre du duc de Bretagne, Jean V, au mois de septembre 1440, et conduit au château de Nantes, où son procès fut instruit simultanément par les juridictions ecclésiastique et civile. Pierre de l'Hospital, sénéchal de Rennes et juge universel du pays, et maître Jean Blouyn, official de Nantes et inquisiteur de la foi, présidèrent aux informations.

Gilles de Laval fut condamné pour crimes d'hérésie, de sortilège, de félonie et d'assassinat, à être brûlé vif.

Il dut se consoler par la solennité des débats et du supplice et par le retentissement de sa condamnation et de ses crimes. Les approches de la mort ne l'effrayèrent pas, et gardant jusqu'au bout les pensées de dévotion vaniteuse qui ne l'avaient pas quitté, même au sein de ses plus coupables égarements, il demanda et obtint la faveur d'être conduit processionnellement par l'évêque de Nantes au lieu du supplice. Il montra de fastueux sentiments de repentir, exhorta à la pénitence ses deux complices, condamnés avec lui ; il demanda pardon au peuple qu'il avait scandalisé, et aux parents dont il avait immolé les enfants. Le duc de Bretagne permit que le coupable fût étranglé sur le bûcher avant qu'on y mit le feu. Le corps, à peine noirci par les flammes, fut rendu à la famille, qui lui fit donner la sépulture dans l'église des Carmes. L'exécution eut lieu le 25 octobre 1440, dans la prairie de Biesse[221].

---

[221] La renommée de Gilles de Laval vit encore dans la mémoire du peuple ; elle s'y est fixée avec des images d'horreur et d'effroi. La tradition le connaît sous ce même nom de Barbe-Bleue que Charles Perrault a immortalisé dans un de ses meilleurs contes, en l'accolant à la légende de sainte Tréphime, et non à l'histoire de Henri VIII, comme on le dit communément. (Cf. Ch. Mourain de Sourdeval, *les Sires de Retz et le Château de Machecoul*, br. 8e, 1845, Tours, Mame. — D. Morin, *Hist. de Bret.* I, ix ; — id., *Mém. pour servir de pr. à l'Hist. de Bret.*, I, III, col. 1336. — D'Argenté, *Hist. de Bret.* I, x, ch. 47. — Bapt. Fulgos. I, ix, ch. 2 — *Information et enquête à trouver que le sir de Rais...*, Mss. de la Bibl. nat. parmi les procédures criminelle.

Gilles de Rais, assimilé à Barbe Bleue

CHAPITRE XVI : SUITE DE L'HISTOIRE DU XVe SIÈCLE, ET HISTOIRE DU XVIe

§ Ier— Astrologie

Dès l'an 1216, la France avait été initiée aux mystères de l'astrologie par Renault de Saint-Aignan, sur les traces duquel plusieurs disciples s'élancèrent avec ardeur. Renault était particulièrement connu de Louis IX, qui ne lui accordait pas cependant une confiance absolue, puisqu'il entreprit malgré lui sa première croisade. Nicolas de Lyre se distingua à la même époque, et parut à la cour du même prince. À dater de ce moment, il n'est pas un seul événement sur lequel un ou plusieurs astrologues n'aient pronostiqué, soit avant, soit après son accomplissement. On remarque parmi les plus fameux pronostiqueurs de l'époque Simon de Neuville, doyen de Langres; Simon de Châteaudun, archidiacre de Dunois; frère Raymond Lulle et André de Laubespine. Philippe le Bel eut un astrologue à ses gages; ce fut un astrologue qui porta les Flamands à se révolter contre lui; ces deux faits prouveraient à eux seuls l'importance que l'astrologie avait déjà su conquérir. Les fils de Philippe le Bel eurent, comme leur père, des astrologues stipendiés. On vit de graves docteurs, des moines, des prélats, cultiver avec application la science astrologique. Les prédicateurs l'invoquèrent dans leurs sermons; les magistrats en firent leurs délassements; des souverains pontifes la favorisèrent.

Vers l'an 1370, le sage Charles V fonda à Paris le collège de maître Gervais, connu aussi sous le nom de collège de Notre-Dame de Bayeux; il en donna la direction à Gervais Chrétien, natif de Vendes, près Bayeux, chanoine de Bayeux et de Paris, « souverain médecin et astrologien à ses gaîges, » comme dit Simon de Pharès, dans son *Recueil des plus célèbres astrologues de France*[222]. Ce monarque éleva à ses frais les édifices; il y construisit un observatoire, dota l'établissement de livres et d'instruments, y fonda des bourses en faveur d'écoliers indigents, auxquels on enseignait la médecine et l'astrologie. Parmi les astrologues les plus en faveur à la cour, il faut compter Errard de Conti, médecin particulier du roi; Guillaume de Loury, qui avait été chargé d'aller désennuyer le roi Jean pendant sa captivité; Pierre de Valois, André de Sully, qui dressa le thème de la naissance des plus grands princes, entre autres de Charles VI, du duc d'Orléans, du duc Jean de Bourgogne.

---

[222] Simon de Pharès, *Recueil des plus célèbres astrologues et quelques hommes doctes,* Mss. de la Bibl. nat. cote 7487.

À l'imitation du roi, les grands personnages et les maisons princières voulurent avoir des astrologues à leur service. Charles de Blois prit au sien Michel de Saint-Mesinin, qui, dit-on, fit tous ses efforts pour empêcher la funeste bataille d'Auray. Bertrand du Guesclin eut Yves de Saint-Brandin, qui le quittait rarement dans ses entreprises ; et si Tiphagne Raguenel obtint l'honneur de devenir la compagne du héros breton, elle le dut à ses connaissances en astrologie non moins qu'à sa vertu et à sa beauté. Tiphagne avait étudié l'astrologie à l'école d'Yves Darriau, de Dinan. La maison d'Orléans eut Gilbert de Châteaudun ; Nicolas de Pagnica et son compagnon, Jean Laurent, furent en grande faveur auprès du duc de Bourgogne. Ils excellaient à mettre la justice sur la trace des voleurs et des, empoisonneurs. Des astrologues furent chargés de conduire les négociations les plus délicates : ce fut Michel Trubert, d'Angers, qui s'entendit avec Clément VI, par ordre du duc d'Anjou, relativement à l'expédition de Sicile. Jacques de Saint-André, chanoine de Tournay, fut envoyé en Angleterre, pour négocier la délivrance du roi Jean.

L'astrologie, la divination de toutes les sortes se mêlaient intimement aux divers événements de la vie. Il n'était pas un héros dont l'histoire n'eût été récitée à l'avance. Une sœur converse avait lu, dans la main de Bertrand du Guesclin et sur sa laide figure, qu'il serait un jour le sauveur de la France, et prophétisé ses hauts faits, lorsqu'il était encore à peine sorti du berceau. Un nécromancien de Tolède avait maintes fois annoncé que Henri de Transtamare deviendrait roi d'Espagne, longtemps avant que Henri lui-même y songeât[223].

Et cependant rien n'était plus inutile que les prédictions ; tout était prévu par les devins, sans que rien fût empêché. Il semblait que les gens menacés par la prophétie couraient eux-mêmes au-devant de son accomplissement. S'ils ne croyaient pas à la science des prophètes, pourquoi donc y recouraient-ils ? S'ils y croyaient, comment ne prenaient-ils pas leurs précautions ?

Une vieille sorcière de Grenade avait prédit à Pierre le Cruel qu'il se rendrait coupable du meurtre de la plus vertueuse des femmes, et que, par suite de ce crime, il perdrait son royaume. Il s'en souvint quand il était trop tard. Chassé du trône, il eut de nouveau recours à la divination, et le savant clerc auquel il s'adressa le prévint, après une opération magique semblable à la cartomancie, qu'il recouvrerait son royaume, qu'il ne s'amenderait pas, et qu'il le perdrait une seconde fois avec la vie. Le tout s'accomplit ainsi ; de quoi donc sert-il de connaître l'avenir ?

Il ne parait pas que le crédit de l'astrologie ait baissé pendant le règne du successeur de Charles V. On lit en effet dans la *Chronique du moine de Saint-*

---

[223] *Chronique de Bertrand du Guesclin*, passim.

Denis[224] : « Il n'y avait pas encore un mois que Charles était de retour de son expédition de Flandre, lorsqu'un chevalier anglais, réputé pour sa bravoure et nommé Pierre de Courtenay, qui était fort avant dans les bonnes grâces du roi d'Angleterre, vint défier la chevalerie française dans la personne de Guy de la Trémoille, qu'il provoqua en combat singulier, avec la permission du roi. Guy de la Trémoille accepta le cartel ; mais, voulant mettre les chances de son côté, il s'adressa aux astrologues de la cour, suivant l'usage des gens du monde dans toutes les affaires importantes, afin de savoir d'eux le jour et l'heure favorables. Lorsqu'ils eurent consulté le ciel selon les règles de leur art, ils assignèrent un jour, en promettant la défaite du chevalier anglais, et un soleil radieux pour éclairer la lutte. Au jour fixé, le soleil ne parut pas un seul instant, une pluie torrentielle ne cessa de descendre des nuages ; le terrain se trouva tellement détrempé, que le combat devint impossible. » Il fut donc ajourné, et enfin empêché par l'intervention de Charles VI. Le monarque avait craint peut-être que l'honneur de la France, engagé sous de si fâcheux auspices, ne reçût une atteinte. On peut sans danger attribuer une telle pensée à un prince qui ne faisait rien sans consulter les astrologues, et qui avait dû être confirmé dans ses superstitions par l'heureuse issue de l'expédition de Flandre, entreprise en vertu d'un songe qui lui présageait une victoire.

Ce n'est pas à dire que les astrologues aient toujours aussi mal rencontré qu'on vient de le voir ; plus d'un heureux hasard vint parfois à leur aide : Jacques de Tortone, astrologue et médecin de Charles le Mauvais, avait prédit à ce prince qu'il mourrait par un excès de chaleur ; or il mourut brûlé vif dans un drap imbibé d'eau-de-vie, duquel on l'avait enveloppé pour ranimer ses forces, et dont on approcha imprudemment la chandelle. Lorsque Charles VI abattit à la chasse le fameux cerf portant un collier d'or avec cette inscription : Cæsar hoc me donavit, et à l'occasion duquel les rois de France prirent un bois de cerf pour support de leurs armes, un astrologue du nom de Michel Tourneroc avait fait l'élection, c'est-à-dire le choix du jour et de l'heure de la chasse. Une pareille bonne fortune suffit pour illustrer toute une vie d'astrologue.

Cependant il ne manquait pas de gens qui se moquaient ouvertement de la science astrologique. L'auteur du *Songe du vieux Pèlerin*, Philippe de Maizières oh Raoul de Presles, après l'avoir raillée d'une manière sanglante, prouvait que Thomas de Bologne, dit aussi Thomas le Pisan et Thomas de Florence, père de la célèbre Catherine la Pisane, s'était presque toujours trompé dans ses prédictions. Nicolas Oresme avait écrit *ex professo* contre les astrologues.

Charles VII, plus sensé par ailleurs, ne fut pas à cet égard plus sage que son père. Il consultait fréquemment un astrologue natif d'Orléans, nommé

---

[224] Chronic. Karoli VI, I, VI.

Jean Colleman, pour lequel il professait une estime singulière. Jean Colleman observa beaucoup et écrivit peu, ce qui prouve qu'il était homme de bon sens. Cependant Simon de Pharès dit de lui « qu'il devint ladre, par trop longue continuation à spéculer le cours de la lune. » II ajoute, à cette occasion, que « la lune diminue fort le cervel, et qu'il n'est pas bon trop attentivement et trop assidûment la regarder. » Simon de Pharès l'avait probablement regardée quelquefois, on en aperçoit des signes manifestes dans son ouvrage.

Outre celui-ci, Charles VII eut un astrologue à quatre cents livres de gages, qui se nommait Louis Delangle, et qui exerçait la médecine concurremment avec l'astrologie ; ces deux sciences étaient alors le complément l'une de l'autre. Louis Delangle, auteur de plusieurs ouvrages, et notamment d'une traduction du *Traité des Nativités* de Jean de Séville, prédit, à ce qu'on assure, la victoire de Formigny et la peste de Lyon. Il ne pouvait mieux terminer sa vie d'astrologue, qu'en prédisant sa mort à lui-même, et en s'y préparant par des services religieux qui durèrent quinze jours. Il mourut, dit-on, le quinzième jour ; et la vérité du récit est d'autant plus apparente, qu'un pareil fait n'est pas unique dans l'histoire de l'astrologie. Tous les genres d'outrecuidance et de fatuité peuvent conduire au suicide ; cette réflexion est d'Erasme, qui connaissait bien les astrologues. C'est ainsi que Jérôme Cardan ayant annoncé sa mort pour le 21 septembre 1576, et pris congé de ses amis pendant les trois jours qui précédèrent, se laissa mourir de faim à l'âge de 75 ans, pour accomplir sa prédiction.

Il serait surprenant que le superstitieux Louis XI n'eût pas donné tête baissée dans les visions de l'astrologie ; aussi n'y manqua-t-il pas. Il eut au moins deux astrologues à ses gages : le fameux Florent de Villiers, botaniste, médecin, graveur de talismans, qui ouvrit à Lyon une école publique d'astrologie, dans laquelle Charles VIII ne dédaigna pas d'aller s'asseoir ; et le non moins fameux Angelo Catto, Italien, d'abord au service de Charles le Téméraire, qu'il voulut, avec raison, détourner de son expédition contre les Suisses. Louis l'attira à sa cour et lui donna l'évêché de Vienne, en Dauphiné. On ne saurait trop dire jusqu'où s'élevaient ses connaissances en astrologie ; mais, si nous en croyons Philippe de Commines[225], il se vantait d'avoir annoncé à Louis XI la défaite et la mort de Charles devant Nancy, presque au moment où le fait s'accomplissait. En donnant la paix à ce monarque pendant la messe, le jour des Rois, dans l'église Saint-Martin de Tours, distante de Nancy de dix

[225] *Preuves des Mémoires*, t. III, p. 203. Ce morceau n'est pas de Commines, il est vrai ; mais on ne doit pas douter qu'Angelo Catto ne se mêlât d'astrologie, car Commines lui dit, en lui dédiant ses *Mémoires* : Vous m'avez annoncé plusieurs choses avant qu'elles fussent arrivées ; et ailleurs : Vous m'avez maintes fois assuré par astrologie que Frédéric serait roi de Naples. Ce prince, oncle de Ferdinand II, devint en effet roi de Naples, en 1496, après son neveu.

journées de chemin, il lui dit: Vous avez la paix, car votre ennemi a été tué et son armée défaite. Ce serait bien, si c'était vrai, ou plutôt c'est mieux ou plus mal, puisque c'est la preuve d'une de ces inspirations qui rentrent dans le genre de l'extase satanique. Il n'en est pas de même de ce qu'on rapporte de Jean Spirinx, qui dut prédire au duc de Bourgogne cette défaite, car il suffisait d'un peu de bon sens pour prévoir l'événement, et d'un peu d'audace pour oser le dire.

L'astrologie servit d'excuse à bien des hardiesses, et de moyen à des avertissements importants, dont les princes ne profitèrent pas toujours assez. Les astrologues de cour ne disaient pas, et ne pouvaient pas dire où ils puisaient leur connaissance de l'avenir; mais, initiés à tous les secrets, à cause de leurs relations avec tous les partis, avec le monarque et les courtisans, qui les consultaient tour à tour, ils savaient beaucoup de choses, et se trouvaient à même de rendre de grands services. C'est ainsi que Denis Anjorrand put prévenir le roi Jean des projets d'invasion que méditait la cour d'Angleterre. Il feignit de l'avoir lu dans les cieux; mais l'astrologue pensionné du roi, nommé Martin le Normand, qui y lisait également, n'avait su rien y voir de semblable.

C'est par des moyens pareils que Denis de Vincennes, astrologue de Montpellier, trouva la cachette où Charles V avait déposé son trésor. Lorsqu'il la révéla à Louis d'Anjou, qui avait besoin d'argent pour son expédition d'Italie, il feignit également de l'avoir lu au firmament. Cependant il n'était pas nécessaire de regarder si haut, puisque le secret était connu d'Errard de Savoisy, et peut-être de plusieurs autres personnes. Ce trésor se montait, dit-on, à 17 millions, et était recelé dans le château de Melun, entre deux murs qui semblaient n'en former qu'un. Savoisy se laissa menacer du dernier supplice, et ne céda qu'en présence du bourreau, ce qui prouve que l'astrologue ne possédait qu'une partie du secret.

Le connétable de la Cerda, assassiné à Laigle dans une hôtellerie par ordre de Charles le Mauvais, avait été prévenu des desseins du roi de Navarre par l'astrologue Guillaume de Loury. Le duc de Bourgogne, assassiné sur le pont de Montereau, dut se repentir d'avoir méprisé l'avis qui lui était donné par un Juif astrologue, qu'on en voulait à ses jours.

Les Juifs, sans cesse chassés et toujours présents, n'ignoraient guère les desseins des grands. Leurs relations avec la haute noblesse, qui, pour entretenir son luxe et solder ses ruineuses entreprises, allait sans cesse puiser à leur bourse, les mettaient à même de pénétrer bien des mystères.

Mainfroy de l'Ile-en-Jourdain, protonotaire apostolique, était un savant médecin et un habile astrologue; qui oserait le révoquer en doute après l'affirmation de ses contemporains ? Mais eût-il été moins versé dans la connaissance des astres, qu'il aurait encore pu avertir Philippe le Bel des déportements de ses deux brus, Marguerite et Blanche de Bourgogne, et de leurs coupables relations avec Philippe et Gautier d'Aunoy. La famille royale était seule dans l'ignorance.

Comme si ce n'avait pas été déjà trop pour les deux frères d'Aunoy d'abuser de la facilité des épouses, il fut prouvé de plus qu'ils envoûtaient les maris ; aussi furent-ils écorchés vifs, et traînés ensuite sur une prairie nouvellement fauchée. Inutile et triste vengeance, qui ne pouvait rien réparer, et qui passait les bornes de la justice.

Le règne de Philippe le Bel avait vu fleurir aussi le célèbre Jean de Meun, dit Clopinel à cause de l'inégalité de longueur de ses jambes, alchimiste et astrologue, assez malheureux dans l'un et l'autre métier, mais immortalisé par ses succès dans l'art de la poésie. Que n'était-il assez sage pour se contenter de faire des vers !

Il n'y a pas d'événements importants à cette époque, auxquels ne se trouve mêlé le nom d'un astrologue. Jean de Sicile prédit l'élection de l'empereur Sigismond ; le même Jean de Sicile avertit Boucicaut de la conspiration traînée par Francisque Luzardo et le marquis de Montferrat, à la suite de laquelle la république de Gênes secoua le joug de la France. Gui Bonati, astrologue en renom, avait consulté les astres pour choisir le moment le plus favorable à une sortie contre les Français qui faisaient le siège de Forli, dans la guerre qui suivit les Vêpres siciliennes.

Le vent soufflait à l'astrologie ; c'eût été la marque d'un petit esprit et d'un faux jugement de ne pas y croire. Si quelque voix indépendante osait protester en faveur de la raison, elle était aussitôt couverte par les clameurs de la multitude. Le célèbre Jean Gerson en fit la cruelle expérience : ayant essayé de faire condamner le livre des *Nativités* de Jean de Meun, et de restreindre un tant soit peu l'empire de cette puissance du jour, dans un modeste traité qu'il intitula *Astrologie selon la théologie*, il souleva une telle tempête d'improbations, « qu'il en demeura tout confus et ahuri », dit Simon de Pharès. Cependant il avait gardé de grands ménagements, et le désir de ne pas rompre en visière aux astrologues avait imposé à sa conscience de pénibles sacrifices.

De tout temps, il a fallu à la multitude un mot à la place d'une chose ; et ce mot, gardez-vous d'y toucher, car elle le défendra avec l'ardeur qu'on met à défendre une idole. Vous pourrez changer l'objet de son culte, mais vous essayerez en vain de le supprimer. Religion, politique, préjugés, il n'y a pas de différence à cet égard. Les plus sages détournent le cours du torrent ; il emporte ceux qui lui résistent.

On trouvait Gerson par trop audacieux d'oser ne pas être de l'avis de son maître, le célèbre cardinal Pierre d'Ailly, qui n'avait pas craint de faire, conjointement avec Rutilianus et à l'exemple d'Albert le Grand, l'horoscope de Jésus-Christ lui-même, afin de montrer par un exemple si imposant la certitude de la science astrologique. Ces savants personnages avaient trouvé dans l'aspect de Mars et de Jupiter, qui présidèrent à la naissance du Sauveur, le nombre exact de démons qu'il devait chasser du corps des possédés, et reconnu le genre de mort dont il devait mourir.

Quoique Pierre d'Ailly fût entiché jusqu'à ce point de l'astrologie, ce n'est pas à dire cependant que ses travaux astronomiques et cosmologiques soient méprisables. À lui peut-être appartient l'idée qui conduisit à la découverte du nouvel hémisphère : Christophe Colomb avait profondément médité son *Ymage du monde*, et en avait couvert les marges de ses propres réflexions.

Mais revenons à Louis XI, que nous avons perdu de vue depuis trop longtemps. Si ce prince, qui trompa tout le monde, mérita jamais d'être pris pour dupe à son tour, un astrologue en eut l'honneur. Celui-ci avait prédit la mort d'une dame à laquelle Louis était fort attaché ; or l'événement ayant justifié la prédiction, le roi, outré de dépit, manda l'astrologue et lui posa la question de Domitien : Toi qui sais tant de choses, sais-tu quand tu mourras ? Mais le moderne Asclétarion s'en tira plus adroitement que son prédécesseur ; il répondit : C'est un secret que mon art ne m'a pas pleinement révélé ; cependant j'ai cru lire aux cieux que je mourrai trois jours avant Votre Majesté. Le moyen que Louis XI le fit mourir après cela !

Charles VIII partagea, sinon les terreurs de son père, au moins sa faiblesse à l'endroit de l'astrologie. Il paya douze cents écus une sphère céleste confectionnée par Guillaume de Carpentras. Aussi, dans l'ordonnance qu'il lança contre les sorciers et les devins, ne parla-t-il pas des astrologues. Ces derniers, en effet, exerçant un art respectable, livrés à de hautes études et à de savantes spéculations, rejetaient loin d'eux tout point de contact avec la magie ; et lorsque, plus tard, l'Église condamna leurs prédictions et leurs livres, ce ne fut pas sans une grande surprise et une grande indignation de leur part.

§ II — Invasions d'Italie — Présages et prédictions

Les esprits étant imbus de pareilles idées, il était impossible que l'astrologie et la magie ne jouassent pas un rôle important dans les expéditions des princes français en Italie, ces magnifiques épopées, écrites avec du sang, qui, semblables aux anciennes croisades, devaient avoir pour résultat de disséminer dans toute l'Europe les germes d'une nouvelle et active civilisation, que l'Italie semblait vouloir garder pour elle seule. Elle se drapait fièrement dans son orgueil, et jetait dédaigneusement aux autres peuples le titre de barbares, sans songer qu'il est dans la destinée des peuples barbares d'aller se tremper dans le foyer de la civilisation.

Les expéditions d'Italie furent décidées sur les plus futiles prétextes, entreprises contre toutes les règles de la politique, et par conséquent de la prudence, conduites avec la plus déplorable légèreté ; mais qu'importe à la Providence les prétextes, les vues et la sagesse des hommes ? Faibles instruments dans ses mains puissantes, elle leur laisse leurs motifs, et se sert de leurs mouvements, pour les conduire où elle veut.

Quand l'humanité entière s'agite sous le charme d'un mot, qui le plus souvent n'est compris par personne de la même manière ; quand, sous la fascination d'une idée nouvelle, les nations se lèvent comme un seul homme, et se précipitent sur les champs de bataille, où l'avenir se décide presque toujours d'une façon peu en harmonie avec les désirs de ceux qui ont donné le signal, lors même qu'ils demeurent victorieux, c'est que la Providence mène à leur fin de grands desseins, tout en les dissimulant. Son action, qui s'accomplit dans le temps, est lente, solennelle, majestueuse, irrésistible, parce qu'elle procède de l'éternité. L'homme se proposait un terme, qu'il croyait atteindre en un jour, en une année ; il meurt sans l'avoir atteint ; ou bien, s'il parvient à le toucher, il s'aperçoit bientôt que ce n'était qu'une étape dans la marche progressive de l'humanité, qui se précipite quelquefois, mais qui ne s'arrête jamais, semblable à l'astre du jour, que l'œil de l'observateur ne saurait apercevoir immobile dans aucun point de l'espace.

Charles VIII, en saisissant d'une main, pour se frayer un passage au milieu des Alpes, l'épée de Charlemagne qui avait divisé les monts pyrénéens, saisit de l'autre le bourdon du pèlerin, qui devait, croyait-il, lui aider à gravir le mont des Oliviers. Il ne vit ni Jérusalem , où il devait prier , ni Constantinople, où il devait s'arrêter en passant, et ne fit que paraître en Italie ; mais il communiqua au monde un ébranlement puissant, qui mit les nations en contact. Une étincelle jaillit du choc impétueux ; elle alluma le flambeau destiné à éclairer le siècle de la renaissance, aurore d'un jour magnifique, si Satan ne l'avait obscurci des plus tristes nuages.

L'expédition de Louis d'Anjou, en 1384, est signalée par un curieux trait de sorcellerie, que Froissard raconte de la sorte[226] : « Adonc, dit-il, un enchanteur, maître de nigromance, vint au duc d'Anjou et lui dist : Monseigneur, se vous voulez, je vous rendrai le chastel de l'Œuf et ceux qui sont dedans, à votre voulenté. » Louis d'Anjou demanda par quels moyens : Je rendrai l'air si épais sur la mer, répondit le sorcier, qu'il semblera à la garnison du château qu'un pont, de largeur à passer dix hommes de front, soit jeté entre

[226] *Chroniques*, IIIe part. ch. 39.

l'île et la terre ; à cette vue, craignant d'être forcée, elle viendra nécessairement se rendre. « Le duc prist ceste parole à grande merveille, et appela ses chevaliers, le comte de Vendosme, le comte de Genève, messire Jehan et messire Pierre de Beuil, messire Maurice de Mauny et les aultres, et recorda ce que ce mestre enchanteur disoit. Lesquels furent moult esmerveillés, et se consentoient assez à ce qu'on le creust. » Mais, dit le prince, mes gens ne pourraient-ils pas, beau maître, passer eux-mêmes sur ce pont, pour aller attaquer le château ? Monseigneur, répondit l'enchanteur, je n'oserais vous le garantir, car si l'un d'eux venait à faire le signe de la croix, le pont disparaîtrait sous leurs pieds, et tous ensemble trébucheraient dans la mer. Nous ne le ferons pas, s'écrièrent aussitôt en riant tous les jeunes officiers français, nous ne le ferons pas ; Monseigneur, essayons-en, s'il vous plaît, ce sera une chose curieuse. Je m'en conseillerai, dit gravement le duc d'Anjou. Là-dessus il manda le comte de Savoie, qui était absent de la conférence. Aussitôt que celui-ci eut été mis au courant de l'affaire, il reconnut l'enchanteur pour être le même qui se vantait d'avoir déjà procuré le château de l'Œuf à Charles de la Paix par des moyens analogues, afin de se faire craindre et rechercher. Ne voulant pas qu'il pût en être de même à l'égard de Louis d'Anjou, il se fit amener le prétendu magicien. « Je veuil, lui dit-il, que messire Charles de la Paix sache qu'il a grand tort se il vous craint, car, je l'en asseurerai, ne jamais vous ne ferez enchantement pour decevoir luy ny aultre. » En effet, il appela un homme d'armes, et fit trancher la tête à l'enchanteur.

C'est peut-être dommage que l'aventure se soit dénouée si brusquement : l'occasion était belle, pour essayer le pouvoir d'un enchanteur.

Au siècle suivant, l'expédition de Jean d'Anjou fut marquée à un trait de magie d'un autre genre, mais beaucoup plus abominable. Une garnison française étant assiégée dans la ville de Sessa par un parti de troupes espagnoles au service du roi Ferdinand, et périssant de soif sous un soleil ardent et dans une ville privée d'eau, on vit des sorciers, vêtus de soutanes, traîner un crucifix le long des rues avec mille invectives et mille outrages ; ils le jetèrent ensuite dans un bourbier, et profanèrent la sainte eucharistie d'une façon tellement indigne, que nous n'osons le raconter. Bientôt après, il s'éleva une grande tempête, la pluie tomba par torrents, on remplit toutes les citernes, et les Espagnols furent de la sorte obligés de lever le siège.

Il est nécessaire de conserver le souvenir de pareils faits, quelle que soit l'horreur qu'ils inspirent, afin de mieux apprécier la magie au point de vue de la morale et de la religion. Mais il faut convenir que des événements de cette nature endurcissent le peuple dans les plus détestables superstitions, car les gens qui ne raisonnent pas concluent toujours que l'événement qui suit est la conséquence du fait qui précède, lors même qu'il n'existe aucun rapport entre la cause et son effet prétendu : *Post hoc, ergo propter hoc*. Il est des auteurs qui diraient : Satan est le prince de l'air, et Dieu lui accorde la faculté d'user de sa puissance pour l'endurcissement de ceux qui l'outragent par de si grands crimes. Peut-être ! Qui sait ? Qui oserait se prononcer résolument sur les desseins particuliers de Dieu ?

Une coutume si abominable n'était pas étrangère à la France. Bodin assure qu'il en a vu des exemples en Gascogne, et que dans ce pays on lui donnait le nom de *tire-masse*. Il ajoute qu'en 1557 quelqu'un jeta dans un puits tous les crucifix et toutes les images des saints qu'il put trouver, également dans le but d'obtenir de la pluie. « C'est, dit-il, une signalée méchanceté, mais on la passe par souffrance[227] »

L'expédition de Charles VIII fut précédée de merveilles de tout genre : prédictions, apparitions de revenants, phénomènes célestes, rien n'y manqua. On avait vu, suivant le rapport de Guichardin, trois soleils dans la Pouille, avec accompagnement de tonnerres et d'éclairs. On avait vu d'Arezzo de grandes armées de cavaliers dans les airs, on avait entendu le bruit de leur marche et le son de leurs clairons, et ce spectacle avait jeté dans les âmes de profondes inquiétudes.

Il courait des prophéties de toute espèce, qui promettaient au roi de France l'empire de l'Italie, de la Grèce et de la Judée. L'Europe entière les connaissait; les musulmans tremblaient d'en voir l'accomplissement ; Constantinople était alarmée.

Pie II y faisait allusion, lorsqu'en invitant Louis XI à une nouvelle croisade, il lui écrivait que la Divinité réservait pour les rois de France l'honneur de vaincre les Turcs et de délivrer les saints lieux[228]. Dès l'an 1326, les deux Andronic s'étaient laissé effrayer du bruit qui se répandit, d'une croisade projetée pour recouvrer Jérusalem.

L'Italie s'attendait à de grands événements à la fin du quinzième siècle, au dire de Paul Jove. Tout le monde désignait Charles VIII comme celui qui devait accomplir les prophéties, en réunissant les empires d'Orient et d'Occident, ou plutôt l'univers sous son sceptre. L'ambassadeur de Ludovic le More, qui vint solliciter le jeune prince à la conquête de l'Italie, fit briller à ses yeux cette magnifique destinée : « Prince, lui dit-il, croyez-en les oracles : vous éga-

---

[227] *Démonom.* I, III, p. 113. — Cette signalée méchanceté est un reste de paganisme. Jamblique nous apprend que les magiciens en usaient de la sorte envers les idoles, quand ils voulaient contraindre les démons à accorder ce qui leur était demandé. (Myster. sect. VI, ch. V et VI.)

[228] Nam pugnare cum Turcis et vincere, et Terram Sanctam recuperare, Francrum regnum proprium est. (Il est bon pour le royaume de France de battre et de surmonter les Turcs pour délivrer la Terre Sainte).

lerez en gloire et en puissance Charles le Grand, votre illustre aïeul. La voix de tous les peuples vous appelle à la guerre sainte ; vous arracherez Constantinople, cette capitale où régnèrent vos ancêtres, aux mains des barbares, qui la souillent et qui l'oppriment. Vous volerez ensuite au tombeau du Sauveur, et vous le rendrez affranchi à la piété des chrétiens. Ce ne sont pas là de vaines et fallacieuses conjectures ; ce sont d'antiques oracles, sortis de la bouche de ceux qui, par la puissance divine de leur génie, surent pénétrer les secrets de l'avenir. »

En même temps le dominicain Jérôme Savonarole, dont la voix puissante remuait les masses comme la tempête agite l'océan, prêchait contre le pape Alexandre VI, et plus encore contre son faste, contre la licence des mœurs dont la cour de Florence donnait le scandaleux exemple ; il prophétisait les plus grandes calamités à l'Italie, et la réforme de l'Église par le glaive de la France. Il annonçait dans un langage enthousiaste l'expédition de Charles VIII, longtemps même avant qu'il en fût question en France. *Malheur à toi, Rome, malheur à toi, Florence ! s'écriait-il. Je vois les Alpes couvertes de nuées de barbares, qui s'abattent sur l'Italie, comme les corbeaux sur une proie. Que de sang, grand Dieu, que de sang dans les rues des villes ! J'entends la voix du fossoyeur qui crie ! Qui a des morts, qui a des morts ? L'un lui apporte son père, celui-ci son épouse, celui-là son fils. O Italie, revêts-toi d'un crêpe de deuil !*

Savonarole s'indignait en voyant l'art païen renaître sous toutes les formes, les dieux du Parthénon et du Capitole remonter sur leurs piédestaux et sur les théâtres, reparaître dans les livres et dans les souvenirs. Il songea à créer un art purement chrétien ; il fonda des ateliers et forma des artistes. Il travaillait à une grande réforme ; son génie puissant n'était pas au-dessous d'une pareille tâche ; mais il comptait trop sur l'appui d'un peuple impressionnable et déjà trop amolli. Ce peuple n'osa le défendre contre la police de Florence, lorsqu'elle le jeta dans les chaînes ; la multitude assista impassible à son supplice, qui eut lieu le 23 mai 1498. Satan triompha : la renaissance, détournée de ses voies, demeura païenne.

Du côté de la France, la guerre semblait légitime et la conquête facile ; tant de prophètes promettaient d'ailleurs une telle succession de victoires et de merveilles, qu'il n'était pas possible de ne pas se rendre à la voix, à l'appel de tous ces oracles. Charles entreprit donc l'expédition ; l'on sait ce qu'il en advint. Il fut démontré une fois de plus, qu'en l'absence de la Divinité, la prophétie n'est qu'une des formes du mensonge.

Alexandre VI lui-même, qui se raidit jusqu'à la fin avec une philosophie stoïque contre les prophéties, et qui peut-être en était plus alarmé qu'il n'osait le laisser paraître, Alexandre VI, qui avait fait appel à Bajazet, pour empêcher leur accomplissement, perdit toute contenance devant un présage :

à la nouvelle qu'un pan des murs de Rome, long de quelques toises, s'était écroulé à l'approche des Français, il s'enfuit effrayé au château Saint-Ange, et demanda à capituler.

Paul Jove a conservé le souvenir d'un autre événement aussi minime, mais fort merveilleux selon les idées du temps. Tandis que les Suisses assiégeaient Novare, dit-il, les chiens quittèrent la ville, allèrent se mêler aux assiégeants, comme pour les inviter par leurs caresses à venir expulser les Français. Le présage interprété contre ceux-ci ne tarda pas à se vérifier. Pourquoi n'avaient-ils pas su l'interpréter en leur faveur ? Guillaume le Conquérant, tombant lourdement sur le sol au moment de son débarquement en Angleterre, avait été plus habile : Je prends possession de la terre, s'écria-t-il ; et il demeura victorieux.

§ III — Superstitions et vaines croyances

Les astrologues, généralement plus habiles que les devins et aussi plus au large, finirent par mettre tant de conditions dans leurs oracles, et apprirent à user d'un langage tellement artificieux et entortillé, que l'événement se trouvait prévu quoi qu'il arrivât. Ils se donnèrent bien de garde à la fin d'appeler Cyrus par son nom trois siècles à l'avance. Les comètes, les éclipses, les feux atmosphériques devinrent leur refuge : il y avait là un vaste champ pour de vagues prophéties. Le mal en soi n'était pas grand, mais il en résulta une foule de fausses idées et de terreurs dont le règne est loin encore de toucher à sa fin. On se demande encore partout ce qu'annonce la comète, on s'effraye d'un parhélie, on tremble pour l'avenir en contemplant une aurore boréale, et malheureusement l'explication ne se fait guère attendre, car ce sont toujours des malheurs que les pronostiqueurs annoncent, et les maux se succèdent à court intervalle dans ce pauvre monde.

Personne ne fut plus accessible à ces vailles frayeurs que la reine Louise de Savoie. On raconte que se promenant dans le bois de Romorantin la nuit du 28 août 1514, et apercevant une comète du côté de l'occident, elle s'écria, les Suisses ! les Suisses ! et resta persuadée que son fils aurait une grande affaire avec eux. La bataille de Marignan lui donna raison; comment ne pas croire après cela à l'astrologie ? En 1531, trois jours avant sa mort, la vue d'une autre comète la frappa d'une telle épouvante, qu'il ne fut plus possible de guérir son imagination, ni d'apporter remède à une légère indisposition qui la retenait au lit. « C'est un signe que Dieu ne fait pas apparaître, disait- elle, pour des gens de basse qualité, mais pour nous, grands et grandes : il faut me préparer[229]. » Elle mourut de peur, et le méritait bien. Quelle fatuité de s'imaginer qu'on est le seul être pour qui Dieu fait luire le soleil !

Le fils magnanime de Louise de Savoie n'aurait pas été un héros à de pareilles conditions. Jamais personne ne méprisa plus que lui les prédictions astrologiques : autant Charles-Quint, son adversaire, en faisait répandre dans le public, et pénétrer jusqu'à la cour de France, autant il apprêtait à rire à François Ier. C'était alors le goût en Espagne et le faible de Charles-Quint : il y croyait, les aimait et les payait bien ; aussi lui en fut-il dédié, et toutes plus belles les unes que les autres ! C'est en vertu d'une prédiction astrologique que son grand capitaine, le fameux Antoine de Lève, le détermina à entreprendre l'expédition de Provence, qui fut si funeste à l'Espagne. C'est en vertu d'une prédiction astrologique que le marquis de Saluces quitta la cause de la France pour suivre celle de l'empereur, et perdit son marquisat[230].

Après la signature du traité de Madrid, la cour envoya les deux fils du roi pour otages en Espagne. Charles les traita avec la même rigueur que les plus ignobles malfaiteurs ; à peine si un rayon de soleil pouvait pénétrer par une haute fenêtre dans leur cachot. François ayant député Bodin, l'huissier de sa chambre, pour constater les faits et rapporter des nouvelles de la santé de ses enfants, Bodin trouva le dauphin grandi et voulut prendre sa mesure. Impossible ; le geôlier s'interposa comme un mur ; il ne lui fut loisible ni de toucher les prisonniers, ni de leur remettre deux calottes de velours qu'il avait apportées. La cour fit même reconduire le visiteur par un autre chemin jusqu'à la frontière, sans lui permettre de rien emporter d'Espagne. Devinerait-on pourquoi ces précautions ? On avait peur que les princes ne s'envolassent. Un magicien allemand était venu offrir à François Ier de les lui ramener pardessus les nuages. Le monarque français avait répondu en riant que cette manière de voyager ne lui paraissait pas sûre, et qu'il n'osait pas s'y fier. La cour d'Espagne connaissait ces détails, mais elle n'était pas rassurée. Que de traits semblables on pourrait recueillir !

Cependant le prince magnanime et railleur avait imprimé à sa cour et par suite à la France un tel dédain pour l'astrologie et tous les genres de sortilège, que c'en était fait, si sa bru, l'Italienne Catherine de Médicis, n'était venue remettre le tout à la mode pour un moment.

Elle amena à sa suite un grand nombre de magiciens et d'astrologues, parmi lesquels le trop fameux Côme Ruggieri, Florentin, qu'elle honora toujours de sa protection malgré ses crimes, ou peut-être à cause de ses crimes, et à qui elle donna l'abbaye de Saint-Mahé, en Bretagne, pour le dédommager des

---

229 Brantôme, *Vies des Dames galantes*, vie discours.
230 Dubelloy, *Mém.* liv. V et VI.

ennuis d'un emprisonnement qu'il avait subi pour fabrication d'images de cire, dans le but d'envoûter Charles IX et la reine Marguerite.

Elle bâtit l'hôtel de Soissons, et y fit ériger l'observatoire qui se voit encore à la halle aux farines. Du haut de cette colonne, elle suivait le cours des astres pendant les nuits, afin de leur demander conseil sur la conduite de ses affaires du lendemain ; et elle en avait acquis l'emplacement, pour ne plus demeurer dans la paroisse de Saint-Germain-L'auxerrois, qui lui était devenue odieuse, ainsi que le palais même des Tuileries, quoiqu'il fût son ouvrage, depuis qu'un astrologue lui avait prédit qu'elle mourrait en un lieu nommé Saint-Germain.

Tous les astrologues étaient assurés des bonnes grâces de Catherine. Luc Gauric avait part à sa bienveillance. Auger Férier lui dédia son traité des *Jugements d'astronomie sur les Nativités*. Que ne se souvenait-elle des prédictions de celui qui trouva dès son enfance, dans le thème de sa nativité, que si jamais elle montait sur un trône, elle ferait le malheur de son peuple ! Que ne voulut-elle comprendre le sens d'une épigramme qui courut la France, à l'occasion des frayeurs puériles qu'elle manifesta lors de l'apparition d'une comète ! Si l'astre chevelu nous annonce des malheurs, lui disait-on, ô reine, ne craignez rien ; vous vivrez longtemps[231].

Elle portait toujours sur la poitrine une peau d'enfant préparée et couverte de caractères talismaniques. Luc Gauric composa pour elle une ceinture magique, capable de la préserver de tout accident.

Il fut, comme tous ses pareils, plus homme d'esprit que prophète, car il avait prédit à Henri II qu'il serait empereur, et qu'il parviendrait à une heureuse vieillesse, s'il pouvait surmonter les dangers qui menaçaient sa cinquante-sixième et sa soixante-quatrième année. Or Henri II ne fut jamais empereur, et mourut à 40 ans.

Luc Gauric fut plus heureux, ou plutôt il était mieux informé, parce qu'il s'agissait d'un complot en voie d'accomplissement, lorsqu'il avertit Pierre-Louis Farnèse, duc de Parme, que les astres menaçaient ses jours. Le duc, auquel cet avis ne parut pas suffisamment clair, demanda de plus amples explications au prophète, qui se contenta de lui répondre : Prenez garde aux lettres qui forment le sixième mot de la légende de votre monnaie[232]. Farnèse,

---

[231] Spargeret audaces cum tristis in æthere crines,
Venturique daret signa cometa mali,
Ecce suæ regina timens, male conscia vitæ,
Credidit invisum poscere fata caput.
Quid, regina, times ? Namque hic mala si qua minatur
Longa timenda tua est, non tibi vita brevis.

[232] P. Aloys. Farm. Parm. et PLAC. dux. Le mot *Palc.* est l'abrégé de *Placentia*, lieu où se tramait la conjuration. Les lettres qui concourent à le former, sont aussi les initiales des mots *Palavicini, Landi, Anguiseiomi, Confalonieri*, noms des familles qui l'ourdissaient.

au lieu de chercher à débrouiller l'énigme, s'en moqua; et il eut tort, car il périt bientôt après assassiné: c'était en 1547.

Catherine de Médicis mit tellement l'astrologie à la mode, à la cour et dans le reste de la France, que la plupart des dames eurent à leurs gages un astrologue, qu'elles appelaient leur baron, et qu'elles manquaient rarement de consulter tous les matins. Il serait difficile de faire la liste de tous les almanachs prophétiques qui parurent durant son règne. Jean Vostet, Toinot Arbot, Edmond le Maistre, Michel Nostradamus le Jeune, Maria Coloni, se distinguèrent parmi les plus abondants et les plus hardis pronostiqueurs. En 1574, Michel Nostradamus fit paraître son recueil de *Prédictions des choses mémorables* qui étaient à venir jusqu'en 1585.

Si nous en croyons Pasquier[233], la superstitieuse princesse n'aurait pas été moins livrée à la nécromancie qu'à l'astrologie. « La feue royne mère, dit-il, désireuse de savoir si tous ses enfants monteraient à l'Estat, un magicien, dans le château de Chaumont... lui montra dans une salle, autour d'un cercle qu'il avoit dressé, tous les rois de France qui avoient esté et qui seraient, lesquels firent autant de tours autour du cercle qu'ils avoient régné et qu'ils devoient regner d'années: et comme Henry III eut fait quinze tours, voilà le feu roi qui entre sur la carrière gaillard et dispos, et qui fist vingt tours entiers, et voulant achever le vingt-unième, disparut. À la suite, vint un petit prince, de l'aage de huit à neuf ans, qui fit 37 ou 38 tours, et après cela toutes choses se rendirent invisibles, pour ce que la feue royne mère ne voulut en voir davantage. »

Si ce n'était pas une histoire arrangée après coup, ainsi qu'il était facile de le faire au temps où Pasquier écrivait, il y aurait eu une erreur de quelques années de la part du devin relativement au règne de Louis XIII, et ce serait peu de chose.

À toutes les dispositions à la magie, dont elle était abondamment pourvue, Catherine de Médicis joignait la faculté des extases prophétiques. La reine Marguerite en parle avec une complaisance toute filiale. « Aux esprits où il reluit quelque excellence non commune, Dieu donne, dit-elle, des avertissements secrets des accidents qui leur sont préparés en bien ou en mal, comme à la reine, ma mère, qui, durant la nuit d'avant la misérable course, songea qu'elle voyait mon père blessé à l'œil. Elle l'avertit en conséquence et le supplia à plusieurs reprises de ne point courir ce jour-là[234] » « Étant dangereusement malade à Metz, ajoute la reine de Navarre, et ayant autour de son lit le roi Charles, ma sœur et mon frère de Lorraine, et force dames et princesses,

233 *Lettres* de N. Pasquier, p. 10.
234 *Mém. de la reine Marguerite.*

elle s'écria, comme si elle eût vu se donner la bataille de Jarnac : Voyez comme ils fuient mon fils ! À la victoire ! Voyez-vous dans cette haie le prince de Condé mort ? Tous ceux qui étoient là croyoient qu'elle révoit ; mais, la nuit d'après, M. de Losses lui en apporta la nouvelle : Je le savois bien, dit- elle ; ne l'avois-je pas vu devant-hier ? Alors on reconnut que ce n'étoit point un rêve de la fièvre, mais un avertissement particulier que Dieu donne aux personnes illustres et rares ; et pour moi j'avouerai n'avoir jamais été proche de quelques signalés accidents, ou sinistres ou heureux, que je n'en aie eu quelque avertissement en songe ou autrement ; et je puis bien dire ce vers :

De mon bien ou mon mal mon esprit m'est oracle. »

Si la modestie n'est pas ce qui brille le plus dans ce récit, et si l'on peut craindre que Marguerite n'ait attribué à sa mère plus de pénétration qu'elle n'en avait réellement, il paraît vrai cependant que celle-ci engagea itérativement son mari à ne pas s'exposer dans le tournoi qui lui fut si fatal. Était-ce un pressentiment ou un avis ? La cruelle vengeance qu'elle tira ensuite de Montgomery ferait facilement supposer qu'elle le savait coupable.

Voici ce que d'Aubigné raconte de la même princesse[235] : « J'affirme, dit-il, sur la parole du roi, ce prodige, qu'il nous a réitéré. C'est que la reine s'étant mise au lit de meilleure heure que de coutume, ayant à son coucher, entre autres personnes de marque, le roi de Navarre, l'archevêque de Lyon, les dames des Retz, de Lignerolles et de Sauve, deux desquelles ont confirmé ce discours; comme elle étoit pressée de donner le bonsoir, elle se jeta d'un trésaut sur son chevet, mit les mains devant son visage, et avec un cri violent appela à son secours ceux qui l'assistoient, leur voulant montrer au pied du lit le cardinal, qui leur tendoit la main, elle s'écria plusieurs fois : M. le cardinal, je n'ai que faire de vous. Le roi de Navarre envoie en même temps un de ses gentilshommes au logis du cardinal, qui rapporte comme il avoit expiré au même point. » Mais les extases de Catherine de Médicis n'ont jamais donné lieu à tant de dissertations, que la fameuse médaille cabalistique dont le médecin Fernel lui fit présent, afin de lui procurer une fécondité sur laquelle elle ne comptait plus, après dix années de mariage. Catherine y est représentée dans l'état le plus immodeste, environnée de signes hiéroglyphiques multipliés, ayant à sa droite et à sa gauche les constellations du Taureau et du Bélier, sous ses pieds le nom d'*Ebuleb-Asmodée*, un javelot dans une main et un cœur dans l'autre. On lit à l'exergue le nom d'Oxiel[236].

---

235 D'Aubigné, *Hist. univ.*, I, III, ch. XIII, p. 719.
236 *Journal du règne de Henri III*, t. III. — Bayle, *Rép. aux Q. d'un Pr.*, t. I. — *Journal des savants*,

Nonobstant tout ce qu'on en a dit, les fils de Catherine de Médicis n'héritèrent pas des goûts de leur mère pour la magie, ni de sa crédulité. S'il fallait admettre ce que la haine des protestants inventa de ridicules sur le compte de Charles IX, ce prince se serait exercé, en présence de toute sa cour et concurremment avec ses courtisans, à tourner rapidement sur son talon l'espace d'une heure tous les matins, parce qu'on magicien lui avait prédit qu'il vivrait autant de jours qu'il pourrait faire de pirouettes[237]. S'il fallait croire tout ce que la haine des ligueurs imputa d'excès à Henri III, ce prince aurait tenu au Louvre école de magie, et ses mignons auraient tous été des magiciens, à qui le plus, des esprits sataniques revêtus de chair humaine. Tout cela n'est pas vrai ; mais il est vrai que ses ennemis employèrent contre lui les moyens sataniques les plus odieux, puisqu'ils allèrent jusqu'au sacrilège. Les envoûtements, les conjurations magiques, les cierges tout à la fois magiques et bénits qu'ils portaient aux processions et qu'ils éteignaient en les renversant sens dessus dessous, ne leur ayant pas réussi, ils se servirent du couteau de Jacques Clément[238].

Nous n'avons rien dit encore d'une des plus grandes célébrités, ou plutôt de la plus grande de toutes les célébrités astrologiques de nos temps modernes, Nostradamus.

Michel Nostredame naquit à midi précis, le 14 décembre 1503, au village de Saint-Remy, dans la Provence, d'une famille de Juifs convertis[239]. Il dirigea ses premières études vers la science médicale, dont l'astrologie faisait encore partie intégrante, et eut pour précepteur et pour guide son aïeul maternel. Il obtint comme médecin, à l'aide de quelques remèdes secrets, dont il publia plus tard la recette dans ses *Fardements*, des succès qui lui valurent la jalousie de ses confrères, ensuite leur haine et une multitude de tracasseries. Ils prétendaient qu'il était profondément ignorant dans l'art de guérir, ce qui pouvait bien être vrai. Dégoûté du métier, il se retira à Salon, et se mit à composer des almanachs, dans lesquels il inséra des notions sur les temps convenables aux divers travaux de l'agriculture, et de vagues prophéties sur les affaires publiques et la mort des grands. On trouva leur application d'autant plus facilement, qu'elles étaient plus vagues ; et le prophète, qui ne s'attendait pas à la grande réputation qu'il conquit à si peu de frais, en perdit la tête. Il se crut réellement inspiré, ou feignit de le croire, s'enferma avec ses livres, et devint

décembre 1704. — *Journal de Trévoux*, avril 1703. — *Remarques sur la Satire Ménippée*, t. III, p. 425,26,27.

237 *Curiosités de la littérature*, traduit de l'anglais par Bertin, t. I, p. 249.

238 Les Sorcelleries de Henry de Valois. — De Thou, sous l'an 1589. — Mézerai. — *Mœurs et humeurs de Henry de Valois*. — *Les Arch. curieuses de l'Hist. de Fr.*, collection de Cimber, Ire série, t. XIII. — *Journal de Lestoile*.

239 Bouche, *Essai sur l'hist. de Provence*.

invisible pour les petites gens. Le peuple de Salon est encore persuadé qu'il se fit descendre vivant dans un caveau avec des livres, des plumes, de l'encre, du papier et une lampe inextinguible, en menaçant de mort quiconque oserait troubler sa solitude.

Dès lors, travestissant son nom, il se fit appeler Nostradamus ; sur quoi un poète du temps, probablement Jodelle, mais, selon quelques auteurs, Bourbon, Bèze ou Charles Utenhove, composa le jeu de mots épigrammatique que chacun connaît, et qui peint le prophète d'une façon si vraie[240]. Quittant en même temps la prose pour les vers, il se mit à rédiger en quatrains ses prédictions sur toutes sortes de sujets, ou plutôt ses rêveries sans sujet ; car on peut révoquer en doute, la plupart du temps, s'il a voulu dire quelque chose. Il employa un langage tellement énigmatique, que personne n'y put rien comprendre, ce qui n'était pas un défaut d'habileté. Ne trouvant plus l'astrologie des faiseurs d'almanachs suffisamment digne de lui, il s'éleva jusqu'à la grande astrologie, et se mit en tête d'écrire l'histoire de l'univers depuis son époque jusqu'en l'an 3791, ainsi qu'il le dit lui-même. Il divisa son travail par centuries, dont les sept premières parurent à Lyon en 1555 ; la vogue qu'elles obtinrent le décida à publier les trois dernières dans la même ville en 1558.

Cependant ses confrères en astrologie, comme jadis ses confrères en médecine, prétendaient qu'il n'était qu'un ignorant, et qui plus est, le prouvaient sans réplique. Son almanach pour l'an 1557, entre autres, est rempli des fautes les plus grossières et les plus ridicules. Un de ses confrères d'Avignon, du nom de Laurent Vidal, les releva avec dureté, et lui prodigua à cette occasion les épithètes d'ignorant, d'âne et de grosse bête[241].

Catherine de Médicis et Henri II le mandèrent à la cour et le défrayèrent largement : le roi lui compta 200 écus d'or et le pria d'aller à Blois rendre visite à ses enfants. Le duc de Savoie et Marguerite de France, sa femme, allèrent le consulter sur la grossesse de la duchesse, qui devint bientôt après mère du célèbre Charles-Emmanuel. Le gouverneur de Henri IV lui conduisit ce jeune prince, et l'astrologue vaticina que l'enfant deviendrait roi et régnerait longtemps. Malheureusement pour la France, la seconde partie de la prédiction ne devait pas se réaliser.

Il eut le pressentiment de sa mort, car il écrivit sur les éphémérides de Jean Stadius, quelques semaines seulement auparavant ; *Hic prope mors est* ; mais il y fut trompé de 17 mois à son désavantage. Au retour d'un voyage à Arles

---

[240] Nostradamus cum falsa damus, nam fallere nostrum est.
Et cum falsa damus, nil nisi nostra damus.

[241] *Déclarations des abus et ignorances de Michel Nostradamus*, par Laurent Vidal, d'Avignon. À Avignon, 1558, in-8°.

auprès de Charles IX, dont il était le médecin ordinaire, il écrivit dans ses présages du mois de novembre 1567 :

> De retour d'ambassade. Don du roi, mis au lieu.
> Plus n'en fera. Sera allé à Dieu.
> Parents plus proches, amis, frères du sang.
> Trouvé tout mort près du lit et du banc.

On le trouva mort le 2 juillet 1566 sur un banc, au bord de son lit. C'est la plus claire de toutes ses prédictions.

Le siècle était à toutes les pratiques de la magie : on ne parlait que de noueurs d'aiguillette pour toute espèce de fins : pour empêcher le mariage, pour arrêter un cheval lancé à la course, un moulin en mouvement, empêcher des chiens de prendre le gibier, et on portait toute espèce d'amulettes, on prenait toute espèce de moyens, comme de faire passer les chiens par une tonnelle, afin de se garantir contre ce sortilège redouté. Au lieu de chercher le remède à une maladie, la cause d'un accident, on s'en prenait à un nouement d'aiguillette, et tout était dit, quand la justice ne s'en mêlait pas. Une année, tous les chiens et les chats des environs de Riom ayant été atteints de la rage mue, on crut à une ligature, et un pauvre religieux le paya de sa vie. Le grand juge de l'Ancre se vante d'avoir fait brûler une multitude de noueurs d'aiguillette.

À côté des noueurs d'aiguillette étaient les donneurs de philtres. Le roi des Romains, Frédéric III, dit le Beau, mourut en 1330, empoisonné par un philtre que lui donna une des dames de la cour, dans le dessein de conserver à son mari l'attachement du monarque. Valentine de Milan empoisonna de même l'infortuné Charles VI, dont la folie dura 28 ans et causa tant de maux à la France[242]. L'empereur Charles IV mourut d'un philtre, qui lui fut donné par sa femme, la duchesse de Clèves. Pierre Lotichius, l'un des meilleurs poètes de l'Allemagne, décédé en 1560, le célèbre graveur Henri Gaud, d'Utrecht, demeurèrent hébétés pour toujours par l'effet de semblables potions. Par un abus plus criminel encore que la tentative même, les magiciens, qui savaient préparer ces dangereux breuvages, y mêlaient par surabondance les choses les plus saintes. Si la justice n'eut pas assez de bûchers, certainement l'enfer a assez de feux, et Satan doit être satisfait.

Il y avait aussi de prétendus préservatifs contre cette sorcellerie, mais puérils, en place de moyens curatifs. Suivant le récit de Jules Capitolin, l'empe-

---

[242] Juvénal des Ursins, *Hist. de Charles VI*. — Bonincontri, *Annales*. — Bokelius, *de Philtris*. — Calcagnini, *Amatoriæ magiæ compendium*.

reur Antonin sut en trouver un plus efficace, pour guérir Faustine de son amour insensé à l'égard d'un gladiateur : il fit décapiter le laniste, et commanda que l'impératrice passât entre la tête et le tronc.

Joint à tout ceci les prédictions, pronostications et prophéties sur la fin du monde, sur un nouveau déluge, sur la naissance prochaine ou déjà effectuée de l'antéchrist, et le peuple était entretenu dans des alarmes perpétuelles. Albumazar avait signalé les années 1355 et 1376 comme devant être des plus dangereuses pour l'univers. Arnauld de Villeneuve adopta ces dates, la première pour la naissance de l'antéchrist, 1a seconde pour le terme de la durée du monde. Mais, ces années s'étant écoulées inoffensives, un astrologue allemand, du nom de Jean de Lubec, refit les calculs, et trouva que l'antéchrist naîtrait le 10 mars 1504, à 6 heures 4 minutes du soir[243].

Régiomontan indiqua un nouveau déluge pour l'an 1524, et la fin du monde en 1588. Jérôme Savonarole s'empara de la prédiction, et la lança au milieu des préoccupations de l'Italie à l'approche des guerres avec la France. Jean Stofler et Gaspard Bruck s'en emparèrent de leur côté, et la mirent en vers. Savonarole l'inséra dans le *Liber mirabilis*, ample recueil des prédictions les plus menaçantes et les plus propres à remuer les imaginations italiennes. Le *Liber mirabilis* fut imprimé à Paris dès l'an 1520, réimprimé en 1523, puis à Rome en 1524. Les faiseurs d'almanachs recueillirent toutes ces sornettes et en ajoutèrent de leur façon. L'inquiétude et la terreur gagnèrent partout ; on vit en différentes contrées de l'Europe des gens prudents préparer des barques et les fournir de provisions, pour affronter le nouveau déluge. Blaise d'Auriol, professeur de droit à l'école de Toulouse, en conserva une avec son gréement sous un hangar jusqu'à sa mort, arrivée en 1540[244].

Tel est donc le règne de Satan et son œuvre au milieu de l'univers : mentir pour tromper, et tromper pour égarer ; entretenir le trouble, pour distraire les âmes des choses utiles ou saintes ; guider les insensés sur les voies qui mènent à la dépravation, à l'homicide, à la profanation ; faire naître les espérances criminelles, les aider par des moyens chimériques ou pernicieux ; agiter, agiter sans fin ni trêve la malheureuse humanité ; aussi peu soucieux de ses amis que de ses adversaires, et n'ayant d'amis que pour les perdre.

Mais c'est là le beau côté de son règne ; il nous reste des choses plus affreuses à révéler.

---

243 Albumazar, De magn. conjonct., tract. III, diff. 8. — Symphorien Campège, in ejus vita. — Liber prophetiarum, Mss. Bibliot. de l'Arsenal.

244 Voir notre *Dict. des Prophéties*, aux art. *Prophéties politiques, Liber mirabilis, Savonarole, Antéchrist, Fin du monde, Papes.*

Sabbat de sorcières. Chronique de Johann Jakob Wick (XVIe siècle)

CHAPITRE XVII

§ Ier — Associations, affiliations et sectes sataniques

Pendant le XVe siècle, les sociétés sataniques se multiplièrent en France, ou plutôt par toute l'Europe, d'une manière prodigieuse. L'ordonnance de 1490 contre les magiciens, par suite de laquelle le prévôt de Paris en rendit lui-même une seconde avec un grand appareil en 1493, fit découvrir la profondeur de la plaie dans la capitale même de la France et dans les lieux de son ressort, car le zèle des délateurs ayant été excité par la promesse du quart des amendes, il arriva de tous côtés des révélations et des preuves convaincantes. Les officiers de justice n'osèrent plus tolérer les abus, par crainte de paraître de connivence ; les personnes étrangères aux désordres, mais qui les connaissaient, n'osèrent plus se taire, par crainte de passer pour complices. Aussi les magistrats accomplirent pendant ce siècle et le suivant la plus épouvantable besogne qui se soit jamais vue.

Une lettre du pape Pie II au clergé du diocèse de Tréguier, à la date de 1459, prouve que la Bretagne était alors universellement infestée. « Il est parvenu à notre connaissance, dit le souverain pontife, que la plupart des habitants du duché de Bretagne se sont laissé surprendre aux séductions du démon. Il y a dans cette province, ajoute-t-il, une multitude de personnes qui se mêlent d'annoncer l'avenir, de guérir les maladies par la puissance des enchantements, ou de les faire naître. Non contentes d'exercer un tel métier, et de se livrer aux actions les plus répréhensibles, elles imposent à tout le monde le célibat, comme d'une nécessité absolue pour le salut. » Ces paroles révélatrices nous font voir là ces mêmes gnostiques qui existèrent dès les premiers âges du christianisme et en opposition avec lui ; et l'existence, si répandue et probablement plus ancienne du gnosticisme en Bretagne, y explique la présence des cacouacs que nous y avons signalée ; on y appela ainsi les cagnards et les autres membres des races maudites.

Aux VIIIe et IXe siècles, les gnostiques d'Italie, abusant, pour justifier leurs désordres, de ce passage de l'Évangile : *Tous les péchés de l'homme procèdent de son cœur*, en concluaient que tous les actes autrement accomplis ne sont pas des péchés. Aux Xe et XIe siècles, les gnostiques des provinces de Champagne et de Brie se rejetaient, pour légitimer les leurs, sur les malédictions prononcées par l'Évangile contre la chair ; ils en concluaient que la chair était l'œuvre du péché, et qu'ainsi le seul péché, ou du moins le plus grand de tous, était la naissance d'un homme. Aux XIVe et XVe, les lollards, abusant des passages bibliques relatifs aux péchés qui se commettent sur la face de la terre, enseignaient que Dieu ne s'occupe pas de ceux qui se commettent au-dessous.

On ne croira pas maintenant qu'une dogmatique si grossière et si bête ait pu séduire des multitudes et se faire accepter comme règle de conduite, comme doctrine rationnelle peut-être ; et cependant ce sont des faits. L'imprégnation démoniaque, communiquée par le contact, s'étendant de proche en proche, et produisant une espèce d'ivresse des sens et de la raison, est la seule explication plausible d'un pareil phénomène.

Alors, ces mille et mille infortunés qui furent livrés aux flammes sur tous les points de l'Europe, n'étaient donc pas des criminels, mais des malades que la médication et les secours spirituels de l'Église auraient pu ramener à la raison ? — C'est notre avis sous beaucoup de rapports, et nous croyons qu'il n'y eut de logique et de sensé que les guerres qui leur furent laites, lorsque la société se trouva en péril. On fait une battue contre les loups, on prendrait les armes contre l'invasion des fous d'un hospice ; mais il n'y avait que la moindre part pour les juges.

De cette fois encore, le mal était venu en France par l'Italie, ou du moins c'était l'Italie qui l'entretenait et le ravivait. Les districts de Côme, de Bergame et de Brescia étaient infestés au plus haut degré. C'étaient bien en effet des gnostiques, que ces magiciens auxquels le pape Léon X reprochait par la bulle *Honestis* les crimes de renonciation à Dieu, au chrême et au baptême, l'immolation de petits enfants, l'adoration du démon sous une forme sensible, les maléfices et les sortilèges de toutes sortes. Lorsque Bernard de Retegno, envoyé comme inquisiteur en 1505 dans ces provinces par le pape Jules II, y eut établi son tribunal, il constata que les poursuites duraient déjà depuis plus d'un siècle et demi, sans avoir apporté remède au mal. Et le mal y était si grand, dit Spina, que l'inquisiteur et ses six vicaires eurent à faire le procès à plus de mille personnes par année, et en livrèrent plusieurs centaines aussi chaque année au bras séculier. Or il ne faut jamais perdre de vue que les inquisiteurs ne livraient au bras séculier que ceux des accusés qui avaient commis des crimes prévus par les lois civiles et qui se montraient incorrigibles, et qu'ils ne faisaient le procès qu'à ceux des pécheurs qui n'avaient pas profité des quarante jours de grâce pour prendre un billet secret d'indulgence et de rémission, ou qui en avaient abusé.

Dans le comté de Burbia, près Côme, il fut constaté que ces malheureux servaient dans leurs festins de la chair de petits enfants. L'inquisiteur de Côme intenta à cette occasion un procès par suite duquel quarante et une personnes subirent le supplice des flammes. Un plus grand nombre l'avaient évité en se réfugiant dans le Tyrol.

Le Tyrol lui-même, et en particulier la vallée de l'Oglio, n'étaient pas moins infestés. L'inquisiteur Barthélémy de Homate ayant assisté une nuit à un sabbat avec le podestat de Mandrisio et le notaire de l'inquisition, pour mieux se rendre compte de ce qui s'y passait, ces misérables les battirent si bien tous les trois, qu'ils en moururent peu de jours après. Le seul témoignage qu'ils purent rendre avant de mourir était d'avoir vu une multitude de personnes de tout âge, et le démon qui se faisait adorer.

En 1517, il y eut de nouvelles poursuites, et un grand nombre des habitants de la vallée de l'Oglio furent livrés aux flammes. Il en résulta une révolte et des poursuites pour cause de sédition ; mais bientôt la justice n'était plus en force de se faire respecter et de faire exécuter ses arrêts ; le tribunal des Dix, à Venise, évoqua l'affaire et la pacifia, mais sans corriger personne, car en 1523, et par ordre de Léon X, il y eut encore des poursuites aux environs de Côme, toujours contre les mêmes sectaires, renonçant au baptême, prenant Satan pour leur seigneur et maître, foulant aux pieds la croix et les choses saintes, jetant des sorts sur les hommes et les animaux.

Saint Charles Borromée, évêque de Milan, entreprit lui-même une mission dans la vallée de Mesolieno, au pays des Grisons. À force de prédications, de patience et de persévérance, il ramena un grand nombre de pécheurs et rétablit l'ordre, sans pouvoir gagner toutefois onze vieilles femmes, plus entêtées que les autres, plus habituellement livrées aux pratiques sataniques, et le prévôt même de Rovereto, qu'il fallut abandonner à la justice des inquisiteurs[245].

Nous avons déjà dit en quel état se trouvaient la Suisse allemande et les provinces rhénanes en 1488, et les ravages des lollards en Autriche et en Bohême. Le désordre se prolongea dans la Franconie[246], car il y eut encore cent cinquante-huit personnes livrées aux flammes pour crime de magie et d'adoration de Satan dans l'année 1627 et les deux années suivantes.

Dans la Frise, le Mecklembourg, la Russie orientale, au cœur même du protestantisme, les bûchers dévorèrent chaque jour de nouvelles victimes pendant les XVe et XVIe siècles.

La contagion pénétra jusque dans les montagnes de la Scandinavie, et éclata en premier lieu dans le district d'Elffdale. En 1559, elle apparut à Mohra et dans les contrées environnantes ; les habitants demeurés intacts prièrent

---

245 Giussano, *Vie de St Charles Boromée.*

246 Partie de l'Allemagne centrale qui, à peu de chose près, forme aujourd'hui la Bavière. Maximilien Ier ayant divisé l'Allemagne en dix cercles, l'un d'eux prit le nom de Franconie et conserva cette forme jusqu'à l'entier anéantissement de l'ancienne constitution germanique, par Napoléon, en 1806.

eux-mêmes le gouvernement de recourir à des moyens prompts et vigoureux pour l'arrêter. On envoya donc une commission composée d'ecclésiastiques et de séculiers pour informer et prendre les mesures nécessaires : et il fut constaté que le seul bourg de Mohra comptait soixante-dix magiciennes, et qu'elles avaient communiqué le charme ou imprégnation démoniaque à trois cents enfants. Trente-huit, tant des unes que des autres, subirent le dernier supplice ; trente-six enfants passèrent par les verges et vingt autres furent condamnés à une pénitence publique[247].

À ces grandes et universelles douleurs, la levée de boucliers des réformateurs vint adjoindre des maux plus grands encore. La réforme était une idée qui courait dans l'atmosphère et qu'on respirait avec l'air, un mot qui se trouvait dans toutes les bouches, soit à bonne ou à mauvaise intention, mais enfin dans toutes les bouches. Réformer quoi donc ? Réformer l'Église dans son chef et dans ses membres, suivant le langage convenu, c'est-à-dire tout le monde, depuis le pape jusqu'au décroteur du village, par tout l'univers. Certes l'entreprise était grande, et d'autant plus difficile, que tout le monde voulait être réformateur, sans que personne voulût être réformé. Mais quoi encore : le dogme chrétien ? Toute réforme à cet égard était, est et sera toujours impossible ; la moindre réforme l'anéantirait : du moment qu'il serait réformable en un seul point, ce ne serait plus un dogme divin, mais un dogme humain, et dès lors ce ne serait plus le christianisme. Veuille ou non la superbe raison, pour peu qu'elle fasse brèche au dogme, il ne lui reste plus que des scories. Réformer les mœurs ? Il y avait ample matière, mais c'est justement ce que chacun demandait pour autrui.

Une question secondaire, celle de l'abus des indulgences, soulevée par l'ambition froissée d'un moine qui n'avait pas été chargé de prêcher les nouvelles qu'on produisait alors, fit éclater la mine. Ce fut une traînée de poudre qui s'embrasa en serpentant sur la face de l'Europe à partir de l'an 1518. Tous les réformateurs, aussi ennemis les uns des autres que de l'Église même qu'ils entendaient réformer, chacun à son point de vue, s'unirent pourtant dans une négation commune, qu'ils exprimèrent par un seul mot, celui de protestants. Ils protestaient à des points de vue très divers, mais tous contre le même objet : savoir, l'Église catholique. Depuis trois siècles et demi, le protestantisme est resté ce qu'il était d'abord : un mille ou un million de négations de l'unité capitale du christianisme : l'Église. D'abord les négations se groupèrent par catégories ; maintenant elles s'individualisent et deviennent toutes personnelles. Tant mieux : là où la communauté du symbole n'existe plus, il n'y a plus d'armée à combattre, mais des soldats isolés.

---

[247] Glanvil, Sadducismus triumphatus. — Görres, *Mystique*, liv. VIII.

L'histoire du protestantisme ne nous appartient pas, il nous suffit d'avoir signalé sa naissance, et de rappeler quels torrents de sang il fit verser. Que de mines il accumula ! Que de discordes civiles il suscita ! Que de combats sanglants, acharnés il fit naître ! Que de haines, de vengeances, de meurtres isolés ou collectifs ! Et quel fonds d'aversion et de haines aveugles et réciproques, persévérantes jusqu'à nos jours et indéfiniment entre les enfants d'un même père, qui est Dieu, les disciples d'un même maître, qui est le Christ, les nautoniers tendant vers un même port, qui est le ciel ! Quelle ample moisson pour Satan ! Quels triomphes pour sa cause ! Quel bonheur pour lui, s'il pouvait être heureux, même en contemplant les maux qu'il fait à l'humanité !

Et qu'on ne croie pas que le protestantisme émancipa l'humanité et vint la soustraire à la tutelle de Satan : c'est le contraire ; qu'il réforma les mœurs en faisant disparaître les pratiques sataniques : c'est le contraire ; qu'il supprima les procès pour cause de sorcellerie, qu'il régularisa les formes, adoucit la jurisprudence: c'est le contraire ! C'est le contraire ! Jamais on ne s'occupa autant de Satan que dans te protestantisme à ses débuts ; jamais la justice ne fut plus impitoyable, plus acharnée, plus brutale.

Et d'abord, Luther le premier mit Satan en relief : tout ce qui s'opposait à sa manière si changeante de voir, était diabolique ; tous ses adversaires étaient des suppôts du diable ; il dit que le diable avait étouffé Œcolampade[248], ce qui scandalisa fort les Suisses ; en 1533, il publia sa conférence avec le diable au sujet de la messe.

Satan sortit donc des enfers, évoqué par le protestantisme, et tout fut proclamé satanique dans la foi antique du chrétien : la messe et les sacrements, les cérémonies et la liturgie, les images et les saints, la hiérarchie céleste et terrestres, les livres, la théologie, tout enfin. Depuis le pape et les cardinaux, jusqu'aux donneurs d'eau bénite des églises, l'eau bénite elle-même et l'aspersoir, tout devint suppôt du diable et diabolique. Le pape fut proclamé antéchrist, et Rome la bête à sept têtes.

Les procès pour cause de sorcellerie ne tombèrent donc pas en désuétude dans l'église raisonneuse et émancipée ; loin de là, animée d'une haine toute jeune et vigoureuse contre l'Église catholique et contre Satan, elle s'arma du glaive à deux tranchants, et fit une bien autre besogne que l'inquisition ; nous en verrons tout à l'heure les preuves. L'inquisition ecclésiastique fut relevée par une inquisition laïque de juges séculiers, beaucoup plus âpres à la curée des sorciers ; et si quelqu'un y gagna, ce fut Satan, car son nom fut préservé de l'oubli, et des hécatombes de victimes humaines lui furent immolées.

[248] Jean Husschin (ou Jean Häusgen) dit Œcolampade (1482-1531) est un réformateur, humaniste et prédicateur suisse-allemand, d'origine wurtembergeoise.

Les anabaptistes parurent en même temps que les protestants, et vinrent ajouter d'affreux désordres, pour le coup des désordres véritablement sataniques, à tous ces désordres.

La plupart des écrivains considèrent les anabaptistes comme un produit du protestantisme ; mais les protestants les repoussent comme des étrangers indignes de leur famille et qui n'en ont jamais fait partie ; ils ont raison en fait et en droit ; et c'est Mosheim qui est dans le vrai : les anabaptistes ne sont point des protestants. La levée de boucliers du protestantisme donna lieu à celle de l'anabaptisme, voilà tout. Si les origines de cette dernière secte sont si obscures, c'est qu'elles ont pour berceau les forêts, les masures et les cavernes où les lollards et les autres affiliés des œuvres sataniques cachaient leurs mystères.

Thomas Muncer[249] et Nicolas Storck[250], fondateurs de l'anabaptisme, furent pendant quelque temps auditeurs de Luther ; mais ils ne tardèrent pas à s'en séparer, sous prétexte que sa doctrine n'était pas assez avancée. Elle ne l'était pas assez en effet pour eux, car de tout le christianisme ils ne voulaient conserver que le baptême des adultes, et non pas encore comme moyen de régénération, mais comme signe d'initiation : moyennant ce signe et la foi, le salut était assuré, quelles que fussent les œuvres ; quant à la foi, ils n'expliquaient ni le sens, ni la portée de ce mot.

Les anabaptistes remplirent promptement la Westphalie, la Maravie, la Suisse, la Thuringe, la Souabe, la Franconie, les Pays-Bas ; on en vit dans l'Italie. Partout où ils se trouvèrent en nombre, ils prêchèrent la liberté absolue de tout frein et de toute autorité ; partout où ils se trouvèrent en force, ils se soulevèrent, et prêchèrent l'extermination des puissances de la terre, en particulier des princes, des nobles, des magistrats, des évêques, des prêtres, des moines, et se mirent en train de l'exécuter. Les pays furent bientôt couverts de sang et de ruines. Toutefois la répression ne se fit nulle part ni longtemps attendre : c'était pour chacun et pour tous le cas de légitime défense.

Pourchassés et traqués de tous côtés comme des bêtes fauves, ils parvinrent à se réunir en trois corps d'armée, d'un effectif de plus de quarante mille hommes. Le comte de Valpurg en défit un en 1525 à Lippehen. Les débris de celui-ci, réunis au second, s'emparèrent de Vinsperg, en Franconie,

---

[249] Thomas Münzer (souvent orthographié en français : Müntzer ou Muntzer, ou encore Munzer, ou en Latin : Muncerus), né en 1489 (ou 1490), décédé le 15 mai 1525, est un prêtre itinérant et un des chefs religieux de la guerre des paysans en Allemagne au XVIe siècle. C'est un dirigeant révolutionnaire et l'un des grands protagonistes de la Réforme.

[250] Célèbre hérésiarque né en Saxe, s'attacha d'abord à la doctrine de Luther, qu'il abandonna pour former la secte des anabaptistes. Voyant ses partisans proscrits, il se retira en Silésie, puis en Souabe et en Franconie, où il souleva les paysans contre leurs seigneurs. Il mourut dans la misère vers 1530.

où ils se livrèrent au plus affreux pillage, et firent main basse sur le clergé, les magistrats et les nobles. Le même comte de Valpurg y courut et les extermina. Il extermina ensuite le troisième corps à Engelstadt, près Virtzbourg.

Ces défaites, loin de décourager les anabaptistes de la Thuringe, excitèrent leur fureur. Muncer lui-même, de Mulhausen, où il avait établi sa résidence, entretenait leur ardeur en leur promettant des merveilles. Le comte de Mansfeld commença par leur faire subir un premier échec, après lequel l'armée des princes confédérés les joignit à Frankuse le 15 mai de la même année, en tua 7500, et prit le reste prisonniers dans la ville même de Frankuse, où ils avaient cherché un refuge. Muncer y fut pris, et bientôt après décapité avec deux des chefs de la révolte.

Après ces événements, ils se disséminèrent dans la Suisse, la basse Allemagne, la Westphalie, la Frise, la Hollande. En même temps, une bande de plus de trente mille envahissait l'Alsace et la mettait à feu et à sang. Le duc de Lorraine, avec moins de six mille hommes, marcha au-devant et en défit vingt mille à Saverne ; ceux qui furent faits prisonniers insultèrent les soldats qui les avaient vaincus, et ceux-ci les massacrèrent. Deux jours auparavant, le 18 mai, le comte de Guise en avait défait et passé par les armes un corps de six mille, retranchés dans le bourg de Lauffestein. L'électeur Palatin en détruisait un autre corps à Pétersheim, près Worms.

Mais nous ne pouvons raconter tous les détails de ce drame, long et épouvantable ; ils appartiennent bien plus à l'histoire universelle. Il nous faudrait encore parler du féroce Jean de Leyde[251], qui se trouva à son tour chef de l'anabaptisme après Muncer, qui s'empara de la ville de Munster, où il se fit déclarer roi, d'où il fit rayonner ses missionnaires vers les différents points des pays germaniques, et où il fut tué à la prise de la ville le 24 juin 1535, après avoir soutenu un siège de seize mois. Disons plutôt ce qu'étaient les anabaptistes.

Véritables suppôts de Satan, véritables gnostiques, atteints au plus haut degré de l'imprégnation démoniaque, il n'y avait plus pour eux ni raison ni raisonnement, ni sens ni pudeur, ni frein ni discernement. On en vit des troupes affecter les plus honteuses nudités, en faire ostentation, des bandes, des villages pratiquer comme moyen de salut la promiscuité bestiale, des corps entiers mêler du sang humain à leur breuvage, pour s'exciter par un

---

[251] Hans Bockhold, dit Jean de Leyde, du nom de sa ville natale, fut chef des anabaptistes de Münster (Westphalie) (Leyde 1509 - Munster 1536). Envoyé comme apôtre à Münster par son maître Jan Matthijs, Jean de Leyde parvint à convertir la ville à sa foi. Après l'exécution de Matthijs aux portes de la ville assiégée (avril 1534), il se proclama « roi de Sion », confirma la communauté universelle des biens et des personnes (la polygamie). Quand Munster fut reprise par son évêque, Jean de Leyde périt dans les tortures.

pacte commun à l'extermination de tout ce qui ne pensait pas comme eux. Extermination, liberté de tout dire et de tout faire, communauté de tous biens et de toutes personnes, et le ciel pour récompense, telle était leur foi, leur morale, leur but.

Mais ces gens étaient-ils des brigands ? Nullement ; ils étaient convaincus, convaincus d'établir ainsi le royaume de Dieu, et ils y allaient avec une pleine et entière bonne foi. S'il en avait été autrement, on n'en aurait pas vu plus de trois cents se laisser mourir de faim dans des cavernes après la bataille d'Engelstadt, invoquant le ciel par les actions qui leur étaient ordinaires, espérant que les anges viendraient les nourrir, ou que du moins ils mourraient martyrs. On n'en aurait pas vu trois cents autres monter sur une montagne près d'Appenzell, invoquer le ciel de la même façon, dans l'espérance qu'ils allaient y être enlevés en corps et en âme. On ne les aurait pas vus, dans la plupart des combats, marcher à l'ennemi sans armes, à moitié armés ou seulement armés de bâtons, sous prétexte que tels étaient les combats apostoliques, et que Dieu combattait pour eux. Ceux qui combattirent à Frankuse avec Muncer, n'auraient pas cru que ce chef recevrait toutes les arquebusades dans sa manche.

Jean de Leyde était un grand extatique ; il avait des extases de trois jours de durée. Muncer était un grand extatique ; l'archange saint Michel s'était incarné en lui. Storck était un grand extatique ; Dieu lui avait donné pour seconde âme l'archange Gabriel. Balthasar Hubmeyer, qui évangélisa la Suisse, était un grand extatique ; Psiffer, adjudant de Muncer, était un grand extatique. Gaspard Schwenkfelds était un grand extatique ; il disait que toute l'Écriture, y compris l'Évangile, n'était qu'une lettre morte auprès de ses visions et de ses révélations.

Mais tout cela était-il sérieux ? Oui, ils le croyaient de bonne foi ; sans cela ils auraient pris leurs précautions, et n'auraient pas commis toutes les imprudences qui les conduisaient, eux et les leurs, à l'extermination. L'on n'aurait pas vu parmi eux des troupes de deux ou trois cents personnes tombant à la fois en extase, et prophétisant comme des énergumènes sans but et sans objet.

Les anabaptistes étaient divisés, comme les anciens gnostiques, en trois classes : les simples fidèles, ou pneumatiques, se conduisant par l'esprit et non plus par la lettre des Écritures : cet esprit était celui de leurs inspirations ; les purificateurs, ou plutôt purifiés, nommés aussi cathares, pour lesquels le péché n'existait plus ; et enfin les enthousiastes, en euchètes, véritables prophètes, jouissant des visions surnaturelles et des révélations divines. Mais, pour arriver à ce degré, il fallait de bonnes et sérieuses preuves de fidélité à la secte, de grandes épreuves, de longs jeûnes, des austérités effrayantes, puis enfin l'imposition des mains et l'insufflation de l'esprit. Avant les expéditions et les combats, ils s'imposaient aussi mutuellement les mains et s'insufflaient l'esprit, quoique à un moindre degré, mais toujours assez pour se précipiter hors d'eux-mêmes et comme en proie à une hallucination frénétique ; toutefois cet état n'était pas de longue durée.

Les anabaptistes se divisèrent en plusieurs sectes rivales, qui s'excommunièrent même les unes les autres. Il se retrouva des sectes millénaristes.

Ceux de nos jours sont de mœurs plus douces et plus pures ; ils sont moins sataniques que leurs ancêtres, mais ils cultivent toujours l'art de l'extase, n'ont point d'autres prédicateurs que leurs extatiques, ni d'autres règles de foi que leurs visions.

Lorsqu'il s'agit de combattre ces excès les armes à la main, le devoir était tracé et le discernement facile ; lorsqu'il s'agit de les réprimer judiciairement, c'était tout autre chose. Nous allons suivre maintenant la société chrétienne dans cette seconde voie.

§ II — Jurisprudence ecclésiastique en matière de sorcellerie

Il règne une grande erreur relativement à la part que l'Église était appelée à prendre dans les procédures pour cause de sortilège. On lui impute volontiers les rigueurs dont les magiciens furent victimes. Il est vrai cependant qu'elle ne s'en mêlait pas, du moins en France, depuis longtemps, c'est-à-dire depuis le quatorzième siècle, époque à laquelle les parlements s'attribuèrent exclusivement la connaissance de ces sortes de causes. L'Église n'ayant à sa disposition rien de plus que les peines canoniques, son action s'éteignit en même temps que celles-ci tombèrent en désuétude.

Il n'y avait d'exception que pour les États romains, où les tribunaux et les lois participent à un si haut degré de la nature civile et de la nature religieuse en même temps.

Dans les pays d'inquisition, le Saint-Office connaissait à différents degrés du crime de magie. Dans les États de l'Église, à Venise, en Espagne, en Portugal, à Goa, ce crime était de son ressort jusqu'à l'emprisonnement perpétuel inclusivement ; le surplus regardait les magistrats séculiers. Le Saint-Office, en leur remettant les coupables, sollicitait leur indulgence, spécialement en ce qui concerne la peine de mort et la mutilation ; mais ce n'était qu'une formule insignifiante et purement traditionnelle.

Toutefois il ne faut pas considérer l'inquisition comme un tribunal d'Église ; quoiqu'il fût composé le plus souvent de personnes ecclésiastiques, ses services étaient acquis à la société laïque, ou même à la politique, beaucoup plus qu'à l'Église, et les évêques de toutes les parties du monde chrétien le considérèrent toujours avec déplaisir. À Goa, l'établissement de l'inquisition avait été conçu dans un but mercantile : celui d'éloigner la concurrence commerciale de l'Angleterre et de la Hollande ; à Venise, dans un but de surveillance et de police : les inquisiteurs étaient nommés par les magistrats civils, plusieurs étaient choisis parmi les laïques, et le tribunal devait se maintenir dans une indépendance absolue de la cour de Rome. En Espagne et en Portugal, le but était également moins religieux que politique : il s'agissait d'étouffer dans leur germe toutes les causes d'agitations et de discordes ayant la religion pour objet. Et ces buts différents furent partout atteints de la manière la plus complète.

Il parait qu'en Allemagne l'inquisition limitait ordinairement son action aux cas d'hérésie. Jacques Sprenger, nommé inquisiteur en 1484 avec Henri Institor pour les diocèses de Brème, de Mayence, de Cologne, de Trêves, de Salzbourg et dans la haute Allemagne, réprimande même vertement ses confrères d'Espagne et de Portugal, de s'écarter du but de leur saint institut, en poursuivant d'autres crimes. Il est vrai que cette réprimande s'éloigne considérablement elle-même des termes de la bulle d'institution et de l'*Édit de la foi*[252], qui devait servir de règle à tous les inquisiteurs, et dont ils rappelaient les prescriptions par des affiches publiques au moment de leur entrée en fonctions. Sprenger démontre ensuite aux évêques qu'ils pourraient se décharger sur le juge laïque de toute procédure concernant le crime de magie ; il leur conseille de le faire, et leur en indique les moyens, qui consistent à revenir à la discipline canonique de l'Église. Au surplus, finit-il par dire, qu'ils s'en arrangent comme bon leur semblera, c'est leur affaire ; pour nous, cela ne nous regarde pas ; mais il trace néanmoins les règles à suivre pour procéder en pareil cas.

L'institution de l'inquisition avait eu en effet un principe différent. Établie d'abord à Toulouse, pour faire la *recherche*, ainsi que son nom l'indique, mais seulement la recherche des albigeois, qui, semblables aux manichéens, leurs ancêtres, se cachaient avec un grand soin sous les apparences trompeuses du catholicisme, afin d'échapper à la persécution, sa mission était clairement circonscrite et spécialement définie. Ce ne fut donc que par extension qu'on put l'appliquer dans la suite à des questions d'un autre ordre.

De cette origine découla sa manière de procéder, car elle ne pouvait accomplir son œuvre qu'en provoquant la délation et en gardant le secret le

[252] ...O s'ingiriscano in qual si sia esperimento di magia, o negromanzia incantesimi, o altre simili superstiziose azioni, e massime con abuso di cose sacre.

plus rigoureux. Le but primordial était de rechercher les hérétiques pour les convertir, et non pour les persécuter ; mais de la certitude acquise que telles ou telles personnes étaient infestées d'hérésie, à leur séquestration pour les catéchiser, et les soustraire aux dangers de leurs relations habituelles, le pas était glissant, et de là à une pénitence, puis à une punition plus ou moins sévère à l'égard de ceux qui se montraient récalcitrants ou qui retombaient, la pente était plus glissante encore ; d'autant plus que les édits des premiers empereurs chrétiens, qui prononçaient des châtiments contre l'hérésie, et spécialement contre celle-ci, formaient toujours autorité, ou plutôt n'avaient pas cessé d'être considérés comme des lois toujours applicables, partout où il n'y avait pas été formellement dérogé. Un tribunal se trouva donc ainsi tout formé, avec une jurisprudence toute faite et une juridiction déterminée.

Plusieurs princes chrétiens s'empressèrent de l'introduire dans leurs États ; car il est bon de remarquer que l'initiative ne vint pas du côté de la cour de Rome, malgré la grande influence que le Saint-Office devait donner à la papauté, à cause des exemptions des inquisiteurs et des appels directs de leur tribunal à celui du souverain pontife. Ainsi ce fut l'empereur Frédéric II qui le premier prit les inquisiteurs sous sa protection spéciale, dès l'an 1224, dans un édit contre les hérétiques, alors même que l'inquisition n'était pas encore définitivement constituée. Elle ne le fut qu'en l'an 1249, à Toulouse, sur la demande du comte Alfonse, frère de saint Louis. Venise réclama ensuite des inquisiteurs, et passa à cet effet un concordat avec le souverain pontife en 1289. Ferdinand l'établit à nouveau en Espagne en 1483, après qu'il en eut chassé les Maures, et désigna lui-même au choix de Sixte V le fameux Thomas de Torquemada. Depuis lors la cour de Rome n'y réclama jamais d'autres droits que celui de confirmer la nomination du grand inquisiteur, qui choisissait ensuite et nommait directement ses assesseurs dans toute la monarchie[253]. Ce fut sur les instances du roi Jean III que le pape Paul III l'établit en Portugal en 1535, sur le même pied qu'en Espagne. On sait que c'est pour avoir voulu l'introduire les armes à la main dans les Pays-Bas, que Philippe II perdit les Provinces-Unies.

La manière de procéder du Saint-Office était la même que celle de nos juges instructeurs, avec plus de sévérité dans les formes et plus de précautions pour arriver à la connaissance de la vérité. Le juge instructeur sait qu'il existe au-dessus de lui un tribunal qui réparera ses erreurs, ou complétera l'information ; l'inquisiteur ne devait s'en rapporter qu'à lui-même pour le tout. On pourra déclamer sur ses préjugés théologiques et ses haines religieuses, mais on n'oserait discuter sa conscience de juge et de prêtre catholique. Il est

[253] Fleury, *Instit. au Droit ecclésiast*, t. III, c. 9.

convenu d'appeler du nom d'affreux cachots les prisons de l'inquisition ; il est vrai cependant qu'elles n'eurent rien de plus affreux que les autres prisons de la même époque ; c'est plutôt le contraire ; mais qui s'est jamais bien trouvé en prison ? L'inquisition d'Espagne forma seule une déplorable exception à la règle générale par ses rigueurs excessives, sa jurisprudence sanguinaire et l'appareil religieux de ses autodafés ; mais c'était l'œuvre de la politique, dont elle fut le trop servile instrument.

L'inquisiteur commençait ses informations soit sur le bruit public, soit sur la notoriété des faits, soit en vertu de dénonciations. L'arrestation préventive n'avait lieu qu'après que le juge s'était fait une conviction basée sur les affirmations de *plus de deux témoins irréprochables*, non compris le dénonciateur. Deux témoins ne formaient encore qu'une présomption. L'on appelait témoins irréprochables, ceux dont la foi ou les mœurs n'avaient jamais été l'objet d'aucun soupçon. La déclaration de témoins reprochables, celle des parents, des serviteurs, des ennemis, ne formaient jamais qu'une simple présomption ou une forte présomption ; le témoignage d'un ennemi capital n'était pas reçu. Le serviteur était admis, à titre de renseignement, à déposer pour ; l'époux et les enfants, à déposer contre. Celui qui avait manifesté sa haine par des actes de violence ou des menaces, ou qui devait avoir de graves raisons de haïr, était réputé ennemi capital. Il arrivait de là que la personne même des témoins était soumise à une inquisition non moins rigoureuse que celle des accusés.

Le délateur s'obligeait à prouver les faits à peine du talion, ou les donnait comme de simples renseignements ; il devait, dans l'un et l'autre cas, ainsi que les témoins, tous entendus séparément et à l'insu les uns des autres, signer sa déposition ; les dépositions étaient reçues par un notaire, assisté d'un greffier, de deux témoins choisis parmi des personnes considérables, et en présence d'un membre du Saint-Office. Tous les cinq devaient signer à la minute.

L'inculpé était entendu dans ses moyens de défense. On lui faisait part des charges, en taisant les noms propres ; il avait droit de se choisir un procureur ou un avocat ; mais ils devaient être agréés par le juge. Une copie du dossier leur était communiquée, à l'exclusion du nom des témoins, à moins que ceux-ci n'y consentissent. On croyait, en gardant un secret si rigoureux, obtenir des révélations plus complètes, et on voulait soustraire à des vengeances personnelles les témoins, que l'inquisition n'avait nul moyen de protéger ; car il n'en était pas partout comme en Espagne, où elle disposait de solides prisons, de nombreux familiers, et au besoin de la force armée. Le procureur et l'avocat pouvaient conférer avec l'accusé, récuser les témoins, autant qu'il leur était permis de soupçonner ou de connaître leurs noms. Ils étaient admis à discuter les charges, et à établir, dans les procès pour cause de magie, que les faits allégués étaient purement naturels ou accidentels.

Si l'inquisition ordonnait la question, si elle prononçait la peine de l'emprisonnement ou de l'exil, la flagellation et la confiscation des biens, c'était en exécution des lois civiles, et en sa qualité de tribunal d'une nature mixte; mais elle s'arrêtait devant l'effusion du sang, vu la qualité des juges. Le renvoi devant une cour laïque n'était prononcé que dans les cas d'homicide. En l'absence de l'homicide, la peine était celle de l'emprisonnement, et seulement des pénitences canoniques, lorsque l'accusé n'était que véhémentement soupçonné; c'est-à-dire lorsque le juge avait acquis une conviction parfaite de la culpabilité, mais sans pouvoir en obtenir la démonstration juridique par les moyens et les procédures en usage devant le Saint-Office.

L'accusé légèrement soupçonné était mis hors de cause.

Tout accusé gravement soupçonné était admis à se purger par serment et par preuves testimoniales de bonnes vie et mœurs. La sentence d'absolution ne déclarait jamais l'innocence de l'inculpé, mais seulement l'absence des preuves, de sorte que la procédure pouvait être reprise, ou plutôt continuée dans une autre circonstance. En cas d'appel au tribunal du souverain pontife, le juge qui avait porté la sentence révisait lui-même le procès, afin de décider s'il y avait motif suffisant à l'appel; et c'est ici peut-être une des plus graves imperfections de la jurisprudence du Saint-Office, car personne n'est apte à juger ses propres jugements.

D'après les constitutions de Léon X, de Sixte V, de Grégoire XV, d'Urbain VIII[254], fondement de la jurisprudence en matière de sortilège, les coupables encouraient la note d'infamie, et devaient être condamnés à la pénitence publique. La rechute dans les mêmes crimes entraînait la peine d'excommunication, sans préjudice de la dégradation et de la perte de tout bénéfice pour les clercs, ainsi que de peines corporelles, toutes les fois qu'il y avait lieu, c'est-à-dire quand à la magie se joignaient la profanation des choses saintes ou le dommage d'autrui. Les coupables devaient accomplir la pénitence à la porte des églises, en certains jours de fête, revêtus de tuniques de toile, marquées, devant et derrière de croix d'étoffe rouge de trois palmes de hauteur sur deux de largeur.

Au reste, tout ceci ne regarde pas la France, car l'inquisition n'y fut jamais établie sérieusement, sauf à Toulouse, pour la Provence seulement. Il est vrai que quelques tentatives eurent lieu pendant les règnes de François Ier et de Henri II, mais sans succès. Le parlement de Paris demanda à plusieurs

---

[254] Les bulles Supern., Leonis X; Cœli et terræ, Sixti V; Omnipotentis Dei, Gregor III XV; Inscrutabilis, Urbani VIII.

évêques des lettres de vicariat en faveur de quelques-uns de ses conseillers clercs, qu'il établit ensuite inquisiteurs pour la foi, et qui furent confirmés en cette charge par un bref de Clément VIII en 1525. Henri II fit un édit pour la vérification d'un autre bref, qui instituait l'inquisition en France de la même manière que dans les États pontificaux ; mais les guerres civiles et les édits de pacification empêchèrent l'exécution de la mesure. Le cardinal de Lorraine et le duc de Guise, son frère, fatiguèrent Catherine de Médicis des démarches les plus pressantes dans le même but, sans obtenir d'autre résultat que la publication de l'édit de Romorantin, qui attribuait aux prélats la connaissance des crimes contre la foi, et aux juges séculiers l'application de la peine encourue par les coupables.

Il y avait bien dans certains diocèses un ou deux ecclésiastiques revêtus du titre d'inquisiteurs de la foi ; mais leurs fonctions se bornaient à approuver ou à condamner des livres, et à connaître des cas de possession du démon ; ce titre était quelquefois décerné par les évêques eux-mêmes, comme faisant partie des attributions de leur officialité. Et c'était un point des libertés de l'Église gallicane, on devrait dire ici des servitudes, admis dès la fin du seizième siècle, de n'avoir point en France de tribunaux de l'Inquisition, et qu'aucun inquisiteur ne pût exécuter ses jugements et ses captures sans l'aveu du pouvoir séculier.

L'inquisition de Toulouse n'était plus représentée au dix-septième siècle que par un frère prêcheur, honoré du titre d'inquisiteur de la foi, recevant une modique pension qui y était annexée, et ne faisant aucune des fonctions inhérentes à sa charge. L'évêque de Perpignan portait encore une croix blanche et noire sur ses habits pontificaux, en mémoire du Saint-Office ; il n'en restait que ces seuls souvenirs.

Les évêques avaient toujours le droit d'informer sur les cas de magie ; mais les juges laïques, seuls en puissance de faire exécuter la loi, n'avaient égard qu'à leurs propres informations ; seulement ils consentaient à s'adjoindre un membre de l'officialité, quand l'inculpé était une personne ecclésiastique, et renvoyaient quelquefois au tribunal de l'Église, lorsqu'ils ne trouvaient pas d'autre crime qualifié : ce qui était presque une dérision, puisqu'il était de principe admis, en France, que la puissance de l'Église ne s'exerçait ni sur les corps ni sur les biens des fidèles[255].

---

[255] Cf. Moreri, art. *Inquisition*. — Sprenger, *Malleus*, IIIe partie., 1re quest. — Joannis Devoti, *Inst. canon.*, I, III, tit. 13 et 14. — Louis de Héricourt, *les Lois ecclésiastiques de France*, passim. — Durand de Maillane, *Dict. canon., art. Inquisition*, et passim.

§ III — Préjugés en matière de sorcellerie

Cet épouvantable désordre dans les mœurs publiques n'était surpassé que par le désordre dans les idées qui régnaient alors : la société en était venue à ne plus pouvoir se rendre compte elle-même de ce qui se passait sous ses yeux. Les phénomènes intermittents de l'imprégnation démoniaque, la puissance de nuire qu'elle communiquait à ceux qui en étaient atteints, l'usage qu'ils en faisaient parfois, leurs visions extatiques, qu'ils donnaient et qu'ils prenaient eux-mêmes pour des réalités, la communication de l'imprégnation par voie de contagion, tout cela déroutait le sens et le jugement public. Les mœurs abominables de ces sortes de gens, leurs pratiques sacrilèges, leurs sabbats nocturnes, l'habileté de beaucoup d'entre eux dans l'art des Locuste, leurs renonciations à Dieu et au baptême, et leurs adorations adressées au diable, inspiraient l'horreur et la haine. Les merveilles réelles mais démoniaques qu'ils opéraient parfois, les rendaient un sujet de terreur plus encore que d'admiration.

La plupart ne comprenaient rien eux-mêmes à leur état, et prenaient pour des réalités les rêves de leur imagination. On en a vu en France, en Espagne, en Italie, à Wurtzbourg, à Ingolstadt, s'accuser d'avoir donné la mort à des gens demeurés bien portants, et en renouveler l'aveu jusque sur le bûcher devant les prétendues victimes, venues pour assister à leur supplice. On en a vu affirmer qu'ils étaient allés au sabbat la nuit précédente, qu'ils y avaient mangé de la chair de petits enfants, et que, pour ce faire, le diable leur avait ôté les fers des pieds et des mains, et qu'il les avait emportés et rapportés. Ils nommaient les personnes avec lesquelles ils s'étaient trouvés, avec lesquelles ils avaient dansé ; et, ce qui est plus étrange, il est arrivé souvent que ces personnes en sont convenues et ont donné les mêmes détails. Or le malheureux, surveillé pendant la nuit dans son cachot par les gardiens et quelquefois par le magistrat, dans sa maison même par des témoins, n'avait pas bougé, sauf les mouvements convulsifs d'un sommeil extatique, provoqué par des liniments, souvent même en l'absence de tout liniment. Et si on lui affirmait qu'il ne s'était pas éloigné un seul instant, il répondait : le diable vous a déçu, comme il fait toujours en pareil cas ; il avait mis à ma place l'apparence de moi-même ; car ils convenaient d'être des gens diaboliques.

Aussi les magistrats avaient-ils perdu le sens, de même que le public. Il suffit, pour s'en convaincre, de jeter les yeux sur les traités de jurisprudence relatifs à cette question composés par de l'Ancre, par Henri Boguet, Nicolas Remy, la Roche-Flavin, Florimond de Rémond ; sur la *Démonomanie* de Bodin, et mieux encore sur les *Arrêts notables* conservés par de l'Ancre. Quelle déraison ! Quelle cruauté dans la magistrature ! L'Église, à qui on avait enlevé le droit de juger, n'était que trop vengée.

Il était impossible de se justifier d'une accusation de magie : si l'accusé répondait avec assurance et fermeté, c'était une bonne preuve contre lui, car le démon seul lui inspirait cette audace ; s'il répondait les yeux baissés, c'est que le juge l'avait regardé le premier, le tenait ainsi sous son influence, et que celle de Satan se trouvait neutralisée ; parlait-il bas ? C'était la preuve des preuves : cela s'appelait, en termes de jurisprudence démoniaque, *marmotter entre les dents*. Si l'accusé ne répondait pas du tout, la preuve était meilleure encore : il avait fait avec Satan *un pacte de silence*, pour se sauver, mais les magistrats y mettraient bon ordre. On le rasait jusqu'à l'écorchement, pour trouver ce *pacte*, qui pouvait être écrit sur un carré presque imperceptible de papier ; et si on ne le trouvait pas, c'est que le sorcier l'avait avalé. L'accusé pleurait-il ? C'était une preuve de culpabilité : il reconnaissait donc sa faute. Ne pleurait-il pas ? Il était coupable à bien plus forte raison : c'est que le démon, qui est de la nature du feu, tarissait en lui la source des larmes.

Henri Boguet, grand juge au comté de Bourgogne, dans son livre intitulé *Discours exécrable des sorciers*, imprimé en 1603, conjure les magistrats de ne pas épargner ces sortes de gens ; il leur affirme que sur cent accusations pour crime de magie, il y en a à peine une de controuvée ; il leur recommande d'interroger l'accusé aussitôt après son arrestation, afin que le démon, qui a pris la fuite par peur des gens d'armes, n'ait pas le temps de revenir. Il ne veut pas qu'on épargne même les enfants des magiciens, parce que fils de sorcier est sorcier ; seulement, comme ces pauvres enfants ne sont pas coupables, il permet qu'on les étrangle au lieu de les brûler.

Lorsque le savant Pigray, médecin de Henri III, fut envoyé par la cour avec plusieurs collègues, pour constater l'état mental de quatre malheureux condamnés, en faveur desquels on avait appelé devant le parlement, alors séant à Tours, ils affirmèrent dans leur rapport qu'ils avaient trouvé, non des malfaiteurs dangereux ni des criminels, mais « de pauvres gens dépravés d'imagination, dont les uns ne se souciaient de mourir et les autres le désiraient, et qu'il était plus convenable de les purger que de les brûler[256]. » Le parlement n'osa refuser d'infirmer la sentence qui les condamnait. Mais le premier président de Thou eut soin d'insérer dans l'arrêt que cette résolution, bonne pour ceux-ci, ne tirait point à conséquence, et qu'il n'y faudrait avoir égard en pareille matière.

La magistrature pouvait-elle descendre plus bas dans la déraison ? Oui, puisqu'elle fit peser les accusés, pour juger par le poids ceux qui étaient sor-

[256] Pigray, Epitome, liv. tIII, ch. 10.

ciers et ceux qui ne l'étaient pas. Un sorcier, étant rempli de la substance satanique, qui est légère et tend à s'élever, pareillement à la flamme, doit être plus léger qu'un honnête homme, à corpulence égale : tel était le raisonnement. Après les avoir pesés, on les baigna, pour plus de précautions, car il se trouvait une seconde considération des plus importantes : ils doivent être déjà plus légers que l'eau, et de plus l'eau est une substance pure, elle a horreur de ce qui est impur, et par conséquent elle doit rejeter l'impureté satanique.

Ceci est la preuve qu'on apercevait à pleins yeux l'imprégnation démoniaque dans les malheureux que l'on qualifiait du nom de sorciers ; mais un tel moyen de la constater est des plus étranges, et les supplices par lesquels on la punissait dans ceux qui s'en trouvaient être victimes plutôt que coupables, sont plus déplorables encore. Au surplus, cette expérience donna les plus incroyables résultats.

On attachait les accusés bras et jambes croisés, les pouces des mains liés aux gros orteils, et on les jetait à l'eau en cet état ; or il arrivait que la plupart revenaient à la surface sans pouvoir enfoncer, quelque volonté qu'ils en eussent, car il était dans l'intérêt de tous d'être submergés. L'on vit des familles entières se faire baigner ainsi par précaution ou pour se purger de tout soupçon, être déférées ensuite aux magistrats, ou fuir le pays sous le poids de la honte et de la répulsion publique.

Une très célèbre épreuve de ce genre eut lieu à Dinteville, en Champagne, l'an 1594. Elle eut assez de retentissement, pour que le parlement crût devoir en évoquer la connaissance : tout examiné, et sur le rapport de l'avocat général Servin, il cassa les sentences déjà rendues, avec inhibition à tous juges d'user de tels moyens à l'avenir. Mais l'inhibition ne produisit pas son effet, car on continua de baigner les sorciers pendant tout le siècle suivant. Une grande et solennelle épreuve par l'eau, en présence de notaire et de greffiers, fut encore pratiquée en 1696, à Montigny-le-Roi, près d'Auxerre, à la demande de beaucoup de personnes, qui avaient cru se purger par ce moyen de soupçons injurieux, et qui n'y trouvèrent qu'une plus grande concision, parce qu'elle tourna contre eux. L'affaire prit une telle importance et acquit un tel retentissement, que le conseil de régence fut obligé d'en évoquer la connaissance. Il annula les procès-verbaux et défendit, sous des peines graves, de plus recommencer ; mais il ne put rendre l'honneur à une multitude de familles qui l'avaient perdu, et dont plusieurs émigrèrent et changèrent leur nom.

C'est le médecin allemand Jean Wier qui fit connaître de tels usages à la France, par la publication de son livre des *Prestiges des démons*, qui parut en 1568. Ils existaient de longue date en Allemagne, où déjà ils avaient la consécration que donne à tous les usages comme à tous les abus la controverse des savants. Il était impossible, en matière de sorcellerie, d'obtenir la preuve complète des faits; cependant la société chrétienne fourmillait de sorciers, ce qui constituait un danger public en même temps qu'un danger personnel pour chacun des membres; que faire, et où trouver des moyens naturels de discernement? Ce phénomène singulier, inexplicable, ou du moins inexpliqué jusqu'ici, mais bien des fois constaté depuis, notamment par Plater à l'égard des infanticides, et par Esquirol à l'égard des fous démoniaques, avait été remarqué; on le prit pour un indice.

Jean Reick, magistrat de Bonn, montra, dans un savant ouvrage, que Dieu, qui protège la justice et les juges, avait institué en leur faveur ce moyen de discernement. Adolphe Scribonius, médecin paracelsiste, lui vint en aide: J'ai assisté maintes fois à de telles expériences, disait-il; j'ai constaté les résultats et cherché la raison naturelle, sans pouvoir la trouver; il n'y en a évidemment qu'une: c'est que le démon communique à ses suppôts sa nature volatile et légère. Herman Neuvalds répondit de point en point à toutes les raisons; mais Pierre Osterman reprit la question à un autre point de vue, et établit, à l'aide des stigmates, autre phénomène dont nous parlerons bientôt, que Dieu traçait véritablement la voie aux magistrats, en les éclairant par des moyens tangibles et perceptibles. Jean Jourdan, chanoine de Bonn et savant théologien, entra ensuite en lice, et montra aux juges que c'étaient eux-mêmes, et non les sorciers prétendus, qui faisaient un pacte implicite avec le démon, en cherchant des preuves d'un ordre extranaturel dans des faits d'un ordre naturel. Comment terminer une question posée de la sorte, et comment en sortir[257] ?

Il aurait fallu s'avouer à soi-même qu'on marchait dans les ténèbres, ou suivre les enseignements de l'Église; mais l'Église, on l'avait écartée. La Sorbonne avait posé les véritables bases de toute bonne procédure sur la matière dans un décret solennel du 15 septembre 1391. Il ne se peut pas, disait-elle aux magistrats, que vos opinions ou vos préjugés tiennent lieu de motifs de jugement; laissez plutôt un coupable en liberté, que de condamner un innocent. Mais, direz-vous, la justice manquera donc à sa mission? Nullement: ce n'est pas la justice qui manque au devoir, c'est la preuve qui manque au juge. *In impunitis, non jus, sed probatio deficit.*

En Hollande, on pesait les sorcières dans une balance; celles qui pesaient moins de 13 à 15 livres du pays, eu égard à leur corpulence, étaient suffisamment convaincues. L'addition du poids de Satan était censée en moins, et, par une seconde erreur, on confondait les possédées avec les sorcières.

---

[257] Rikius, de Examine sagarum ... *Ibid.* Responsio Herman. Neuvald. Francof., 1586, in-4°. — Ostermanni Comment. de Stigmat. colon. 1626, 4°.— Jordani Disput. brevis de proba Stigmat. colon. 1630, 4°. — Scribonius, De sagarum natura, Merpurg. 1588, 8°.

L'épreuve par l'eau froide n'était pas moins commune en Angleterre qu'en Allemagne, et elle y fut pratiquée jusqu'en 1712 ; alors le grand juge Parker la défendit, à l'occasion de la mort d'une pauvre femme, qui se trouva noyée de la sorte, et qui périt ainsi quoique innocente : elle était innocente, puisqu'elle avait pu être submergée. On nous pardonnera ces détails ; nous ne révélons rien ; ce sont des faits publics.

§ IV — La guerre aux sorciers

Nous venons de dire avec quels préjugés et dans quelles dispositions les magistrats montaient au prétoire de la justice ; aussi accomplirent-ils une œuvre dont le seul souvenir fait frémir. Nous ne dirons rien des milliers de procès particuliers qui se traînèrent devant les mille juridictions locales qui divisaient alors la France et les divers États de l'Europe, et se terminèrent presque toujours sur le bûcher ; le compte en serait impossible à faire ; nous parlerons préférablement des exécutions en masse ou par coupe réglée.

Le savant Nicolas Remy, qui exerça les fonctions de la magistrature en Lorraine au commencement du XVIe siècle, se vante d'avoir condamné à mort neuf cents sorciers dans l'espace de 15 ans, sans compter ceux qui évitèrent une semblable condamnation par la fuite ou par leur constance à ne rien avouer dans les supplices. Grégoire affirme que le parlement de Toulouse fit périr au moins quatre cents sorciers en 1577, et en condamna une multitude d'autres à de moindres peines. De l'Ancre ajoute, dans ses *Arrêts notables*, que le zèle des magistrats ne s'était pas refroidi depuis lors, et que cette cour avait continué de poursuivre la magie avec autant d'ardeur qu'aucun parlement de France. La seule année 1606 vit brûler cinquante sorciers dans la ville de Douay.

Aucun magistrat ne déploya jamais peut-être un zèle plus ardent contre la magie que Pierre de l'Ancre lui-même. Commissionné en 1609 avec le président d'Espagnet, pour purger de sorciers le pays de Labour, il en fit brûler au moins cinq cents. À l'arrivée des commissaires, l'effroi se répandit dans la contrée, et une multitude de personnes compromises dans des assemblées de débauche s'enfuirent en Espagne. À mesure qu'elles revinrent, elles passèrent en jugement. L'effroi redoubla. La crainte, inspirée par ces redoutables sorciers qu'on poursuivait avec tant de rigueur, s'ajouta à la crainte qu'inspiraient les juges, et on vit les villageoises se rassembler pour passer la nuit dans les églises, de peur que le démon ne les emportât malgré elles au sabbat. « Nous avons vu, dit le juge qui causait ces terreurs, tant de pauvres affligés, qui nous portoient leurs enfants, que les sorciers leur ostoient la nuict d'entre les bras, par le moyen du dyable, pour les mener au sabbat, tant de pauvres enfants et filles qui veilloient la nuict dans les églises, tant de villages estant en mesme peine, et faisant mesmes plaintes ! »

Tandis que le président de l'Ancre et le conseiller d'Espagnet accomplissaient cette œuvre en France, l'inquisition d'Espagne, provoquée par leur exemple et leurs incitations, retrouvait aussi un peu de zèle : c'est elle qui leur livra les listes des fugitifs et celles des suspects demeurés dans le pays de Labour. De son côté, elle entreprit des poursuites, et l'on vit à Logrono, en 1610, un autodafé, dans lequel parurent 53 personnes, tant mortes que vivantes, car on comprit cinq morts dans le procès et on brûla leurs ossements. On brûla avec eux six personnes vivantes, en tête desquelles une certaine Marie de Rocaia, qui était la grande directrice des œuvres sataniques de la province et la dame de tous les sabbats. Les quarante-deux autres se partageaient par moitié entre des pénitents qui devaient terminer leur conversion en prison, et des pénitents réconciliés, coiffés de la mitre de papier, et qui devenaient libres après avoir participé à l'affreuse cérémonie. Tout ceci est terrible, mais moins pourtant que la justice séculière, qui ne faisait pas de quartier.

Un autre magistrat, Florimond de Rémond, écrivait à peu près dans le même temps son *Traité de l'Antéchrist*, dans lequel il disait, en parlant de ce qui se passait à Bordeaux sous ses yeux : « *Les bancs destinés aux criminels devant nos cours de justice ne sont occupés que par des gens accusés de magie ; les juges ne sont pas en assez grand nombre pour instruire les procès. Nos prisons regorgent. Il ne se passe pas un jour sans que nos tribunaux retentissent des sentences de mort que nous sommes obligés de prononcer, et sans que nous retournions dans nos maisons déconcertés et épouvantés par les horribles aveux qu'il a été de notre devoir d'entendre. Et le diable est regardé comme un si bon maître, que, quel que soit le nombre de ses esclaves que nous livrions aux flammes, il en renaît toujours de leurs cendres un nombre suffisant pour prendre leur place.* »

Il est pourtant de moins tristes exemples, et on vit des tribunaux résister courageusement à l'aveuglement général. Vers le milieu du XVIIIe siècle, le peuple en émoi sur tous les points de la Bourgogne, et attribuant aux maléfices des sorciers la perte des récoltes et l'inclémence des saisons, arrêtait les étrangers, les personnes suspectes, les assommait ou les jetait impitoyablement dans les rivières. Un jeune berger, presque idiot, surnommé le petit Prophète, jouait un rôle important dans ces cruelles exécutions : on lui conduisait de tous côtés les gens ainsi arrêtés, et il décidait, en les regardant à l'œil, s'ils étaient ou non magiciens. L'égarement de la multitude était si grand, que beaucoup de gens qui craignaient d'être sorciers sans s'en douter, allaient le consulter, pour savoir à quoi s'en tenir. Les officiers de la justice n'osèrent pendant quelque temps lutter contre le préjugé, de peur d'être massacrés ;

mais enfin, se mêlant au torrent pour le diriger, ils parvinrent à soustraire à la fureur populaire un grand nombre de malheureux, en les mettant en prison, sous prétexte d'instruire l'affaire, mais en réalité pour attendre le moment où il serait permis au parlement de Dijon de les élargir sans danger.

Parmi tant de procès, il en est à peine quelques-uns qui se distinguent à des traits plus saillants ou dignes d'intérêt ; tous se ressemblent, tous sont propres à exciter le plus profond dégoût : on n'y voit que des scènes de sabbat, des empoisonnements et des relations incroyables avec le démon. Nous n'en mentionnerons que deux ou trois, qui eurent plus de retentissement, ou qui présentent des singularités mémorables.

En 1571 eut lieu celui du terrible sorcier Trois-Échelles, qui se termina, comme toujours, par une sentence capitale. Déjà une fois Trois-Échelles avait été menacé du bûcher, mais il avait su l'éviter à force d'adresse. Son nom retentit par toute la France ; Charles IX voulut le voir. Le magicien se livra, en présence du monarque, à quelques exercices du métier ; entre autres, il fit passer un à un dans sa main tous les anneaux d'une chaîne d'or placée à une grande distance. Lorsqu'ensuite on alla s'assurer que la chaîne n'était plus à sa place, on l'y trouva au contraire tout entière, ce qui émerveilla fort la cour. Charles IX fit grâce au magicien, à condition qu'il révélerait ses complices. Trois-Échelles, affilié aux associations secrètes, et ne pouvant sauver ses collègues qu'en impliquant dans l'affaire un grand nombre d'innocents, prit ce parti ; il nomma près de douze cents personnes, et déclara qu'il y en avait plus de trente mille autres encore dans le reste de la France. Les prisons se remplirent ; mais comme il devint impossible de débrouiller ce que le prétendu révélateur avait si bien embrouillé, et de donner suite à une pareille procédure, il fallut relâcher tout le monde, au grand déplaisir de certains magistrats, et surtout de Bodin, qui s'indigne qu'on n'ait pas traité comme ils le méritaient « des gens qui confessoient des meschancetés si exécrables, que l'air en estoit infect[258]. »

Trois-Echelles n'était cependant qu'un écolier, en comparaison du fameux et infortuné Desbordes, valet de chambre du duc de Lorraine Charles IV.

Desbordes tira un jour d'une petite boîte à triple fond un copieux dîner pour son maître et pour tous ses gens pendant une partie de chasse ; ensuite il ordonna à trois suppliciés de descendre du gibet, et de saluer la compagnie, ce qu'ils firent à l'instant. Dans une autre circonstance, il commanda aux personnages représentés sur une tapisserie de s'en détacher, et de venir au

---

[258] Trois-Échelles n'était pas ecclésiastique, quoi qu'en dise Mézeray (sous l'année 1574), qui le nomme mal à propos *des Échelles*. Voltaire n'a pas manqué de répéter cette calomnie ; mais, par suite de l'ignorance dont le prétendu savant a donné tant de preuves, il l'appelle *Séchelles*. (V. *Henriade*, c. V, note H.)

milieu de la salle rendre leurs hommages au duc, ce qui s'accomplit également aussitôt.

Il en coûte quelquefois bien cher à qui veut se donner une certaine réputation d'habileté ; Desbordes en fit la triste expérience. La mère de Charles IV étant morte d'une manière qui surprit tout le monde, on y soupçonna de la magie, et le nom de Desbordes fut prononcé tout bas. Il se manifesta des maladies épidémiques, auxquelles la médecine ne connut pas grand-chose ; on ne manqua pas d'y voir encore de la magie, et d'y chercher la main de Desbordes.

Ce n'est pas que le duc de Lorraine fût des plus crédules ; mais Desbordes était compromis par la voix publique ; il laissa donc les informations suivre leur cours. Il y avait d'ailleurs sous ce procès une intrigue qui pesa d'un certain poids dans la balance. Desbordes entretenait d'intimes liaisons avec un sieur Lavallée, grand chantre de la cathédrale de Nancy ; or celui-ci était en même temps accusé de quelques désordres d'un autre genre, qui devaient le conduire au supplice, et qui n'auraient pas eu ce dénouement sans une cause plus éloignée encore. Charles IV, d'un caractère volage, vivait en mauvais termes avec sa femme, et voulait divorcer. Il n'y avait aucunes raisons d'annuler le mariage ; mais, pour en créer une, il pensa à faire annuler le baptême de la duchesse, sous prétexte qu'il avait été conféré par le mauvais et impie grand chantre. Ne pouvant y parvenir, il se divorça de lui-même, et laissa condamner Desbordes. C'était en 1628.

À la fin du même siècle, un autre procès pour la même cause n'eut pas moins de retentissement : celui de deux bergers de la Brie, nommés Hocque et Bras-de-Fer ; car les bergers se livraient d'une manière spéciale aux pratiques de la magie. Ceux du Berry, notamment, en faisaient une profession ostensible ; ils engageaient leurs services à condition de préserver les troupeaux du loup par la vertu des maléfices ; ceux de la Brie s'entendaient en outre pour rançonner les éleveurs. Aussitôt que l'épizootie se déclarait dans une bergerie, on envoyait chercher le sorcier qui savait lever les charges ; ordinairement ce sauveur était désigné par le pâtre lui-même, auteur du maléfice. Il venait, il faisait des prières, des conjurations, se livrait à des jeûnes et à des austérités. La mortalité cessait, pour recommencer ailleurs, ou un peu plus tard au même lieu. En attendant, les complices s'étaient partagé le prix convenu. On a même été jusqu'à dire que des fermiers se faisaient ainsi ruiner en apparence, afin d'avoir les terres à bail gratuit pendant quelques années, sous prétexte de les remonter.

En 1687, un fermier de la terre de Pacy ayant renvoyé son berger, nommé Pierre-Nicolas Hocque, il se déclara une grande mortalité dans ses troupeaux. Hocque, accusé de ce crime, fut condamné au feu par le tribunal de Brie-

Comte-Robert ; mais la cause étant revenue en appel devant le parlement de Paris, les juges amendèrent la sentence, et commuèrent la peine du bûcher en celle des galères à perpétuité. Cependant, la mortalité ne cessant pas, un compagnon de chaîne fut gagné à prix d'argent, et fit parler Hocque, tandis qu'il était encore à la Tournelle avant son départ : Hocque déclara avoir employé la charge appelée les neuf conjurements ; mais il se repentit bientôt de son indiscrétion, et tomba dans un profond désespoir, en affirmant qu'il mourrait au moment où le charme serait levé. Sur cette indication, un autre berger du pays, nommé Louis Bras-de-Fer, n'eut pas de peine à trouver la charge ; il la leva et la jeta à la rivière. Au moment même, Hocque expirait à la .prison de la Tournelle dans les plus affreuses convulsions.

Hocque laissait des enfants et des amis qui voulurent venger sa mémoire ; la mortalité redoubla d'intensité et s'étendit à d'autres troupeaux ; il en résulta de nouveaux procès aux nombreuses péripéties ; mais la plus étonnante est celle par laquelle Bras-de-Fer, impliqué à son tour et condamné aux galères, termina sa carrière de magicien. Le navire qui l'emportait avec d'autres compagnons, s'arrêta en vue des côtes d'Espagne. Les matelots, s'en prenant de ce calme subit aux magiciens qu'ils transportaient, les battirent à merci. Bras-de-Fer demanda grâce et promit de faire partir le navire. Dès qu'il fut libre, il tourna du bout de son pied une pierre qui se trouvait sur le pont ; le vent se leva, et le navire partit en effet ; mais le malheureux avait été si maltraité, qu'il mourut le lendemain ; les flots reçurent son cadavre dans le détroit de Gibraltar.

Ce dernier événement n'est affirmé toutefois que par un mémoire de la partie civile ; mais le premier, relatif à la mort de Hocque, paraît juridiquement constaté.

Un procès pareil à celui de Trois-Échelles avait eu lieu à Liège en 1595, à l'encontre d'un pauvre moine du couvent de Stablo, nommé Jean de Vaux, mais avec cette différence, que Jean de Vaux était une victime de l'imprégnation satanique, et non un criminel.

Ce moine était marqué aux épaules des stigmates du diable ; il avait des hallucinations, des extases ; il voyait à distance, s'accusait de tous les crimes, et s'excusait devant ses juges de tous les accidents fâcheux qui leur arrivaient auprès ou au loin, comme s'il y avait assisté. « *Ce n'est pas moi, leur disait-il, ni mon démon qui avons été cause de cela. Il dénonça plus de cinq cents magiciens ou complices prétendus. D'un autre côté, on lui attribuait tous les accidents fâcheux, maladies et mortalités, qui étaient arrivés ou qui arrivaient dans le pays, et il convenait souvent que c'était de son fait. Cependant il disait aussi parfois à ses juges : N'allez pas trop loin ni trop vite ; je vous dis certainement la vérité, et pourtant il me semble que c'est un rêve. J'étais là et là ; j'y faisais ceci, cela encore, et pourtant je suis sûr de n'être pas sorti de mon couvent ; comment cela se fait-il ? Je n'y comprends rien.* »

Jean de Vaux se conduisit avec une piété admirable dans sa prison pendant les cinq années que dura le procès. Il fut décapité en vertu de ses propres aveux ; mais les juges n'osèrent continuer les poursuites à l'égard des complices qu'il avait dénoncés. Et pourtant l'aveu ne pouvait tenir lieu du corps du délit, pas plus contre lui-même que contre les autres.

Le diocèse de Trêves n'était ni plus tranquille ni moins infesté. Les juges, après avoir brûlé un grand nombre de ces malheureux qu'on appelait du nom de sorciers, furent brûlés à leur tour, entre autres Flade, recteur de l'université, et l'un des plus ardents à la poursuite, en 1586. Des bourgeois, des échevins, des chanoines, des curés, des doyens, y passèrent. Il ne resta que deux femmes de deux villages. En moins de sept ans, on brûla trois cent soixante-huit personnes des vingt villages les plus rapprochés de la ville.

L'Angleterre n'était pas moins agitée, inquiétée, tourmentée par les sorciers ; comme les Actes du parlement en font foi, principalement depuis l'an 1541 jusqu'en 1682, où l'on pendit encore à Exeter trois sorcières des plus criminelles. L'Angleterre n'a rien à envier sous ce rapport au continent ; il semble au contraire que les partisans de la réforme s'aidaient des sorciers et des extatiques dans leurs réunions nocturnes, pour avancer l'œuvre. Depuis l'acte du parlement de Henri VIII de 1541 jusqu'à ceux d'Élisabeth de 1562 et 1569, le nombre des procès et des exécutions capitales est incalculable ; mais là ne s'arrêta pas le zèle des magistrats. Un siècle après, le 20 janvier 1647, Howel écrivait à Spencer : « *Depuis le commencement de ces guerres inhumaines, des nuées de témoins mettent hors de doute l'existence de la magie. En deux ans seulement, près de trois cents sorciers et sorcières viennent de comparaître devant les tribunaux dans les seuls comtés d'Essex et de Suffolk, et presque tous ont été exécutés. L'Écosse est remplie de ces gens, et chaque jour y voit punir du dernier supplice des personnes de condition honorable.* » Le long parlement envoya dans le pays Hopkins, qui y fit pendre soixante personnes en moins d'une année. Les excès de sa brutalité tournèrent contre lui, car on le soupçonna lui-même, et on le soumit à cette épreuve de l'eau froide qu'il avait fait subir à tant d'autres : il surnagea et fut pendu. Grey, dans son édition d'*Hudibras*, dit avoir en sa possession une liste de trois mille personnes qui périrent pour crime de magie pendant le long parlement. On peut en croire Barrington, lorsque dans ses remarques sur le XXe statut de Henri VI, il porte à trente mille le nombre des exécutions depuis ce statut, peu de temps avant la réforme, jusqu'en 1736, où le crime de magie fut rayé du code des délits punissables par les lois civiles. C'est exactement le nombre des victimes reproché, à tort ou à raison, pendant le même espace, à l'inquisition dans les deux hémisphères.

L'Écosse obtint la prime d'honneur dans cette grande immolation de victimes sataniques.

En 1590, le roi Jacques, VIe d'Écosse et d'Angleterre, ayant éprouvé de très étranges accidents de mer à son retour de Danemark, où il était allé chercher la princesse Anne, fille de Frédéric II, qu'il avait épousée par procureur, il s'en prit aux magiciens. Le vaisseau royal avait toujours les vents contraires, quoique le reste de la flotte allât à merveille; celui qui portait les joyaux de la reine, s'abîma entre Leith et Kinghorn. Après le débarquement, il circula des bruits étranges, qui donnèrent lieu à un procès demeuré fameux. Une femme nommée Geillis Duncane fut mise à la question et fit des aveux; elle nomma beaucoup de complices, entre autres le docteur Fian, qui était le secrétaire du diable dans le royaume d'Écosse. Une des complices, nommée Agnès Sampson, révéla des choses si étranges à la torture, que le roi lui-même, qui y assistait, l'accusa d'imposture; mais, pour le convaincre, elle lui raconta ce qui s'était dit dans l'intimité entre la reine et lui, la première nuit de leur mariage. Impossible alors de ne pas la croire: le roi apprit par elle que deux cents sorcières conduites par Fian s'étaient embarquées dans des tamis la veille de la Toussaint, et étaient allées au-devant de la flotte du roi jeter un chat dans la mer. Geillis, remise à la question, confirma ces détails.

Il ne faut pas demander si les procès de sorcellerie eurent cours en Écosse à dater de ce moment. Il y en eut plus de cinquante par année, depuis 1571 jusqu'en 1625, date de la mort de Jacques VI. Le grand juge d'Écosse, lord Ballantyne, mourut d'effroi sur son tribunal pendant une évocation faite en plein prétoire. Le réformateur Knox lui-même fut accusé de magie, et son secrétaire en devint fou, de la crainte d'être recherché.

Le roi Jacques écrivit de sa main un traité de magie, pour convaincre les plus incrédules. Il y établit la réalité du pouvoir surhumain des magiciens, sauf pourtant celui de passer par l'entrée d'une serrure, car cela ressemble trop, dit-il, à la transsubstantiation des papistes. Celui qui comprend ainsi la transsubstantiation mérite pour le moins d'être le jouet des magiciens. Il convient, au VIIe chapitre du IIe livre, que, s'il y a plus de revenants parmi les papistes, il y a certainement plus de magiciens parmi les protestants, ce qui peut se prouver, ajoute-t-il, par l'exemple de l'Angleterre. En effet, les procès pour cette cause y étaient sans nombre à cette époque, et ils avaient été sans nombre et des plus retentissants pendant le règne d'Élisabeth.

L'épidémie démoniaque produisit les plus grands désordres et causa les plus grands ravages en Allemagne pendant la guerre de Trente Ans, alors que tout était désordre, licence, et que l'autorité ne pouvait exercer nulle part un empire suffisant. Nous nous contenterons d'un seul détail.

En 1616, la guerre aux sorciers commença dans le Wurtemberg par le procès d'une vieille femme, nommée Brogrutb, et surnommée la mère des sorciers, qui fit les plus épouvantables révélations, et que l'on crut sur parole, sans même se demander si ses crimes avaient existé et s'ils étaient possibles. Faire monter nombre d'orages, faire mourir nombre de grandes personnes et au moins quatre cents enfants, sans avoir jamais excité ni plaintes ni soupçons ! Sur ses aveux, on arrêta quatre autres femmes, qui les confirmèrent, et affirmèrent en plus que, dans tout le district de Gérolshofer, c'est tout au plus s'il y avait soixante personnes qui ne fussent pas souillées des mêmes crimes. On arrêta d'abord trois personnes, puis cinq, puis dix, puis quatorze, puis vingt-six ; toutes subirent le supplice. Mais comme les dernières en nommaient toujours un plus grand nombre, le duc de Wurtemberg ordonna de dresser un échafaud permanent sur la place du Marché, et d'y brûler régulièrement de vingt à vingt-cinq personnes chaque mardi, et jamais moins de quinze. Les bourreaux étaient payés à tant par tête. On trouve, sur la liste des étrangers, des enfants de neuf ans, des ecclésiastiques, des nobles, des fils de sénateurs.

Mais ceci était de la réaction, car les malheureuses victimes se vengeaient de la sorte de ceux qui s'étaient montrés impitoyables envers elles, et leur témoignage était reçu, et il était impossible d'échapper à une accusation, par la manière même dont tout était interprété contre l'accusé, sa piété comme sa mauvaise vie, son calme comme son désespoir, ses dénégations comme ses aveux.

C'est un témoin oculaire qui parle ainsi, le Père Spée, jésuite, qui dénonça en 1631 ces énormités à l'Europe et à l'Église, dans un livre intitulé *Cautio criminalis.* Cet acte de courage l'aurait exposé aux plus grands dangers, s'il n'avait eu derrière lui la société de Jésus pour le soutenir. Déjà un de ses confrères, le P. Tanner, avait cherché dans un traité de théologie à éclairer la conscience des juges ; mais il n'en avait recueilli que des menaces. Un auteur protestant, Meyfart, directeur du collège de Cobourg, traita ensuite la même question, et parla à ses coreligionnaires le langage qui leur était approprié : le bon sens reprit enfin le dessus ; la rage, la fureur tombèrent ; juges et bourreaux se donnèrent un peu de répit ; mais quoi ! à un demi-siècle de là, l'esprit humain était au point opposé de l'horizon ; les fils des juges et des bourreaux niaient l'existence de la magie, et mieux encore l'existence de Satan lui-même. Ce fut un coup de maître de la part de celui-ci, car, en se supprimant, il espérait supprimer du même coup et dans les mêmes esprits la croyance en Dieu, ce qui arriva.

Le conseil suprême de l'inquisition s'inquiéta pareillement de ce qui se passait. Il rédigea en 1657 une instruction à l'adresse de ses tribunaux, mais bien plus à l'intention des tribunaux laïques, sur qui il n'avait point d'action, et dans laquelle il mettait sous les yeux des juges les règles du droit et de la raison, cherchant à ramener dans le droit chemin l'outrecuidance de leur zèle. «*Il ne faut jamais, disait la sacrée congrégation, emprisonner ou même inquiéter quelqu'un, sans être sûr qu'il existe un corps de délit, et à moins de graves présomptions contre l'auteur supposé. Ceux qui passent pour magiciens sont en butte à des soupçons et à des haines dont il faut se délier; et il serait imprudent de recevoir contre eux le témoignage de leurs ennemis. Pourquoi tenir compte d'apparences d'autant plus trompeuses, qu'elles sont plus légères: quelle est la femme, par exemple, qui n'ait pas une aiguille perdue, cachée ou oubliée, qui ne doive pas se servir d'un pot de pommade, ou dans les effets de laquelle on n'en puisse pas cacher un? Que les exorcistes n'interrogent point le démon, et que les juges ne s'en rapportent point à ses réponses: le démon n'a pas cessé d'être le père du mensonge. Qu'on n'emploie ni suggestions, ni moyens déshonnêtes, ni tortures jusqu'au brisement des membres ou à l'effusion du sang. Qu'on voie si les aveux sont de choses possibles, et si on peut en obtenir la preuve: un aveu ou une affirmation privée de preuve ne signifie rien. Qu'on n'emploie point de torture sans avoir les plus graves indices, ni pour confirmer des jugements déjà rendus; que les cours d'inquisition n'en usent jamais, sans avoir obtenu auparavant l'autorisation de la sacrée congrégation.*» Le conseil suprême continue, dans cette longue instruction, à passer de la sorte en revue les égarements des magistrats, et à poser clairement et méthodiquement les principes judiciaires les plus sensés; il rappelle ensuite à ses tribunaux que telles ont toujours été les recommandations et les règles données aux inquisiteurs, et leur enjoint de s'y conformer.

Du côté de la France, le calme s'était fait plus tôt dans les esprits. On assistait encore à beaucoup de procès pour cause de sorcellerie, mais du moins ils étaient isolés, personnels, et provenaient de faits et de scandales constatés et publics; et lorsque les sentences revenaient en appel devant le parlement de Paris, il les soumettait à une sévère révision, pour y chercher des délits caractérisés et saisissables, tels que l'outrage à la religion, la profanation des choses saintes, l'empoisonnement et le dommage causé par des moyens également saisissables; et c'est l'esprit qui finit par prévaloir. Les parlements de province en général n'étaient pas si avancés; le crime de magie, avec lequel ils confondaient la possession démoniaque, était toujours pour eux l'ennemi capital. Sur ces entrefaites, en 1670, et à l'occasion de deux procès pour la même cause, dont le parlement de Normandie s'occupait activement, l'un relatif à des sabbats tenus à La Haye-du-Puits, au diocèse de Coutances, et dans lequel cinq cent vingt-cinq personnes furent impliquées, l'autre à des réunions semblables tenues au Pont-de-l'Arche, intervint un ordre du conseil du roi de surseoir à toute poursuite et à l'exécution des sentences déjà prononcées. Le parlement formula des remontrances vigoureuses ; mais le gouvernement n'en tint aucun compte. À vingt mois de là parut une ordonnance qui enjoignait d'ouvrir les portes des prisons à tous ceux qui étaient détenus pour la seule cause de sorcellerie, avec défense de faire de nouvelles procédures, et enfin en 1682 une déclaration législative, qui écartait définitivement le crime de magie du code des lois pénales, réservant seulement à la vindicte des magistrats les crimes et les délits commis sous ce nom ou sous ce prétexte envers la religion ou les particuliers, avec injonction à tous ceux qui exerçaient les arts vains et trompeurs de la divination et de la prétendue magie de quitter le royaume.

C'était toujours la même chose, dirent les vieux magistrats et les gens entêtés. Non, car l'esprit de la loi était changé ; la notion du péché, qu'il appartient à Dieu seul de discerner et de punir, était effacée du code des lois humaines ; la conscience publique, la religion, la vie et la propriété individuelles étaient suffisamment sauvegardées par la répression, sous les noms qui leur appartiennent, des actes qui les violent. La magie est un crime pareil à l'idolâtrie, peut-être un plus grand péché ; mais que fera la loi, si le droit individuel ou la conscience publique n'ont pas été outragés ?

Satan menait une autre œuvre de front avec celle-ci, et, à mesure que celle-ci déclinait, l'autre semblait s'élever : l'œuvre des possessions collectives, par voie de contagion. Nous allons en parler tout à l'heure ; mais il faut dire auparavant que si la notion de Satan et de ses œuvres semblait s'effacer ainsi des esprits dans les hautes régions de la société, ce n'était ni au profit de la foi chrétienne ni au profit de la morale : c'était par ostentation de force d'esprit, comme le premier pas qui devait mener à l'incrédulité en Dieu, et non en Satan ; nous en verrons les preuves à la fin du XVIIIe siècle : alors on croyait très fort en son particulier à ce Satan dont on se raillait en public, et les plus grands personnages, tout en disant très haut que la *prétendue magie* n'est rien, consultaient en secret Satan et les magiciens. C'était le siècle de la Voisin et de la Vigoureux.

Catherine Deshays, veuve Montvoisin, connue dans le public sous le nom de la Voisin, ne gagnant pas assez d'argent à son gré au métier de sage-femme, prit celui de tireuse de cartes et de magicienne : extases, visions, révélations, rien n'y manqua. Le grand monde afflua tellement et la paya si bien, qu'en peu de temps il lui fut possible de se donner un hôtel, des laquais et des équipages. La capitale n'était pas encore remise des terreurs que lui avaient causé les crimes de la marquise de Brinviliers, que déjà tous les vieillards tremblaient devant la *poudre de succession* ; ainsi nommait-on un poison inconnu, que le diable était censé administrer, et qui donnait lieu à l'ouverture des plus riches successions. La Voisin fut arrêtée avec quelques complices en 1678, et jugée par une chambre ardente séante à l'Arsenal. Elle fut envoyée au bûcher, ses complices aux galères ; mais on n'osa pas suivre le fil des crimes qu'elle avait aidé à perpétrer, trop de grandes familles et trop de grands personnages auraient été compromis d'une manière terrible.

Il n'en fut pas de même dans une seconde affaire connexe à celle-ci : une seconde magicienne, nommée la Vigoureux, qui prédisait l'avenir, vendait des pommades à différents usages et faisait voir le diable, fut arrêtée de complicité avec la Voisin et en même temps. Cette seconde affaire, conduite séparément, mena à la Bastille un grand nombre de personnes, entre autres une famille italienne tout entière, du nom de Trovato. Des gens du plus haut rang se trouvèrent impliqués dans le procès. On arrêta deux nièces du cardinal Mazarin, la comtesse de Soissons, la marquise d'Alluye, la princesse de Polignac ; on ajourna la princesse de Tingri, la maréchale de la Ferté, la comtesse du Roure. La duchesse de Bouillon et la marquise d'Alluye furent exilées ; la comtesse de Soissons s'exila ; le maréchal de Luxembourg faillit aller aux galères. Après avoir passé quatorze mois dans un cachot, un exempt de police vint l'y chercher, le conduisit et le laissa sur le pavé, sans jugement et sans autre explication, mais couvert de honte et outré de dépit ; c'est tout ce qu'il gagna à ses relations avec Satan. La religion, dont le grand monde commençait à railler les pratiques, était-elle bien vengée ?

CHAPITRE XVIII : POSSESSIONS DÉMONIAQUES

§ Ier — Possessions involontaires par contagion

De longue date, à toutes les époques peut-être, une affection démoniaque se promène sur l'Europe à la manière des épidémies, et se communique par contagion dans les lieux où le premier germe a pu éclore. Nous ne doutons pas que cette maladie ne soit toute physique dans son principe, à la manière des autres, du choléra, par exemple, ou de la peste, qui sévissent isolément ou par masses; mais elle a cela de particulier, de donner accès au démon. Cette maladie n'est pas la démonomanie, ou folie démoniaque, qui ne produit rien de plus que des extravagances, mais une véritable possession, accompagnée de tous les symptômes extranaturels qui peuvent servir à la caractériser.

La possession du couvent de Prémontré, au temps même de saint Norbert, est un des plus anciens exemples que nous ayons recueillis. C'était en 1124; saint Norbert était en cours de missions, lorsqu'il apprit que le plus grand désordre régnait dans sa maison de Prémontré: la plupart des religieux étaient devenus extatiques, visionnaires, prophètes, enthousiastes; la maison était remplie de fantômes contre lesquels ils se battaient le jour et la nuit, comme des insensés, avec le glaive et le bâton; quelques-uns, doués de la vue à distance, se contentaient de considérer ce qui se passait en des lieux éloignés. Norbert quitta sa mission, revint et guérit ses moines par le jeûne, la prière, les exorcismes et l'imposition des mains[259].

En remontant plus haut, on trouverait plusieurs faits analogues dans l'histoire des solitaires et des ascètes de l'Égypte et de l'Orient, beaucoup trop méprisée, parce qu'elle est trop peu approfondie.

En nous rapprochant de quatre siècles, un des événements les plus saillants qui se présentent, est la danse d'Epternach, en 1374. Elle se manifesta d'abord en cette ville, disent à la fois la chronique de Spanheim, la chronique du Limbourg et la grande chronique belge[260], et se répandit le long du Rhin et de la Moselle. Les malheureux malades dansaient avec frénésie, sautant fort haut, sans respect pour les lois de la modestie, chantant les litanies du diable, par troupes de plusieurs centaines; un seul danseur mettait tous les autres en mouvement. Après cela, ils tombaient dans les plus affreuses convulsions;

---

[259] *Vie de saint Norbert,* ch. XI.

[260] Gesta pontif. Leod. tom. III, cap. 9. — Trithem. in chron. sub anno 1374. — Horst, Epist. medic. sect. VIII. — Chronic. Belgic. — Chronic. Lindimb.

il fallait leur mettre le ventre et la poitrine à la presse, ou les lier fortement avec des cordes ; en cet état, ils entraient en extase, avaient des visions et prophétisaient.

Un attrait indéfinissable les attirait vers les villes d'Aix-la-Chapelle et de Liège. On en vit à Liège plus de deux mille à la fois pendant les mois de septembre et d'octobre. Un grand nombre d'habitants de la ville furent pris eux-mêmes de la contagion. Le bruit se répandit que le mal provenait de ce que le peuple avait été mal baptisé, l'ayant été par de mauvais prêtres ; il en résulta une haine furieuse contre le clergé, des complots et des résolutions qui ne tendaient à rien moins qu'à l'extermination des prêtres et des moines et à la destruction des églises. Mais les prêtres se mirent tous, sans distinction d'âge ou de rang, à exorciser individuellement les malades. Ils s'en trouvaient soulagés, plus tôt ou plus tard, mais tous sans exception, et tous s'en retournaient guéris. Cependant, à mesure que ceux-ci quittaient le pays, il en revenait de nouveaux, et le concours dura près de quatre années.

Si nous nous rapprochons d'un siècle, nous trouvons l'épidémie des nonnains, contagion pareille qui envahit les couvents de femmes dans une grande partie de l'Allemagne, principalement dans la Saxe, le Brandebourg et la Hollande. Il suffisait qu'une seule religieuse fût attaquée dans une communauté, pour que la maladie gagnât une partie de ses compagnes. Les malheureuses grimpaient aux murs, couraient sur les toits, s'agitaient comme des bacchantes, imitaient les cris de tous les animaux. Elles parlaient les langues étrangères, pénétraient la pensée, dévoilaient les secrets des consciences, voyaient à distance.

En 1490, le couvent de Quercy, dans la Belgique, était en pleine possession, et la possession dura quatre ans. Les religieuses étaient emportées dans les airs comme les corps légers sont emportés par le vent ; elles grimpaient aux murs avec une étonnante facilité ; elles voyaient ce qui se passait à de grandes distances, pénétraient tous les secrets. Elles furent exorcisées par l'évêque de Cambrai, assisté de Gilles Nettelet, doyen de la cathédrale.

Peu après, la possession se déclara dans le couvent de Kentorp, non loin de Ham ; l'accès d'une des possédées se communiquait aux autres, et bientôt toutes se trouvaient à l'unisson. La maladie s'étendit, en dehors du couvent, à plusieurs villes et villages d'alentour. La sœur cuisinière du couvent, possédée elle-même, était censée l'auteur de la possession par suite d'un maléfice ; elle l'avouait, le désavouait, pour l'avouer encore dans ses moments de frénésie. On eut plus égard à ses aveux qu'à ses rétractations ; elle mourut en prison.

Bientôt la possession apparut au couvent de Wertet, dans le comté de Hoorn. Une dame de la ville, pieuse et sainte, la bienfaitrice des pauvres, qui avait apporté un chat aux religieuses, lequel disparut presque aussitôt de la maison et ne se retrouva plus, fut accusée de maléfice, dénoncée par toutes les possédées en état de crise comme l'auteur de la possession. Elle mourut à la question. La possession dura trois ans[261].

Cette épidémie plana pendant plus d'un siècle sur la Belgique, la Hollande, le Luxembourg et le Brabant. Jean Wier fut député, vers 1560, par ses confrères sur le théâtre de ces étranges événements, pour en étudier la nature et donner ses soins aux malades, et c'est ce qui lui fournit l'occasion de composer son livre des *Prestiges du démon*, œuvre capitale, à part quelques défauts, remarquable pour le temps et digne d'une grande attention.

Les possessions qui se passèrent dans l'intérieur des couvents n'eurent pour spectateur qu'un public le moins nombreux possible. Mais il n'en fut pas de même de la maladie des orphelins d'Amsterdam, en 1565. Ces malheureux enfants, au nombre de 70, de l'un et de l'autre sexe, élevés séparément dans l'asile de cette ville, étaient affreux à voir; leur aspect était tout à la fois repoussant et effrayant, et toute la ville en fut témoin. Ils forçaient les clôtures, parcouraient la ville par bandes, s'introduisaient partout, reprochaient aux plus grands personnages leurs méfaits les plus secrets, révélaient les affaires et les résolutions des particuliers et du conseil de la commune; ils tombaient à l'envi les uns des autres dans des crises affreuses; ils entendaient et parlaient des langues étrangères.

Tous s'accordaient à signaler une pauvre vieille, nommée Bamétie, pieuse et sainte, qui passait son temps dans les églises, fort laide, mais que du reste ils n'avaient peut-être jamais vue, comme l'auteur de leur possession. Nous annotons ce fait d'un personnage saint ou éminent, toujours impliqué dans ces sortes de cas à titre d'auteur, et comme complément satanique de scandale, parce que nous le retrouverons en France.

Ce royaume fut envahi lui-même par l'épidémie des nonnains. Vers 1515, le monastère de Saint-Pierre de Lyon était en pleine possession. Le père Adrien de Montalembert, capucin, aumônier de François Ier, fut envoyé pour y mettre ordre. La possession ne céda que lentement, et le calme ne commença à revenir qu'après plusieurs mois d'exorcismes persévérants. Le démon, qui parlait par la bouche de la principale de toutes les possédées, nommée Antoinette de Groslée, jeune religieuse de 18 ans, déclarait être l'âme d'une des religieuses de la maison, morte récemment; il réclamait des messes et des prières; à la fin, il se déclara satisfait, délivré des peines du purgatoire, mais non encore admis au ciel. Nous signalons ce fait, parce que nous le retrouverons à l'occasion des tables tournantes. Satan est toujours semblable à lui-même, et n'a

---

[261] Wier, de Præstig. dæm. — Massé, *Chroniques*, liv. XX. — Molinet, Chronic. belg. sub. anno 1490.

pas besoin de changer de mensonges, puisque les mêmes lui suffisent pour abuser perpétuellement la pauvre humanité.

Le P. de Montalembert, sans se demander si ce dogme d'une âme qui en possède une autre, et qui, après son jugement, n'est ni au ciel, ni en enfer, ni en purgatoire, est conforme à la foi chrétienne et à la droite raison, fit un livre de tout cela, aussi effrayant que ce qu'il avait vu, et aussi peu raisonnable que ce qu'il avait entendu de la bouche des possédées, et ce livre, dramatique et émouvant, fut répandu et dévoré, comme objet de piété, dans tous les monastères, où il prédisposa par la peur les imaginations à recevoir la contagion démoniaque.

À partir de ce moment, les possessions se multiplièrent en France, mais beaucoup plus d'une manière isolée. La plus remarquable et la plus fameuse de toutes ces possessions individuelles fut celle de Nicole Aubry, de Vervins, en 1566. Nicole Aubry, priant sur la tombe de son père, crut voir le fantôme du mort sortir de terre et s'incorporer à elle. Elle éprouva des convulsions terribles ; sept ou huit hommes des plus robustes ne suffisaient pas à contenir ses mouvements ; elle entendait les langues étrangères, connaissait les pensées, manifestait les secrets les plus impénétrables, voyait à distance. Elle était possédée par l'âme de son père. Les exorcismes duraient déjà depuis longtemps, avec des succès toujours transitoires, lorsque Jean Dubourg, évêque de Laon, alla l'exorciser lui-même, afin de mieux constater son état.

Convaincu de la sorte et par sa propre expérience que la plupart des phénomènes qui se produisaient, étaient d'un ordre extranaturel, il l'emmena à la ville épiscopale, afin de l'exorciser en public avec un grand appareil, et établir ainsi une démonstration manifeste de la vérité du catholicisme. Un théâtre fut dressé par ses ordres dans la cathédrale ; on accourut au spectacle de tous les points de la France et même de l'étranger. Un grand nombre de protestants, parmi lesquels le célèbre Florimond de Rémond, auteur de l'*Histoire de l'hérésie*, se convertirent en effet à la vue de phénomènes si extraordinaires, et surtout de la guérison de la possédée, qui fut obtenue au bout de trois mois d'exorcismes publics. À l'imitation du P. de Montalembert, un ecclésiastique de Laon composa de tous ces faits une relation, qui se trouva de suite répandue sur tous les points de la France, et même traduite en plusieurs langues.

Mais la possession collective reparaît en 1590 dans la paroisse de Matincourt, en Lorraine ; c'était alors le bienheureux Fourier, le réformateur de l'ordre des Augustines, qui en était curé. Un quart des habitants de la paroisse se trouvèrent pris de la plus étrange frénésie : ils hurlaient, aboyaient, se tordaient dans les plus affreuses convulsions. Tout ceci pouvait encore passer pour maladif ; mais des caractères si évidemment démoniaques et d'un ordre surhumain s'y ajoutèrent, qu'il ne fut plus possible de méconnaître la possession. Le vénéré pasteur aurait peut-être suffi par ses propres forces à dompter la puissance satanique; malheureusement la justice, qui n'y avait point affaire, s'en mêla. Les prisons se remplirent des pauvres affligés: une sorcière affirma, sous la foi du serment, avoir vu les possédés au dernier sabbat tenu dans le pays, ce qui pouvait bien être vrai, et aurait dû la conduire elle-même en prison, où elle n'alla point; un magicien d'un village voisin apporta le témoignage de son démon familier, et, sur ces dépositions et autres moins importantes, il y eut prononcé de jugement et condamnation à divers supplices, y compris celui du bûcher[262]. Les survivants se guérirent d'eux-mêmes et lentement dans les prisons.

En 1611, ce fut le tour du couvent des ursulines d'Aix. La première des religieuses qui fut prise de l'affection démoniaque se nommait Madeleine de la Palud; sept à huit de ses compagnes gagnèrent la contagion à différents degrés; une de celles-ci, nommée Louise Copeau, égala presque Madeleine par la puissance de ses spasmes nerveux, l'extravagance de ses idées et de son langage, l'extraordinaireté de ses visions, la lucidité de son esprit en état de crise, la puissance, en un mot, des phénomènes démoniaques.

Trois exorcistes, les pères Romillon, Michaëlis et François Domps, docteur de Louvain, réunirent leurs efforts, leurs conjurations, leur savoir et leurs prières, pour vaincre la puissance du démon, mais sans obtenir aucun succès pendant plusieurs mois. Les possédées furent emmenées dans les lieux les plus réputés pour leur sainteté et jusqu'à la Sainte-Baume tout aussi inutilement. Les démons s'étaient multipliés au corps des possédées et se donnaient les noms les plus étranges; ils faisaient produire aux pauvres victimes mille extravagances et mille immodesties, prononcer les plus grands blasphèmes et les plus belles prières, ainsi que les plus belles et les plus touchantes explications de la doctrine chrétienne.

Le nom d'un saint et vénéré prêtre de la paroisse des Accoules, à Marseille, l'ami d'enfance de Madeleine de la Palud, qui l'avait aidée à se préparer à la première communion, vint à se trouver prononcé, on ne sait par qui. Ce fut un trait de lumière satanique: c'est lui qui était l'auteur de la possession. Les deux accusées le chargèrent de toutes les horreurs, de la fréquentation des sabbats et de crimes de tous les genres, qu'elles disaient avoir commis de communauté avec lui.

---

[262] *Vie du B. Fourier*, par le P. Bédel.

Le parlement de Provence s'empara de l'affaire, et dès lors il devint impossible au clergé et à l'évêque de Marseille de le sauver, malgré les réclamations les plus énergiques, les attestations les plus honorables et les efforts les plus persévérants. Gaufridi était un homme faible de corps et d'esprit, d'une grande bonté et d'un petit sens ; il avouait tout à la torture et se rétractait après ; les possédées, après leurs cris, leurs hurlements et leurs audacieuses accusations, riaient au nez des magistrats, et s'écriaient : quels mensonges, quelles sottises nous avons dites ! Mais c'était, aux yeux des juges, un jeu de Satan, toujours faux et trompeur lorsqu'il dit le bien : il ne restait donc que le mal, les accusations et les aveux. Ils essayèrent du moins de les corroborer par quelques indications ; mais pas le plus léger indice de pareils crimes dans toute sa vie, ses habitudes, ses relations, ses livres, ses meubles ; on brisa chez lui jusqu'à des agnus, pour en fouiller l'intérieur.

Cependant il était impossible de résister au témoignage de six cents démons parlant par la bouche des possédées, d'autant plus que les exorcistes avaient érigé en dogme cette déplorable maxime, que le diable dûment conjuré est forcé de dire la vérité, et qu'on peut ainsi baser un jugement sur ses affirmations.

Gaufridi, convaincu de la sorte d'une multitude de crimes imaginaires et la plupart humainement impossibles, fut donc condamné au bûcher.

Il subit la sentence le 30 avril 1611, en présence d'un public immense, frémissant mais contenu par la crainte, scandalisé et incrédule ; le scandale fut immense également.

Des malheurs arrivés parmi la foule lui firent maudire les juges ; des malheurs de famille qui arrivèrent presque immédiatement à plusieurs d'entre eux, firent battre des mains au public.

Après la mort de Gaufridi, les diables, qui avaient promis de quitter les possédées, ne sortirent point. La Palud, déshonorée par ses propres aveux, fut chassée de son couvent et resta un objet de répulsion et d'horreur pour le public. Les exorcistes quittèrent de guerre lasse le théâtre de ces scandales. Les juges, pour prouver le bien-jugé du premier procès, en firent un second à une pauvre aveugle du pays, que la Palud avait désignée comme ayant les stigmates du diable, et qui les avait en effet. Ils la brûlèrent vive. Ainsi l'homme est fait; plutôt que de reconnaître son tort, il y persévère et l'aggrave, pour prouver qu'il a eu raison.

Le P. Michaëlis avait fait de toutes ces choses un livre affreux comme elles, qui fut répandu tout de suite dans les communautés, et y porta l'épouvante. Il en fit un second tout pareil, à l'occasion que nous allons dire, puis un troisième, pour défendre ceux-ci contre les censures des théologiens.

Mais déjà les exorcistes continuaient la même œuvre au couvent des brigittines de Lille, où la possession s'était déclarée. La plus furieuse des possédées, Marie Dessins, se donnait pour associée et participante à tous les crimes de la Palud et de Gaufridi, qu'elle n'avait jamais vus, sauf dans des sabbats imaginaires et depuis qu'elle avait lu le livre de Michaëlis. Elle disait que l'antéchrist était né dans un sabbat, elle l'avait vu; il avait alors trois ans et était déjà le plus féroce des enfants terribles. Elle s'accusait d'avoir tué des enfants par centaines et de toutes les façons, de les avoir donnés en pâture aux lions et aux tigres. Tout cela s'était accompli sans qu'elle sortit de son couvent, où les enfants n'allaient point, et où il n'y avait ni tigres ni lions. L'archevêque de Malines, présent à ces aveux, disait qu'il n'avait jamais rien entendu d'aussi abominable; il aurait dû dire d'aussi fou. Une multitude de diables parlaient par la bouche des pauvres démoniaques, les agitaient, les inclinaient, les tordaient comme fait la tempête de faibles roseaux. Tout ce qui s'était vu à Aix, se retrouvait ici, prières et blasphèmes, erreurs et vérités, intelligence des langues et vue à distance, pénétration de la pensée d'autrui et transport d'un lieu à l'autre des personnes et des choses, stigmates du diable et catalepsie[263].

On appelait stigmates du diable, des marques insensibles, semblables pour la couleur et la dessiccation à du cuir roussi, qui apparaissaient avec intermittence en différentes parties du corps des possédés et des possédées, principalement aux pieds et aux mains. On pouvait les transpercer avec des broches de fer, traverser ainsi le pied ou la main, sans produire aucune sensation ni faire couler le sang. Ces mêmes marques se montrent parfois dans certaines maladies purement physiques, telles que les maladies convulsives.

---

[263] Le P. Michaëlis, *Histoire admirable de la possession et de la conversion d'une pénitente. — Histoire admirable et véridique de la possession de trois religieuses de Flandre.— Pneumatologie, ou Discours des Esprits.*

Ici encore les exorcistes se retirèrent de guerre lasse, et les possédées se guérirent seules, lentement, quand on les eut séquestrées de la communauté, et qu'on ne s'occupa plus d'elles.

Il est un phénomène singulier et évidemment démoniaque, qui se produisit souvent dans le cours de ces possessions, et notamment ici : l'indication de la part des possédées, par leurs noms et prénoms et les marques les plus secrètes qu'elles peuvent porter sur les membres, de personnes qu'elles n'ont jamais vues. Ainsi, Marie Desains ayant signalé une domestique du nom de Simonne, qui demeurait à Valenciennes, comme associée à tous ses crimes et portant aussi la marque du diable, on en fit la recherche, on l'amena au couvent ; elle se trouva marquée comme il était dit, elle entra en possession, avoua tout ce que les autres possédées lui suggérèrent ; puis, deux jours après, quand on lui demanda si elle persévérait dans ses aveux, elle répondit : « *Je n'ose dire non ; et pourtant, si je dis oui, tout me paraît comme un songe, et il me semble que je mens.* » Quand elle fut tout à fait remise, elle se rétracta résolument.

En 1632, vint le tour du couvent des ursulines de Loudun[264]. Pendant les cinq à six premiers mois, les exorcismes se firent à petit bruit ; mais la possession s'étendit à plusieurs personnes en dehors du couvent. La supérieure, Jeanne de Belfiel, était la plus fortement atteinte ; une de ses religieuses, nommée Claire de Sazilly, l'était presque au même degré ; beaucoup d'autres venaient après.

Sur ces entrefaites, un conseiller d'État nommé Jacques-Martin de Laubardemont, qui s'était déjà acquis une triste célébrité dans le procès de l'infortuné Cinq-Mars, vint à Loudun ; il était parent de Jeanne de Belfiel. Claire de Sazilly était parente du cardinal de Richelieu. Laubardemont avait fait preuve, dans l'affaire de Cinq-Mars, d'un dévouement absolu au cardinal. La communauté était remplie de membres des plus grandes familles de France ; outre la supérieure, de la famille des Cossé, il s'y trouvait deux dames de Barbezieux, de la maison de Nogaret, deux dames d'Escoubleau, de la maison de Sourdis.

Or, il y avait à la paroisse Saint-Pierre-du-Marché-Neuf un curé du nom d'Urbain Grandier, entré dans le diocèse en vertu de ses grades universitaires et désagréable à l'évêque, sur lequel l'attention du public se portait vivement. Il était beau, d'un talent remarquable, passablement mondain, dur pour ses contradicteurs, rempli de suffisance, d'orgueil peut-être ; quelques affaires judiciaires l'avaient rendu célèbre ; il avait beaucoup d'ennemis dans tous les rangs ; on lui attribuait un libelle diffamatoire contre le cardinal, intitulé la *Cordonnière de Loudun*, dont il n'était cependant pas l'auteur. Il avait été question de lui, dans le public du moins, pour la direction du couvent des

[264] Voy. L. Figuier, *Les possédés de Loudun.* (NDE)

ursulines ; peut-être même l'avaient-elles désiré. Mais il ne parait pas qu'il eût jamais eu la moindre relation dans cette maison, et aucune des religieuses ne le connaissait. Son nom fut prononcé par une des possédées, et il en advint comme à Aix, toutes se mirent à proclamer que Grandier était l'auteur de la possession.

Un bouquet avait dû être jeté de l'extérieur dans le jardin de la communauté, disaient les possédées, mais le fait n'a jamais été vérifié ; c'était en le flairant que la supérieure était devenue démoniaque ; ce bouquet était un charme, et c'était Grandier qui l'avait jeté.

Tout ceci se passait sans trop d'éclat, lorsque, le 6 décembre 1633, Laubardemont reparut à Loudun avec des pleins pouvoirs pour diriger l'affaire, choisir des exorcistes, instruire le procès et instituer une commission de jugement. Il s'y connaissait, et n'y alla pas à demi. Il était convaincu probablement, rien ne peut faire soupçonner le contraire, mais entêté. De ce moment Grandier fut perdu. Il dédaigna trop de prendre des précautions ou de s'exiler à temps ; il fut incarcéré. La protection très ostensible et les démarches de l'archevêque de Bordeaux, Henri d'Escoubleau de Sourdis, ne put lui servir de rien, d'autant plus qu'il avait contre lui son propre évêque, Henri-Louis Châtaignier de la Roche-Posay. Les habitants de Loudun se rassemblèrent à l'hôtel de ville en grande solennité et signèrent une protestation qui fut portée à la cour ; rien ne put arrêter la marche de l'affaire. Les possédées elles-mêmes n'étaient plus libres de dire ou de se dédire ; elles devaient entrer en convulsion ou se reposer à commandement. Toute réclamation individuelle aurait été punie d'une incarcération immédiate ; le terrible commissaire avait des affidés partout, faisait faire des prières publiques dans toutes les églises de la ville et de la banlieue, suivre à Chinon une possession connexe à celle-ci.

Les personnages les plus marquants vinrent à Loudun, et en remportèrent des convictions opposées. Le célèbre et très adroit P. Joseph, le conseiller et l'ami du cardinal, y vint et ne dit pas sa pensée. Le surintendant Desroches y vint avec les évêques de Chartres et de Nîmes ; ils virent exorciser et exorcisèrent à Loudun et à Chinon : le procès-verbal de leur visite démontre qu'ils ne furent pas convaincus.

Le diable se montrait en effet si plat, si bête, si impuissant, si ridicule en certaines circonstances, que c'était à faire hausser les épaules à l'assemblée. Lorsque l'assemblée était composée différemment, alors se produisaient les grandes crises, de véritables merveilles, l'intelligence des langues, la divination des énigmes les plus embarrassantes, la divulgation des secrets et la manifestation des consciences, l'obéissance immédiate par des possédées absentes du lieu des exorcismes à des commandements imposés mentalement : on les voyait arriver du fond des jardins, de la ville même, car il y en avait parmi les séculières, et faire ce qui avait été convenu en leur absence. Elles discernaient avec une habileté prodigieuse les objets enfermés dans une boîte, à la manière des magnétisés; quelquefois elles prenaient du poil de lapin pour des reliques.

C'était à ne rien croire, à ne rien comprendre: Satan faisait le désordre complet. Il se trouvait une part très large et très évidente pour la négation: de ce côté, cela faisait pitié; une part non moins évidente pour l'affirmation: de ce côté le doute était impossible. Une des possédées, Claire de Sazilly, entendait toutes les langues qu'il plaisait au public de lui parler: l'italien, l'espagnol, l'allemand, le grec, les dialectes des sauvages de l'Amérique; elle soutint, toute une après-midi, une conversation très variée en langue grecque. Qu'on lise les relations composées des deux points de vue opposés, on se formera une conviction arrêtée dans un sens ou l'autre; qu'on les réunisse et qu'on y ajoute les procès-verbaux demeurés manuscrits, alors le double jeu de Satan deviendra manifeste.

Cependant la procédure contre Grandier marchait son train. Tout ce qui lui arrivait dans la prison, une possédée le révélait aussitôt au public dans l'église. La maison était remplie de pactes, chiffons de linge ou de papier, qu'on recherchait en grande cérémonie, qu'on trouvait au lieu désigné, et qui n'y avaient pas été mis frauduleusement, puisque c'était dans des murs, sous des amas de terre, en des endroits qui n'avaient pas été visités de mémoire d'homme. Grandier demanda à exorciser lui-même les possédées; mais il fut accueilli par elles avec de tels cris, de telles menaces, une telle fureur, de telles démonstrations, qu'il en demeura ahuri et se retira épouvanté.

Il y eut des conversions éclatantes, entre autres celles de lord Montaigu, qui alla faire abjuration du protestantisme entre les mains du pape, et lui raconter les merveilles dont il avait été témoin, et celle du sieur de Quériolet, conseiller au parlement de Bretagne, auquel une des possédées reprocha publiquement les désordres les plus secrets de sa vie, et rappela des promesses aussi secrètes qu'il avait faites à Dieu, et qu'il n'avait pas gardées.

Cependant Laubardement avait institué une commission de douze juges choisis pour leur piété et leur irréprochabilité parmi les magistrats des tribunaux de la province; mais, selon toute apparence, sur le pressentiment de leur opinion et eu égard à leurs antécédents. La commission judiciaire, après avoir amplement constaté les faits et pris connaissance des procès-verbaux, se prépara, par des cérémonies religieuses et des prières publiques, à rendre son jugement. Grandier employa tous les moyens que la jurisprudence pouvait fournir; il se défendit avec dignité et résolution; mais rien ne pouvait le sauver; il fut condamné au bûcher, appliqué jusqu'au brisement des jambes, en confirmation du jugement, à la question, où il n'avoua rien, n'ayant rien à avouer, et subit son supplice le lendemain 18 août 1634.

On ne saurait dire que Grandier fut un prêtre estimable ; mais il faut convenir aussi, qu'à part les affirmations des démoniaques, qui n'articulèrent pas un seul fait susceptible de preuves, il ne se trouve dans les volumineux dossiers de cette affaire ni une preuve, ni un commencement de preuve, ni un indice qu'il eût jamais entretenu quelque commerce avec Satan, ou qu'il fût pour quelque chose dans la possession.

Les premiers exorcistes avaient été remplacés par d'autres du choix de Laubardemont, au nombre de huit : le théologal de Poitiers et un récollet, nommé frère Lactance, quatre capucins, les pères Tranquille, Luc, Protais et Élisée, et deux carmes, les pères de St-Thomas et de St-Mathurin.

Il en fut comme à Aix. La mort de Grandier, qui devait terminer la possession, ne termina rien ; loin de là, la possession redoubla de violence et s'étendit aux exorcistes : un mois après le supplice de Grandier, le P. Lactance mourait dans les plus épouvantables convulsions ; le P. Tranquille, atteint à son tour, s'en alla et traîna pendant quatre ans la plus misérable vie ; un jeune exorciste, venu pour le suppléer, fut épouvanté, puis possédé, et demeura possédé le reste de sa vie. Le célèbre et ascétique P. Surin, jésuite, venu pour remplacer le P. Lactance, fut pris de la possession : le démon passait alternativement, pendant les exorcismes, de la supérieure à lui et de lui à la supérieure. Il éprouva les plus terribles crises ; dans l'une d'elles, il fut lancé de sa chambre par la fenêtre sur le pavé ; on le releva avec une cuisse brisée ; il ne guérit jamais bien de la blessure, ni de la possession non plus. Le chirurgien Manouri et le lieutenant civil Louis Chauvet, qui avaient pris part à la procédure, devinrent et moururent fous.

L'événement du 18 août retentit par toute la France, et augmenta la triste célébrité du couvent de Loudun. Les plus grands personnages se rendirent au spectacle, et se confirmèrent chacun dans la pensée qui les y avait conduits ; les catholiques assistèrent à de véritables merveilles, certifiées par les plus authentiques relations ; les railleurs, les protestants, les incrédules, surprenant de plus en plus Satan dans une sottise et une impuissance calculées, conclurent aussi de plus en plus que tout était pure jonglerie, et que les possédées étaient des hypocrites.

Le cardinal de Richelieu finit par cesser de payer la pension des exorcistes ; ceux-ci se dispersèrent, et les possédées, rendues à elles-mêmes, retrouvèrent peu à peu le calme et la raison (note A).

Il en est de la fureur démoniaque comme de toutes les folies ; plus on s'occupe des malades, plus ils font d'extravagances. La folie ou un dérangement organique quelconque étant le moyen dont Satan se sert en pareil cas, lorsque le moyen est ôté, la possession est supprimée.

La possession de Chinon, qui était une dépendance, pour ainsi dire, de celle-ci, se termina différemment. Après l'examen sérieux de deux commissions médicales députées par les facultés de Paris et de Montpellier, et l'examen non moins sérieux des évêques d'Angers, de Nîmes et de Chartres, présidé par le cardinal de Lyon, il demeura établi qu'il y avait plus de feinte que de réalité ; l'exorciste fut renfermé dans un couvent, les deux principales démoniaques emprisonnées, et les six autres dispersées en différents monastères, où le repos les remit assez promptement[265].

Un couvent de Nîmes et un autre à Rouen furent envahis également par la possession ; mais elle y fut moins violente et moins longue.

Il n'en fut pas de même à Louviers. Là un couvent du tiers ordre de Saint-François, fondé en 1616 et profondément divisé dès son origine, renouvela tous les scandales qu'on avait vus à Aix et à Loudun ; c'était en 1643. Dix-huit religieuses se trouvèrent atteintes ; l'une d'elles, du nom de Madeleine Bavent, renouvela le rôle de la Palud et de Marie Desains. Elle s'accusait des plus grandes abominations, de la fréquentation des sabbats, et chargeait des mêmes crimes l'ancien directeur du couvent, Mathurin Picard, inhumé dans la chapelle, Boulé, son vicaire, encore plein de vie, plusieurs autres prêtres et un évêque, qu'elle désignait sans les nommer, quatre sœurs de son couvent, et la mère Simonne Gaugain, honorablement connue à Paris sous le nom de Françoise de la Croix et fondatrice des deux maisons hospitalières de la place Royale et de la Roquette. On n'eut que trop d'égards à ses déclarations, auxquelles elle ajoutait pourtant ce correctif : « *Si ces choses se sont passées réellement, ce que je ne me permets pas de juger moi-même, ce sont là de grandes abominations et de grands miracles en même temps.* »

Ce qu'il y avait de plus manifeste, c'était une possession furieuse, avec les symptômes caractéristiques de la présence du démon et des convulsions affreuses, au point qu'on vit de ces malheureuses victimes violemment reployées en arrière, la tête jusqu'aux talons.

L'évêque d'Évreux, François de Péricard, l'abbé Delaunay, son théologal, et le P. Esprit de Boscroger, provincial des capucins, se donnèrent un grand mal et des soins infinis pour exorciser, lever des charmes, jeu satanique auquel on attachait trop d'importance, et conduire l'affaire ; elle devint très épineuse et horriblement scandaleuse.

Vu les dénonciations de la Bavent, l'officialité d'Évreux entreprit un pro-

---

265 Voy., outre les nombreux ouvrages écrits sur ces possessions, Mss. de la Bibl. imp., cote 1130, Sorb. *Recueil de pièces*. — *Ibid. Fidèle examen des possédées de Chinon*. Mss.

cès contre la mémoire de Picard, qui fut exhumé et jeté à la voirie, sur la demande de Satan; celui-ci devait sortir après, et ne sortit point. Il en résulta quatre procédures à la fois, ou même cinq en comptant celle de l'officialité. La famille réclama, de même l'autorité séculière, et le parlement intervint, d'où il arriva qu'on plaida sur cette déplorable cause à Rouen, à Louviers, à Évreux et au Pont-de-l'Arche. En fin de procédure, Picard et Boulé, l'un vif, l'autre mort, contre lesquels il n'existait point d'autres charges que les affirmations rétractées de la Bavent et les miracles démoniaques opérés en preuve, furent brûlés en grand appareil sur la place publique de Louviers. Le couvent fut détruit par ordre de justice, et les religieuses dispersées.

Un tel arrêt causa une stupeur et une indignation générales, et prépara de longs malheurs à Simonne Gaugain, que le parlement fit poursuivre à Paris, et que la protection même de la cour de France ne put mettre à couvert. Elle se vit sous le poids d'une accusation de magie, mise en arrestation, privée de toute supériorité sur les maisons qu'elle avait fondées, vingt fois traînée publiquement devant les juges et huée par la populace, jusqu'à ce qu'enfin un arrêt de non-lieu intervint au bout de huit ans.

Il se présenta dans presque toutes ces possessions un phénomène singulier et inexplicable: le vomissement fréquent par la plupart des possédés de corps étrangers: des tessons de poterie, des fragments de verre, des boules de crins ou de cheveux, des aiguilles, des épingles, de la cire, des chiffons de linge ou d'étoffe, des crapauds, des chenilles vivantes et par grandes quantités: or on ne leur avait jamais vu avaler aucuns de ces objets, et la plupart du temps ils n'auraient pu se les procurer.

Et si l'on demande pourquoi les exorcismes ne produisirent pas toujours leur effet, nous dirons que ce fut, selon toute apparence, par la faute des exorcistes, qui, au lieu de commander sévèrement au démon, appelèrent trop souvent sa présence et lui demandèrent des signes, pour prouver aux incrédules ce qu'ils entreprenaient de prouver, croyant en lui, recevant sa parole comme l'expression de la vérité et s'en servant comme d'un témoignage juridique, s'amusant à discourir avec lui en toutes langues et sur toutes sortes de sujets. Ils le laissèrent se jouer de leur bonne foi. Saint Jérôme raconte, dans la vie de saint Hilarion, qu'un serviteur de l'empereur Constance, qui avait de fréquents accès de possession, ayant été conduit à ce saint ermite, le démon se mit à lui exposer, en plusieurs langues, les raisons et les causes pour lesquelles il possédait cet homme. Mais Hilarion, l'interrompant, lui dit sévèrement: Je ne te demande pas pourquoi tu es venu, je t'ordonne de t'en aller. Et le possédé fut guéri à l'instant.

Il y eut une autre possession de 18 religieuses dans un couvent d'Auxonne en 1662; il y en eut une à Bully, paroisse des environs de Rouen, qui s'étendit à une grande partie de la population; une dans la paroisse de Landes, au diocèse de Bayeux, dont sept ou huit personnes furent victimes à la fois en 1732 et années suivantes. Comme elles ressemblent à toutes celles dont nous avons parlé, et ne se dénouèrent point d'une manière tragique, nous nous contenterons de les indiquer[266].

La possession de Bully eut cela de remarquable, cependant, que les possédés, semblables aux derviches hurleurs et aux aïssaoua[267], caressaient avec délices le feu, les charbons ardents et le fer rouge; le feu avait perdu toute sa puissance envers eux; on en vit, principalement des enfants, emporter des charbons dans leurs vêtements, sans qu'il en résultât le moindre accident. La possession s'étendit jusqu'aux enfants de six à sept ans.

Mais nous n'en avons pas fini avec les possessions épidémiques. En 1673, l'orphelinat de la ville de Horn fut envahi; tous les enfants furent atteints; il fallut les rendre à leurs familles; ce n'est qu'alors et par l'isolement qu'ils trouvèrent du repos. Deux ou trois hommes ne pouvaient pas contenir les mouvements d'une jeune orpheline. En 1670, l'orphelinat fondé à Liège par la trop célèbre extatique Antoinette Bourignon[268] eut le même sort. Les magistrats firent fermer l'établissement; mais beaucoup des pauvres enfants demeurèrent lunatiques le reste de leur vie. En 1692, une grande épidémie de possession désola les villes de Salem, d'Andover et de Boston, à la Nouvelle-Angleterre. Elle coûta la liberté ou même la vie à un grand nombre de personnes, car les démoniaques accusaient sans cesse de nouveaux magiciens, et les magistrats, ne s'empressant que trop de les croire, mettaient ceux-ci en prison; or, par un phénomène des plus étranges, quoique déjà plusieurs fois observé, les détenus avouaient le crime imaginaire et en signalaient les

---

[266] Voy., pour plus amples détails et pour l'indication des sources, notre *Dict. des prophéties, art. Possessions* (fausses).

[267] La confrérie des Aïssawa est un ordre mystico-religieux fondé à Meknès au Maroc par Muhammad ben Aïssâ (1465-1526 / 882-933 H.), surnommé le «Maître Parfait» (Chaykh al-Kâmil). Les termes Aïssâwiyya ('Isâwiyya) et Aïssâwa ('Isâwa), issus du nom du fondateur, désignent respectivement la confrérie (tariqa, litt. «voie») et ses disciples (fuqarâ, sing. fakir, litt. «pauvre»). À l'origine clairement orthodoxe, la confrérie des Aïssâwa est devenu un phénomène social complexe, à la charnière du sacré et du profane, du domaine privé et public et des cultures savantes et populaires. Les Aïssâwa sont célèbres dans le monde arabe pour leur musique spirituelle caractérisée par l'utilisation du hautbois ghaita (syn. mizmar, zurna), de chants collectifs d'hymnes religieux accompagnés par un orchestre de percussions utilisant des éléments de polyrythmie. Leur complexe cérémonie rituelle, qui met en scène des danses symboliques amenant les participants à la transe, se déroule d'une part dans la sphère privée au cours de soirées domestiques organisées à la demande de particuliers (les lîla-s), et, d'autre part, dans la sphère publique lors des célébrations des fêtes patronales (les moussem-s, qui sont aussi des pèlerinages) et des festivités touristiques (spectacles folkloriques) ou religieuses (Ramadan, mawlid ou naissance du prophète de l'islam, Mahomet) organisées par les États marocains et algériens. (NDE, Wikipedia.)

[268] Voy. S. Reinach, *Antoinette Bourignon, une mystique au XVIIe siècle.* (NDE)

détails. On pendit ainsi les criminels supposés par cinq, six ou douze à la fois. Il y eut des juges accusés et suppliciés, après avoir fait supplicier les autres; et, par une exception toute particulière, la maladie gagna même les animaux; quelques-uns éprouvèrent la plus grande perturbation dans leurs habitudes et leurs instincts. Il semble qu'elle gagna jusqu'aux juges; car il y eut des personnes suppliciées en l'absence de preuves et malgré leurs dénégations; il y en eut de renvoyées malgré leurs aveux.

On comptait déjà 19 exécutions, plus de cinquante aveux de culpabilité, 150 personnes étaient en prison et 200 recherchées, lorsque les magistrats consultèrent le clergé sur l'étrange aventure. Les ministres, réunis en synode, décidèrent que Satan pouvait tout aussi bien apparaître sous les traits des gens de bien que sous ceux des méchants, et qu'ainsi c'était lui, sans doute, que les malheureux affligés avaient vu sous la forme de tant de personnes honorables, qu'ils accusaient d'être les auteurs de leurs maux. Sur cette décision, les magistrats ouvrirent les prisons; juges et jurés demandèrent par écrit pardon de leurs erreurs à Dieu et à ceux qui en avaient été les victimes. C'était au mois d'avril 1693; la tempête judiciaire avait duré 16 mois; le calme se rétablit après que Satan eut été reconnu.

En 1738, le couvent d'Unterzell subit encore une possession collective: dix religieuses en furent atteintes, et toutes, dans leur délire, désignaient pour auteur de leurs maux une de leurs mères nommée Renée Sauger, d'une vie édifiante, qui comptait cinquante années de profession, et avait longtemps gouverné avec une grande sagesse. La malheureuse avait été prise la première par une grande et invincible tristesse, qui ne la quitta plus. Elle avoua des crimes inimaginables à dater de son enfance, les relations les plus continues et les plus impossibles avec Satan; c'était horrible à entendre, pour qui pouvait la croire. Elle fut crue par les juges d'Église, qui la dégradèrent, puis par les juges séculiers, qui la condamnèrent aux flammes. Par faveur singulière, la cour d'Autriche permit qu'on lui tranchât la tête avant de la brûler. Le public blâma le jugement, la grâce et l'exécution.

Au commencement du siècle, Napoléon fut obligé de faire détruire au camp de Boulogne une guérite dans laquelle toutes les sentinelles se suicidaient. Peu après, le maréchal Serrurier, gouverneur des Invalides, fut obligé de faire murer une porte de l'hôtel à laquelle douze invalides s'étaient pendus dans l'espace de quinze jours. En 1841, une épidémie de prédication commença en Suède par une jeune fille de seize ans, et s'étendit presque à tout le royaume. Livrées à l'état de crise, les prédicantes n'avaient plus conscience d'elles-mêmes, et rien ne pouvait les empêcher de parler l'espace d'une heure ou deux. Comme elles se mirent à déblatérer contre le clergé, il en résulta des troubles fort graves, des dangers pour la vie de ses membres; la police s'en mêla, la troupe de ligne intervint. Mais, les coups de sabre et de baïonnette augmentant l'exaspération publique, le mal n'en devint que plus grand. L'archevêque d'Upsal trouva un meilleur moyen : ce fut de se mettre à la tête des prédications, pour les diriger ; il y parvint, et l'épidémie s'éteignit au bout de trois ans[269] (Note B).

§ II — Possessions provenant du charme magique

Parmi les possessions dont nous venons de parler, plusieurs ont bien pu provenir en effet du charme magique, ainsi qu'on le crut dans le temps. Le charme résulte soit immédiatement d'un acte accompli à dessein, le contact ou le simple regard, par celui qui possède le caractère satanique, à l'encontre de l'ennemi auquel il veut nuire ; soit médiatement de la présence d'un objet imprégné à cet effet. Les preuves sont si nombreuses et si bien établies, qu'il ne reste pas lieu au doute, sans compter qu'il n'y aurait pas d'explication satisfaisante, à un autre point de vue.

Les pastoureaux étaient sous le charme du maître de Hongrie, comme ils l'appelaient, lorsqu'ils le suivaient si ardemment ; de même les compagnons d'Éon de l'Étoile. Les bandes de cotterets, celles des albigeois étaient sous le charme, lorsqu'elles mettaient tout à feu et à sang sur leur passage, sans raison et sans provocation d'aucune sorte. Les anabaptistes étaient sous le charme, lorsqu'ils exterminaient tout pour la plus grande gloire de Dieu. Les hordes d'assassins qui désolent les bords du Gange, et qu'il est impossible de détruire, parce qu'elles se renouvellent sans cesse, se recrutent par le moyen du charme. Des affiliés se répandent dans les campagnes, jusqu'au sein des villes et dans les marchés ; ils touchent les jeunes gens qui leur conviennent ou leur font quelques passes ; ceux-ci les suivent irrésistiblement, quoique sans contrainte. On aperçoit l'effet du charme à leur regard incertain, hébété, ne reconnaissant plus rien ni personne. Ces pratiques sont connues dans toute l'Asie, et les prêtres de Boudha savent lever ces sortes d'enchantements[270].

Écoutons Daniel Cramart, dans son *Histoire ecclésiastique de Poméramie*, au LIIe chapitre du IIIe livre : « En l'an 1593, dit-il, il se manifesta dans la petite ville de Friedberg, en Neumarck, un événement épouvantable : plus de soixante personnes de tout âge et de tout sexe furent possédées du démon, et éprouvèrent des accès effroyables avec intermittence, et jusque dans les églises. Un curé prêchant fut atteint subitement dans la chaire. Cela dura

[269] Rapport du docteur Souden à l'académie de médecine de Paris, en 1842.

[270] Mesmerism. in India, by James Esdaille. — *Le Glaneur de Malacca*, 2 juillet 1820. — De Mirville, *Pneumatologie*.

six mois. Au moment où l'épidémie semblait toucher à sa fin à Friedberg, c'est-à-dire pendant les mois de novembre et décembre 1594, quarante et quelques personnes, la plupart dans la force de l'âge, éprouvèrent à Spandau, près Berlin, un accident pareil. Les convulsions étaient si fortes, qu'il fallait cinq ou six hommes robustes pour tenir un seul des démoniaques. On avait commencé par trouver des pièces d'or et d'argent jetées ou perdues çà et là ; quiconque les ramassait, ne tardait pas à être atteint.» Ces pièces d'or ou d'argent étaient donc le charme, c'est-à-dire le véhicule satanique qui communiquait la possession.

À vingt années de là, le parlement de Bordeaux jugeait cinq magiciens qui donnaient le mal de Layra, ainsi appelé de la paroisse de ce nom près de Dax. Déjà ils l'avaient donné à quarante personnes. Pour peu que quelqu'un leur déplût ou contestât avec eux, il était pris d'un aboiement frénétique, qui revenait par accès, principalement dans les églises et à l'approche, même ignorée, des magiciens. Les magistrats eurent l'occasion de le constater plusieurs fois, et d'ailleurs les malfaiteurs l'avouèrent sans trop de peine. Lorsque l'un des malades se mettait à aboyer, ceux qui se trouvaient dans le voisinage, hurlaient à l'unisson. La maladie dura deux années, c'est-à-dire jusqu'à la mort des malfaiteurs[271].

Mais cette affaire est loin d'avoir eu le même retentissement que celle de madame de Ranfaing, en 1622. Marie-Elisabeth de Ranfaing, veuve Dubois, native de Remiremont, était aussi distinguée par sa vertu que par sa beauté. Un pharmacien, nommé Poirot, homme de très mauvaise réputation, qui avait désiré contracter avec elle une seconde alliance, lui administra, en guise de médicaments, des potions dont l'effet devait être de porter un grand trouble dans ses sens. Il espérait en profiter, pour arriver à ses fins. La jeune veuve fut atteinte des spasmes les plus douloureux ; Poirot s'empressa de lui donner de nouveaux médicaments, à la suite desquels il se déclara une possession furieuse. On la voyait, d'un instant à l'autre, prise d'une enflure totale ou partielle, qui disparaissait de même. Elle éprouvait un tremblement convulsif intermittent ; une partie de ses membres brûlaient d'une fièvre ardente, tandis que les autres demeuraient glacés. Plusieurs hommes avaient grande peine à contenir ses mouvements ; elle s'élançait et faisait plusieurs tours sur elle-même avant de retomber ; elle grimpait aux murs et courait avec agilité sur les toits. Elle répondait à toutes les questions qui lui étaient adressées n'importe en quelle langue ; elle reprenait même les fautes que l'on commettait en lui parlant des langues étrangères. Elle révélait les secrets les mieux gardés, lisait les lettres cachetées ou recouvertes de plusieurs enveloppes.

[271] De l'Ancre, *Tableau de l'inconstance des démons.*

Elle racontait les détails d'événements auxquels elle n'avait pas assisté, et savait ce qui se passait au loin.

Malgré tous ces symptômes, la question de possession fut controversée par quelques incrédules, et les exorcismes demeuraient sans résultats. L'évêque de Toul fit conduire la malade à Nancy, pour y être examinée par une commission médicale ; les médecins ne purent se mettre d'accord. L'évêque réunit une seconde commission, composée de prélats et de théologiens. Ceux-ci, vu l'incertitude des médecins, conclurent nécessairement à la possession ; elle était d'ailleurs manifeste. Plusieurs protestants se convertirent à la vue de phénomènes si extraordinaires. Les exorcismes obtenaient alors un résultat évident, quoique passager. Les trois filles de la possédée éprouvaient des crises convulsives en voyant celles de leur mère, mais à un moindre degré.

Le duc Henri II de Lorraine fit arrêter le pharmacien, et institua pour le juger une commission de vingt-quatre juges, dont la moitié avaient été choisis parmi les jurisconsultes français. Ils condamnèrent Poirot à l'unanimité au dernier supplice, comme atteint et convaincu du crime de magie. Sa domestique, qui avait servi d'intermédiaire dans la perpétration du délit, et qui partageait d'ailleurs la mauvaise réputation de son maître, fut appréhendée à son tour, et condamnée à la même peine sur ses propres aveux.

Marie-Élisabeth de Ranfaing guérit à la longue. Après le terme de cette affreuse maladie, elle reprit le projet, conçu dès le moment de son veuvage, de se consacrer à Dieu. L'évêque de Toul lui donna l'habit religieux le 1er janvier 1631, et elle fonda avec ses filles, sous le nom de Marie-Élisabeth de la Croix, l'institut de Notre-Dame-du-Refuge pour des filles pénitentes.

Nous citerions aisément une multitude de faits de cette nature, dont il serait facile d'établir l'authenticité et de fournir les preuves ; mais, comme ils ne se rattachent point les uns aux autres, nous nous contenterons des deux suivants, qui ont eu plus de retentissement[272].

Le 18 avril 1705, Denis Milanges de la Richardière, fils d'un avocat au parlement de Paris, traversait à cheval le village de Noisy-le-Grand, près Paris, lorsque son cheval s'arrêta subitement. Retournez sur vos pas, le cheval ne passera pas, loi dit un berger de mauvaise mine, qui se trouvait là. Aucuns efforts, en effet, ne purent contraindre le cheval à avancer, et il fallut s'en retourner, suivant l'avis du berger.

Revenu chez lui, Denis Milanges fut pris de maladies si bizarres et de léthargies si extraordinaires, que les médecins de la capitale furent enfin obligés de s'avouer vaincus et de renoncer à toute médication.

---

[272] De Mirville, *Pneumatologie*, ch. XI., § v.

Bientôt le malade fut obsédé de l'ombre de son berger et étouffé sons une pression qui ne lui laissait de repos ni nuit ni jour. Un soir, impatienté d'une telle persécution, il tira son couteau, et en porta des coups au visage à cette ombre fâcheuse. Il affirmait que ce berger s'appelait Danis, quoiqu'il ne l'eût jamais vu ailleurs, et n'eût jamais entendu prononcer son nom.

Après huit semaines de terribles souffrances, la famille fit une neuvaine de prières et en demanda dans plusieurs communautés religieuses ; à la fin, le malade alla en pèlerinage à Saint-Maur-des-Fossés, et se trouva guéri subitement pendant la messe ; en ce moment, l'ombre de son berger passa une dernière fois devant lui.

Quelques jours après, chassant à Noisy, il aperçut le berger dans une vigne, de cette fois le véritable Danis. Se précipiter sur lui et lui appliquer un vigoureux coup de crosse de fusil, fut l'affaire d'un instant. Ah ! Vous me tuez, s'écria le berger, faites-moi grâce. Le lendemain, il vint spontanément trouver la famille de la Richardière et demander grâce. Il convint d'avoir jeté un sort sur le jeune homme, dit que ce sort devait durer une année, et qu'il était retombé sur lui-même, du moment que le malade avait été guéri par la vertu des prières. Il était marqué au visage des cinq coups de couteau qui avaient été portés à son ombre.

La famille de la Richardière lui pardonna généreusement, et fit recommencer pour lui les prières qui avaient délivré sa victime. Mais ces faits s'ébruitèrent, et le parlement commença une information. Danis comprit qu'il était perdu ; il changea de costume, quitta le pays ; et on apprit peu après qu'il était mort misérablement à Torcy, où il s'était retiré sous un nom d'emprunt.

Tout ceci est surpassé de bien loin par les événements du presbytère de Cideville, en 1851. Le curé de la paroisse avait voulu éloigner d'auprès de ses paroissiens malades un guérisseur d'assez mauvaise réputation. Celui-ci avait dans les environs un ami du nom de Thorel, berger de son métier, et non moins mal famé. Le curé avait chez lui deux élèves auxquels il apprenait le latin.

Or, un jour, dans une foire, Thorel s'approcha d'un des élèves et le toucha en passant. De ce moment, les scènes les plus étranges et les plus effrayantes, de la nature de celles que nous venons de raconter, commencent au presbytère. Des meubles s'envolent par une fenêtre et rentrent par l'autre, des carreaux se brisent spontanément, des pupitres, des tables se lancent au visage des personnes présentent, et viennent tomber perpendiculairement à leurs pieds. Des coups se frappent en différents lieux de la maison ; les spectateurs conviennent d'un langage avec l'esprit frappeur, et il répond par le nombre convenu de coups à toutes les questions qu'on lui pose. Cependant l'enfant éprouve de terribles suffocations ; il tombe dans des syncopes et des crises cataleptiques qui durent plusieurs heures. Il désigne du doigt l'ombre d'un homme en blouse ; on croit voir en effet une ombre fugace et grisâtre ; elle reparaît souvent, mais, quand on veut la saisir, elle se condense et s'enfuit par les jointures des portes.

Enfin quelques personnes se souviennent que ces sortes d'ombres ont peur des pointes de fer. On s'arme donc de longues broches, et on frappe où l'ombre insaisissable apparaît, où les bruits se font entendre. Un coup fait jaillir du mur une flamme, suivie d'une fumée puante et épaisse. Il faut ouvrir les fenêtres, puis, la fumée dissipée, le jeu des broches recommence. Quelques coups plus heureux font pousser des gémissements ; un dernier est suivi d'une demande de pardon nettement articulée. – Oui, nous te pardonnons, répond-on, mais viens demain demander pardon à l'enfant.

Le lendemain c'est Thorel qui vient ; il a le visage couvert de blessures, dont il refuse d'indiquer l'origine. Il se met à genoux devant l'enfant, lui demande pardon et le touche. Dès lors, les scènes du presbytère deviennent de plus en plus terribles, et la maladie de l'enfant de plus en plus grave.

Dans une entrevue à la mairie, par-devant le magistrat de la commune, Thorel se met trois fois à genoux devant le curé et lui demande pardon ; mais il se traîne constamment vers lui et veut le toucher. Le curé, acculé contre un mur et n'ayant plus d'autre moyen de l'éviter, lui assène trois coups de canne sur le bras.

De là un procès intenté par Thorel devant le juge de paix d'Yerville, en dommages et intérêts pour coups et violences. Cette affaire, dans laquelle furent entendus de très nombreux témoins, attira pareillement de très nombreux spectateurs, parmi lesquels des jurisconsultes éminents. Elle fut plaidée à fond par les avocats des deux parties. Mais le juge de paix la vida par une sentence de non-lieu, renvoyant le curé des fins de la plainte, considérant qu'il était dans le cas de légitime défense. Ces événements s'accomplirent entre les 26 novembre 1850 et 15 février 1851.

L'évêque de Rouen ordonna le renvoi des enfants, et tout rentra aussitôt dans l'ordre ; c'était d'ailleurs le but avoué du sorcier, qui voulait ainsi exercer une vengeance contre le curé, en le privant de quelques émoluments[273].

Ces mêmes fantômes presque insaisissables, ces bruits, ces coups, cette correspondance avec des agents mystérieux, cet exercice des broches et des épées avec des résultats analogues, s'étaient déjà trouvés dans plusieurs des procès pour cause de sorcellerie dont nous avons parlé, entre autres à Àix et à Louviers.

Après de tels exemples, surabondamment constatés, les récits du moyen

---

[273] De Mirville, *Pneumatologie*, ch. XI.

âge, les merveilles racontées par les auteurs païens, deviennent croyables en partie et s'expliquent.

§ III—Possessionsparimprégnationvolontaire—Fanatisme des Cévenne — Saint-Médard

Luc de Tuy, dans son Traité des erreurs des albigeois, nous montre dans le voisinage de la ville de Léon, dès le XIIIe siècle, des rassemblements et des scènes pareilles à celles qui devaient se manifester au XVIIIe à Paris près d'un tombeau fameux. L'auteur ne parle pas de possession, il est vrai, mais elle semble résulter de son récit. « Là étaient, dit-il, les tombeaux d'un certain hérétique et d'un certain personnage atteint et convaincu d'homicide... Or, il s'y forma un grand concours de gens de tous les pays, venus pour être témoins des miracles qui s'y faisaient ; mais les prétendus miraculés étaient des gens subornés, qui feignaient, les uns d'être aveugles, les autres boiteux, ceux-ci possédés, ceux-là infirmes. Ils allaient boire à une fontaine qui coulait sur le lieu, puis ils s'écriaient : miracle, je suis guéri ! »

Toutefois, si la possession ne se manifeste pas ici d'une manière évidente, il n'en est pas de même des illuminés de Séville, à la fin du XVIe siècle. Ces illuminés, connus en Espagne sous le nom d'allombrados, étaient très répandus dans les diocèses de Séville et de Cadix en 1575. Ils s'insufflaient l'un à l'autre l'*Esprit* dans la bouche, puis tombaient dans des extases et des ravissements pendant lesquels ils croyaient voir Dieu dans sa gloire, s'unir à lui substantiellement et d'une manière indissoluble, de sorte qu'unis ainsi à la Divinité, ils ne péchaient plus, quelles que fussent leurs actions. Plusieurs éprouvaient des sueurs de sang, beaucoup étaient marqués des stigmates. Un édit de grâce avec trente jours de rémission en faveur de ceux qui se convertiraient, lancé à leur occasion par l'inquisiteur André Pacheco, révèle ces détails, et montre dans les allombrados des descendants d'une secte gnostique[274].

Beaucoup de ceux qui ne voulaient pas se convertir, s'enfuirent en France pour éviter la persécution. Ils y propagèrent leurs pratiques, et y formèrent ces guérinets, qui se proposaient d'exterminer rois, magistrats et prêtres, et que Louis XIII fit poursuivre avec tant de sévérité de 1630 à 1640.

Une épidémie du même genre et propagée de la même manière parmi les juifs, désola, au commencement du XVIIIe siècle, les villes de Gaza, Samarie, Andrinople, Thessalonique, presque toute la Syrie, et se propagea jusqu'à Constantinople. Un juif du nom de Sabbathai Zewi, s'étant donné pour le

[274] *Mercure français*, tom. IX, année 1623. — *Encycl. méthod.*, art. *Illuminés.*

Messie, fils de David, essaya de le prouver par des miracles. Il fut aidé dans cette œuvre par un juif de Gaza, nommé Nathan, qui lui servait de précurseur. Nathan insufflait l'esprit prophétique à ses adeptes avec mission de le communiquer à d'autres. La Syrie se remplit en peu de temps de prophètes et de prophétesses; des enfants de l'âge le plus tendre ne furent pas épargnés. On les voyait tout à coup renversés par terre comme des épileptiques; ils entraient en convulsion, et annonçaient en diverses langues, qu'ils n'avaient jamais entendu parler, des choses extraordinaires, des secrets et des mystères qu'ils n'avaient pu naturellement pénétrer, et chacune de leurs prophéties se terminait inévitablement par ces mots: « Sabbathai Zewi est le vrai Messie de la maison de David, à qui la couronne et le royaume ont été donnés[275]. »

Ces scènes et les attroupements séditieux qui en étaient la suite, dispersés par la police turque avec la brutalité qui la caractérise, eurent le même sort, mais moins d'éclat que celles des Cévennes à la fin du même siècle. Rappelons brièvement celles-ci.

Des prédictions du ministre Jurieu, qui annonçaient la fin du catholicisme pour l'année 1690, avaient déjà causé une certaine fermentation parmi les protestants; mais, l'émoi se calmant sans que le but fût atteint, le ministre appela à son aide un fabricant de verre du mont Peyrat, en Dauphiné, nommé Duserre. Celui-ci se choisit pour aides un jeune homme du nom de Gabriel Astier, et une jeune bergère nommée Isabelle Vincent, connue plus tard sous les noms de la belle Isabeau et de la Bergère de Cret. Après avoir fait leur éducation d'extatiques, Duserre leur insuffla l'*Esprit* dans la bouche et les envoya prophétiser. Jurieu fut une des premières victimes d'Isabeau, il le méritait. Cet amour le couvrit de ridicule, il le méritait aussi.

Bientôt le Dauphiné se trouva rempli de prophètes, ou, comme on disait, de petits prophètes, quoiqu'il y en eût de tout âge, depuis la tendre enfance jusqu'à la vieillesse. Ils tombaient dans des extases de plusieurs heures ou même d'un jour entier, exaltés, impassibles, étrangers à tout ce qui se passait autour d'eux, prêchant, gesticulant, criant convertissez-vous, Babylone va tomber sous le souffle de la colère de Dieu. Malheur à Babylone! Miséricorde! Miséricorde! Repentez-vous du grand péché que vous avez fait d'aller à la messe. Levez-vous, Seigneur, et confondez vos adversaires.

La maladie s'annonçait, plusieurs jours à l'avance, par des bâillements, des évanouissements, des hallucinations. Puis, au moment de l'accès, le ventre se tuméfiait, la poitrine se gonflait, la gorge s'embarrassait. L'accès était suivi d'une longue prostration et de sueurs abondantes; au réveil, il ne restait dans la mémoire aucun souvenir de ce qui s'était passé.

---

[275] Görres, *Mystique*, liv. VIII, ch. 4.

Ces prédications, accompagnées de prédictions sur la chute du papisme à jour fixe, sur la conversion des rois, la destruction des églises ou des monastères, faisaient une grande impression sur le public ; il en résultait des tumultes, des scènes violentes, des projets sinistres, des incendies et des meurtres. La justice s'en mêla ; les plus ardents furent mis en prison, la belle Isabeau toute des premières. Elle avait juré de ne se convertir jamais ; elle se convertit cependant, et perdit en se confessant la faculté extatique et toutes les qualités prophétiques qu'elle avait possédées à un si haut degré.

Le troupeau ainsi dispersé, les assemblées se tinrent la nuit, sur les montagnes, dans les forêts. On entendait, pendant les nuits, un long cri de miséricorde répété de montagne en montagne, d'un bout de la province à l'autre, et même quelquefois pendant le jour.

Gabriel Astier avait obtenu des succès du même genre, non moins rapides et plus étendus peut-être, dans le Vivarais. Les crises y étaient plus fortes, les convulsions plus épouvantables, plus nombreuses, le tumulte plus grand, les assassinats, les meurtres et les incendies plus quotidiens. Les juges des lieux remplirent inutilement de prophètes les prisons de Privas et le château de Ventadour. Les demeurants, irrités par la persécution, se cachèrent dans la profondeur des forêts, et s'y animèrent d'une haine plus violente contre les magistrats et le clergé catholique.

Alors le gouvernement fut obligé d'intervenir. Il envoya cinq ou six compagnies de dragons, pour pacifier le pays ; mais les soldats, accueillis à coups de pierres, à coups de fusil, tirés des arbres, des buissons, souvent en face, furent aussi trop souvent obligés de se servir de leurs armes. Des masses de femmes, d'enfants, de personnes de toutes les conditions se précipitaient sur eux en soufflant et en criant *tartara* ! *tartara* ! et venaient s'embrocher aux lances qu'ils étaient obligés d'étendre en avant pour se garantir. Les pauvres insensés étaient convaincus qu'en criant *tartara* et en soufflant sur les soldats, ils les verraient s'évanouir en fumée. Ces événements s'accomplirent entre les mois de juin 1688 et mars 1689 ; alors le pays était pacifié, du moins à la superficie. Beaucoup de gens étaient désabusés des prophètes, les autres n'osaient plus bouger.

La plupart des prophètes du Vivarais avaient l'écume à la bouche pendant leurs accès, à la manière des épileptiques. Aucune douleur, le fer, le feu, la rupture des membres, rien ne pouvait les faire sortir de l'extase. On en vit des troupes de deux ou trois cents naître en une seule nuit. Il se trouva des villages qui n'eurent plus pour habitants que des prophètes. L'épidémie s'étendit jusque dans le haut Languedoc. Un grand nombre de catholiques furent pris des mêmes convulsions au contact des convulsionnaires, et se mirent à prophétiser comme eux contre les sacrements, les prêtres et la messe, quoiqu'ils n'eussent aucune envie de se convertir au protestantisme[276].

Ces extravagances étaient oubliées depuis longtemps dans le pays même où elles avaient pris naissance, lorsqu'un paysan enthousiaste, nommé Abraham Mazel, les fit renaître quatorze ans plus tard, en 1701, dans les montagnes des Cévennes. Là elles prirent un caractère beaucoup plus alarmant : les montagnards se soulevèrent en armes, allèrent, au chant des psaumes, incendier les châteaux, les églises ; les ennemis de la France soudoyèrent la révolte ; la contagion fut encore plus générale : elle s'étendit jusqu'aux vieillards et aux enfants au berceau. On entendait ceux-ci crier en frémissant aux bras de leurs mères : Miséricorde ! Miséricorde ! Convertissez-vous ; la fin du monde est proche ; je te dis, mon enfant, je te dis, la fin du monde est proche. Les personnes avancées en âge avaient des convulsions et des extases de trente-six heures de durée. Il y en eut, et cet exemple se renouvela un grand nombre de fois, qui versèrent des larmes de sang. Partout où l'*Esprit* les saisissait, les prophètes tombaient, suivant l'expression consacrée parmi eux ; ils criaient, écumaient, gesticulaient avec une énergie impossible à décrire. Tous ces paysans, qui n'avaient jamais parlé que le patois de leurs montagnes, s'exprimaient alors en français ; les enfants, qui n'avaient jamais entendu que le jargon de leurs parents, discouraient de même en français.

Bientôt les paysans révoltés, auxquels on donna dès l'abord le nom injurieux de camisards, se formèrent par divisions et se choisirent des chefs, dont le plus grand nombre ne manquaient pas d'une certaine habileté et encore moins d'audace. Cavalier, Roland, Catinat, Ravanel, Élie Marion et Abraham Mazel furent les six principaux ; mais le premier éclipsa promptement ses collègues. Cavalier, né en 1679, au village de Ribaute, près Anduze, faisait le métier de garçon boulanger, lorsque l'*Esprit* le désigna pour être chef de la révolte. Il accepta ce dangereux honneur avec empressement, et ne tarda pas à montrer qu'il en était digne. Il le prouva par des extases plus longues et plus extraordinaires que celles de ses collègues, par des prophéties plus incendiaires, des exhortations plus frénétiques, et surtout par un talent plus consommé.

Lorsqu'il était sur le point de donner la communion, car les chefs de bande s'érigeaient en ministres de la religion, ses bras se raccourcissaient malgré lui devant les indignes, et ceux-ci étaient obligés de se retirer honteusement, pour aller prier à l'écart, et demander pardon au Saint-Esprit. Dans toutes les affaires de quelque importance, il éprouvait sur-le-champ une extase, et entrait en communication avec Dieu et les anges. Ses extases venaient toujours

---

[276] *Hist. du fanatisme*, par Brueys. Paris, 1692, in-12. — *Hist. des cérémonies religieuses*, par l'abbé Banier, t. III. — *Théâtre sacré des Cévennes*, anonyme (par un protestant du nom de Misson).

à propos. Si son autorité semblait mise en question par une désobéissance, il était trop habile pour prendre sa propre défense ; mais alors une prophétesse, nommé la Grand'Marie, qui ne le quittait point, entrait elle-même en convulsions, et prononçait contre les récalcitrants une sentence, parfois capitale, dont l'exécution ne se faisait guère attendre. Le tout s'accomplissait au nom du Saint-Esprit.

L'inspiration prophétique s'étendit avec une rapidité étonnante. Ses premières apparitions datent de l'an 1701 ; en 1703, toutes les Cévennes, le Vélay et le bas Languedoc étaient remplis de convulsionnaires. Les frères tombaient en voyant les crises de leurs sœurs ; les pères et les mères, en soignant leurs enfants ; les catholiques, en regardant les protestants. Il en est qui éprouvaient plusieurs crises en un même jour. Les mouvements des convulsionnaires étaient si violents, qu'il ne suffisait pas toujours de deux hommes pour comprimer ceux de jeunes enfants. L'insensibilité des malades était à l'épreuve du feu. L'un d'eux, le nommé Clary, défia les flammes, et sortit du bûcher sain et sauf, après que le brasier fut éteint.

Pendant les premiers temps, les magistrats crurent pouvoir seuls et sans aide arrêter le torrent. Ils emprisonnèrent, pendirent ou brûlèrent les convulsionnaires les plus entêtés, mais en vain. Plus indulgents pour les enfants, ils se contentèrent d'en remplir les prisons. Ils espéraient, sans doute, que cette sévérité suffirait pour les ramener à la raison : c'était une erreur, et ils se trouvèrent fort embarrassés eux-mêmes, quand fut venu le moment de prendre un parti. Ils appelèrent à leur aide la faculté de médecine de Montpellier, pour décider ce qu'il fallait penser d'un tel état. La faculté députa quelques-uns de ses membres à la prison d'Uzès, qui contenait trois cents de ces pauvres enfants. La commission jugea qu'ils étaient *fanatiques* ; la faculté le proclama ; le nom resta, et ce fut tout, car la question n'avait pas fait un pas.

Enfin le gouvernement lança la force armée. Au commencement d'octobre 1703, le maréchal de Montrevel apparut dans les hautes Cévennes, saccageant et brûlant tout sur son passage, disent les écrivains protestants ; mais il n'y resta que peu de jours, ayant été promptement rappelé, pour s'opposer à une descente de la flotte anglaise. Il fut remplacé par le maréchal de Villars, avec lequel les chefs de la révolte conclurent des capitulations plus honorables qu'ils n'avaient droit de l'espérer. Ils eurent l'habileté de faire accepter ces traités aux fanatiques comme des ordres de la Divinité, et ainsi, sans rien perdre aux yeux de leurs adhérents. Le pays se trouva pacifié de la sorte presque sans effusion de sang.

Élie Marion reparut dans les Cévennes en 1705, et y ralluma le feu de la guerre civile ; mais il suffit d'une seule bataille pour l'éteindre. De cette fois, le gouvernement se montra sévère envers les rebelles : le gibet, les galères et le bûcher firent justice d'un grand nombre.

« J ai vu des choses que je n'aurais pas crues, si elles ne s'étaient passées sous mes yeux, écrivait le maréchal de Villars. Dans une ville tout entière, toutes les femmes et toutes les filles sans exception paraissaient possédées du diable : elles tremblaient et prophétisaient publiquement dans les rues[277]. » Le nombre des enfants prophétisants s'éleva à près de huit mille dans les Cévennes et le Languedoc. Tous, enfants et vieillards, convenaient qu'ils cédaient à une force supérieure, qui les subjuguait et se servait de leurs membres pour agir, de leur bouche et de leur langue pour parler sans leur aveu.

Le fanatisme, réduit en système, se divisait en quatre degrés, l'avertissement, le souffle, la prophétie et le don. Chaque troupe avait un prophète à sa tête : on pillait, on massacrait les prêtres, on brûlait les maisons et les églises ; de là vint le nom injurieux de camisards, formé des deux mots languedociens *camas ards*, des brûleurs de maisons. Il y eut quatre mille catholiques et quatre-vingts prêtres égorgés par eux dans la seule année 1704[278].

Tout ceci était oublié depuis plus de vingt ans, lorsque les fameuses convulsions du cimetière Saint-Médard commencèrent, en 1727, autour du tombeau d'un janséniste qui avait vécu dans l'obscurité, mais dans l'austérité, François de Pâris, diacre, fils d'un conseiller au parlement. Il avait renoncé à tous les biens du monde par esprit de pénitence, et gagné sa vie à fabriquer des bas au métier, par humilité.

Quelques spasmes occasionnés aux dévots par le froid du marbre de son monument, sur lequel ils allaient se coucher, ayant éveillé l'attention des meneurs de la secte, il s'organisa de suite une œuvre des miracles du bienheureux Monsieur de Pâris, qui fit plus de bruit qu'elle n'obtint de miracles jusqu''en 1731, malgré le concours perpétuel et considérable des gens désœuvrés et des filles de mauvaise vie. Mais enfin, le 27 août, une d'elles ayant éprouvé des convulsions très réelles, l'œuvre commença à marcher de progrès en progrès, et surpassa bientôt les espérances de ceux qui l'avaient conçue. Les convulsionnaires se multiplièrent, les convulsions s'élevèrent à une violence inouïe. Laissons parler un libre penseur, témoin oculaire :

« Ces filles tombent ou paraissent tomber subitement dans des frémissements, des espèces de frissons, dans des bâillements, dans des saisissements ; elles se jettent par terre, c'est-à-dire sur des matelas ou des coussins qu'on leur a préparés ; là leurs grandes agitations commencent ; elles se roulent, elles se frappent, elles se tourmentent ; leur tête tourne de tous côtés avec

---

277 *Vie du maréchal de Villars*, p. 325.

278 Grégoire, *Hist. des sectes religieuses*, tom. III, p. 117.

une vitesse extrême, leurs yeux se renversent ou se ferment, leur langue sort et pend sur leurs lèvres ou se retire au fond du gosier, leur cou s'enfle, leur estomac se gonfle, leur ventre s'élève, leur respiration se contraint ; elles ont des suffocations, elles gémissent, elles poussent des cris et des sifflements ; elles aboient comme des chiens, elles chantent comme des coqs. On aperçoit dans tous leurs membres des secousses et des contorsions ; elles s'élancent tantôt d'un côté, tantôt de l'autre, elles font des mouvements dont la pudeur s'offense, elles s'agitent sans aucun respect pour les lois de la décence et de la modestie. Elles restent comme mortes des heures, des jours entiers ; elles deviennent, dit-on, sourdes, aveugles, muettes, paralytiques, insensibles, et tout semble se passer en elles-mêmes sans elles-mêmes[279]. »

Ces détails sont vrais, mais adoucis, l'hésitation est de trop ; les autres témoins de ces étranges scènes en parlent plus à leur aise et sans dubitations restrictives ; mais un libre penseur est le moins libre des hommes pour dire sa pensée : le courant l'emporte, et il cède toujours un peu.

L'étrangeté du spectacle, la ferveur des prières de ceux-ci, l'ardeur avec laquelle ceux-là chantent des cantiques, les phénomènes si variés de l'extase, cette grande foule, ce tournoiement, cette agitation, ces cris, impressionnaient profondément les spectateurs. Beaucoup se laissaient gagner, convertir, ou influencer par une puissance plus forte qu'eux, et devenaient convulsionnaires malgré eux. Honoré Carré de Montgeron, conseiller au parlement, personnage riche et considéré, se laissa convertir un des premiers, et devint, pour le reste de sa vie, l'apôtre de l'œuvre. Aucune persécution, un emprisonnement prolongé, la perte de sa charge, rien ne put le ramener, il était convaincu. Beaucoup de protestants d'un rang élevé se convertirent, non au catholicisme, mais au jansénisme. Le frère aîné de Voltaire, Armand Arouet, trésorier de la Cour des comptes, de la même religion que son frère, devint janséniste rigide. Fontaine, secrétaire des commandements de Louis XV, d'incrédule et railleur qu'il était, devint l'un des plus agiles tourneurs : il tournait sur son talon soixante fois à la minute. Cela dura pour lui pendant six mois ; l'accès le prenait tous les matins à neuf heures, et durait une heure ou deux. Les femmes étaient généralement plus agiles encore ; elles tournaient, dansaient et sautaient en même temps, avec une vélocité qui défiait toutes les lois de la modestie. Une veuve Thevenet sautait jusqu'au plafond, et sa tête agitée en tout sens frappait avec une prodigieuse rapidité, pendant la durée de la danse, l'une et l'autre épaule, la poitrine et le dos.

Des convulsionnaires restaient en état de mort, c'est-à-dire d'aliénation complète de la sensibilité et des sens, l'espace de deux ou trois jours.

---

279 *Examen critique des convulsions*, anonyme (par l'abbé Bonnaire, docteur en théologie, qui disait n'être ni appelant ni acceptant).

D'autres se jetaient dans les brasiers et dans les flammes, où ils restaient sans atteinte et couchés comme sur un lit moelleux. Une fille Sonnet, appelée pour cette raison la Salamandre, y restait jusqu'à extinction du brasier. Il y eut ainsi jusqu'à cinq cents incombustibles.

Quelques-unes s'appuyaient le dos à la muraille et se faisaient administrer de cinquante à cent coups de bûche dans la région de l'épigastre par forme de secours ; deux ou trois hommes des plus robustes s'y fatiguaient. C'étaient les petits secours ; les grands secours réclamaient des mesures plus violentes : Jeanne Mouler, jeune fille de 22 ans, recevait le secours avec un chenet pesant trente livres, et allait jusqu'à cent cinquante coups. Une autre recevait les secours par le moyen d'une pierre de cinquante à soixante livres, armée d'un anneau de fer, qu'un secouriste levait à force de poignets et lui laissait retomber de toute la hauteur qu'il pouvait sur la tête, sur la poitrine, sur le ventre, jusqu'à ce qu'il se fût mis hors d'haleine. Ah ! que c'est bon, que vous me faites de bien ! C'est du *nan-nan*, disait-elle : ce mot voulait dire du sucre d'orge dans l'argot des miraculés.

Celle-ci se faisait placer une longue planche sur le ventre ou sur la poitrine, et dix ou douze hommes y piétinaient pendant une heure ; celle-là se faisait sangler des pieds à la tête par deux ou trois robustes emballeurs, et accrocher pour un demi-jour au mur ou au plafond comme un ballot de marchandises. Quelques-unes se faisaient écraser sous des talons de bottes la main, la langue, le nez. Ah ! Quel bien ! Que c'est bon ! disaient-elles. Quelques autres se faisaient tordre les mamelles avec des tenailles de fer, jusqu'à en forcer les branches. Plusieurs se jetaient la poitrine sur la pointe d'une demi-douzaine d'épées, jusqu'à faire reculer ceux qui les tenaient.

Et il y avait cinq ou six ateliers organisés dans les coins du cimetière et travaillant à longs jours ; des chambrées dans les maisons voisines, louées à cet usage.

Tous ces miracles, puisqu'on parlait ainsi, sont démontrés au-delà de toute mesure ; chacun s'est répété des centaines de fois, en présence de milliers de spectateurs, amis, ennemis, indifférents ; ils sont écrits dans toutes les relations du temps et n'ont jamais été contestés.

Il n'en est pas de même des guérisons d'infirmités et de maladies, très nombreuses pareillement, et dont Carré de Montgeron a fait un gros recueil en quatre volumes, avec preuves, pièces justificatives, dépositions de témoins et signatures. Il est démontré pour beaucoup, au contraire, que les maladies prétendues étaient simulées, ou les guérisons fort contestables. L'auteur ne dit rien des convulsionnaires qui moururent de leurs convulsions.

Parmi ces scènes si étranges, les scènes de crucifiement ne furent pas les moins étranges. On vit des femmes se faire crucifier pour la quinzième fois, après être demeurées chaque fois trois heures en croix.

La police finit par s'en mêler, et dispersa les réunions; les plus mutins et les meneurs du parti furent mis en prison; on remplit de détenus la Bastille et l'Arsenal. Le gouvernement fit fermer le cimetière, mais en vain; les réunions se tinrent secrètement et se répartirent entre tous les quartiers de la capitale; les scènes se passèrent quelquefois sur les places publiques, où elles excitèrent plus de curiosité et de risée que d'intérêt, et c'est ce qui commença à discréditer l'œuvre.

Mais alors elle s'étendait à toute la France: partout où il se trouvait des appelants de la bulle *Unigenitus*, cause de tout ce désordre, on avait envoyé des pincées de la terre du tombeau de Pâris ou de l'eau du puits du cimetière, et là s'étaient formées des réunions, au milieu desquelles la vertu convulsive avait éclaté dans toute sa puissance. On vit presque partout, aussi bien qu'à Paris, des convulsionnaires en état d'extase lire des lettres cachetées ou enveloppées, répondre à la pensée d'autrui, assister à des événements lointains. On vit partout la stigmatisation intermittente, les sueurs de sang, la reconnaissance prompte et sûre entre cent objets divers d'un objet venu de Saint-Médard ou de Port-Royal.

Mais enfin ce genre de miracles sans résultat ou d'une nature peu divine, et qui ne prouvaient point que François Pâris fût un saint ou la bulle *Unigenitus* une hérésie, finit par fatiguer le public; l'œuvre déclina vers l'oubli au bout de sept à huit ans, sans tomber toutefois entièrement, car il y avait encore une réunion convulsionnante en 1759 à l'Estrapade, près Saint-Étienne-des-Grès (Note C).

Tous ces miracles, au reste, n'étaient pas de nouvelle invention. Les montanistes, les sectes gnostiques des différents âges, les anabaptistes, les quakers ou trembleurs, les skakers ou pirouetteurs, les spiritains, les méthodistes anciens et modernes ont montré à toutes les époques ces contorsions, ces convulsions, ces secousses effrayantes dont les réunions catholiques n'ont jamais offert l'analogue. C'est l'état des démoniaques du christianisme, des derviches tourneurs et hurleurs, aïssaouas de l'islamisme, des fakirs pénitents de l'Inde et de la Chine, des lamas du Tibet, des sorciers de la Laponie, de l'Amérique et de l'Océanie. Jamblique nous les montre dans l'ancien paganisme. C'est l'œuvre de Satan.

Mais Satan allait bientôt changer sa tactique et ses plans, tout en conservant les mêmes armes. Il allait se cacher, disparaître, se faire nier, supprimer ces épouvantables manifestations, policer les mœurs de ses suppôts, civiliser les sociétés secrètes, leur inspirer contre le christianisme une haine savante et méthodique, créer de nouveaux extatiques moins repoussants. Telle est l'entreprise dans laquelle nous allons le suivre pendant la durée du dix-huitième siècle.

CHAPITRE XIX : XVIIIe SIÈCLE

L'œuvre satanique pendant la durée du XVIIIe siècle présente un caractère tout particulier, nous venons de le dire. Satan se fit encyclopédiste et franc-maçon.

Veuillent ou ne veuillent pas les francs-maçons de tout ordre et de tout grade, ils sont fils de gnostiques, et leurs origines se confondent avec celles des sociétés sataniques du moyen âge. À Dieu ne plaise que nous leur imputions, même en un seul point et pour un seul moment, les mœurs et pratiques de tels ancêtres. Ils sont fils de vilains, mais décrassés et devenus grands seigneurs.

On a voulu rattacher la franc-maçonnerie à Adam, à Noé, à Salomon, à Zoroastre, à Mercure Trismégiste, à Romulus, à Charlemagne, à Godefroy de Bouillon, à Jacques Molay, à Cromwell ; on en a cherché le point de départ dans la construction de l'arche, de la tour de Babel, du temple de Jérusalem, de Saint Paul de Londres, de la cathédrale de Strasbourg, de l'église d'un village d'Écosse nommé Kilwilning ; mais tout ceci n'est que de la poudre aux yeux, la poudre de lycopode dont les francs-maçons se servent pour éblouir leurs adeptes : ce sont des motifs de légendes pour un cérémonial qui n'a aucun rapport avec le but à atteindre. Les francs-maçons eux-mêmes sont fort ignorants sur leurs origines et ne s'en occupent guère ; ils voient le but et y marchent, préparant le lendemain sans songer à la veille.

Nous croyons, sans oser l'affirmer, que l'origine de la franc-maçonnerie remonte au douzième siècle, à l'époque où il se forma des compagnies chrétiennes de maçons constructeurs, soumises à des règles presque monastiques et enrichies de bénédictions et d'indulgences, en opposition avec les anciennes corporations, perdues de mœurs, déshonorées par l'immodestie de leurs œuvres, l'érotisme de leurs pratiques et l'hétérodoxie de leurs croyances. L'histoire nous présente la cathédrale de Chartres comme la première œuvre sortie des mains des nouvelles confréries. Tous ceux des membres des anciennes agrégations qui ne se sentirent pas le courage d'entrer dans les nouvelles, ou qui n'en furent pas jugés dignes, restèrent en dehors, sous le nom de maçons libres, c'est-à-dire non agrégés, le mot se trouve, dès cette époque ou peu après, dans les langues italienne, française, anglaise et allemande, et formèrent entre eux des corporations secrètes qui continuèrent les traditions de leur déplorable passé, dans leurs œuvres architectoniques encore un siècle ou deux, dans leurs mœurs toujours.

Quoi qu'il en soit de cette déduction, qu'il serait facile d'appuyer d'une multitude de données historiques, il est certain qu'une franc-maçonnerie secrète existait en Angleterre au commencement du XVe siècle. On en a la preuve dans une pièce de la bibliothèque bodlyenne, mise en lumière par le célèbre Locke: c'est un interrogatoire que Henri IV encore mineur fit subir à un franc-maçon, pour s'éclairer sur le but et les moyens de l'association. En 1595. Jean de Vaux, moine de Stablo, poursuivi à Liège pour crime de magie, déclare à ses juges qu'il y a *neuf loges* dans la contrée, affiliées les unes aux autres et soumises à une loge suprême, où se tiennent les diètes générales, composées des directeurs des autres loges. C'est bien là la franc-maçonnerie telle que nous la verrons apparaître ensuite au grand jour.

Qu'elle se fût recrutée précédemment des débris de l'ordre du Temple, principalement en Écosse et en Angleterre, où les chevaliers furent traités avec tant de bénignité, malgré le scandale si avéré de leurs mœurs, il est probable, et plus apparent encore que les nouveaux associés transformèrent l'œuvre et lui imprimèrent une nouvelle direction, tout en conservant son nom. Cependant il est impossible d'en établir la preuve, et les pièces qu'on a publiées depuis un siècle pour servir de filiation et de titres d'origine, sont des pièces fabriquées à plaisir. Quoi qu'il en soit, lorsque la franc-maçonnerie se montre au grand jour, au commencement du dix-huitième siècle, elle est toute templière dans ses légendes, ses usages, son langage et ses formes.

Une société secrète, organisée différemment, mais à laquelle on ne reproche point d'autres désordres que celui de la culture des sciences magiques, existait en Allemagne depuis un temps inconnu, et se révéla au commencement du XVIIIe siècle sous le nom de confrérie de la Rose-Croix. Un frère indiscret, Jean-Valentin Andréa, en publia les statuts en 1614 chez Jean Bringern, imprimeur à Francfort. Cette apparition causa une prodigieuse surprise dans le monde. Les frères parèrent du mieux qu'ils purent ce coup inattendu, en niant eux-mêmes leur propre existence. On aurait fini par les croire et les oublier, lorsqu'on vit clairement, en 1622, qu'ils avaient des loges à Amsterdam, à La Haye, à Nuremberg, à Hambourg et ailleurs; puis un autre frère, non moins indiscret, Pierre Mormius, les révéla définitivement en 1630, en s'adressant directement aux États de Hollande, pour leur offrir les moyens secrets et magiques, connus des rose-croix, de triompher des ennemis de la république. Des affiches avec invitation de s'affilier, placardées dans Paris en 1623, causèrent une pareille surprise en France. Gabriel Naudé, bibliothécaire du cardinal Mazarin, tourna le tout en ridicule dans un livre intitulé *Instruction à la France sur les frères de la Rose-Croix*; mais c'était une manœuvre: il était affilié.

Tous les chercheurs du temps étaient affiliés: Michel Meyer, Bacon de Vérulam, Robert Fludd, Élie Ahsmoll, Corneille Agrippa étaient affiliés. Kenelm

Digby, qui rendit si fameuse la poudre de sympathie, était affilié. La poudre de sympathie était du vitriol calciné. Il l'appliquait à un arbre, à une plante, à un membre humain légèrement blessé, et elle guérissait à distance la plaie lointaine à l'intention de laquelle elle avait été appliquée. Il obtint des merveilles réelles, nombreuses, incontestables, mais qu'il fut impossible de raisonner, de réduire en art, de reproduire à volonté, d'utiliser. On finit par en rire et n'y plus penser. L'œuvre de Satan n'est jamais utile ni durable.

Il faut encore compter parmi les affiliés le visionnaire mystique et ministre protestant Pierre Poiret, élève et admirateur de la trop célèbre extatique Antoinette Bourignon.

Les rose-croix s'appliquaient avec une ardeur égale à la théosophie, par le moyen des visions et révélations, à l'étude de la cabale et à la recherche de la chrysopée. Ils portaient pour insigne dans leurs loges un ruban bleu avec une croix surmontée d'une rose ; les extatiques avaient le ruban noir.

Le but et les doctrines religieuses des rose-croix, bien connues et d'ailleurs avouées par eux, peuvent se résumer en ces quelques mots : haine au pape, abolition du culte extérieur, à la réserve de deux sacrements, le baptême et la cène.

Pendant ce temps-là, les purs cabalistes s'organisaient, de leur côté, en sociétés de chercheurs, qui croyaient arriver à la connaissance des vérités naturelles et surnaturelles par les moyens combinés de l'extase et des nombres. Ils avaient de longue date systématisé leurs visions de manière à en déduire ceci : les quatre éléments, c'est-à-dire l'air, la terre, l'eau et le feu, sont peuplés de millions d'êtres vivants, raisonnables, de nature angélique, serviables et amis de l'homme. Il n'y a point d'autres anges au ciel, ni d'autres démons en enfer, ni d'autres dieux du paganisme[280]. C'est ainsi qu'il faut entendre les Écritures de l'Ancien et du Nouveau Testament. Dans l'air habitent les sylphes, dans l'eau les ondins, dans la terre les gnomes, dans le feu les feunates ou salamandres. Jésus, Oromase, Zoroastre, Abraham sont des sylphes manifestés aux hommes. La nymphe Égérie est une sylphide épousée par Noé, puis par Numa. Satan, Ahriman, sont des feunates, excellents, amis de l'homme. Et ainsi de toute l'Écriture, de toute la foi chrétienne et de toute l'histoire.

Pour entrer en communication avec les sylphes et les sylphides, il faut

---

[280] Cette même doctrine nous revient maintenant par le spiritisme : Satan ne conviendra jamais qu'il n'est qu'un démon. Exemples : « Y a-t-il des démons dans le sens attaché à ce mot ? — S'il y avait des démons, ils seraient l'œuvre de Dieu, et Dieu serait-il juste et bon d'avoir fait des êtres éternellement voués au mal et malheureux ? » — Le commentaire sur cette réponse de l'esprit est pire encore que le texte. (*Le Livre des Esprits*, p. 55). — « L'homme vicieux est-il l'incarnation d'un mauvais esprit ? — Dis plutôt d'un esprit imparfait, autrement on pourrait croire à des esprits toujours mauvais, à ce que vous appelez des démons. » (*Ibid.* p. 157.)

s'abstenir longuement de toute volupté, pratiquer de longs jeûnes et des macérations assez rigoureuses, que les manuels prescrivent, réciter des formules déterminées de prières, et se livrer à la contemplation jusqu'à ce que l'extase s'ensuive; les premières communications s'accomplissent en état d'extase, les autres s'opèrent familièrement. L'horreur que les gnostiques éprouvaient pour le mariage se retrouve encore ici, mais mieux voilée.

Pour jouir du commerce des ondins, des gnomes et des salamandres, esprits plus grossiers et plus matériels que les habitants de l'air, il faut mélanger de la terre élémentaire avec de l'eau élémentaire, et la renfermer dans un bol de verre, qu'on ferme hermétiquement et qu'on expose pendant quarante jours aux rayons les plus ardents du soleil, qui sont le feu élémentaire. Si l'on prend ensuite une pincée de la mixtion à jeun tous les matins en prononçant certaines formules de prières, les esprits élémentaires ne tardent pas à se révéler dans des extases et des ravissements; mais ils sont moins utiles à l'homme, ne lui apprenant que les secrets des choses naturelles.

L'abbé de Villars, cousin germain du célèbre et savant bénédictin Bernard de Montfaucon, révéla ces secrets et tous ceux qui y afférent, en 1670, dans un livre badin intitulé *le Comte de Gabalis*, qui fit beaucoup rire, et qui aurait fait rire bien davantage, si on l'avait pris pour une révélation plutôt que pour un badinage. L'abbé de Villars, chercheur intrépide, s'était affilié à une société de cabalistes; mais son indiscrétion lui coûta la vie: il fut assassiné en plein jour en 1673, sur la grand-route de Lyon, par une main toujours demeurée inconnue; comme il n'avait point d'ennemis ailleurs, on y a toujours soupçonné celle des cabalistes.

Joseph François Bori fit les mêmes révélations à l'Italie en 1681, dans un livre plus sérieux intitulé *la Chiave del gabinetto* (*L'armoire à clés*). La tradition de cette clef qui ouvrait la chambre aux mystères, lui aurait peut-être attiré le même sort, si la police pontificale ne l'avait fait enfermer au château Saint-Ange en qualité de cabaliste, enthousiaste, hérésiarque, faux prophète et conspirateur. Il y mourut en 1695.

Tous ces principes n'étaient pas d'invention nouvelle, puisqu'ils sont contenus dans le *Thisbi* de rabbi Elias, dans la *Pneumatologie cabalistique* de rabbi Abraham et dans les ouvrages de Paracelse.

La franc-maçonnerie proprement dite, avec son nom, son organisation, ses mystères, existait en Angleterre depuis une date inconnue, lorsque les réfugiés politiques de la suite de Jacques II l'introduisirent en France. Ils formaient déjà entre eux une loge organisée, sous la direction de lord Dervent-Water, qui en était le vénérable. Il en établit une seconde en 1721 à Dunkerque, puis une troisième à Paris en 1725. En 1732, celle-ci en avait déjà constitué bon nombre d'autres ainsi que de nombreux ateliers en province:

c'est la franc-maçonnerie bleue ou élémentaire, nommée aussi franc-maçonnerie adoniramite, parce que la légende symbolique consiste dans le récit de la mort d'Adonirain, constructeur du temple de Salomon, assassiné par trois méchants compagnons, et dont il faut poursuivre la vengeance. Son symbole est la branche d'acacia des mystères de l'Égypte; est-ce une continuation ou une réminiscence des isiades ? nous ne savons. Les diverses conjectures faites à cet égard et les rapprochements ne sont pas des preuves. Adoniram est-il le même que Jacques Molay, grand maître des templiers, et les trois méchants compagnons les mêmes que Philippe le Bel, Clément V et Foulques de Villaret, grand maître de l'Hôpital, et leurs successeurs les papes, les rois de France et les chevaliers de Saint-Jean de Jérusalem, héritiers des biens des templiers ! Cela peut être, mais peut être aussi n'est-ce qu'une apparence.

Lord Ramsay, l'ami et la conquête de Fénelon, ne trouvant pas cette maçonnerie suffisante pour atteindre le but politique auquel tendaient tous les réfugiés: savoir, le rétablissement de Jacques II sur le trône d'Angleterre, y ajouta la franc-maçonnerie rouge, ou à glaives; et ce furent les premiers hauts grades, appelés aussi franc-maçonnerie écossaise.

On était loin de l'origine et entraîné vers un but très différent de l'institution. Mais il en est ainsi de toute association secrète: s'appartenant exclusivement à elle-même, elle va où elle veut, où la poussent le vent et les circonstances du moment. Des hommes sérieux, chrétiens, fidèles, comme Dervent-Water, Ramsay et leurs compagnons, pouvaient bien s'associer entre eux et s'adjoindre d'autres hommes pour un but qu'ils croyaient légitime, mais non plus pour les orgies du libertinage. Toutefois les loges éloignées du centre, qui n'avaient ni le même but présent ni les mêmes intérêts, cédant au seul attrait de la nouveauté et de la clandestinité, demeuraient sans direction, et par conséquent à la discrétion de l'esprit de Satan, pour peu que son souffle s'y étendit: ce qui arriva. C'est donc sous de tels auspices que s'ouvrit le XVIIIe siècle.

La maçonnerie française alla de progrès en progrès jusqu'en 1789; alors on comptait en France plus de deux mille loges. Elle s'émancipa en 1756 de la maçonnerie anglaise; la grande loge de Paris prit le titre de grande loge de France, et dirigea les travaux jusqu'en 1799, qu'elle s'unit à un corps rival, le Grand Orient, signant ainsi son arrêt de mort. À lord Dervent-Water succédèrent comme grands maîtres lord d'Harnouester en 1736, le duc d'Antin en 1738, le comte de Clermont en 1743, malgré la concurrence du prince de Conti et du maréchal de Saxe, enfin le duc de Chartres, depuis duc d'Orléans, en 1773.

Les méfiances se soulevèrent de tous côtés contre elle en même temps. Le roi interdit la cour à ses membres en 1737, la police dispersa autant qu'elle put les réunions. Le clergé fit part de ses alarmes au souverain pontife, le parlement sévit contre les maçons en 1737, en 1738, en 1744, en 1745. Clément XII lança en 1738 la bulle *In eminenti*, qui défend la franc-maçonnerie sous peine d'excommunication encourue par le fait. Benoit XIV renouvela la même défense en 1751. Mais les parlements refusèrent d'enregistrer les bulles, et d'ailleurs l'esprit du siècle était à l'indépendance, le sentiment du respect n'existait plus, beaucoup de gens croyaient qu'on pouvait rester de fort bons chrétiens tout en résistant à l'Église et en s'affranchissant de ses lois. La persécution piqua la curiosité publique et popularisa le nom de la franc-maçonnerie. L'esprit du siècle soufflait sur les loges et s'y réchauffait comme en autant de foyers : esprit de raillerie et d'indépendance, d'abaissement de toutes les grandeurs sociales, d'affranchissement de la pensée, d'impiété et d'incrédulité. La révolution, la proclamation des droits de l'homme, la convention nationale, l'abolition de la royauté et la mort des rois, le rejet de tout frein religieux, la persécution contre le clergé, toutes ces choses et leurs hideux accompagnements étaient en germe dans les loges. Les loges ne le savaient pas, et ne voulaient qu'une révolution anodine, une jolie et élégante révolution. Elles croyaient élever un agneau ; il se trouva que c'était un loup.

D'ailleurs, à côté de cette franc-maçonnerie en jabots et en bottes vernies, à son ombre et sous son nom, il avait poussé une multitude de rites hétéroclites bien autrement dangereux. La franc-maçonnerie écossaise prétendit ressusciter l'ordre du Temple ; les nouveaux chevaliers, inventeurs de leurs titres et créateurs de leurs droits, reprirent le glaive et n'assistèrent plus en loge que l'épée au côté. En souvenir de la mort de Molay et de ses compagnons, ils tendirent la loge en noir, prirent des ossements et des têtes de mort pour symboles et pour ornements, et procédèrent à la réception de leurs néophytes au milieu de scènes d'horreur et de spectacles lugubres. *Vaincre ou mourir !* telle fut la devise ; *vengeance !* tel fut le cri de ralliement. Le candidat au grade d'élu de neuf, ou parfait maçon, dut poignarder un mannequin couronné. Quand il voulut parvenir au grade d'élu de Pérignan et d'élu quinze, il lui fallut s'enfermer avec des squelettes, et rapporter des têtes de morts dans ses mains. Pour devenir petit architecte et grand architecte, il dut se présenter enchaîné et la corde au cou. Jusque-là il n'était question encore que de déplorer la destruction d'un ordre ; dans le dernier grade, celui de chevalier de l'Orient, il s'agissait de le relever de ses ruines : le néophyte brisait ses chaînes, et allait audacieusement demander à Cyrus de mettre un terme à la captivité.

C'était une débauche de sang et d'horreurs, rendue plus affreuse encore par d'affreux serments et d'horribles imprécations contre soi-même, si l'on venait à manquer de discrétion ou de courage.

Cette maçonnerie, nommée écossaise, était pourtant trop anodine encore, elle s'absorba dans l'écossisme, branche bâtarde, bientôt plus vigoureuse que la tige, maçonnerie à trente degrés, non plus à glaives, mais à poignards, qui se divisa elle-même en quatre autres branches : l'écossisme primitif, à trente-trois degrés ; l'écossisme philosophique, à douze grades, et le rite d'Hérédom de Kilwinning, inventé en 1785, à vingt-cinq degrés ; sans parler du rite templier proprement dit, qui en a huit. Les excommunications pleuvaient alors de loge à loge et de maçonnerie à maçonnerie, mais sans résultat ; c'étaient des pierres jetées dans les flots, et qui n'empêchaient ni la marée de monter, ni les vagues de courir vers le rivage.

Dire qu'il y avait alors sur la face de l'Europe un million de francs-maçons de tout grade et de toute couleur, ne serait peut-être pas assez dire, et là s'absorbaient les forces vitales de la société, allaient tous les hommes actifs, entreprenants, mécontents du présent, désireux d'un autre avenir chacun en son sens ; la magistrature, l'armée, le négoce, la finance, la noblesse, tout était à la franc-maçonnerie, en vue du grand cataclysme que Satan préparait, et que personne n'entrevoyait tel qu'il devait être.

Les rose-croix, vrais chercheurs de secrets, de la chrysopée, du breuvage d'immortalité, du dissolvant universel, de l'extase et des communications extranaturelles, ne se tenaient pas en repos ; ils avaient aussi des loges partout, jusqu'en Amérique et aux Antilles.

La franc-maçonnerie rose-croix, telle qu'elle existait en 1760, comptait trois degrés d'initiation, ou plutôt se divisait en trois branches : le rite *chrétien*, comme on disait, était une analyse de la maçonnerie bleue ; le rite des *fondeurs*, comprenant deux sortes d'ouvriers, les chercheurs de secrets et les cabalistes ; le rite de la *religion naturelle*, ayant pour but la destruction de toute religion révélée et l'établissement d'une république philosophique en place des sociétés chrétiennes. L'ordre songea à s'emparer de l'île de Malte, pour y jeter les fondements de cette irréalisable utopie ; mais la tentative resta sans résultat ; il était trop tôt. Lorsqu'ensuite Louis XVI offrit sérieusement aux philosophes la réalisation de ce projet, il était trop tard : c'était sur toute la face de l'Europe, en commençant par la France, que la maçonnerie exécuterait ses plans.

Le grade de kadosch devint le couronnement de toute la maçonnerie hermétique, ou, comme on disait alors, de la maçonnerie philosophique. Il fallut, pour y parvenir, subir des épreuves terribles. On accusa les adeptes de s'engager, par des serments redoutables, à faire la guerre à Dieu et aux rois. Il avait été inventé à Lyon, en 1743, en faveur des philosophes irréligieux, auxquels on offrit cet appât, pour les attirer dans la franc-maçonnerie ; mais ils n'y vinrent pas ; ils suivaient à leur manière une ligne parallèle et ne se laissaient point absorber. Le grade de kadosch fut un grade à poignard, ainsi que celui de chevalier du soleil, dans le rite de la religion naturelle.

Il y eut aussi des loges purement cabalistes, visant au rétablissement du dualisme persan ; on les nommait loges des Élus-Koens : elles cherchaient la régénération physique et morale de l'homme. Après les Koens, les Invisibles, qui prêtaient serment de se suicider en certains cas, et les Princes de la mort, qui juraient d'immoler au péril de leur vie quiconque leur serait désigné par le tribunal de l'ordre.

Telle était la franc-maçonnerie hermétique et cabaliste en 1775. Elle alla se fondre en majeure partie dans celle de Swedenborg, dont nous parlerons tout à l'heure. Mais il ne faut pas omettre celles du trop fameux comte de Saint-Germain et de Cagliostro, dont nous parlerons également.

Saint-Germain avait plusieurs loges, dont la première fut celle d'Ermenonville, qu'on accusa d'adamitisme. Elle avait sa cour vehmique et sa liste rouge. L'infortuné chevalier de Lescure en fit l'expérience, si on peut s'en rapporter à quelques paroles qu'il prononça en mourant empoisonné. Les imbéciles que Saint-Germain dirigeait, ne croyaient pas à l'Évangile, mais ils croyaient fermement aux quinze cents ans que leur vénérable disait avoir vécu depuis sa troisième résurrection. Mesmer et un tireur de cartes du nom d'Etteila, anagramme d'Aliette, qui était son vrai nom, entraient alors en ligne, et inauguraient, l'un le magnétisme, l'autre la cartomancie, évangiles de ceux qui n'avaient plus d'évangile, et ils étaient nombreux. Voltaire rentrait à Paris en même temps que Mesmer.

Fils d'un évêque luthérien de Skara, Emmanuel Swedenborg, né à Stockholm en 1688, montra dès l'enfance une grande aptitude pour les sciences mathématiques, dans lesquelles il s'éleva au premier rang, sans négliger les autres branches des connaissances humaines. Mais c'était aussi un chercheur : il parcourut l'Europe, pour apprendre quelque chose de nouveau, et se fit affilier à toutes les maçonneries, pour y trouver les secrets qu'elles cherchaient elles-mêmes, et aux sociétés secrètes de tous les noms possibles. S'il ne trouva pas ce qu'il cherchait, il trouva ce qu'il ne cherchait pas : savoir, l'imprégnation démoniaque.

Sa première vision extatique eut lieu dans une taverne de Londres, où il dînait seul. À en lire le récit, on croirait à une hallucination de la fièvre ou de la folie ; mais ce n'était pas folie, puisqu'il en résulta tout un système nouveau de croyances semi-chrétiennes et semi-sataniques, une religion de mystologies et de pratiques pieuses, accompagnées de manifestations des anges de ténèbres transformés en anges de lumière ; système combiné de bout en bout avec une telle liaison, qu'il a pu séduire des théologiens, des Églises entières, et prendre la place de la foi évangélique dans le cœur de milliers de personnes savantes d'ailleurs et bien intentionnées. L'auteur rend compte de cette première vision et des visions subséquentes dans deux ouvrages intitulés les *Merveilles du ciel et de l'enfer*, et la *Jérusalem céleste*.

Il divise la Jérusalem céleste en trois cieux : les anges qui habitent le troisième, sont les plus parfaits d'entre les esprits ; ils reçoivent immédiatement l'émanation de la divinité, qu'ils voient face à face, et qui est leur soleil. Les habitants du second ciel, moins parfaits, voient Dieu médiatement, par la réflexion de la lumière qui leur vient des anges du ciel supérieur. Les habitants du ciel inférieur ne reçoivent la lumière qu'après une seconde réflexion ; leur séjour est un ciel sans astres.

Ces diverses régions sont peuplées par des colonies innombrables d'esprits, mâles et femelles, contractant des alliances entre eux et se divisant par royaumes et par races, par corporations d'arts et de métiers : il y a les anges vignerons, les anges cultivateurs, les anges négociants, les anges artistes. Il y a des écoles pour les enfants des anges, un palais de la bourse pour les anges capitalistes, des foires, des marchés, des boutiques ; des montagnes, des vallons, des bois et des prairies, comme sur la terre.

L'auteur place des anges dans la lune et les planètes ; il décrit leurs formes, leur langage, leurs habitudes. Au-dessous du ciel et vers les régions de la lune est le paradis des âmes humaines, séjour d'épreuves, d'où elles sortent anges ou démons. Les actes de la vie présente ne sont imputables ni à vice ni à vertu. L'âme humaine, Dieu et les anges sont des esprits matériels de la nature de la lumière. L'âme est la forme accidentelle du corps, le corps est une image de l'univers, et l'univers une image de Dieu.

Le terme de tout le système est donc une gnose renforcée de cabale et la négation du bien et du mal moral. Satan est donc aussi toujours le même.

Swedenborg imagina une nouvelle maçonnerie, pour être dépositaire de ce nouvel évangile, et les loges swedenborgiennes se multiplièrent promptement en Suède, en Danemark, en Angleterre et en France. Cette maçonnerie avait pour pratique l'extase comme moyen de communication avec le monde des intelligences, afin d'apprendre, par leur intermédiaire, le passé, le présent, l'avenir, et tous les secrets des choses visibles et invisibles.

Tandis que Swedenborg trouvait de ce côté l'illumination satanique, qu'il prenait pour une illumination divine, Martinet Pasqualis la trouvait d'une autre façon, et fondait la maçonnerie des Élus-Koens. Il l'introduisit dans plusieurs loges à Marseille en 1754. Il l'établit ensuite à Toulouse, à Bordeaux, et enfin à Paris en 1767. Ce fut à Bordeaux qu'il enrôla le plus fameux de ses disciples, le célèbre Saint-Martin, officier au régiment de Foix, qui obtint des communications plus faciles, plus élevées, fit faire un grand pas à l'illuminisme, et lança dans le public un grand nombre d'ouvrages sous le nom d'un *Philosophe inconnu*. Leur obscurité impénétrable les fait négliger maintenant, elle les fit railler dès l'abord ; mais Saint-Martin n'écrivait que pour les adeptes, et il lui suffisait d'en être compris. Le martinisme compte aussi parmi ses adeptes le fameux Duchanteau et le baron d'Holbach, auteur du *Système de la nature*. De Lyon, où était son centre, il se propagea rapidement dans les principales villes de France, en Allemagne et jusqu'en Russie.

Vint ensuite le bénédictin Perneti, physiologiste, alchimiste, visionnaire, qui accommoda les pratiques de Swedenborg à ses propres idées, et fonda à Avignon en 1760 le rite hermétique, autre franc-maçonnerie dont le but principal était d'obtenir par révélation le secret de la chrysopée ; ce rite pénétra en Suisse, en Allemagne, en Italie, en Russie et jusqu'à la Martinique. La chrysopée avait pour objet non seulement la transmutation des métaux, mais encore la composition de l'élixir de longue vie et de la panacée universelle.

En 1766, Chastanier modifia le rite de Perneti, et fonda les illuminés théosophes. En 1783, le marquis de Tancé, dégageant, à ce qu'il disait, la doctrine swedenborgienne de ses superfétations, établit le rite swedenborgien de la primitive observance. En 1780, le baron de Blaerfindi avait fondé un illuminisme cabalistique, presque pareil à ceux-ci, dit du rite de Pythagore, qui s'intitulait *Académie des sublimes maîtres de l'anneau lumineux*.

En 1773, Savalette de Langes, le vicomte de Tavannes, Court de Gebelin, le président d'Héricourt, le marquis de Saint-James et le prince de Hesse fondèrent à Paris le rite illuminé des Philalèthes, qui avait pour objet la régénération physique et morale de l'homme et le progrès des sciences occultes. Mais, à peine fondée, cette maçonnerie se vit réformée par le rite de Philadelphes, qui s'établit à Narbonne en 1780, et s'intitula du régime primitif ; les uns et les autres se rattachaient aux rose-croix, et empruntaient à Saint-Germain, à Cagliostro et à Mesmer leurs pratiques et leurs secrets. Déjà le mesmérisme ou magnétisme avait fait des progrès considérables dans les voies de l'illumination, mais il les cachait au public, et ne montrait encore que les résultats physiques de ses expériences.

Saint-Martin établissait ainsi les différences des résultats obtenus par les procédés différents : le martinisme obtenait des manifestations de l'ordre intellectuel par la *voie sensible* ; le swedenborgisme, des manifestations analogues par la voie *sentimentale* ; le mesmérisme, des manifestations réelles aussi, mais d'un *ordre sensible inférieur*.

On ne saurait dire que ces centaines, ces milliers d'hommes intelligents, instruits, avides de connaître, observateurs, aient tous été atteints d'une folie identique, d'une berlue épidémique, qu'ils n'ont rien vu, rien obtenu, assisté à aucun phénomène de l'ordre extranaturel ; mais, à voir les moyens étranges qu'ils employaient, le but qu'ils voulaient atteindre, le désordre et la confusion de leurs écoles, le néant des résultats, on ne saurait non plus y reconnaître des miracles ni des manifestations divines ou même angéliques. Et dire que tous ces hommes qui cherchaient des révélations, niaient audacieusement la révélation ! Le désordre était-il assez complet, assez grand ? Une autre main que la main de Satan pouvait-elle ainsi dévoyer l'esprit humain et opérer une si grande confusion ?

Mais Cagliostro, charlatan du plus bas étage, moins savant et moins sincère que tous ceux-ci, et qui n'obtint jamais de si grands résultats, attirait déjà l'attention publique, et allait la concentrer pour plusieurs années sur lui-même presque d'une manière exclusive ; il est vrai qu'il était d'une audace à nulle autre pareille et d'une habileté consommée.

Enrichi par une multitude de vols et de larcins, qui lui permirent de tenir longtemps le rang de grand seigneur, initié à toutes les franc-maçonneries, Cagliostro en fonda une nouvelle qu'il intitula le rite égyptien, et dont il resta le chef sous le nom de grand Cophte. Elle avait aussi pour objet la régénération physique et morale de l'homme. La régénération physique s'obtenait par des jeûnes et des purgations, que personne ne pouvait conduire jusqu'à leur terme, ce qui fait qu'elle ne s'obtenait point ; la régénération morale, par des prières et des sacrifices acceptés de la divinité, acceptation qui ne pouvait guère être démontrée. Le luxe des décorations dans les loges, la splendeur d'un luminaire magnifique, suivi des profondes ténèbres d'une nuit obscure, la solennité des chante pieux et des prières chrétiennes, la blancheur des costumes, les ressources du magnétisme encore peu connu, de la fantasmagorie elle-même peu cultivée, des orgues à tuyaux de verre, dont l'effet est si actif sur le système nerveux, de l'électricité, dont les découvertes étaient nouvelles, de l'escamotage, dont Cagliostro possédait une savante pratique, tous ces moyens habilement combinés, avec un commencement d'imprégnation démoniaque, un rudiment pour ainsi dire du métier, firent de la maçonnerie illuminée de Cagliostro le fanal auquel les chercheurs de secrets en opposition au christianisme vinrent momentanément s'éclairer.

Nous ne savons si telles ou telles évocations, dont il reste des mémoires, sont des jeux fantasmagoriques ou des apparitions sataniques ; la question serait difficile à juger ; mais il n'en est pas de même des apparitions faites aux yeux des pupilles et des colombes regardant fixement des carafes remplies d'eau, qu'il plaçait entre neuf bougies consacrées par des cérémonies mystiques[281].

Il appelait pupilles des jeunes garçons, et colombes des jeunes filles, ré-

[281] *Mém. de Fleury*, de la Comédie Franç., tom. III, ch. 3.

putés purs, vêtus de blanc, consacrés par des cérémonies religieuses de son institution, soumis à l'insufflation, à l'imposition des mains, c'est-à-dire à l'imprégnation, qui regardaient ensuite des carafes, et y voyaient des scènes lointaines, des scènes du lendemain ou d'un avenir prochain, comme le spectateur placé devant un miroir sphérique voit tout ce qui se passe autour de lui dans un parc; mais avec cette double différence, que le spectateur placé devant un miroir sphérique peut détourner la tête quand il lui plaît, et ne voit que ce qui se passe à l'instant même, tandis que les pupilles et les colombes ne pouvaient plus détourner leurs regards, une fois qu'ils avaient été fixés par une puissance plus forte que leur volonté, ne voyaient que l'événement dont les détails leur étaient demandés, et un événement ou passé, ou prochain, ou lointain quant au lieu d'accomplissement.

Nous disons que ces consultations démoniaques par le moyen de vases remplis d'eau ne sont que les rudiments du métier; elles sont, en effet, de tous les âges et de partout: on les voit pratiquées dans l'antiquité païenne. Jamblique en fait mention au XVIe chapitre de son troisième livre sur les mystères. Sixte V, dans sa bulle *Cœli et terræ*, du 9 janvier 1586, en fait une mention expresse et les signale comme un attribut des magiciennes du plus bas étage. Jamblique prétend expliquer le phénomène en disant que l'eau est un excellent récipient pour la lumière naturelle, et peut ainsi s'accommoder à la lumière divine. Mais c'est une erreur; il n'est pas besoin d'eau, ni même d'un corps poli pour former ces sortes de spectres; tout point sur lequel a été concentrée l'influence démoniaque, et qui est regardé par une personne soumise à la même influence, devient lumineux pour elle: son pied, sa main, son ongle, un objet quelconque, une portion du parquet circonscrite dans un cercle tracé au charbon ou à la craie; et elle y voit comme dans un miroir l'événement qui s'accomplit à mille lieues, pourvu qu'on le lui désigne. Et il devient aussi difficile de détourner son attention ou de l'arracher de sa place jusqu'à ce que la vision soit terminée, qu'il est difficile d'arracher un arbuste dont les racines sont implantées dans le sol. Le sieur de Pontis nous apprend dans ses *Mémoires* que Nostradamus avait un miroir magique de cette sorte; toutefois le fait n'est guère authentique; mais le magnétiseur Dupotet a retrouvé, par le seul fait d'une magnétisation ascendante, le même phénomène satanique. Une fois que l'imprégné a fixé ses regards au centre du cercle tracé au charbon, son attention est absorbée exclusivement par les visions qui s'y produisent, et qui lui arrachent les gestes les plus énergiques et les plus étranges de surprise, d'effroi, de fureur, d'hilarité, d'intérêt, de dégoût. C'est dommage qu'on ne lui ait jamais dit: voyez ce qui se passe en tel lieu désigné, évoquez devant vous la représentation de tel événement où vous n'étiez pas, et auquel nous assistions (Note D).

Mais cette expérience, Léon de la Borde en a été témoin au Caire en 1827 ; il en acheta le secret, et l'a répétée lui-même vingt fois depuis[282].

Un sorcier algérien du nom d'Achmed soumettait des enfants à l'influence magique, et ceux-ci voyaient dans leur main les personnages qu'on leur indiquait dans des pays lointains, à Londres ou Constantinople, et les désignaient avec une telle précision, qu'il était impossible à ceux qui les connaissaient de ne pas les reconnaître. Ils indiquaient en même temps les actes qu'ils accomplissaient dans le moment ; mais ici la vérification n'était plus possible. « Je ne puis admettre, dit le savant écrivain, qu'on m'ait trompé, et que je me sois trompé moi-même sur des faits qui se sont répétés vingt fois sous mes yeux, par ma volonté, devant une foule de témoins différents, en vingt endroits divers, tantôt entre les quatre murs de ma chambre, tantôt en plein air, ou bien dans ma cange[283] sur le Nil. »

La bulle de Sixte V décrit en détail ces divers procédés pour obtenir des visions démoniaques, ce qui prouve que les moyens ni les résultats ne sont pas des découvertes nouvelles. On en citerait aisément, en effet, cent exemples depuis le siècle de Moïse ; mais qui y croirait ? La science n'est pas encore assez développée même pour les savants, et l'ignorance a tant de préjugés !

Le grand Cophte, des maîtres ou des maîtresses imprégnés de son souffle, évoquaient ainsi les anges et les saints, Dieu lui-même ; et, par le plus étrange renversement d'idées, ils se moquaient de Dieu, des saints, des anges, affectaient de n'y pas croire, et faisaient revenir d'Alembert de l'autre monde, pour déclarer qu'il n'y a pas d'autre monde. C'était le renversement le plus absolu de la foi chrétienne, du culte chrétien, et on consacrait des maîtresses selon le rite employé par l'Église grecque pour la consécration de ses prélats ; on chantait des *Veni Creator*, et on terminait la cérémonie par des *Te Deum* (Note E).

Toutes ces maçonneries mystico-hétérodoxes, plus ou moins swedenborgiennes pour le fond ou pour la forme, se trouvèrent tout de suite face à face avec Satan. Elles obtinrent dès l'abord les apparitions fantastiques, la possession des corps, la suspension à l'air libre, le transport des personnes, des meubles, des objets de toute nature d'un lieu à l'autre, sans aucune force motrice apparente, l'apport instantané d'objets venus d'un lieu éloigné, de l'Afrique ou de l'Amérique, par exemple, l'écoulement ou l'arrêt à commandement du sang d'une blessure, et maints autres phénomènes évidemment démoniaques, qu'elles prenaient pour divins, mais qui ne pouvaient l'être, parce que Dieu n'a point établi le culte, même le plus pur, pour de telles fins,

---

282 *Commentaire sur l'Exode* et *Revue des Deux-Mondes*, août 1840.
283 Barque égyptienne étroite, à voiles, autrefois utilisée sur le Nil.

et que celui qu'elles adressaient, loin d'être pur, était entaché des plus monstrueuses erreurs contre la raison et la foi chrétienne.

Elles mêlaient à leurs évocations, toutes, aussi bien celles de Stockholm que la loge de Paris présidée par la duchesse de Bourbon et celles de Lyon et d'Avignon, des chants sacrés, la récitation d'hymnes et de psaumes et les plus ferventes prières, dans le but d'éloigner le démon, d'être préservées de ses illusions et de ses embûches. Rien de plus fervent, rien de plus pieux en apparence. «*Dieu tout-puissant, Dieu bon, qui remplissez et gouvernez l'immensité des mondes que vous avez créés, que votre nom soit loué, que votre volonté soit faite, que tout ce qui reçut votre souffle immortel respecte et suive votre sainte loi. Conservez-moi la santé de l'esprit, afin que je ne cesse de vous glorifier, et celle du corps, pour secourir les miens, aider mon prochain et secourir ma patrie...*»

C'est la prière du directeur de la loge mystique d'Avignon. C'est très beau; mais la simplicité du *Pater noster* est plus belle encore. On récitait ensuite le *Veni Creator*, le psaume *Exurgat Deus*, puis d'autres prières.

Le directeur soufflait ensuite l'esprit au voyant par le moyen d'un tube de verre, et le voyant récitait à part lui cette prière: «*Anges de lumière, Vierge céleste, esprits immortels, ministres des volontés de mon Dieu, venez à moi, je vous implore; secourez-moi, guidez mon inexpérience, et préservez-moi des pièges tendus par le méchant sur la route ténébreuse. Et toi que le Ciel a commis plus spécialement à ma garde, ange tutélaire, mon ami, mon guide fidèle, conduis et soutiens-moi dans ce pénible voyage à travers le désert...*»

C'est bien; mais qu'allez-vous faire dans ce désert, et pourquoi vous aventurer dans cette route ténébreuse? Dieu ne vous a rien promis. Le directeur concentrait plus spécialement son influence, et le voyant ajoutait: «*O toi par qui tout a été fait et par qui tout sera détruit pour retourner à sa source première, principe émané du sein de l'Éternel, âme de l'univers, divine lumière, c'est toi que j'invoque à mon aide; oui, viens, fluide créateur, viens pénétrer mes sens amortis...*»

Que dire de ceci? Si ce n'est pas le gnosticisme, le satanisme pur, ce n'est rien. Et qu'on ne dise pas que ce galimatias de forme si étrange s'adressait à Jésus-Christ; non, car le voyant continuait: «*Et vous, Fils unique, égal au Père, qui régnez avec le Saint-Esprit, en l'unité d'un seul Dieu...*» Voilà bien Satan à côté de Jésus et avant lui.

Qui répondra à de telles invocations? Si un ange brillant de lumière apparaît aux yeux, quel sera cet ange? Si une fleur de lotus du Nil vient se déposer sur les genoux de l'orante ou dans les mains de l'orant, qui l'apporte? Si le flambeau et la bougie posés sur la table disparaissent aux yeux de tous, sans qu'on en retrouve plus jamais la trace, qui l'emporte? Si la pendule marche et s'arrête à commandement, qui fait le miracle? — Et le beau miracle, en effet, bien digne de Dieu!

Et, pendant ce temps-là, que faisaient les philosophes, les littérateurs, les savants ? Ils démolissaient le trône et l'autel, niant tout, Dieu et Satan, se raillant de tout, supprimant sur toutes choses les traditions du passé[284].

Et les rois, les princes, les grands, les riches, toute la haute classe, en un mot, que faisaient-ils ? À titre d'esprits forts, ils se laissaient mener par la mode, affectaient en public le dédain de Dieu, et consultaient le diable en particulier. Toute la haute et la basse société de Berlin allait se faire guérir par un fabricant de bas, du nom de Waisleder, qui prenait le titre de *Docteur de la lune*, et qui guérissait toutes les plaies et les douleurs en marmotant une prière de deux minutes, après laquelle il montrait le membre malade à la lune. C'était en 1780 et 1781.

Le superstitieux et débauché Frédéric-Guillaume III, roi de Prusse, la dupe des Wilner, des Bischafswinder, du comédien Fleury, qui lui faisaient apparaître son oncle, Frédéric II, Moïse, Jésus, César, n'avait pas de foi pour les choses de la religion, et en avait en surabondance et jusqu'au ridicule pour les choses en contradiction avec la religion. En 1792, on vendait à la foire de Leipsick des vestes appelées des Jésus de Berlin, destinées à immortaliser ses ridicules. Les dupeurs de sa crédule majesté lui ayant annoncé tout à coup une apparition de Jésus-Christ, Frédéric-Guillaume, qui ne pouvait voir, demanda : Comment est-il habillé ? — En veste d'écarlate, avec des revers noirs et des tresses d'or, lui répondirent-ils.

Frédéric le Grand, son oncle, l'élève de Voltaire, faisait rarement un pas sans consulter les magiciennes ; Frédéric III les consultait encore davantage. Assassiné le 17 mars 1792 par Aukastrom, il avait consulté, trois jours auparavant, une sorcière nommée Harvisson, qui lui avait dit de se méfier du mois de mars et de la première personne qu'il rencontrerait : ce fut le baron de Ribberg, chef de la conjuration. Voilà de quoi servent les avertissements sataniques et le culte rendu à Satan[285].

En France, les grands du monde n'étaient pas plus sages : un sieur André Dubuisson fut enfermé à la Bastille en 1749, pour avoir *fait voir le diable* au duc d'Orléans à prix d'argent. Le maréchal de Richelieu, étant ambassadeur à Vienne, voulut aussi voir le diable ; il paya fort cher un charlatan, et se couvrit de ridicule. Aussi, disant un jour avec fatuité devant Louis XV que les Bourbons avaient peur du diable : c'est qu'ils ne l'ont pas vu comme vous, lui répondit le monarque. La marquise de Pompadour allait chez une sorcière, nommée la Bontemps, interroger l'avenir, dans un blanc d'œuf ou dans du

---

284 Billot, *Recherches psychologiques*, 2e vol. — De Mirville, *Pneumat.*, ch. X.

285 Barruel, *Mém. sur le jacobinisme*, tom. V, ch. 13, édit. de Hamb. — De Ségur, *Décade historique*, tom. I, p. 72.

marc de café, sur ses destinées et sur celles de l'État. Le poète Guimant de Latouche, qui l'y accompagnait une fois, mourut de frayeur au bout de trois jours des prédictions qui lui furent faites pendant qu'il considérait une jeune fille regardant dans une carafe remplie d'eau. Quand apparut, on ne sait d'où, le comte de Saint-Germain, avec un fastueux étalage de richesses dont on n'a jamais connu l'origine, la cour et la ville tombèrent en admiration devant ses prestiges. Personne n'aurait eu garde de révoquer en doute son assistance aux noces de Cana et à la bataille de Marignan. Cagliostro trouva une foi aussi candide en 1779 à Strasbourg, à Paris en 1785. Il occupa à lui seul les cent voix de la renommée. Tous ceux qui ne croyaient pas à l'Évangile crurent fermement à Cagliostro et au nombre prodigieux de ses jours, dont la dernière période écoulée était de 5587 ans.

Mais le plus grand courant allait à la franc-maçonnerie. Lorsque Voltaire fut reçu dans la loge des Neuf-Sœurs, rue du Pot-de-Fer Saint-Sulpice, le mardi 7 avril 1778, présidée par le vénérable Jérôme de la Lande, l'astronome, il fut présenté par l'abbé Cordier de Saint-Firmin. Édifiante paternité de la part d'un dignitaire de l'Église, se portant pour garant de la dignité d'Ecrlin. Voltaire signait Ecrlin, ce qui veut dire: écrasons l'Infâme; l'infâme c'était Jésus. II y avait ce jour-là le comte Alexandre de Strogonoff, chambellan de l'impératrice de Russie, le comte d'Ossun, le prince Emmanuel de Salm-Salm, le comte de Milly, le comte de Turpin-Crissé, le prince Camille de Rohan, le marquis de Saisseval, le comte de Sesmaisons, le comte de Jouy, le marquis de Lort, le chevalier de Villars, le comte de Noé, le président de Meslai. Qu'allaient donc faire là ces grands seigneurs ? Ils allaient conspirer contre Dieu, contre la royauté et contre leurs titres de noblesse, en compagnie des Condorcet, des Diderot, des d'Alembert, des Cabanis, des Dupaty; donner l'accolade à l'imbécile Court de Gébelin, au docteur Guillottin, qui leur préparait un instrument de supplice, au frère Chic, premier violon de l'électeur de Mayence, aux musiciens Salantin, Caravoglio, Olivet. Qu'ils étaient bien à leur place, surtout flanqués des abbés Bignon, Rémy et Pingré !

Prêt à ceindre le tablier d'Helvétius, fondateur de la loge, Voltaire porta pieusement cette relique à ses lèvres, puis il fut couronné de lauriers par Larive, acteur de la Comédie- Française[286].

Lorsqu'enfin le désordre fut à son comble dans les mœurs, dans la foi, dans les idées, Satan suscita Weishaupt, pour en précipiter les conséquences. Weishaupt, professeur de droit canon à l'université d'Ingolstadt, inaugura le 1er mai 1776 la première loge d'une nouvelle maçonnerie de son invention, qu'il appela illuminée, mais qui n'avait rien de commun que le nom avec l'il-

---

286 *Le Globe*, 1er vol., p. 76 et suiv.

luminisme. C'était le système de conspiration universelle contre toute supériorité divine ou humaine le plus savamment combiné qui eût encore été mis au jour : l'auteur ne se proposait rien moins que l'abolition de Dieu, du culte, des rois et des lois, et l'établissement du règne de la raison. Il creusa une mine sous les bases de l'ordre social tout entier, et la chargea avec une violence inouïe, en attendant l'étincelle qui ne pouvait manquer de la faire éclater.

Nous n'avons pas à suivre dans ses détails et ses développements cette œuvre infernale, quoique démoniaque dans son inspiration, parce qu'elle appartient à l'histoire politique plutôt qu'à nous. L'abbé Barruel l'a recueillie dans ses *Mémoires sur le jacobinisme*, où elle est plus à sa place.

En 1790, l'Allemagne tout entière et la France étaient illuminées à la manière de Weishaupt. La maçonnerie française, l'ancienne maçonnerie, illuminée ou non, était dépassée, débordée, presque chassée des loges. Tous les maçons étaient dès lors des conspirateurs ardents, qui se donnaient la main d'un bout de l'Europe à l'autre. La Révolution française éclata enfin à son jour, et couvrit l'Europe de ruines et de sang ; on en sait l'histoire. Mais le lion démuselé dévora ses nourriciers : les auteurs de la révolution même furent ses victimes. En 1790, il y avait encore cent cinquante loges dans Paris, quoique déjà beaucoup, désertées par la noblesse, eussent cessé leurs travaux ; en 1796, il n'y en avait plus que trois. Les autorités révolutionnaires avaient fait fermer les loges des provinces ; la loi des suspects n'avait pas excepté les maçons ; les chefs des partis qui dominèrent successivement, se firent guillotiner les uns les autres ; en 1797, on ne parlait plus de franc-maçonnerie ni d'illuminisme, mais il restait encore deçà delà quelques débris, quelques tisons fumants, que Satan rassemblerait.

Sans doute, ces terribles jouteurs, qui avaient déclaré la guerre à Dieu, ne croyaient plus à rien, ni au diable, ni à quelque superstition que ce puisse être, ni à la révélation, de quelque part qu'elle pût venir ? C'est le contraire.

Il est vrai qu'il n'était pas possible d'exercer en public l'art de la cartomancie, de la chiromancie ou de la nécromancie, ni de consulter ostensiblement les gens savants dans ces sortes de sciences, crainte de se voir dénoncé comme conspirateur ou du moins suspect aux terribles comités de salut public ; mais, en secret, les choses n'en allaient pas moins leur train. Les citoyennes savaient faire la cartomancie pour elles-mêmes et pour leurs amis ; il fut cassé bien des œufs dont le blanc ne servit d'aliment qu'à la curiosité : comme c'était le moyen le moins compromettant de consulter l'avenir, on en usa fréquemment, même de fougueux conventionnels, les Brutus de ce temps-là. Et les songes donc ! Heureux qui savait les interpréter, plus heureux encore celui qui trouvait un bon interprète.

Le *Liber Mirabilis*, déterré à la bibliothèque nationale, on ne sait par qui, faillit causer une contre-révolution: la prophétie de Jean Prècheguerre, c'est-à-dire Savonarole, pour l'an 1510, se trouvant l'expression littérale des événements qui s'accomplissaient alors, inspira aux lecteurs le désir d'en chercher la suite dans le reste du recueil; le nombre des curieux s'accrut démesurément; on fit des copies, qu'on se communiqua au péril de la vie. Les choses allaient leur train, lorsque le directoire, informé du danger que courait la république, fit mettre le livre sous le scellé, où il devait rester longtemps.

Une extatique, du nom de Susanne Labrousse, avait acquis peu auparavant une grande attention en haut lieu. Dom Gerle, membre de l'assemblée constituante, la prônait partout; il demanda même à l'assemblée la permission de la présenter à la barre, pour la faire discourir sur l'avenir de la république; mais les membres reculèrent devant un si grand scandale: ils passèrent à l'ordre du jour. La duchesse de Bonrbon, qui avait toujours de l'admiration et de la crédulité en réserve, les deux évêques constitutionnels Pontard et Fauchet, en faisaient leur oracle. Elle était si persuadée elle-même de la divinité de ses visions, de ses révélations et de sa mission, qu'elle entreprit le voyage de Rome, pour convertir à ses idées le pape et le Sacré Collège. Elle se fit mettre en prison au château Saint-Ange.

Susanne Labrousse eut une émule dans Catherine Théot. Celle-ci se donna pour une nouvelle Ève, destinée à reconstituer le genre humain, perdu par la faute de la première. Elle se faisait appeler la *Mère de Dieu*, et débitait ses visions dans un galetas de la rue Contrescarpe. Elle trônait au milieu d'un culte idolâtrique.

Elle prédisait les plus grands malheurs pour l'univers, ses sectateurs exceptés. Une multitude de malades assiégeaient jour et nuit sa maison, pour se faire guérir. De très grands personnages avaient pris rang parmi ses disciples; il eût été surprenant de n'y pas trouver dom Gerle et la duchesse de Bourbon; celle-ci y avait fait affilier son médecin, le docteur Lamothe. La marquise de Chastenay, Robespierre, étaient au nombre de ses enfants; elle daignait même honorer Robespierre du nom de *son cher fils*.

Catherine Théot baisait le récipiendaire en sept endroits du visage, et lui passait la langue sur les lèvres, pour lui communiquer le Saint-Esprit. Robespierre subit pieusement cette cérémonie. L'association noua plusieurs intrigues politiques avec l'émigration, avec le célèbre ministre anglais Williams Pitt.

Mais, vers la fin du mois de mai 1794, le commissaire Sénart vint, accompagné d'agents, terminer brusquement la pièce, en se présentant tout à coup au milieu d'une réunion à laquelle il n'était pas attendu. Il jeta en prison la prophétesse, dom Gerle et les principaux acteurs. Beaucoup de membres de l'assemblée déposèrent, séance tenante, qu'ils avaient été, les uns guéris miraculeusement par l'illuminée, les autres qu'ils avaient vu Dieu vêtu d'une robe blanche lui parler à l'oreille; ceux-ci, qu'ils avaient vu le Saint-Esprit voltiger sur son tablier; ceux-là, qu'ils avaient vu son front environné d'une auréole de lumière. Le tout fut consigné sur le procès-verbal et signé des déposants.

Robespierre, aussi contrarié que honteux d'un pareil dénouement, ne reparut plus au comité de salut public, et rarement à la Convention; mais l'aventure valut du moins à la France le fameux décret sur l'existence de l'Être suprême. Robespierre ne pouvait plus douter de l'existence de Dieu, puisqu'il avait vu le Saint-Esprit voltiger sur le tablier de Catherine Théot.

Le 17 juin suivant, le citoyen Vadier, juge rapporteur, entretint la justice et le public en un langage pompeux de la grande conspiration de la Mère de Dieu; puis on n'en parla plus: les événements passaient si vite alors! Et d'ailleurs l'accusée mit fin à la procédure, en mourant à la Conciergerie cinq semaines après son arrestation[287].

[287] *Mémoires de Sénart*, ch. 15. — *De Gaulle* (Julien Philippe - 1801-1883), *Hist. de Paris*, tom. IV. — *Le Moniteur universel*, 17 juin 1794.

CHAPITRE XX : XIXe SIÈCLE

Lorsque s'ouvrit le XIXe siècle, tout était détruit : religion, morale, royauté, noblesse, franc-maçonnerie illuminée et autre, souvenir de Dieu et de Satan ; il ne restait plus debout que la force armée pour protéger la société : la force armée la sauva, et la reconstitua sur un nouveau plan et des bases nouvelles.

La franc-maçonnerie s'est aussi reconstituée et accrue de deux nouvelles branches, celle des néo-templiers et des carbonari ; nous n'avons pas à en faire l'histoire, parce que Satan, si son esprit l'inspire encore, ne s'y montre plus ostensiblement : l'illuminisme satanique n'est plus là ; il s'est transformé de deux façons : dans le magnétisme, et sous la forme spirite, comme on parle maintenant ; on n'a plus vu de ces possessions collectives des siècles précédents : ce serait trop grossier pour le nôtre.

Napoléon et la portion aristocratique de son entourage avaient un pied dans l'ancien régime ; il ne faut donc pas demander s'ils en recueillirent une partie de l'héritage. D'ailleurs Napoléon se regardait lui-même comme l'homme du destin, il aurait mieux valu se considérer comme l'homme de la Providence ; il se servait d'un mot astrologique pour exprimer ses destinées : il disait mon étoile. Une magnétisée lui ayant prédit le succès de son expédition d'Égypte, et l'événement ayant justifié la prédiction, il n'en devint que plus superstitieux. Il consulta très souvent un nécromancien du nom de Moreau, qui se vanta ensuite, comme de raison, de lui avoir prédit ses malheurs.

De son côté, Joséphine était plus superstitieuse encore. Une vieille négresse lui ayant prédit dans son enfance, en lui regardant la main, pendant qu'elle habitait encore les colonies, qu'elle s'élèverait à la plus grande fortune et à la gloire suprême, ce souvenir demeura d'autant mieux gravé dans sa mémoire, que les événements justifièrent pareillement la prédiction. Elle admit à ses confidences les plus secrètes, et presque dans son intimité, une cartomancienne du nom de Marie-Anne Lenormand, qui devint, grâce à cette recommandation, un des personnages politiques de la première partie du siècle. La gloire d'Etteila en pâlit, nonobstant les divers traités qu'il publia sur la matière en 1804 et après.

Née à Alençon en 1772, et demeurée orpheline dès l'enfance, Marie-Anne Lenormand vint à Paris chercher fortune à l'âge de 14 ans. D'un caractère aventureux, d'un esprit subtil et superstitieux, avide de curiosités, elle étudia les ouvrages de Gall, tout en faisant le métier de fille de comptoir dans un restaurant ; mais, cette lecture ne la satisfaisant pas au gré de ses désirs, elle quitta son emploi et alla conférer à Londres avec l'auteur lui-même. Il parait toutefois que la science de la phrénologie dépassait la portée de son intellect, car elle en quitta l'étude pour se livrer à celle de la cartomancie.

Revenue à Paris, elle s'établit rue de Tournon, n° 5. Sa maison devint tout à la fois l'antre de la Sibylle et une boutique de librairie ; car elle débitait en même temps, l'un faisant passer l'autre, ses prophéties et ses œuvres, recueil indigeste de toutes choses. Afin de donner plus de solennité à ses oracles, elle s'habillait d'une manière fantastique et bizarre ; elle jouait communément l'inspirée.

Tout en prédisant l'avenir par l'inspection des linéaments de la main, en examinant des blancs d'œuf, en analysant le marc de café, en invoquant les révélations de l'alectryomancie et de la captromancie, son œil investigateur s'ingéniait à découvrir les plaies de l'âme ; elle y réussissait bien, et savait les calmer par de bonnes et insinuantes paroles. Elle ne faisait d'alectryomancie que le premier jour de la lune. La captromancie est l'art de lire l'avenir dans une goutte d'eau qu'on laisse tomber sur une glace de Venise.

Elle entretint des relations avec tous les grands personnages de l'ancienne monarchie que la révolution avait épargnés ; avec tous ceux que la révolution et la nouvelle dynastie avaient élevés ; avec ceux de la première et de la seconde restauration. Elle tira les cartes aux princes et aux rois de presque toute l'Europe. Courtisans, acteurs et actrices de l'Opéra, bourgeois, militaires, financiers, ministres, tous recoururent à son savoir, et cela en plein dix-neuvième siècle !

L'habileté faisait-elle tout son art, ou bien y croyait-elle, et Satan la secondait-il parfois ? Nous ne saurions résoudre cette question ; mais nous avons vu telles expériences de cartomancie, qu'il ne nous est pas possible d'exclure l'intervention directe de Satan dans quelques circonstances : lui seul peut saisir et coordonner l'ensemble de détails inconnus des consultants et du cartomancien, et en déduire avec justesse les conséquences probables ou nécessaires.

Marie-Anne Lenormand prolongea ses jours jusqu'en 1843. Elle mourut au sein d'une opulence déjà de longue date, mais la sibylle était depuis longtemps oubliée.

Nous devons une mention à une autre célébrité du même genre, qui s'illustra, à la même époque, sur un plus grand théâtre, la baronne de Krüdner.

Julienne Victinghoff, baronne de Krüdner, née à Riga vers 1766, passa en France les années de sa jeunesse. Son esprit, ses talents, sa fortune, ses grâces lui attirèrent une cour nombreuse d'adorateurs, et l'adulation lui fit perdre la tête. Elle se crut inspirée, ou feignit de l'être, ou le fut peut-être. On la voyait souvent, au milieu d'une conversation sur la mode du jour, ou sur la dernière pièce jouée à l'Opéra, entrer subitement en extase. Son visage s'illuminait, ses mouvements devenaient convulsifs, elle suffoquait de grâces surnaturelles ; on s'empressait de desserrer ses vêtements ; alors elle moralisait, elle catéchisait, elle dogmatisait, elle prophétisait, avec grâce, avec véhémence, avec éloquence et poésie, mêlant la Bible avec les cantates d'Ossian, tranchant de la Corinne et de la Velléda. Elle voulut fonder une nouvelle religion, religion sans symbole et sans morale, mais elle n'eut pas même un disciple.

Plus vaniteuse qu'inspirée, elle fit aussi plus de bruit, pour attirer l'attention, qu'elle ne produisit de résultats. Le rôle politique qu'elle joua dans les événements de 1814 et de 1815, et ses relations multipliées avec les princes alliés, qui honorèrent plus d'une fois son hôtel de leurs visites, lui donnent une importance plus réelle ; mais sous ce rapport elle ne nous appartient pas. L'illumination satanique ne devait pas encore revenir de ce côté ; c'est le mesmérisme ou magnétisme animal qui en avait conservé l'étincelle.

En 1772, le P. Hell, jésuite, professeur d'astronomie à Vienne, se trouva guéri d'un rhumatisme aigu en s'occupant d'expériences sur l'aimant, et crut devoir attribuer sa guérison à l'effet du fluide magnétique. Il s'en entretint avec Antoine Mesmer, astrologue et médecin, qui cherchait de son côté le fluide sidéral qui donne aux êtres la santé et la vie. Mesmer répéta les expériences, obtint les mêmes résultats, et crut avoir trouvé son fluide.

Le mot magnétisme ou influence de l'aimant reçut dès lors une acception nouvelle. Mais bientôt Mesmer s'aperçut qu'il était lui-même aimanté, et qu'il produisait par le geste ou l'attouchement les mêmes effets nerveux et parfois salutaires sur les malades. Alors le magnétisme sans l'aimant prit le nom de magnétisme animal. Mesmer annonça avec grand fracas à l'Allemagne « la grande découverte du magnétisme animal, principe de vie de tous les êtres organisés, âme de tout ce qui respire. » Il fonda sur cette donnée une maison de médication qui n'eut aucun succès. Abreuvé de dégoûts dans son ingrate patrie, il vint se fixer à Paris en 1778. Là les chances ne lui furent pas plus favorables d'abord ; mais enfin la maison de santé qu'il avait créée au boulevard des Italiens, finit par se trouver tellement remplie de malades, que, n'ayant plus de place, il magnétisa un arbre du boulevard, à l'ombre duquel les malades qui ne pouvaient être admis, allaient du moins s'asseoir, pour en recevoir l'influence. Ne suffisant pas à magnétiser tous ceux qui encombraient son local, il plaça à tous les coins des salles des baquets magnétiques, dans lesquels chacun allait plonger un tube de verre, dont il se tenait l'autre extrémité appuyée à l'endroit où était le siège de sa douleur. Le baquet magnétique était rempli de limaille de fer, de verre pilé et de bouteilles pleines d'eau rangées dans un ordre cabalistique.

Les rieurs s'amusèrent beaucoup de toutes ces choses ; il n'est pas certain que personne ait été guéri de quoi que ce soit ; plusieurs malades moururent au bout de leur tube ; Court de Gebelin lui-même expira au bord d'un baquet ; mais il se produisit une multitude de phénomènes nerveux à tous les degrés d'intensité, depuis la simple secousse jusqu'aux spasmes les plus violents et aux crises les plus délirantes ; on dit même des crises d'un genre si érotique, que la police s'en mêla. Les scènes de Saint-Médard se renouvelaient sur un plus petit théâtre. Les sons de l'harmonica venaient encore y ajouter une puissance incalculable. Tout Paris s'émut de l'étrangeté du spectacle et de l'étrangeté des phénomènes.

L'harmonica[288], instrument oublié maintenant, et qui ne ressemble en rien à celui qu'on fait avec des feuilles de verre, était une espèce d'orgue à tuyaux de verre, remplis d'eau à différents degrés : en faisant passer sur chacun d'eux un son à son diapason ; il en résultait une musique certainement peu agréable à l'oreille, mais d'une telle puissance d'ébranlement sur le système nerveux des auditeurs, qu'il était impossible d'en soutenir l'effet plus de quelques minutes, sans s'exposer à devenir fou ou à mourir. Les loges illuminées des conspirateurs furibonds s'en servaient également comme moyen d'exaltation et de séduction dans la réception de leurs néophytes.

Enfin l'avocat Bergasse et le banquier Kornmann achetèrent le secret de Mesmer au prix de trois cent quarante mille livres, obtenues par souscription, en 1783, et le publièrent.

Dès lors on magnétisa partout ; il se trouva partout des complaisants, des

---

[288] Dès le IXe siècle, l'on frappait les verres avec des baguettes pour en tirer des sons. En 1743, l'irlandais Richard Puckeridge a l'idée de frotter le rebord de verres à pied posés sur une table, plus ou moins remplis d'eau afin de les accorder et appelle l'instrument *seraphim* (ou parfois *verres musicaux* ou *musical glasses* et plus récemment *harpe de verre, glasharfe* ou *glass harp*). L'Harmonica de verre (ou, plus exactement Armonica de verre en raison de l'origine italienne du mot, ainsi que l'a dénommé son inventeur dans la première lettre qui le cite) est un instrument de musique inventé par Benjamin Franklin en 1761. C'est une mécanisation des « verres musicaux » : il se compose de bols en cristal, en verre ou en quartz empilés sur un axe horizontal rotatif entraîné par une pédale ou, aujourd'hui, par un moteur électrique. Après avoir mouillé les doigts, on frotte le bord des verres qui émettent un son limpide. Franz Anton Mesmer joue fréquemment de l'harmonica de verre lors de ses traitements collectifs par le magnétisme animal autour du « baquet » à Paris dans les années 1780. Grand ami de la famille Mozart, c'est chez lui que Wolfgang Amadeus le découvrira. Il dédiera en mai 1791 sa dernière œuvre de musique de chambre (Adagio et Rondo KV 617) à l'Armonica accompagné de la flûte, du hautbois, de l'alto et du violoncelle. En 1835, un décret de police l'interdit dans certaines villes d'Allemagne, invoquant que ses sons font hurler les animaux, provoquent des accouchements prématurés ou suscitent la folie chez les interprètes et les auditeurs. L'instrument (surnommé « orgue angélique » par Niccolò Paganini) disparaît peu après. En 1844 pourtant, le compositeur Belge Joseph Mattau avait perfectionné l'armonica de verre et lui avait donné le nom de *mattauphone* et l'on dénombre une trentaine d'instruments dérivés. En 1982, le maître verrier Gerhard Finkenbeiner en relance la fabrication à Waltham (Massachusetts). (NDE, Wikipedia et diverses autres sources.)

curieux, des sociétés de magnétistes, des salles de magnétisme, jusqu'aux officiers de l'armée suspendant l'exercice du port d'armes, pour magnétiser leurs soldats. Mais celui de tous les amateurs qui obtint le plus de succès, fut le comte de Puységur, à Buzancy, près Soissons. Il fit faire le premier pas à la science, en trouvant le somnambulisme magnétique, en 1785. Il faillit en perdre la tête de plaisir et de bonheur. Le somnambulisme se propagea et s'éleva par degrés jusqu'à la catalepsie. Mais l'année 1789 vint apporter des préoccupations d'un autre genre ; le magnétisme subit un temps d'arrêt, comme toutes les autres branches des études humaines ; d'ailleurs on commençait à s'en dégoûter, d'autant plus que les phénomènes se reproduisaient toujours identiquement les mêmes, inexplicables et sans résultat d'une utilité bien constatée. Il ne resta pour le pratiquer que quelques amateurs oisifs et quelques curieux qui n'avaient pas vu encore. Mais, en place des magnétiseurs absents, il se trouva bon nombre de charlatans, plus amateurs d'argent que d'histoire naturelle, qui s'affilièrent des moutons très rusés et très habiles dans l'art de dormir par complaisance et de simuler des crises, qui amusèrent mieux encore le public en ne l'effrayant pas. Il y en eut même qui firent le métier de guérir des moutons bien portants, pour attirer l'argent des malades.

Cependant le somnambulisme lucide avait déjà jeté ses premières lueurs, c'est-à-dire que des somnambules commençaient à se mettre en rapport avec des personnes autres que leur magnétiste, à deviner de petits secrets, et à jouer aisément aux cartes avec le triple bandeau sur les yeux.

Après la tourmente révolutionnaire, le magnétisme reprit sa marche ascendante, mais d'abord avec hésitation et lenteur, on n'y croyait plus ; ensuite il s'est élevé à tels progrès, qu'il n'est plus possible de douter de sa nature : elle est toute satanique, et probablement dès le premier degré ; c'est d'ailleurs l'avis des plus grands maîtres. Nous ne le suivrons pas plus loin dans les détails multipliés de son histoire ; ce côté de la question ne nous appartient pas.

Lorsque nous avons vu un magnétisé dire l'heure à une montre qu'on lui posait sur la nuque, lire une lettre pliée, cachetée et placée sous plusieurs enveloppes, en l'approchant de son épigastre, lire, dans un livre fermé, à la page et à l'alinéa indiqués, rien qu'à poser la main sur la couverture, dire l'âge, le nom et toutes les qualités accidentelles d'une personne absente et inconnue, en froissant une mèche de ses cheveux, compter l'argent et les objets renfermés dans un meuble dont on lui présentait la clef, lire le nom d'une rue et le numéro d'une maison indiquées à cent lieues de distance, décrire par le menu un appartement dans lequel il n'était jamais entré, reproduire à la plume des caractères grecs enfermés dans la boite d'une montre et qu'il ne savait ni nommer ni prononcer, n'ayant pas étudié la langue, réciter toutes les péripéties d'une histoire de famille accomplie cinquante ans auparavant et en un pays lointain, à l'occasion d'un bijou qu'on lui donnait à palper, répondre, pendant cette étude, aux pensées de quelques spectateurs qui cherchaient à l'égarer en pensant des choses différentes de la vérité, nous avons été saisi d'admiration en présence de telles et si concluantes expériences ; nous avons admiré surtout la puissance d'intuition de l'âme humaine s'isolant, pour ainsi dire, d'un corps tombé en léthargie, et retrouvant sa propre nature, indépendante de l'espace, du temps et de l'obstacle matériel : mais c'était une vaine admiration, une vaine pensée, et tout ceci n'était que du petit magnétisme, du magnétisme de curieux.

Il faut remarquer toutefois, avant de passer outre, le même jeu perfide que nous avons eu déjà l'occasion d'observer à propos des possessions : à côté de ces succès patents et qu'on peut appeler magnifiques, après ces expériences si bien réussies, il en vient d'autres, principalement en présence des railleurs et des incrédules, d'une si grande platitude, d'un insuccès si absolu, d'un ridicule si achevé, que c'est à faire hausser les épaules, à dégoûter les amis les plus fervents, à convaincre les incrédules que le tout n'est qu'une duperie, et qu'il n'y a rien au fond de tout cela.

Ainsi Satan se montre et se fait nier, il apparaît et se cache : il apparaît à ceux qui le connaissent et qui le cherchent, assez pour maintenir la gloire et la puissance de son nom ; il se cache à ceux qui nient son existence, afin qu'ils méconnaissent par là même celle de Dieu, et qu'ils s'affermissent dans leur incrédulité : on voit ce qu'il gagne à ce double jeu. Mais comme les succès les plus brillants ne préservent pas des insuccès, de même les essais les plus malheureux ne détruisent pas les résultats obtenus et certains.

Le magnétisme franchit de bonne heure un nouveau pas : la puissance des passes, ou de l'insufflation, ou du simple regard, car ces trois moyens s'emploient indifféremment, transporta le magnétisé dans les mondes imaginaires, et là il vit tout ce que vous lui demandiez : l'état de votre ami décédé à l'autre bout du monde, et qu'il n'a jamais connu, le sort éternel de votre père, ou de votre sœur, ou de votre ami, qu'il n'a pas connus davantage. Si le consultant est un personnage religieux, il verra la personne que vous lui signalez dans les joies pures et saintes du paradis, ou dans les supplices du purgatoire, réclamant le bénéfice de vos prières, ou l'offrande du saint sacrifice un nombre de fois déterminé ; jamais en enfer. Satan ne parle jamais de l'enfer. Si le consultant est un mondain frivole et sans foi, le magnétisé voit le personnage indiqué dans le paradis, assis à une table de jeu, ou se reposant à l'ombre, ou changeant ses vêtements, ou lisant tranquillement son journal, déjeunant de nectar ou d'ambroisie, ou savourant les parfums et la musique des cieux ; heureux enfin comme on est heureux sur la terre et sans aucun souci ni inquiétude.

Fadaises, direz-vous, perfidie d'un magnétisé qui s'amuse à vos dépens et feint de voir quelque chose, lorsqu'il ne voit rien du tout !

De grâce, n'allez pas si vite. Et si ce magnétisé voit le personnage que vous lui indiquez, qu'il n'a jamais pu connaître, et s'il vous le dépeint tel que vous l'avez connu vous-même sur la terre, avec ses infirmités, sa claudication, par exemple, ou son bouton sur la joue ; s'il s'entretient avec lui et que ce personnage lui réponde dans les termes spéciaux et les formules qui lui étaient usuelles de son vivant ; s'il le charge de vous révéler un secret qui se trouve vérifié à l'instant même, que direz-vous ? Direz-vous que le magnétisé n'a rien vu, et qu'il s'est moqué de vous ?

Ce n'est pas lui qui s'est moqué de vous, c'est Satan, en vous donnant des illusions pour des règles de foi et des motifs d'espérance. Rapprochez ces visions bizarres de celles de Swedenborg, puis voyez ce que devient le dogme évangélique, et par suite la morale chrétienne. Rapprochez le tout des croyances païennes sur le noir Tartare et les Champs Elysées ; et à ces rapprochements, si vous ne reconnaissez pas un système uniforme d'illusions, l'œuvre et la main de Satan, c'est que vous vous obstinerez contre votre propre raison.

Si à ces traits vous ne reconnaissez pas encore dans le magnétisme l'œuvre de Satan, que direz-vous, lorsque vous le verrez, par un nouveau progrès, s'élever jusqu'à la possession démoniaque ?

C'est le docteur Kerner, à Prévorst, en Westphalie, qui vit le premier, nous le croyons, se développer ce phénomène en 1840, à l'égard d'une dame du nom de Frédérique Hauff, à laquelle il prodiguait depuis sept années des soins médicaux dont la magnétisation faisait partie. Il la vit d'abord dans ses moments de crise, puis dans l'état ordinaire de la vie normale, s'entretenir avec des interlocuteurs invisibles. Ensuite ces visiteurs étrangers manifestèrent leur présence, pour lui-même et les autres personnes de la maison, par des bruits, des coups frappés avec ordre et mesure, soit spontanément, soit en réponse à des questions posées. Ce n'était encore qu'une obsession ; mais bientôt la possession se manifesta avec tous ses accidents ; Mme Hauff devint sujette à des crises d'une longue durée, pendant lesquelles une autre âme agissait en elle-même malgré elle, lui faisant produire les actes et les mouvements les plus contraires à sa volonté, contournant et tordant ses membres d'une manière affreuse à voir. Elle se trouva douée de la faculté divinatrice, évoquant et considérant dans des bulles de savon, dans des gouttes d'eau, dans des glaces, les images des personnes absentes : elle les dépeignait avec une telle précision, qu'il n'était pas possible de s'y méprendre. Puis les accidents les plus effrayants se produisirent autour d'elle : les meubles voisins s'éloignaient avec rapidité, poussés par une force invisible ; les meubles éloignés se rapprochaient de même. Les sièges, les flambeaux, les assiettes, les autres meubles voltigeaient au milieu des airs, comme les feuilles ou les brins de paille qu'emporte un tourbillon, et, dans ce désordre, des fantômes effrayants se manifestaient à tous les yeux. Ces faits se produisirent assez longuement, pour qu'une multitude de personnes de tous les rangs et de toutes les conditions aient pu aller de tous les points de l'Allemagne les étudier et les constater[289].

Treize ans plus tard, le célèbre magnétiseur Dupotet, après vingt ans d'expériences, trouvait aussi la possession satanique au terme de ses travaux. Déjà ses miroirs magiques[290], simples cercles tracés au charbon sur le parquet, et au centre desquels se produisaient les spectacles les plus étranges et les plus effrayants pour les imprégnés qui osaient y fixer leurs regards, ou bien auxquels des étrangers allaient s'imprégner d'eux-mêmes, lui avaient révélé, ainsi qu'aux nombreux spectateurs réunis dans ses salons, la réalité et la puissance des cercles magiques dont il fut tant parlé au moyen âge, et que connut si bien l'antiquité païenne. Mais ce n'était encore qu'un commencement de possession ; grandement effrayé tout le premier de ses propres œuvres, il arrêtait l'expérience au moment où la scène devenait d'une nature terrible. La possession se déclara enfin malgré lui, et il en fut atteint.

« Qu'une trombe renverse et éparpille les habitations, dit-il, qu'elle déracine les arbres séculaires et les transporte au loin, qui s'en étonne maintenant ?

» Mais qu'un élément, inconnu dans sa nature, secoue l'homme et le torde comme l'ouragan le plus terrible fait du roseau, le lance au loin, le frappe en mille endroits à la fois, sans qu'il lui soit permis d'apercevoir son nouvel ennemi et de parer ses coups, sans qu'aucun abri puisse le garantir de cette atteinte à ses droits, à sa liberté, à sa majesté ; que cet élément ait des favoris, et semble pourtant obéir à la pensée, à une voix humaine, à des signes tracés, peut-être aussi à une injonction, voilà ce que l'on ne peut concevoir, voilà ce que la raison repousse et repoussera longtemps encore ; voilà pourtant ce que je crois, ce que j'adopte ; voilà ce que j'ai vu, et, je le dis résolument, ce qui est une vérité pour moi à jamais démontrée.

» J'ai senti les atteintes de cette redoutable puissance. Un jour qu'entouré d'un grand nombre de personnes, je faisais des expériences dirigées par des données nouvelles qui m'étaient personnelles, cette force, un autre dirait ce démon, évoquée, agita tout mon être ; il me sembla que le vide se faisait autour de moi, et que j'étais entouré d'une vapeur légèrement colorée. Tous mes sens

[289] Kerner, *La Voyante de Prévorst*. — *Revue Britannique*, février 1846. — *Revue des Deux Mondes*, 13 juillet 1842. — De Mirville, *Pneumatologie*, ch. III.
[290] Voir également Sédir, *Les miroirs magiques.* (NDE)

paraissaient avoir doublé d'activité, et, ce qui ne pouvait être une illusion, mes pieds se recourbaient dans leur prison, de manière à me faire éprouver une très vive douleur, et mon corps, entraîné par une sorte de tourbillon, était, malgré ma volonté, contraint d'obéir et de fléchir. D'autres êtres, pleins de force, qui s'étaient approchés du centre de mes opérations magiques, pour parler en sorcier, furent plus rudement atteints; il fallut les saisir à terre, où ils se débattaient, comme s'ils eussent été prêts de rendre l'âme.

» Le lien était fait, le pacte consommé; une puissance occulte venait de me prêter son concours, s'était soudée avec la force qui m'était propre, et me permettait de voir la lumière.

» C'est ainsi que j'ai découvert le chemin de la vraie magie. »

Voilà où en était arrivé le magnétisme à Paris en 1853, et ces faits s'accomplissaient et se reproduisaient devant des centaines de spectateurs, avec possibilité ou même invitation à chacun de venir les constater.

Si nous mettons ce passage en regard de la lettre du P. Surin au P. d'Attichy, à qui il rendait compte de sa propre possession à lui-même pendant les exorcismes de Loudun, nous comprendrons mieux ce que peut être la possession: « Je ne puis vous dire ce qui se passe en moi pendant ce temps, écrirait le pieux et savant exorciste, ni comment cet esprit s'unit au mien, sans m'ôter ma conscience ni ma liberté. Il est là comme un autre moi; il semble alors que j'ai deux âmes, dont l'une, privée de l'usage de ses organes corporels, et se tenant dans le lointain, regarde ce que fait l'autre. Les deux esprits luttent sur le même champ de bataille, c'est-à-dire dans mon corps... Dans le même moment, je sens une grande joie, sous le bon plaisir de Dieu, et ne conçois rien à cette répulsion qui me pousse, d'un autre côté, à me séparer de lui, au grand étonnement de ceux qui me voient. Je suis en même temps rempli de joie et abreuvé d'une tristesse qui s'exhale en plaintes et en cris. Je sens en moi l'état de la damnation et je le crains; cette âme étrangère, qui me parait la mienne, est percée par le désespoir comme par des flèches, pendant que l'autre, pleine de confiance, méprise ces impressions et celui qui les produit... Si je veux, sollicité par l'une de ces deux âmes, faire le signe de la croix sur ma bouche, l'autre âme me retire le bras avec force, et me fait saisir mon doigt avec les dents, et le mordre avec une sorte de rage... Mon état est tel, qu'il me reste très peu d'actions où je sois libre. Si je veux parler, ma langue est rebelle; pendant la messe, je suis contraint de m'arrêter tout à coup; à table, je ne puis porter les morceaux à ma bouche. Si je me confesse, mes péchés m'échappent, et je sens que le démon est chez moi comme en sa maison... et il se vante par la bouche des autres possédés qu'il est mon maître, ce que je ne puis nier en effet. »

Toutefois Satan ne trouvait pas un bénéfice suffisant dans ces communications par le moyen du magnétisme, car il ne devait pas les porter plus loin. Dès 1846 il avait posé les bases d'un autre moyen plus expéditif, plus étendu, qui devait conduire à la danse des tables, puis aux communications spirites dont on s'occupe maintenant: celui de conversations par le moyen de coups frappés en nombre convenu et suivant des méthodes déterminées.

Mais, avant d'aborder ce dernier récit, deux observations nous restent à présenter: la première, que la cour de Rome, dans ses réponses aux différentes consultations qui lui ont été adressées de différents points de l'univers catholique au sujet du magnétisme, a encore une fois eu raison, comme toujours d'ailleurs dans les questions religieuses: d'après la manière dont les faits sont exposés dans la consultation, a-t-elle constamment répondu, le magnétisme est une œuvre satanique.

La seconde, que ces sortes de communications avec Satan par le moyen de coups frappés de sa part en nombre convenu, ne sont pas choses nouvelles. Le moyen âge et l'antiquité païenne connurent ces procédés; mais peut-être n'avait-on jamais conduit l'expérience aussi loin que de cette fois; jamais, du moins, elle n'avait mené à de tels résultats (Note F).

Mais comment comprendre, dira-t-on, que de purs esprits remuent ainsi les masses inertes de la matière, ou produisent des bruits qui ne peuvent provenir que du choc des corps et de l'ébranlement qui en résulte dans la masse de l'air ? Cette question restera éternellement posée. L'un des derniers démonographes, le marquis de Mirville, a essayé de la résoudre en supposant que les démons sont des esprits servis par des fluides. La supposition est gratuite d'abord, ensuite elle ne résout rien, car il est aussi difficile de concevoir comment la substance spirituelle du démon agit sur la substance matérielle du fluide que sur telle autre substance solide; ensuite elle double la difficulté, car un fluide impondérable ne peut frapper un corps solide à la manière d'un marteau, ni servir de levier ou de contrepoids pour l'ébranler. Je sais que mon âme, esprit tout aussi immatériel que Satan, remue à sa volonté mon pied ou ma main, qui est de la matière inerte; je le sais, j'en use, mais je ne le comprends pas non plus. Quittons donc l'explication.

De tout temps, cette action directe des natures immatérielles sur les natures matérielles a été un fait constaté. L'Esprit de Dieu ravissait le prophète Élie, et on ne le retrouvait plus. L'ange du Seigneur transporta en un clin d'œil Habacuc de la Judée à Babylone au-dessus de la fosse aux lions. Satan ravit Simon le Magicien au milieu des airs au-dessus du Forum; mais ce fait est contesté, quoique non détruit. Ceux qui suivent, toutefois, ne sauraient être contestés. En 1475, une possession se déclare à Sanminiato, dans la maison d'un avocat nommé Jean de Bonromanis; des pierres d'un grand volume sont lancées dans la maison par des agents invisibles, rejetées dehors ensuite après les passants; tout est brisé dans l'intérieur du logis; les plus gros meubles sont emportés par les fenêtres, comme s'ils s'envolaient, puis reviennent de même; des coups sont frappés partout; ils retentissent sur les murs, sur les meubles; ils causent une violente douleur aux personnes. Le vacarme dure cinq mois, au vu de tous les habitants de la ville et de celle de Florence, qui en est voisine. La jeune fille de l'avocat, but principal de ces violences, devient folle, puis possédée, furieuse. Ses parents et des amis dévoués la portent de force à Vallombreuse; elle y est délivrée après trois jours de prières[291].

Vers 1760, un pasteur protestant du comté de Hohenlohe, nommé Schupart, qui devint recteur de l'université de Gessen, vit sa maison assaillie de la même manière; le désordre dura huit ans, et ne cessa que quand il eut quitté le lieu. Nider relate deux faits identiques arrivés à sa connaissance dans deux couvents de son ordre, l'un d'hommes, l'autre de femmes, à Nuremberg. Les désordres cessèrent par la puissance des exorcismes[292].

Au mois de février 1845, une maison de la rue des Grès, à Paris, fut presque démolie par des projectiles volumineux, lancés on ne sait d'où, à toutes les heures du jour et de la nuit. Tout fut brisé à l'intérieur; les portes et les fenêtres furent enfoncées. Ni les agents de la police, ni les militaires qui leur furent adjoints, ne reconnurent jamais une main ni un des points de départ; les physiciens et les mécaniciens demeurèrent à court d'explications; les agents les plus habiles de la police furent sur pied de jour et de nuit pendant quinze jours; tout demeura inutile. Le négociant qui l'occupait, dégoûté enfin et ruiné, se retira, et le désordre cessa. Tous les journaux du temps en entretinrent le public. Nous nous contenterons de ces quelques faits[293]. Abordons la question du spiritisme.

En 1846, deux jeunes filles de Rochester, en Amérique, les demoiselles Fox, âgées de 13 et de 15 ans, sont assaillies par des esprits frappeurs, avec lesquels elles se mettent résolument en communication, en leur demandant ce qu'ils veulent, et en convenant avec eux de certaines méthodes, à l'aide desquelles elles pourront les comprendre. Des amis s'en mêlent, le succès est complet; des conversations d'un ordre élevé s'engagent, les esprits se montrent ce qu'ils sont, subtils et instruits.

Puis tout se ralentit et s'arrête: comment renouer la conversation avec ces visiteurs inoffensifs et spirituels? Comment montrer aux incrédules qu'on a été véritablement honorées de la visite des esprits? On les invoque, on les prie: revenez donc, frappez ici; on désigne le meuble, on le touche: ô mer-

---

291 Raggiolo, *Miracles de St Jean Gualbert,* liv. III.

292 Verporten, de Dœmonum existentia. — Nider, Formicarium , cap.III.

293 De Mirville, *Pneumat.*, ch. XI, § v.

veille, le meuble se remue au contact, c'est lui qui frappe en se soulevant et en laissant retomber son pied. Quand il est rebelle, on s'y met à quatre, à douze ; il finit par répondre. Alors commence la rotation, puis la promenade, puis la danse des tables, des guéridons, des chapeaux, des saladiers, des meubles qu'on touche d'une certaine façon, et leurs réponses intelligentes, parfois pleines de malice, en un rythme convenu, à des questions de toute nature posées verbalement ou par écrit. Le secret est trouvé, et l'œuvre va son train.

Pendant qu'elle marche, les savants des académies, accrochés au premier terme de la question, établissent laborieusement la preuve que cela devait être ainsi, et que le mouvement rotatoire de la table résulte des courants circulaires électriques ou magnétiques développés par une chaîne continue de mains humaines, dont les deux pôles correspondent aux pôles de l'aimantation du globe.

Cependant la table s'amuse et se moque d'eux ; elle tourne à sens et à contre-sens, va par bonds et par soubresauts, en droite ligne ou de travers ; elle répond, elle se raille, mais elle a toujours plus de pénétration et d'esprit que ceux qui l'interrogent : la table d'un académicien est constamment plus savante que ses livres, et son chapeau a toujours plus d'esprit que sa tête ; car on fait tourner aussi des chapeaux.

Mais le mode de conversation est lent et embarrassé. Enfin une table plus impatiente et plus avancée que les autres répond en son langage abécédaire : donnez-moi un crayon. On lui attache un crayon au pied, on place une feuille de papier dessous, on la touche, et elle se met à écrire avec netteté les réponses les plus spirituelles aux questions qu'on lui adresse.

Une autre plus avancée encore fait savoir que le crayon écrirait bien tout seul, pourvu qu'on le touchât. On en suspend un par un fil, la pointe posée sur une feuille de papier, on le touche du bout du doigt par en haut, et il écrit du bout de sa pointe avec une vélocité inouïe la réponse à une question qui lui est faite.

Puis le crayon fait savoir qu'il n'a pas besoin de fil, et qu'il vaut mieux que deux doigts le soutiennent, au lieu qu'un seul le touche.

Une main humaine tenant une plume ou un crayon s'étend donc sur le papier, elle est saisie d'un mouvement convulsif, qui ne procède ni des doigts ni du poignet, mais de l'épaule, et elle écrit la réponse à la question posée avec une activité et un mouvement saccadé si étrange, que tout le corps en est agité de la tête aux pieds, et que vous êtes effrayé de le contempler.

Mais c'est peut-être la personne même qui vous répond, et se joue de votre crédulité ? Elle vous répond dans telle langue que vous l'interrogez et qu'elle n'a jamais apprise ; elle vous révèle tels secrets qu'elle n'a jamais connus, elle vous donne telle écriture que vous lui demandez : celle d'un notaire mort il y a trois cents ans, et dont vous avez des actes en portefeuille, de votre neveu mort aux Antilles il y a dix ans, et dont vous avez une lettre dans votre poche ; elle reproduit avec la même promptitude la signature de tel de vos aïeux que vous lui désignez, et qu'elle ne peut connaître ; elle rend avec la même exactitude les locutions proverbiales, les fautes de langage ou d'orthographe du personnage, dont elle entend le nom pour la première fois. Comment douter ?

Après avoir constaté de pareils phénomènes *de actu et visu*, c'est-à-dire en les regardant et en les produisant soi-même ; après les avoir fait constater par un grand nombre de témoins, afin de s'assurer qu'on n'est pas le jouet d'une hallucination, il faut se placer successivement à un double point de vue pour les juger : dans leur production et dans leurs résultats.

En eux-mêmes, ils ne procèdent pas de Dieu, car Dieu est trop sublime et trop saint pour venir ainsi nous amuser et nous divertir, nous révéler miraculeusement l'heure qu'il est à la montre dans la chambre voisine, où nous pouvons aller voir, si cela nous intéresse ; nous apprendre des méchancetés relatives à nos voisins et que nous n'avons pas besoin de savoir ; faire de la médisance, de la raillerie, se prêter à nos plus ridicules fantaisies. Non, ce n'est pas Dieu ; autrement mon intelligence serait plus grande et plus sainte que lui, car elle le comprend plus grand et plus saint.

Seraient-ce ses anges saints ? Mais, ministres du Dieu Très-Haut, ils ne peuvent faire que ce qui lui plaît, ce qui contribue à sa gloire : il est responsable de leurs œuvres, puisque sa sainteté y est intéressée ; ils ne feront donc ni ce qui est mauvais, ni ce qui est ridicule, ni ce qui est inutile.

C'est donc Satan ; ce sont donc les anges de Satan. Pour quelle fin ? Nous allons le voir tout à l'heure.

En moins d'un an, l'Amérique fut au courant des tables tournantes ; les merveilles se multiplièrent : des pianos jouèrent sans être touchés, des fantômes apparurent, ils se nommèrent, ils apprirent à se faire évoquer ; on évoqua les vivants, les morts, les anges ; mais il y eut, comme dans le magnétisme, des êtres privilégiés auxquels ces esprits de l'autre monde se manifestèrent plus promptement, plus amplement, plus volontiers ; on les appela des médiums. Et comme l'Amérique est divisée en une multitude de sectes religieuses et politiques, on posa une multitude de questions religieuses et politiques aux esprits : ils eurent réponse à tout, mais toujours dans le sens progressiste, qui est celui des bouleversements et des révolutions : tout est à refaire en religion, en morale, en politique ; le monde est à remettre au moule.

On posa aussi des questions indiscrètes, auxquelles il fut fait de perfides réponses, qui amenèrent des assassinats, des suicides, des duels, des haines, mais en nombre effrayant.

Il se fonda trois ou quatre journaux pour recueillir et propager les doctrines des esprits. Un meeting général de tous les spirites d'Amérique se tint à Cleveland le 6 juillet 1852. On appelle spirites ceux qui cultivent cette espèce de science. Qu'est-il résulté du congrès et de tous ces enseignements extranaturels ? Rien d'utile, rien de bon, aucune vérité pratique de quelque ordre que ce puisse être ; en un mot, rien ! Jamais esprit n'a appris le moyen d'éviter le moindre accident de chemin de fer ou à guérir un rhume. Non pas que des apparences de guérisons subites n'aient eu lieu un grand nombre de fois, mais comme preuve de la puissance de l'esprit évoqué, et non comme bénéfice pour l'humanité. Satan satisfait son orgueil, mais ne rend point de services. Les esprits frappeurs furent importés en Angleterre, puis en France, en Suisse, dans toute l'Allemagne et en Russie en 1853. Ils firent oublier le magnétisme, et ne débutèrent cependant que par de petites merveilles ; mais ils arrivèrent bientôt à de plus grandes. Les Parisiens s'en engouèrent, comme toujours de toute curiosité ; mais ils furent plus discrets que les Américains sur les questions personnelles. Beaucoup de questions politiques furent posées aux guéridons ; tous répondirent pertinemment, mais, par une espèce de malice, en contrariant toutes les espérances de tous les partis politiques. Il en résulta que chacun se communiquant les réponses de cercle à cercle, elles se trouvèrent en contradiction, et dès lors les guéridons discrédités ne demeurèrent plus qu'un objet de curiosité. On comprit qu'il ne fallait pas s'y fier.

Les socialistes seuls conçurent des espérances à long terme, car les guéridons abondaient dans leur sens, et leur montraient que la société, très mal faite comme elle est, était à refondre depuis la base au sommet ; ils dictèrent même à l'un d'eux, membre de l'assemblée législative et porteur d'un nom honoré, tout un plan de reconstitution sociale et de foi religieuse. Le pauvre homme gagna la folie dans son contact avec Satan ; des médisants ajoutèrent même qu'il était mort possédé.

Il en fut aussi comme dans les possessions, les guéridons se donnèrent des noms incroyables : l'un s'appela Pamme, un autre se nomma Feu ; celui-ci répondit au nom de Lumière, celui-là au nom de Puissance. Les uns furent des anges célestes, les autres des âmes de morts, demandant des prières aux gens pieux, et disant du mal du purgatoire aux gens incrédules. Le même guéridon était le matin une âme pénitente, le soir un ange de lumière, le lendemain l'âme du monde matériel, il n'y en a point d'autre, ou bien une portion intelligente du fluide vital qui anime tout être venant en ce monde. Et nous avons tous vu ces choses, autant que nous avons voulu les voir.

Mais comme la curiosité s'épuise vite à Paris, la science des tables déclinait, lorsque vinrent d'Angleterre et d'Amérique de grands médiums, qui savaient se mettre en communication avec les esprits sans le concours des tables, les faire parler, apparaître, donner des concerts, éclairer spontanément une pièce, entre autres un ou plusieurs M. Hum, soi-disant Américain, et que les salons les plus aristocratiques s'arrachèrent à l'envi et à beaux deniers. Il ou ils obtinrent parfois de beaux résultats, parfois aussi ils tombèrent dans des pièges ridicules ; car on leur en tendit plus d'un, et Satan les abandonna souvent, comme il fait souvent aussi à l'égard de ses meilleurs amis, à leur courte honte. On les surprit à plus d'un escamotage ; d'où les incrédules, toujours empressés de conclure du particulier au général, conclurent qu'il n'y avait rien du tout au-dessous de tout cela. D'autres, au contraire, bien convaincus par de bonnes expériences, comprirent enfin qu'il y avait un autre monde que le monde tangible, revinrent du matérialisme au spiritualisme, mais bien peu encore au christianisme.

De leur côté, les évêques, alarmés de ce qui se passait, avertirent leurs diocésains de l'illusion et du péril, en leur signalant nettement la présence de Satan dans toutes ces manœuvres et révélations prétendues, en opposition avec les pratiques chrétiennes et la foi chrétienne. Les chrétiens pieux et les hommes sages renoncèrent donc aux évocations et aux tables tournantes, les savants également, après que la réalité du phénomène eut été constatée à leurs yeux, et il est impossible de constater autre chose, ou de tirer aucun parti de tout cela.

Mais il se forma des associations de chercheurs, sous le nom de spirites, qui continuèrent et qui continuent encore de s'éclairer à la lumière satanique, la prenant pour la vraie lumière, et l'ajoutant à la lumière évangélique, qu'elle éteint de tout point, sous prétexte de la compléter.

Les esprits et leurs médiums reconstituent l'ancien paganisme dans son état normal ; non le paganisme grossier et incroyable d'Hésiode, non le paganisme poétique d'Homère et de Pindare, non le paganisme idolâtrique des peuples du Latium ; mais le paganisme mielleux, filandreux et mystique des néoplatoniciens. La *Revue spirite* est le commentaire perpétuel du traité des *Mystères* de Jamblique; il n'y a rien de plus, rien de moins : mêmes procédés et moyens d'évocations, mêmes enseignements, mêmes dogmes et même morale ; comme dans Jamblique, on y voit des anges et des archanges, des âmes de héros morts ou vivants, des démons trompeurs, dont il faut se défier, mais pas méchants ; des apparitions sous formes diverses, plus ou moins promptes, plus ou moins lumineuses, suivant la nature des esprits évoqués ; des esprits habitants du ciel, ou de la terre, ou des astres, de formes, de puissance, de caractère variés, comme dans Jamblique, dans Swedenborg, chez les néo-cabalistes.

La spiritualité et l'immortalité de l'âme, mais un avenir indéfini ; point de ciel ni d'enfer, des transmigrations, des purifications et des réincarnations successives avant d'arriver au bonheur définitif. — Quel bonheur ? Celui des esprits purs. — En quoi consiste-t-il ? À être esprit pur. — Mais encore, quand on est esprit pur, voit-on Dieu, jouit-on de Dieu ? Mais non : on jouit du bonheur des esprits purs.

Ainsi la métempsycose toute pure aussi, voilà le dogme des spirites. Non la métempsycose grossière des Chinois et des Hindous, qui fait redevenir l'homme chien, cheval, canard ou colimaçon, et qui le conduit au ciel des astres en le faisant passer par le corps d'une vache ; mais la métempsycose plus épurée de Pythagore, qui fait revivre un roi dans la condition d'un portefaix, puis d'un enfant rogneux et misérable, avec la chance de revenir en ce monde académicien, philosophe ou monarque, pour se retrouver ensuite l'esclave bossu du méchant Xantippe.

Les spirites ne sont pas des idolâtres ; fi donc ! Ils rechantent au contraire sur tous les tons le beau chapitre de leur maître Jamblique sur la vanité des idoles ; aucun Père de l'Église n'a mieux dit en effet. Mais ils ne connaissent pas Jamblique, ils ne savent pas même s'il y en a un. Ces gens-là ne sont pas savants : ils croient, comme Corneille Agrippa, à la vanité des sciences, mais ils ne connaissent pas son livre et ne sauraient pas le refaire, s'il venait à se perdre ; la révélation leur suffit, ils s'en contentent. Mais entendons-nous : ce n'est pas la révélation de Moïse ou de Jésus-Christ : le peu de souvenirs qui leur en est resté du temps où ils allaient au catéchisme dans leur enfance, ils se le font nier ou transformer par leurs esprits révélateurs.

Prenons nos exemples dans l'ouvrage capital de cette théologie, donné au public cette année même, sous le titre de *Livre des Esprits* et le pseudonyme Allan Kardec, de telles œuvres ne se signent pas, le même que le directeur de la *Revue spirite*, et nous aurons la preuve que ces esprits réputés célestes réduisent tout le christianisme en poussière, nient tout l'Évangile, et relèvent le paganisme.

Livre I, ch. III, p. 18, 2e édition. — « Où étaient les éléments organiques avant la formation de la terre ? Ils se trouvaient, pour ainsi dire, à l'état de fluide dans l'espace, au milieu des esprits, ou dans d'autres planètes, attendant la création de la terre, pour commencer une nouvelle existence sur un globe nouveau. — L'espèce humaine se trouvait-elle parmi les éléments organiques contenus dans le globe terrestre ? — Oui, et elle est venue en son temps ; c'est ce qui a fait dire que l'homme avait été formé du limon de la terre. — L'espèce humaine a-t-elle commencé par un seul homme ? — Non ; celui que vous appelez Adam, ne fut ni le premier ni le seul qui peupla la terre. » — Est-ce bien là une négation complète et absolue du premier chapitre de la Genèse, négation après laquelle tout le reste s'écroule ? Cependant l'Esprit révélateur prend la peine de démonter encore tout le reste, pièce par pièce. Nous ne le suivrons pas à cette besogne ; simple historien, il nous suffit de l'y montrer. Continuons.

Livre II, ch. VI, p. 108.— « L'âme se réincarne-t-elle immédiatement après sa séparation du corps ? — Quelquefois immédiatement, mais le plus souvent après des intervalles plus ou moins longs. Dans les mondes supérieurs, la réincarnation est presque toujours immédiate ; la matière corporelle étant moins grossière, l'Esprit incarné y jouit presque de toutes ses facultés d'esprit ; son état normal est celui de vos somnambules lucides. — Que devient l'âme dans l'intervalle des incarnations ? — Esprit errant, qui aspire après sa nouvelle destinée, il attend. — Quelle peut être la durée de ces intervalles ? — De quelques heures à quelques milliers de siècles. Au reste, il n'y a point, à proprement parler, de limite extrême assignée à l'état errant, qui peut se prolonger fort longtemps, mais qui cependant n'est jamais perpétuel ; l'Esprit trouve toujours tôt ou tard à recommencer une existence qui sert à la purification de ses existences précédentes. »

Est-ce bien là la négation absolue du ciel et de l'enfer, dogme capital et terme de tout le christianisme, sans lequel il n'a plus aucune raison d'être ?

Et cependant ces énormités sont entremêlées des plus belles maximes du christianisme, d'exhortations aux plus saintes pratiques, la prière, l'adoration d'un Dieu unique, la charité envers le prochain, la chasteté, l'unité du mariage, le respect des enfants envers leurs parents, la justice distributive. « Le Christ vous l'a dit : vouloir pour les autres ce que vous voudriez pour vous-mêmes, » ajoute l'Esprit révélateur (page 369).

En suivant les maximes de l'ouvrage, il y a de quoi devenir un saint sur la terre. Mais, en l'absence du ciel et de l'enfer, il n'est pas de raison d'être saint, il n'y a même plus de place pour les saints. Bien mieux vaut suivre ses inclinations ; bien insensé serait celui qui se priverait de quelque chose, puisqu'il n'y a plus de récompense pour la privation volontaire, ni de punition pour la jouissance coupable.

Satan sait bien que le dogme supprimé, la morale n'a plus de raison d'être ; c'est pour cela qu'il la montre si belle et la prêche si éloquemment.

La dernière évocation spirite qui ait été faite à Paris dans la société la plus spirite de la capitale, a eu lieu depuis quelques jours seulement (nous écrivons ceci le 7 mai 1860), et c'est l'âme du saint et célèbre missionnaire, de l'infatigable apôtre, du spirituel écrivain, du docte théologien, du savant voyageur l'abbé Huc, qui a été évoquée, et elle est venue dire, devinez quoi ? Le saint prêtre, l'apôtre dévoué, l'orthodoxe théologien, a eu grand-peur en mourant ; il s'attendait à voir Dieu, mais il n'a rien vu qu'une brillante lumière, une lumière révélatrice toutefois, par le moyen de laquelle il a compris que sa *dernière existence* n'a été qu'une illusion, plutôt agréable que désagréable à Dieu, parce qu'il agissait de bonne foi ; mais enfin la vérité des choses de la vie présente et future n'est pas ce que nous pensons. Ce qu'est la vérité, il ne le dit pas ; il ne dit pas non plus où il est ; mais ce n'est ni au ciel, ni en enfer, ni en purgatoire ; il attend sa nouvelle existence, dans laquelle il se propose de profiter de la lumière qu'il a entrevue, pour être plus sage, s'il peut, afin d'arriver de purifications en purifications jusqu'où Dieu l'appelle. Où donc ? Il ne le dit pas, et n'a pas l'air de le savoir.

Et ce sont de bonnes et probes personnes qui acceptent ces choses en place de l'Évangile, ou plutôt comme explication progressive et transcendante de l'Évangile, et, qui plus est, des chrétiens pratiquants et fervents.

Ils nous ont montré avec un saint et profond respect, en même temps que le procès-verbal de cette séance récente, une recommandation magnifiquement écrite et précieusement encadrée, que leur sainte et vénérable mère est venue leur apporter de l'autre monde, au jour de sa dernière fête : elle s'appelait Marie.

« Mes enfants, est-elle venue leur dire, soyez bons, soyez saints, soyez probes, pieux envers Dieu, justes, charitables et bienfaisants à l'égard de vos semblables. Priez le Seigneur de vous éclairer de ses divines lumières dans les sentiers de la vie ; le bien seul est utile et profitable. »

Que c'est beau, que c'est bien, que c'est admirable et saint !

Hélas ! non ; c'est un effluve d'enfer, une bave du vieux serpent : la voie de l'erreur, la perte de la foi, et par suite le chemin de la damnation.

Dieu ne vous donnera jamais des lumières demandées de la sorte, cherchée par ces voies. En place de Dieu, ce sera Satan qui se présentera toujours et tiendra devant vous le flambeau. Dieu a établi un autre ordre, il ne s'en départira point : celui de la prière et des sacrements, par l'intermédiaire de son Église et en communion avec elle. Hors de là et des voies de la pure raison, point de lumières ni de salut. Nous disons la pure raison, parce qu'elle suffit, dans l'ordre divin, pour les choses de ce monde, et concourt avec la foi à l'accomplissement des destinées éternelles.

FIN

Le diable, église de Vézelay

NOTES

Note A

Pendant l'impression de ce livre, il en a été donné un au public sur le même sujet, mais dans un sens diamétralement opposé : l'*Histoire du Merveilleux*, par Louis Figuier (4 vol. in-12, chez Hachette, Paris.) L'auteur est l'adversaire déclaré de tout esprit, bon ou mauvais, et supprime ainsi d'un trait de plume une des branches principales des connaissances humaines, la métaphysique.

C'est commettre une bien mauvaise action, d'enseigner le matérialisme, et choisir une bien mauvaise part, de continuer les J.-B. Salgues et les Eusèbe Salverte, car, à la suite de pareils maîtres, on se trouve forcé de nier l'évidence et de se donner maints ridicules. Un exemple suffira pour les maîtres, le disciple aura son tour. Eusèbe Salverte, voulant expliquer par des raisons naturelles le miracle de l'engloutissement de Coré, de Dathan et d'Abiron, affirme que Moïse avait inventé la poudre à canon, et fit jouer une mine sous leurs tentes. Il dit avec le même sang-froid, pour rendre compte de la descente du feu du ciel sur le sacrifice d'Élie, que le thaumaturge avait construit son autel en chaux vive, dont il connaissait seul la propriété, et qu'il lui suffit de l'arroser, pour que le bûcher s'enflammât[294].

« Les lumières de la physiologie, dit à son tour notre auteur, et celles de la médecine suffisent, *dans la plupart des cas*, à rendre compte des prodiges prétendus. Des discussions suivantes, nous croyons qu'il résultera pour le lecteur la parfaite conviction de la non-existence d'agents surnaturels, et la certitude que *tous les prodiges* qui ont excité en divers temps la surprise ou l'admiration des hommes, s'expliquent *avec la seule connaissance de notre organisation physiologique. La négation du merveilleux*, telle est donc la conclusion philosophique à tirer de ce livre. » (Préface.)

Mais comment donc des lumières qui ne suffisent que dans la plupart des cas, suffiront-elles à *tout expliquer* ? Et pourquoi supprimer partout *les agents surnaturels*, lorsque la connaissance de notre organisation physiologique s'arrête court en beaucoup de cas, et ne saurait s'appliquer aux phénomènes qui se produisent en dehors de nous ? Premier sophisme, dès le début ! Il rend compte de tout l'ouvrage.

---

[294] J.-B. Salgues, des *Erreurs et de la Vérité*. — Eusèbe Salverte, *Traité des sciences occultes*.

Nous nous trouvons forcé toutefois d'ajouter quelques notes à celui-ci, et de reprendre quelques citations que nous avions cru pouvoir omettre. L'auteur nous fournira lui-même des armes contre lui, et il suffira de le citer, pour le réfuter.

Nous laissons passer ce qu'il dit des fanatiques des Cévennes et des petits prophètes du Dauphiné, parce qu'il ne va pas au fond de la question ; une étude physiologique sérieuse aurait tourné contre lui. Il entre plus avant dans celle de la possession de Loudun ; Aubin lui avait facilité les voies : écoutons-le, le naturaliste va prouver contre lui-même :

« Un fait primordial, indubitable, et qui ressort avec la plus évidente clarté de l'*Histoire des diables de Loudun*, comme des mémoires du temps, c'est l'existence réelle et non simulée d'une maladie nerveuse chez les ursulines. Cette maladie était une hystérie convulsive avec diverses complications. Dans les symptômes auxquels ces religieuses sont en proie, on trouve tous les caractères habituels de l'hystérie convulsive : leur prolongation, leur progrès sous l'empire des remèdes mal entendus qu'on y applique, leur contagion rapide et l'état moral extraordinaire qui accompagne presque toujours cette étrange affection nerveuse.

» Voici comment le médecin Pidoux, qui a observé les énergumènes dans leurs crises, et qui a publié en 1634 ses *Exercitationes*, décrit d'une manière générale l'état des religieuses possédées :

[Délirant, vociferantur, rident, plorant, ejulant, prælongam aggerunt linguam, obscena loquuntur, exsecranda edunt, multos pugnos impetunt, contorsunt et obversant, stupendas exercent, humi volutantur et sese rotant, convulsiones universales et particulares patiuntur, in exstases rapiuntur, quæstionibus romano idiomate præsertim propositis et sæpius repetitis apposito, sed vernaculo, sermone respondent. Vero omnia maxime ad imperium sacerdotis exercent (p. 46). Immotæ manent, potius rigent, transfixæ non sentiunt, et tanquam turcico hasslascho, aut opio sopitæ ; aliquando nec respirant, sed jacent veluti mortuæ (p. 21). Quædam ex his, talis tantum solo affixæ, reflexo ad posteriora corpore, firmiter ad solidum tempus stant (p. 37). Aliæ humi jacentes nec articulatim, sed erecto quasi trunco et rigido corpore, se ipsis assurgunt.]

Traduction :

[Elles crient, disant des âneries, riant, pleurant, tirant une langue extraordinairement longue, parlant de façon obscène et détestable, d'autres font face aux coups de façon étonnante, se roulent par terre avec les mouvements convulsifs dont elles souffrent, sont emportées dans l'extase, répondent en langue vernaculaire aux questions posées en latin. Ils ont, dans tout, la même puissance que celle impériale du prêtre. (p. 46). Elles demeurent impassibles, raides et froides si on les transperce, comme un hasslascho turc endormi par l'opium, ne respirant plus et se trouvant comme mortes (p. 21). Certaines d'entre elles sont comme fixées au sol, tenant cette position ferme et solide dans le temps (p. 37). D'autres ne sont pas couchées par terre, mais sont raides du tronc et s'élèvent d'elles même.]

» Aubin, parlant en termes de mépris des convulsions des ursulines, les appelle souvent « des tours de bateleurs. » Mais, de bonne foi, les phénomènes décrits par Pidoux sont-ils des tours de force, tels que les font les bateleurs et les saltimbanques ? Qui n'a jamais vu dans les représentations de la foire quelque chose qui ressemble à ce qui s'est passé dans une des séances auxquelles assista le duc d'Orléans ? C'était le P. Surin qui exorcisait. D'abord, la supérieure adora le Saint-Sacrement en donnant tous les signes d'un violent désespoir. Ensuite « le Père, répétant le commandement qu'il avait déjà fait, mit le corps de la possédée dans une effroyable convulsion : tirant une langue horriblement difforme, noirâtre et boutonnée ou grenée comme du maroquin, sans être pressée des dents, et sèche comme s'il n'y avait jamais eu d'humeur, et la respiration n'était nullement forcée. »

» Ce qui suit, pour être moins caractéristique de l'horrible maladie des ursulines, paraîtrait encore impossible sur un théâtre :

[On remarqua, entre autres postures, une telle extension de jambes, qu'il y avait sept pieds de long d'un pied à l'autre, la fille n'en ayant que quatre de hauteur. Après cela, le démon alla la jeter aux pieds du Père, qui tenait le Saint-Sacrement en main. Ayant le corps et les bras en forme de croix, il tourna premièrement la paume des deux mains en haut, puis acheva le tour entier, en sorte que la paume de chaque main touchait le carreau ; il reporta les mains ainsi tournées en les joignant sur l'épine du dos, et aussitôt y porta les pieds joints aussi ; en sorte que les paumes des mains touchaient des deux côtés le dehors de la plante des pieds. Elle demeura en cette posture assez longtemps, avec des tremblements étranges, ne touchant la terre que du ventre. S'étant relevée, il fût commandé encore une fois au démon d'adorer le Saint-Sacrement... Ayant proféré quelques paroles, il devint encore plus forcené, et témoigna une grande rage de ce qu'il avait dit, se mordant horriblement tous les membres. L'agitation cessa peu après, et la fille revint entièrement à elle, n'ayant pas le pouls plus ému, que s'il ne se fût rien passé d'extraordinaire.] — (*Hist. des diables de Loudun*, 233- 234.)

» Nous prions le lecteur de faire attention à cette dernière circonstance, qui se retrouve constamment dans l'histoire des convulsionnaires de Saint-Médard. Après leurs crises, les énergumènes de Saint-Médard n'étaient ni fatiguées ni incommodées des efforts prodigieux qu'elles avaient faits, non plus que des horribles secours qu'on leur avait administrés : c'étaient de grands coups de bûches ou de barres de fer.

» Parmi les autres possédées, on en voit qui, courbées en arrière, pliées en double, marchent la nuque posée sur les talons. »

[Je vis une chose, dit le P. Surin, qui me surprit beaucoup, et qui était ordinaire à toutes les possédées : c'est qu'étant renversées en arrière, la tête leur venait aux talons, et elles marchaient ainsi avec une vitesse surprenante et fort longtemps. J'en vis une qui, s'étant relevée, se frappait la poitrine et les épaules avec sa tête, mais d'une si grande vitesse et si rudement, qu'il n'y a au monde personne, pour agile qu'il soit, qui puisse rien faire qui en approche.]

[Un autre jour, ajoute la Ménardaye, en parlant de quelques autres religieuses, elles se distinguent par leur souplesse... Dans leurs assoupissements, elles deviennent souples et maniables comme des lames de plomb, en sorte qu'on leur pliait le corps en tout sens, en devant, en arrière, sur les côtés, jusqu'à ce que la tête touchât par terre ; et elles restaient dans la pose où on les laissait jusqu'à ce qu'on changeât leurs attitudes.] — (De la Ménardaye, *Examen et discussion critique des diables de Loudun*, p. 351, 479)

« Tel était encore le cas de Mme de Sazilly, une de celles qui furent exorcisées en présence du duc d'Orléans.

[Le premier de ses démons qui se montra, d'après l'ordre du P. Elisée, l'ayant endormie, la rendit, en effet, souple comme une lame de plomb ; après quoi, l'exorciste lui plia le corps en diverses façons, en avant, en arrière et des deux côtés, en sorte qu'elle touchait presque la terre de sa tête, le démon la retenant dans cette posture jusqu'à ce qu'on la changeât, n'ayant, durant ce temps, qui fut assez long, aucune respiration par la bouche, mais seulement un petit souffle par le nez. Elle était presque insensible, puisque le Père lui prit la peau du bras et la perça d'outre en outre avec une épingle, sans qu'il en sortit une goutte de sang ou que la fille fit paraître aucun sentiment. Le diable Sabulon parut ensuite, qui la roula par la chapelle et lui fit faire diverses contorsions ; il porta cinq ou six fois son pied gauche par-dessus l'épaule à la joue, tenant cependant la jambe embrassée du même côté ; durant toutes ces agitations, son visage fut difforme et hideux, sa langue grosse, livide, pendante jusqu'au menton... les yeux immobiles, et toujours ouverts sans cligner.] — (*Relation de ce qui s'est passé aux exorcismes en présence de Monsieur, frère du roi.*)

Tels sont les faits que notre auteur tient pour acquis à la discussion, et qu'il cite comme preuves d'extraordinaireté dans cette étonnante histoire ; ce n'est pas la vingtième partie de ceux qu'il aurait pu recueillir, ni même des plus remarquables : par exemple, les longues conversations improvisées en langue grecque, le trait relatif au sieur de Quériollet, dont la vie la plus secrète et des promesses secrètement faites à Dieu furent révélées en sa présence, à sa grande surprise et sans son aveu ; des ascensions accomplies avec prestesse sur les murs et sur des arbres, dont les possédées redescendaient ensuite la tête en bas avec aisance, en se servant seulement des bras et des mains, les jambes étant occupées à presser les vêtements pour les retenir ; et cent autres traits semblables, que nuls bateleurs ni aucuns prestigiateurs ne sauraient exécuter, et encore moins de pauvres filles élevées depuis l'enfance dans les conditions de la piété et des convenances les plus sévères.

Mais citons encore deux ou trois faits que notre auteur relève quelques pages plus loin.

« Élisabeth Bastard était possédée de cinq démons.

[Le 6 août 1634, Jean Chiron, prieur de Maillezais, voulut être confirmé en la croyance qu'il avait de la possession. Il dit tout bas à l'oreille de Blaise de Fernaison, chanoine, qu'il voulait que la religieuse ouvrit un missel qui était le long de la grille, et mit le doigt sur un *introït* de messe qui commence *Salve, sancta Parens*. L'exorciste lui commanda d'obéir selon l'intention dudit sieur Chiron ; elle tomba en d'estranges convulsions, et proféra plusieurs blasphèmes, et quoiqu'elle n'eust jamais vu ledit sieur, elle l'appela prieur de Maillezais, et, après plusieurs commandements réitérés l'espace d'une heure, elle prist le missel qui estoit sur un ais près de la grille et dit : Je veux prier Dieu, et, tournant les yeux d'un autre côté, mist le doigt sur une grande S, qui estoit à l'introït d'une messe de la Vierge, commençant Salve, sancta Parens, ce que voyant ledit prieur, il dit que c'estoit le signe qu'il avoit demandé.] — (Pilet de la Ménardière, la *Démonomanie de Loudun*, 2e édit., p. 26.)

» Le 19 du même mois, on observa un fait semblable en présence de Jean Filleau, avocat à Poitiers. (*Ibid.*, p. 27.)

» Voici un autre fait rapporté dans le même ouvrage, et dans lequel Claire de Sazilly comprit la pensée de son exorciste, le prieur Morans, l'un des exorcistes désignés par l'évêque de Poitiers :

» Le 20 juin 1633, un prêtre de Saint-Jacques de Thouars, ayant désiré faire l'épreuve de la divination de la pensée par la religieuse, dit tout bas à l'exorciste de faire apporter par la possédée cinq feuilles de rosier. L'exorciste commanda à Claire de Sazilly d'obéir.

[La religieuse sortit et alla dans le jardin, d'où elle apporta premièrement un souci et quelques autres herbes, et les présenta à la grille avec des ris immodérés, disant au sieur de Morans : « Est-ce là, mon Père, ce que vous demandez ? Je ne suis pas diable pour savoir vos intentions. » À quoi il repartit simplement : *Obedias* (obéis). Elle s'en retourna au jardin, et, après plusieurs commandements réitérés, elle présenta à la grille une petite branche de rosier, où il y avait six feuilles. L'exorciste lui dit : *Obedias punctualiter sub pœna maledictionis* (obéis ponctuellement, sous peine de malédiction). Elle arracha une des six feuilles et lui présenta la branche en lui disant : « Je vois bien que vous n'en voulez que cinq, l'autre n'était pas du nombre. » Le prieur resta tellement satisfait et pénétré de ce qu'il voyait, qu'il sortit les larmes aux yeux. On dressa un procès-verbal de ce fait.] — (*Ibid.*, p. 22.)

» On trouve rapportés dans le même ouvrage plusieurs cas analogues. La sœur Claire s'agenouille au commandement mental de son exorciste : elle devine le jour où le chevalier de Méré s'est confessé pour la dernière fois, et répète des mots que l'exorciste seul a entendus, etc. »

Élisabeth Bastard, qui figura aux exorcismes faits devant Gaston d'Orléans, obéissait aussi aux ordres donnés mentalement par son exorciste.

[Il est arrivé plusieurs fois que les exorcistes ont appelé secrètement cette même religieuse (Elisabeth Bastard), quelquefois mentalement et de la seule pensée, d'autres fois à voix basse, mais sans être entendus de personne du monde. Cette fille se sentait alors intérieurement attirée aux lieux où on l'appelait, et, se doutant de ce qui était, s'est couchée par terre pour résister à son inclination, et néanmoins en ces occasions elle obéit ordinairement.] — (*Relation de ce qui s'est passé aux exorcismes en présence de Monsieur, frère du roi*, p. 39.)

« Le même fait s'accomplit à l'égard de Gaston d'Orléans : *Obedias ad mentum principis* (obéissez à la pensée du prince), dit l'exorciste ; et la possédée vint baiser la main droite de Gaston, qui déclara que telle était sa pensée. » (*Ibid.*, p. 201, 202.)

C'est là ce que notre auteur a recueilli de plus important ; nous nous en contenterons, en prévenant toutefois qu'il y a beaucoup mieux dans les procès-verbaux conservés en manuscrit à la bibliothèque impériale, et qu'on vit pareillement des possédées, parmi les séculières qui demeuraient dans les divers quartiers de la ville, obéir avec la même ponctualité, et venir de leur demeure rendre compte des ordres qui leur avaient été donnés mentalement du lieu des exorcismes.

Après avoir si bien prouvé la réalité de la possession, voici à quelle conclusion notre auteur arrive, pour ramener tous les phénomènes au pur naturalisme :

« Si on admet avec nous (oui, mais si on n'admet pas ?) que les exorcistes de Loudun ne faisaient qu'exercer sur les religieuses l'empire de leur volonté (comment exercer sur quelqu'un l'empire de sa volonté à distance et sans parler ?) surexcitée par le fanatisme (médecin, qu'est-ce que le fanatisme ?), on n'aura pas de peine à comprendre que les exorcistes eux-mêmes soient devenus souvent victimes de cette surexcitation d'esprit, et que des maladies nerveuses, l'épuisement, la mort même, soient survenus chez ces frénétiques à la suite des excitations incessantes auxquelles ils s'abandonnaient. » (Figuier, *Hist. du Merveilleux.*)

Ce qui veut dire que des hommes sont devenus hystériques, pour avoir exorcisé des femmes qui l'étaient ! *Risum teneatis, amici (Retenez vos rires, amis).*

Nous tenons la maladie pour vraie, et la possession pour vraie ; les preuves de la possession pour acquises, et les preuves de vingt supercheries pour acquises également.

Nous tenons pour vrai que le démon ayant promis d'enlever le lendemain à deux pieds de haut Jeanne de Belfiel, il ne l'enleva point du tout, mais que, voulant s'y prêter elle-même, elle ne put que se grandir en s'élevant sur la pointe d'un pied, comme il fut constaté par les personnes qui soulevèrent le bas de sa robe ; pour vrai, que le démon ayant promis d'enlever le lendemain la calotte de la tête de Laubardemont, celui-ci se plaça sur un haut siège pour être en vue, et sous un trou de la voûte, par lequel deux hommes devaient descendre un hameçon au bout d'un fil, mais qu'ils furent dérangés dans leur opération par l'intervention de quelques curieux qui se doutèrent du tour, et qu'ainsi le miracle ne se fit point. Nous avouons que les mots Jésus, Marie, Joseph, François de Sales, que la supérieure montrait tracés en rouge sur son avant-bras, et cela plusieurs années encore après, nous sont fort suspects, chacun pouvant en faire autant sans miracle. Nous convenons que le démon se trompa, en prenant, volontairement ou non, du poil de lapin pour des reliques. Mais qu'importe ceci ? Il y a du vrai et du faux, du réel et de la supercherie, il y a de toutes choses en cette déplorable affaire ; mais les preuves relatives à un fait ne détruisent pas les preuves en un sens opposé relatives à un autre fait.

C'est que le démon se moqua de tout le monde, exorcistes, public et possédées ; obéissant toujours difficilement, opérant souvent ce qu'il n'avait pas promis, se livrant à la raillerie des incrédules, qui se croyaient plus malins que lui, quoiqu'il fût en cela plus malin qu'eux ; faisant rarement ce qu'il avait promis, afin d'engager les possédées à l'entreprendre elles-mêmes, les laisser ensuite à la risée, et déconcerter leurs exorcistes. Il finit par se retirer, quand on ne s'occupa plus de lui : sa cause était gagnée, puisqu'il avait produit un scandale immense.

Mais pourquoi un tel insuccès ? — Qui sait le secret de Dieu ? Peut-être par la faute des exorcistes ; peut-être parce que « *hoc genus non ejicitur nisi per orationem et jejunium.* » (Matt. XVIII, 20.)

Les apôtres posaient un jour la même question au Seigneur en une circonstance pareille : à cause de votre incrédulité, leur dit- il, et *parce que ce genre de démons ne peut être chassé que par le jeûne et l'oraison.*

Note B

Cette épidémie éteinte dans l'Upland, elle reparut bientôt sur un autre point, car la *Gazette évangélique de Berlin* rapportait, au mois de mars 1846, qu'une épidémie de prédications avec extases et tremblements des membres s'était déclarée en 1844 dans le Småland, la province la plus pauvre de la Suède, et durait encore. Les prédicants, parmi lesquels il y avait on grand nombre d'enfants et de jeunes filles, se nommaient eux-mêmes *rœstar's*, c'est-à-dire des voix, par allusion au nom que se donnait Jean-Baptiste (Joan. i, 23), dont ils prétendaient continuer le ministère ; ils criaient comme lui : faites pénitence et croyez en Jésus-Christ. La convulsion durait deux heures, pendant lesquelles ils parlaient avec une grande animation et une grande aisance. La persécution et l'emprisonnement les animaient davantage ; le séjour dans les hospices et les remèdes de toute nature ne changeaient rien à leur état. Parmi leurs persécuteurs comme parmi les personnes charitables qui leur prodiguaient des secours, beaucoup étaient saisis de l'*Esprit* et devenaient *rœstar's* avec eux.

Note C

Nous transcrirons de nouveau quelques pages du livre que nous avons déjà cité, parce qu'elles présentent assez bien, quoique trop brièvement, les scènes habituelles des assemblées convulsionnantes. Nous voulons réfuter l'auteur par l'auteur lui-même ; ce qui n'est pas difficile, vu la nullité de ses explications physiologiques.

Ces pratiques causèrent un grand scandale dans le temps où elles se produisirent, et c'est renouveler le scandale, de les remettre sous les yeux du public ; mais comment faire ? Vaut-il mieux les laisser en pâture à une classe exclusive de lecteurs, qui s'en nourrit, et les vomit ensuite changées en blasphèmes contre la religion, ou les montrer telles quelles à tout le monde, pour que chacun les juge ? Il en est des poisons moraux comme des poisons physiques : il faut les signaler ; de la sorte, du moins, ceux-là seuls s'empoisonnent, qui veulent s'empoisonner.

[Des personnes jeunes et sans coiffure se heurtent avec violence la tête contre les murs[295], même contre le marbre ; elles se font tirer les quatre membres par des hommes très forts, et quelquefois écarteler, donner des coups qui pourraient abattre les plus robustes, et en si grand nombre, qu'on en est effrayé ; car je connais une personne qui en a compté jusqu'à quatre mille dans une séance ; c'est avec le poing ou le plat de la main, sur le dos et sur le ventre, qu'on les leur donne. On emploie en quelque occasion de gros bâtons et des bûches ; on leur frappe les reins et les os des jambes pour les redresser, dit-on, parce moyen. Il ne parait pas que cela les redresse beaucoup, mais s'ils en sont peu soulagés, au moins n'en sont-ils pas brisés. On les presse de tous les efforts de plusieurs hommes sur l'estomac, on leur marche sur le cou, sur les yeux, sur la gorge, sur le ventre, on s'y assied, on leur arrache le sein[296]... Quelques-uns s'enfoncent des épingles dans la tête sans se faire aucun mal, et paraissent avoir le dessein de se précipiter par la fenêtre, ce qu'on ne permet pas. Tel convulsionnaire a poussé le zèle jusqu'à se pendre à un clou à crochet, à vouloir être crucifié ; la croix, les clous, la lance, tout était préparé[297].] — (De Lan, *Dissertation théologique sur les convulsions*)

« L'auteur que nous venons de citer, parle de visu, et l'on est porté à croire qu'il atténue plutôt qu'il n'exagère les faits dont il a été témoin. Dom Lataste complète dans les lignes suivantes le témoignage précédent :

[On sait que plusieurs convulsionnaires ont eu pendant des mois entiers des convulsions qui exigeaient trente à quarante mille coups de bûches sur le corps. Les coups violents que l'on continue encore à donner avec une bûche à un convulsionnaire noué, loin de l'épuiser depuis huit ou dix mois qu'il les exige, le soulagent au contraire.] — (Dom Lataste, *Lettres théologiques.*)

» La sœur Scolastique était une convulsionnaire qui annonçait la venue prochaine du prophète Élie, prêchait la nécessité de faire pénitence, et s'imaginait que Dieu ne lui avait pas donné d'autre emploi... Elle imagina un genre de *secours* tout nouveau, auquel son nom resta attaché. L'esprit frappé de la manière dont les paveurs manœuvrent la *demoiselle* (c'est ainsi que l'on nomme cet instrument pesant qui sert à enfoncer les pavés dans la terre), elle se fit lier ses jupes au-dessous du genou, se fit suspendre en l'air, la tête en bas, les pieds en haut, et précipiter la tête sur le carreau un grand nombre de fois.

» Une autre convulsionnaire se courbe en arc au milieu de la chambre, sou-

---

295 L'auteur aurait dû ajouter qu'elles joutaient comme des béliers, avec la même énergie, et que de deux béliers qui joutent, souvent l'un tue l'autre. (NDE)

296 On *n'arrachait* pas le sein, mais on le tordait avec des tenailles de fer, au point de s'y fatiguer les mains ou de forcer les branches des tenailles.

297 Il y eut non pas des apprêts, mais plus de vingt crucifiements très-réels. On peut voir dans les *Lettres* de Lacondamine les détails très curieux de deux crucifiements opérés sous ses yeux le 13 avril 1759, mais non toutefois, sans douleur.

tenue par les reins sur la pointe d'un bâton, et dans cette posture elle se met à crier : *biscuit, biscuit* ! La douceur qu'elle demandait était une pierre du poids de cinquante livres, attachée à une corde qui roulait sur une poulie fixée au plancher. On élevait cette pierre jusqu'au haut de la chambre, et on la laissait retomber, à plusieurs reprises, sur l'estomac de la convulsionnaire, ses reins posant toujours sur le pieu. Montgeron assure pourtant que ni les chairs ni la peau n'étaient entamées, et que même cette fille, pour bien montrer qu'elle n'éprouvait aucune douleur, criait sans cesse : plus fort, plus fort ! et on s'efforçait de la satisfaire, autant que le permettait l'élévation du plancher.

» La fille Turpin demanda d'abord à être frappée sur le pli des reins et sur la crête des hanches, dont les os étaient d'une grosseur prodigieuse. L'expérience avait appris que cette convulsionnaire n'était soulagée qu'à proportion de la violence des coups qu'on avait la charité de lui administrer, et que, par conséquent, on ne pourrait jamais frapper trop fort ; on augmenta donc peu à peu la grosseur et le poids des instruments dont on se servait, et on en vint, à la fin, à employer « des bûches de chêne, dont on avait réduit l'un des bouts en poignée, afin de le tenir plus aisément, et dont l'autre bout, qui était celui avec lequel on frappait, offrait sept à huit pouces de circonférence : en sorte que ces bûches étaient comme de petites massues. Encore fallait-il que celui qui frappait, levât la bûche par-dessus sa tête et la fit retomber de toute sa force.

» La convulsionnaire Nisette ou Denise fut battue sur la tête avec une bûche, puis avec quatre bûches qui lui martelaient le crâne, après quoi elle se fit tirer par les quatre membres ; ce fut le commencement de la séance.

[Ensuite, deux hommes sont montés sur elle, ensuite un seul homme sur son dos ; deux autres lui ont tiré les bras en haut, on lui a donné l'*estrapade*[298]. On lui a tiré les bras et les jambes, une personne étant sur son estomac ; on l'a suspendue par les pieds, ensuite balancée par les bras et les jambes, un homme étant sur son dos, puis on l'a tournée en broche, ensuite tirée par les quatre membres, deux personnes tirant aussi par-dessous les épaules. Ce tiraillement a duré longtemps, parce qu'il n'y avait que six personnes à tirer... Ensuite on lui a redonné l'estrapade, la sape à la muraille à l'ordinaire, puis on l'a foulée aux pieds, quinze personnes à la fois.] — (*Journal historique des convulsions*, p. 65.)

---

[298] L'estrapade est le nom donné à un supplice. La torture consistait à attacher les bras de la victime à des cordes, à la hisser en haut d'un poteau ou du plafond avec une poulie, parfois avec des poids suspendus à ses pieds et à la relâcher brutalement. Plusieurs variantes existaient (bras dans le dos, corde attachée à un seul poignet, etc.). Une technique utilisée par les marins était le « supplice de la cale », le condamné étant alors précipité dans l'eau depuis une vergue. À Paris ce supplice était infligé place de l'Estrapade, notamment à de nombreux protestants lors de leur persécution. (NDE)

» Voici une scène où Montgeron a rempli lui-même l'office de *frère secoureur*, et il s'en vante avec une intrépidité de conscience qui fait frémir... On avait imprimé que la fille Jeanne Mouler s'était fait administrer jusqu'à cent coups de chenet sur le ventre, et qu'un *frère*, qui lui en avait donné soixante, ayant voulu frapper de la même force contre une muraille, avait percé ce mur au vingt-cinquième coup.

[Le chenet dont il est ici question, dit Montgeron, est un très- gros barreau de fer sans aucune façon ; mais il est seulement plié aux deux bouts et séparé en deux par devant pour former les pieds, et il a un montant très court et fort gros. Ce chenet pèse de vingt-neuf à trente livres. C'est avec un tel instrument que cette convulsionnaire se faisait donner les coups les plus terribles, non pas dans le ventre, comme le dit l'auteur des *Vains efforts*, mais dans le creux de l'estomac.

[Comme je ne rougis point d'avoir été un de ceux qui ont le plus suivi les convulsionnaires, je déclare sans peine que c'est moi dont parle l'auteur, sous le nom du frère qui éprouva contre un mur l'effet que produiraient des coups pareils à ceux qu'il venait de donner à cette convulsionnaire.

[J'avais commencé, suivant ma coutume, à ne donner d'abord à la convulsionnaire que des coups très modérés ; cependant, excité par ses plaintes, qui ne me laissaient aucun lieu de douter que l'oppression qu'elle ressentait dans l'estomac ne pouvait être soulagée que par des coups très violents, j'avais redoublé le poids des miens ; mais ce fut en vain que j'y employai à la fin tout ce que je pus rassembler de forces ; la convulsionnaire continua à se plaindre que les coups que je lui administrais étaient si faibles, qu'ils ne lui procuraient aucun soulagement, et elle m'obligea de remettre le chenet entre les mains d'un grand homme fort vigoureux.

[Celui-ci ne ménagea rien. Instruit par l'épreuve que je venais de faire qu'on ne pouvait lui donner des coups trop violents, il lui en déchargea de si terribles, toujours dans le creux de l'estomac, qu'ils ébranlaient le mur contre lequel elle était appuyée.

[La convulsionnaire se fit donner tout de suite de cette force les cent coups qu'elle avait demandés d'abord, ne comptant pour rien les soixante qu'elle avait reçus de moi. Je repris le chenet et voulus essayer contre un mur, si mes coups, qu'elle trouvait si faibles, ne produiraient aucun effet. Au vingt-cinquième coup, la pierre sur laquelle je frappais, qui avait été ébranlée par les coups précédents, acheva de se briser : tout ce qui la retenait tomba de l'autre côté du mur, et y fit une ouverture de plus d'un demi-pied de large... Lorsque les coups sont frappés avec violence, le chenet s'enfonce si avant dans l'estomac de la convulsionnaire, qu'il parait pénétrer presque jusqu'au dos, et qu'il semble devoir écraser tous les viscères qui se trouvent sous le poids de ses coups : c'était pour lors que la convulsionnaire s'écriait avec un air de contentement peint sur son visage : Oh ! que cela est bon ! Oh ! que cela fait de bien ! Courage, mon frère, redoublez encore de force, si vous pouvez !] — (Montgeron, *Idée des secours nommés mal à propos meurtriers.*)

» Un des principaux exercices, après ceux qui ont déjà passé sous les yeux de nos lecteurs, est celui de la *planche*, que Montgeron décrit de la manière suivante :

[Cet exercice se faisait en étendant sur la convulsionnaire, couchée à terre, une planche qui la couvrait entièrement ; et alors montaient sur cette planche autant d'hommes qu'elle en pouvait tenir. Il faut observer que, comme on se prêtait la main pour se soutenir réciproquement, la plupart de ceux qui montaient sur cette planche, n'y posaient qu'un pied, qui soutenait tout leur corps ; aussi a-t-on vu souvent sur cette planche plus de vingt hommes à la fois, dont le poids rassemblé était supporté sans peine par le corps d'une jeune convulsionnaire ; cependant non seulement elle n'en était point oppressée, mais souvent elle ne trouvait pas que cela fût assez pesant pour faire passer le gonflement qu'elle ressentait dans ses muscles.]

Tels sont les faits que notre auteur réunit en un faisceau, pour les expliquer ensuite au point de vue du naturalisme ; nous allons voir de quelle façon il s'en tire. Ces tours de force en valent la peine ; cependant il est d'autres faits à côté desquels il passe de dessein prémédité, et qui sont beaucoup plus inexplicables encore, quoique moins remarquables en apparence : nous voulons parler des ulcères, des langues horriblement pendantes hors de la bouche et des tumeurs pétries sous des talons de botte par forme de pansement, et qui ne s'en trouvaient pas plus mal. Si c'est là une bonne méthode de médication, qu'on l'emploie donc !

L'auteur admet d'abord la réalité de quelques guérisons, et cela d'autant plus volontiers, qu'il se raille des guérisons opérées par les saints véritables. « Il y a eu, sans nul doute, dit-il, des guérisons chez les malades qui ont eu recours à l'intercession du diacre Paris ; ce sont là des faits que nous reconnaissons. Mais combien peut-on citer de ces guérisons authentiquement constatées ? C'est à peine si, dans le volumineux ouvrage de Montgeron, on peut en compter quinze ou seize. »

Mais non ! Cent fois non ! Pas même une ! Les démentis vinrent de tous côtés à Montgeron. La cour ordonna des informations, l'autorité diocésaine ordonna des informations, et il fut impossible aux commissaires, soit laïques, soit ecclésiastiques, de dévorer plus de cinq ou six des prétendus miracles, tant le dégoût les saisit, en voyant que, n'importe où ils portassent leurs investigations, rien ne se soutenait à l'examen ; et c'est pour cela que Montgeron fut mis à la Bastille, comme un faussaire étayant des mensonges, de lui bien connus pour tels.

Beaucoup de malades guéris étaient de faux malades. Beaucoup se trouvèrent plus mal de leurs convulsions. Beaucoup se dirent, et peut-être se crurent guéris, qui n'affectèrent de l'être qu'un instant, ne pouvant continuer longuement un pareil rôle. L'auteur, pour ramener tout cela au naturalisme, s'étaye de l'autorité de Primerose, de Boërbave, de de Rhodes, qui ont bien parlé des maladies convulsives, mais qui n'ont point vu celle-ci; il oublie Willis, qui en parle mieux encore; de Hecquet, qui ne l'a vue qu'en partie; de Calmeil et de Montègre, qui sont moins affirmatifs; de Cabanis, dont l'autorité ne devrait plus être invoquée, étant voisine du ridicule. Il entasse les mots de fanatisme, hystérie, fureur épidémique, contagion de l'exemple, démonopathie convulsive, météorisme du ventre, spasme de l'utérus, éréthisme, turgescence des enveloppes charnues, exaltation morale, délires de la théomanie, fureurs de l'hystérie, dont les uns ne signifent rien, dont les autres ne disent pas assez pour être explicatif.

« Le mal dominant chez ces convulsionnaires était une sensibilité qui, exaltée jusqu'à la frénésie, sans cesser d'être naturelle, avait des exigences extraordinaires, et réclamait avec rage des moyens très mal indiqués par la pudeur, mais dont la physiologie et l'anatomie expliquent fort bien l'emploi. » Alors, expliquez donc ! Nous voudrions vous voir expliquer les cent soixante coups d'un chenet de fer pesant trente livres appliqués de toute la force de deux hommes au creux de l'estomac d'une jeune fille dont le rein s'appuie à la muraille. Expliquez seulement cela anatomiquement.

Mais nous vous concédons tout ce que vous voudras sur les spasmes : expliquez les coups de bûche sur la tête, les coups de tête contre la muraille, les coups de tête sur le pavé comme par la hie d'un paveur, la torsion des seins avec des ferrements, les piétinements sur les ulcères et sur la langue, la chute répétée d'une pierre de soixante livres sur le creux de l'estomac, sur la poitrine, sur la tête, sans briser les os, sans faire d'ecchymose à la peau. Expliquez ! Mais non, vous laissez tout ceci de côté.

Oui, il y eut des accès multipliés, épouvantables d'une hystérie de longue durée, qui trouva ensuite des calmants dans la débauche; mais nous soutenons contre vous qu'elle fut portée à un excès que la nature seule ne comporte pas, et que les traitements qui lui furent infligés, dépassent en puissance ce que la nature réduite à elle seule peut supporter sans défaillir. Et en le soutenant, nous aurons l'assentiment de tout homme raisonnable, des médecins eux-mêmes : quel est le médecin qui voudrait soumettre sa jeune fille malade au traitement de la planche ou du chenet ?

Note D — Les Miroirs magiques de M. Dupotet

Le miroir magique est tout objet imprégné de la vertu satanique destiné à cet usage, qu'il soit ou non réflecteur de la lumière. Quelquefois l'imprégnation est attachée à la personne qui regarde, et non à l'objet regardé. Rien n'était plus commun au moyen âge que ces sortes d'engins démoniaques, et c'étaient ordinairement des globes d'acier poli : Corneille Agrippa avait un miroir magique, Nostradamus avait un miroir magique. On peut s'en faire une idée par ces globes de verre étamés, destinés à l'amusement et à l'ornement dans les jardins, et dans lesquels tous les détails et les mouvements des alentours viennent se refléter en images microscopiques. Nous n'insisterons pas sur des détails dont on trouve tant d'exemples et de variétés dans le cours de cet ouvrage. Mais les miroirs du magnétiseur Dupotet réclament une place à part. Nous laisserons parler l'auteur.

« Pour cette opération, nous prenons un morceau de braise, nous traçons un cercle plein, en ayant soin que toutes ses parties soient noircies. Nos intentions sont bien formulées ; aucune hésitation dans nos pensées : nous voulons que les Esprits animaux soient fixés dans ce petit espace et y demeurent enfermés ; qu'ils y appellent les *Esprits ambiants* et semblables, afin que des communications s'établissent entre eux, et qu'il en résulte une sorte d'alliance. L'expérimenté, une fois attiré vers ce point, une pénétration intuitive, due au rapport qui s'établira entre les Esprits qui sont en lui et ceux fixés sur le miroir magique, doit avoir lieu ; il doit voir les événements et tout ce qui l'intéresse, comme s'il était dans l'extase ou le somnambulisme le plus avancé, bien que l'expérimenté soit libre de ses facultés comme de son être, et que rien chez lui ne soit enchaîné. Ce n'est peut-être pas là toute notre pensée, mais nous n'avons point de termes pour l'exprimer autrement.

» L'opérateur doit se tenir à distance, sans qu'aucune influence de sa part vienne désormais s'ajouter, se joindre à ce qui a été fait tout d'abord. Cette expérience est neuve pour nous comme pour toute l'assemblée, qui se compose, ce jour-là, de quatre-vingts personnes. Tous les yeux sont ouverts ; c'est en plein jour, sur un parquet qui n'a reçu aucune préparation, qui n'est revêtu d'aucun enduit, que le rond est tracé, et le charbon qui a servi est déposé sur la cheminée, où tout le monde est libre de l'examiner. Aucun parfum, aucune parole, enfin rien que ce rond charbonné, et l'occulte puissance qui y a été déposée au moment du tracé, tracé qui a demandé quatre minutes de préparation seulement. Durant ce court espace de temps, des rayons de notre intelligence, poussés par d'autres rayons, ont formé un foyer invisible, mais réel ; nous sentons qu'il existe, au trouble inconnu que nous éprouvons, à l'ébranlement de tout notre être, et plus encore à une sorte d'affaissement résultant de la diminution de la somme de nos forces. Voici ce que l'on observe :

» *Premier fait.* Plein de confiance en lui, sûr de l'impuissance de cette magie, un homme de vingt-cinq à vingt-six ans s'approche du rond fatidique, le considère d'abord avec un regard assuré, en examine les circonvolutions, car il est inégalement tracé, lève la tête, regarde un instant l'assemblée, puis reporte ses regards en bas à ses pieds. C'est alors qu'on aperçoit un commencement d'effet : sa tête se baisse davantage, il devient inquiet de sa personne, tourne autour du cercle sans le perdre un instant de vue ; il se penche davantage encore, se relève, recule de quelques pas, avance de nouveau, fronce les sourcils, devient sombre et respire avec violence. On a alors sous les yeux la scène la plus étrange, la plus curieuse : l'expérimenté voit, à n'en pas douter, des images qui viennent se peindre dans le miroir ; son trouble, son émotion, plus encore ses mouvements inimitables, ses sanglots, ses larmes, sa colère, son désespoir et sa fureur, tout enfin annonce, prouve le trouble, l'émotion de son âme. Ce n'est point un rêve, un cauchemar, les apparitions sont réelles : devant lui se déroule une série d'événements représentés par des figures, des signes qu'il saisit, dont il se repait, tantôt gai, tantôt rempli de tristesse, à mesure que les tableaux de l'avenir passent sous ses yeux. Bientôt même, c'est le délire de l'emportement ; il veut saisir le signe, il plonge en lui un regard terrible ; puis enfin il s'élance et frappe du pied le cercle charbonné ; la poussière s'en élève, et l'opérateur s'approche pour mettre fin à ce drame rempli d'émotions et de terreurs. Pour un instant, on craint que le voyant n'exerce sur l'opérateur un acte de violence, car il le saisit brusquement par la tête, et l'étreint avec force : quelques paroles affectueuses et les procédés magnétiques apaisent, calment l'âme du voyant, et font rentrer dans leur lit ces courants vitaux débordés.

» On entraîne dans une pièce voisine l'expérimenté ; mais avant qu'il ait repris entièrement ses sens, on lui ôte le souvenir de ce qu'il a vu, et l'on achève de le calmer. Il ne lui reste bientôt qu'une douleur dans la partie supérieure du crâne, qui disparaît d'elle-même au bout d'une demi-heure. Malgré tout, il conserve une vague pensée, une préoccupation de l'esprit ; il cherche à se rappeler. Il sent qu'il s'est passé en lui quelque chose d'étrange ; mais, quoi qu'il fasse, sa mémoire ne peut lui fournir un trait, une figure de tout ce qu'il a vu ; tout est confus en lui, et les interrogations nombreuses qu'il subit, n'amènent aucune révélation. » Rêvons-nous, sommes-nous nous-mêmes sous le charme d'une illusion ? Avons-nous bien vu ce que nous venons de dire ? Oui ! Oui, nous l'avons vu, saisi, plein de calme et de raison ; tout est réel, et nous restons bien au-dessous de la vérité, ne pouvant entièrement la peindre dans ce récit, car les mots nous manquent, quoique notre mémoire soit fidèle...

»*Deuxième fait*. Le rond noir étant en partie effacé, on y repasse à plusieurs reprises le charbon, jusqu'à ce qu'il soit bien rétabli. Indécis sur le choix d'un nouveau sujet, l'opérateur cherche des yeux dans l'assemblée la personne qu'il croit apte à sentir l'influence occulte du miroir et à en manifester les effets. Pendant ce moment d'hésitation, se présente de lui-même un jeune homme de vingt ans environ, qui depuis quelque temps suivait attentivement les mouvements de la main de l'opérateur et fixait ses yeux sur la plaque noire. Bientôt il se lève de son siège et cause un étonnement général : il approche lentement, muet, pâle ; il tourne plusieurs fois autour du miroir magique, le considère attentivement, s'éloigne, se rapproche, se penche. Que voit-il dans cette plaque noire ? Nul ne le sait encore, mais il y voit. Il est pris d'un rire sardonique inimitable ; sa figure prend une expression bientôt sérieuse ; il se trouble, tremble de tous ses membres, puis redevient calme. Différent du premier expérimenté, nulle fureur ne se peint en lui ; un sentiment de curiosité semble le dominer, et son regard est constamment plongé dans le miroir. Comment pourrions-nous traduire ici les gestes, les mouvements de ce jeune homme, l'expression peinte sur son beau visage ; toute une assemblée tenue dans une sorte de crainte et d'espérance, et semblant partager les émotions profondes du voyant ! Il reste ainsi dix à douze minutes, murmurant, articulant quelques mots ; et c'est au moment où il va parler que l'opérateur intervient. Mais, méconnu d'abord comme un étranger, il éprouve quelque difficulté à éloigner l'expérimenté du miroir. Comme au premier, on lui ôte le souvenir sans eau de Léthé.

»Les prêtres d'Isis n'étaient donc point des imposteurs ; ils connaissaient, sans nul doute, l'existence du principe magnétique, et s'en servaient pour opérer leurs prodiges. Dans certains cas, ils obtenaient de ceux qui allaient subir les terribles épreuves de l'initiation des révélations propres à les guider dans la route de la vie ; mais, pour imprimer plus de respect, on attribuait aux dieux ce qui venait de l'homme lui-même... »

Et on avait raison, car ces choses-là ne viennent point de l'homme. Nous avons recueilli les faits, ils nous suffisent ; nous ne suivrons pas l'auteur dans ses divagations antiphilosophiques sur le fluide magnétique, « fluide inconnu, qui *se revêt* de nos pensées et les garde quelque temps *emprisonnées en lui*. » Partout ailleurs c'est le vêtement qui sert de prison ; mais peut-on dire deux mots de bon sens, quand on admet la corporéité de la pensée ? Toutefois M. Dupotet ne tarda pas de se voir forcé dans cette position mauvaise ; il finit par avouer que *le surnaturel se montre*, lors même qu'on veut en nier l'existence, et que le magnétisme est un *réveil de l'esprit de Python*.

Note E

On fait beaucoup trop d'honneur à Cagliostro. Son siècle s'en enthousiasma, et se prosterna devant lui comme devant une divinité : le siècle qui reniait Dieu, méritait bien une telle humiliation. Il ne valait pas ce qu'on croyait, puisqu'il suffit du libelliste Morand, payé par la police du ministre français Vergennes, pour le diffamer à Londres, après l'affaire du collier, dans laquelle il avait joué un rôle si sot, et le forcer à quitter l'Angleterre sous le poids d'un immense ridicule, et puisqu'il se laissa prendre plus sottement encore à Rome avec tous ses papiers, condamner et enfermer au château Saint-Ange, où il mourut on ne sait quand, ni comment[299].

La lettre au peuple français, datée de Londres le 20 juin 1786, dans laquelle la destruction de la Bastille est si nettement prophétisée, n'est vraie qu'en partie et n'est pas de lui, mais du conseiller au parlement Despréménil, l'un des plus ardents ennemis de la cour, l'un des plus chauds partisans du duc Philippe d'Orléans, dit Égalité, l'un des initiés les plus avancés des loges maçonniques.

« La Bastille sera détruite de fond en comble, et le sol sur lequel elle s'élève, deviendra un lieu de promenade. » C'était une mesure arrêtée dans les loges ; elles firent démolir la Bastille par la populace, qui n'avait rien à en craindre, puisqu'elle ne s'ouvrait que pour les conspirateurs de haut parage.

« Il régnera en France un prince (Philippe-Égalité) qui abolira les lettres de cachet (il en avait peur à juste titre), convoquera les États généraux (ils le furent par Louis XVI), et rétablira la vraie religion » (la religion des loges maçonniques).

Cagliostro était voleur et ventriloque, ce qui ne veut pas dire sorcier ; mais il possédait l'imprégnation satanique, et la communiquait par l'imposition des mains. On ne saurait révoquer en doute la faculté qu'avaient ses pupilles et ses colombes de voir dans des carafes des apparitions fantastiques, donnant une réponse juste et sensée aux questions proposées. Mais il parait que Satan lui-même finit par se moquer de lui, car, ayant essayé de communiquer son pouvoir à quelques chefs des loges qu'il avait instituées à Rome, les pupilles et les colombes de ceux-ci ne virent que des singes, en place des

[299] L'auteur semble ici d'assez mauvaise foi… Cagliostro mourut en 1795 au château de San Leo (près d'Urbino dans les États pontificaux), vraisemblablement étranglé par Fra Pancrazio, aux ordres du Saint-Office… (NDE, Wikipedia). *Véritables mémoires de Cagliostro*, par Catulle Mendès et Richard Lesclide Paris, 1892. — Lorsque les troupes françaises pénétrèrent en Italie, lorsque leur arrivée à Rome parut menaçante, les Inquisiteurs tremblèrent et l'ordre fut donné d'achever Cagliostro dans son cachot. On répandit ensuite la nouvelle qu'il était mort d'apoplexie et l'acte de décès fut établi sur cette base.

anges qu'on attendait, dit son historien d'après les pièces de la procédure du Saint-Office[300].

D'après aussi quelques-unes des lettres saisies dans ses papiers et publiées avec les pièces de la procédure par l'inquisition, il est évident que son fantôme apparaissait parmi d'autres, deux d'Enoch, d'Élie, de l'ange saint Michel, dans les loges maçonniques ouvertes sous son magistère ; diverses lettres des maçons de Lyon ayant pour but de le remercier d'avoir daigné apparaître au milieu d'eux pendant leurs travaux, et de les avoir bénis du haut d'un nuage, dont « la jeune colombe ne pouvait soutenir la splendeur. Ils sont encore pénétrés, ajoutaient-ils, des paroles que vous avez adressées du haut de l'air à la colombe qui vous implorait pour elle et pour nous : *dis-leur que je les aime et les aimerai toujours*[301]. »

Mais cette lettre mérite d'être citée en entier, parce qu'elle donnera, mieux qu'aucune analyse, une idée de ce qui se passait alors, et de la déplorable imbécillité dans laquelle peuvent tomber ceux qui abandonnent les voies religieuses qui mènent à Dieu, pour courir après des chimères par des voies inconnues.

« Monsieur et maître, rien ne peut égaler vos bienfaits, si ce n'est la félicité qu'ils nous procurent. Vos représentants se sont servis des clefs que vous leur avez confiées ; ils ont ouvert les portes du grand temple, et nous ont donné la force nécessaire pour faire briller votre grande puissance.

» L'Europe n'a jamais vu une cérémonie plus auguste et plus sainte ; mais, nous osons le dire, Monsieur, elle ne pouvait avoir de témoins plus pénétrés de la grandeur du Dieu des dieux, plus reconnaissants de vos suprêmes bontés.

» Vos maîtres ont développé leur zèle ordinaire, et ce respect religieux qu'ils portent toutes les semaines aux travaux intérieurs de notre loge. Nos compagnons ont montré une ferveur, une piété noble et soutenue, et ont fait l'éducation de deux frères qui ont eu l'honneur de vous représenter. L'adoration des travaux a duré trois jours, et, par un concours remarquable de circonstances, nous étions réunis au nombre de vingt-sept dans le temple ; sa bénédiction a été achevée le 27, et il y a eu cinquante-quatre heures d'adoration.

» Aujourd'hui notre désir est de mettre à vos pieds la trop faible expression de notre reconnaissance. Nous n'entreprendrons pas de vous faire le récit de la cérémonie divine dont vous avez daigné nous rendre l'instrument ; nous avons l'espérance de vous faire parvenir bientôt ce détail par un de nos frères,

---

[300] *Histoire de Cagliostro*, ch. III, page 151.

[301] *Histoire de Cagliostro d'après la procédure de l'inquisition*, p. 179 et 187.

qui vous le présentera lui-même. Nous vous dirons cependant qu'au moment où nous avons demandé à l'Éternel un signe qui nous fit connaître que nos vœux et notre temple lui étaient agréables, tandis que notre maître était au milieu de l'air, a paru, sans être appelé, le premier philosophe du Nouveau Testament. Il nous a bénis après s'être prosterné devant la nuée dont nous avons obtenu l'apparition, et s'est élevé sur cette nuée, dont notre jeune colombe n'a pu soutenir la splendeur, dès l'instant qu'elle est descendue sur la terre.

» Les deux grands prophètes et le législateur d'Israël nous ont donné des signes semblables de leur bonté et de leur obéissance à vos ordres : tout a concouru à rendre l'opération complète et parfaite, autant qu'en peut juger notre faiblesse.

» Vos fils seront heureux si vous daignez les protéger toujours, et les couvrir de vos ailes : ils sont encore pénétrés des paroles que vous avez adressées du haut de l'air à la colombe qui vous implorait pour elle et pour nous : *Dis-leur que je les aime et les aimerai toujours.*

» Ils vous jurent eux-mêmes un respect, un amour, une reconnaissance éternels, et s'unissent à nous pour vous demander votre bénédiction. Qu'elle couronne les vœux de vos très soumis, très respectueux fils et disciples. Le frère aîné Alexandre T... Le 1er août 5556[302]. »

Peut-on être plus bête ? Mais que ceux qui renoncent à J.-C. méritent bien de tomber en Cagliostro !

Du reste, les colombes de Cagliostro, ses carafes et ses apparitions fantastiques n'étaient point du nouveau, pas plus que les miroirs magiques sur le plancher, sur l'ongle ou dans le creux de la main : Alii quoque præstigiatores, frequentiùs vero mulierculæ quædam superstitionibus deditæ, in phialis, seu vasculis vitreis aqua plenis, vel in speculis, accensis candelis... diabolum adorantes... vel in unguibus aut palma manus, eumdem orant ut futura vel occulta, per spectra et apparentes imagines, sibi ostendat... (Bulle *Cœli et terræ,* de l'an 1586.)

Note F

« La divination par le moyen de tables tournantes ou frappantes était un secret fort connu de l'antiquité. Tertullien en parle dans son *Apologétique*, au XXIIIe chapitre. Les magiciens, dit-il, imitent un grand nombre de miracles,

[302] Ce n'est pas ici une erreur. Cagliostro avait mis au point son propre calendrier. (NDE, Voy. *Le Maître inconnu, Cagliostro.* Préf. Marc Haven.)

par le moyen de cercles ou de chaînes qu'ils forment entre eux. Ils ont à leurs ordres des esprits messagers et des démons, *par la vertu desquels les chaises et les tables prophétisent*. Tout cela est *un fait vulgaire*, ajoute-t-il.

Il est question des tables tournantes pendant le règne de Valens, à l'occasion de cette consultation qui coûta la vie à tant de grands personnages. Ammien Marcellin met le discours suivant dans la bouche d'Hilaire, l'un des accusés : « Magnifiques juges, nous avons façonné à l'instar du trépied de Delphes, avec des branches de laurier et sous les auspices de l'enfer, cette malheureuse table qui est là devant vous ; et après l'avoir soumise selon les règles à l'action des formules mystérieuses, pendant de longues heures, avec les conjurations et les procédés en usage, nous sommes parvenus enfin à *la mettre en mouvement*. »

Voilà bien le guéridon à trois pieds se mettant de lui-même en mouvement par la vertu des charmes. Maintenant on va le faire écrire ; le procédé se complique : ce n'est pas le pied qui frappe les lettres, c'est un anneau suspendu au-dessus par un fil.

« Lorsqu'on veut la consulter sur des choses secrètes, dit l'accusé, cette table se place au centre d'une pièce préalablement sanctifiée avec des parfums d'Arabie. On pose dessus un bassin formé de divers métaux, sur les bords duquel les 24 lettres de l'alphabet sont gravées à l'intérieur: un anneau attaché à un fil est suspendu au-dessus. Un magicien, vêtu d'habits de lin, chaussé de la même manière et la tête couverte d'une coiffure en forme de torsade, portant à la main un bouquet d'herbes magiques, et qui s'est mis par certaines prières sous la protection du dieu des oracles, imprime un mouvement à l'anneau (pendant que la table tourne). Or cet anneau, en touchant les lettres, compose des vers héroïques, parfaitement réguliers, pareils à ceux de la pythie, et qui répondent aux questions proposées. » De cette fois, il toucha les lettres ΘΕΟΔ ; on en conclut Théodore, et on s'arrêta. C'était Théodose, auquel on ne songeait pas.

Depuis cette époque lointaine, l'anneau divinatoire n'a jamais été mis en oubli : les diseurs de bonne aventure et les devins de toute sorte ont toujours pratiqué un secret analogue. L'anneau, suspendu à un fil et plongé subitement dans un verre rempli d'eau, va frapper les bords en nombre de coups pair ou impair, une fois ou plusieurs, suivant les conventions arrêtées à l'avance, et donne ainsi la réponse.

Au risque d'allonger démesurément cette note, nous ne voulons cependant pas omettre quelques faits récents, quoique minimes, auxquels les journaux du moment ont donné de la célébrité, et que MM. de Mirville et Figuier ont illustrés en les controversant.

Au mois de mars 1847, à Bayswater, en Angleterre, chez des époux nommés Williams, à l'occasion d'une jeune enfant de 9 ans, recueillie dans la rue par charité, les meubles se mettent à se promener d'eux-mêmes, à s'enfuir des mains qui veulent les toucher, et souvent tombent et se brisent. Les flambeaux, les assiettes dansent sur les tables ; les gros meubles se mettent aussi de la partie ; l'enfant principalement est en butte aux vexations les plus étranges ; elle ne peut plus ni boire ni manger : les aliments avec les vases qui les contiennent s'enfuient de la table, quand elle veut y porter la main. On finit par se douter qu'elle est la cause du désordre ; on la renvoie après quelques semaines, et le désordre cesse. Le journal (*Douglas Jerrold*, 26 mars) qui rapporte ces faits, ne dit pas si quelque parent ne convoitait pas la succession des deux vieillards ; il aime mieux accuser l'enfant, comme s'il y avait eu de son intérêt, ou comme s'il lui avait été possible ; mais il ajoute, de bonne foi, que le *modus operandi* était demeuré invisible.

Au mois de décembre 1849, à Saint-Quentin, chez un négociant, un vacarme affreux se déclare subitement ; les sonnettes vont seules, des coups retentissent contre les murs en vingt endroits divers, les vitres se brisent seules, en présence de nombreux témoins. La vaisselle et les ustensiles se promènent par la cuisine et la salle à manger. Le désordre se renouvelle chaque jour à plusieurs reprises, et cela pendant trois semaines, sans qu'on puisse saisir ni les agents ni les moyens d'action. L'on finit par soupçonner qu'une domestique introduite depuis ce temps dans la famille en est la cause involontaire ; on la renvoie, et tout rentre dans l'ordre. — (*Gazette des Tribunaux*, 20 décembre 1849).

Le 15 janvier 1846, à Montimer, département de l'Orne, une jeune fille de 14 ans, d'une intelligence peu développée, ouvrière en gants de filet de soie, se trouve en butte à une obsession plus grande encore. Le lourd billot de chêne auquel était attaché son filet et celui de ses compagnes se déplace et s'enfuit. De ce moment, Angélique ne peut plus toucher un meuble qu'il ne s'enfuie ; le frôlement de sa robe fait fuir les chaises, les tables, les plus lourds objets d'un ménage de campagne, les pelles, les pincettes du foyer et jusqu'aux charbons. Deux ou trois hommes des plus forts ne peuvent retenir la chaise sur laquelle elle veut s'asseoir ; elle fuit ou se brise entre leurs mains. Ils se placent sur le billot où elle attache son filet, le billot danse sous leurs pieds et les secoue rudement. Elle est obligée de s'isoler et de se tenir debout au milieu de la pièce. On lui donne un panier de haricots à éplucher pour s'occuper ; quand elle y plonge la main, les haricots sautent du panier, et le panier s'enfuit. Des centaines de personnes de toute condition et de tout savoir constatent ces phénomènes ; on indique par tout le pays le sorcier qui a jeté le sort.

Après bien des jours de douleurs et d'expériences, on envoie la jeune fille à Paris, pour être soumise à l'examen de l'académie des sciences. Arago, après avoir constaté par lui-même les phénomènes, en entretint ses collègues le 2 février. L'Académie nomma une commission ; le docteur Tanchon, rapporteur, fut encore à même d'en vérifier une partie. Arago fit part de son rapport le 17 en séance publique ; mais de ce moment les phénomènes avaient disparu. L'Académie décida qu'il n'y avait pas lieu de s'en occuper. La *Gazette des hôpitaux* et la *Gazette médicale* réclamèrent vivement contre une telle fin de non-recevoir, mais en vain : l'Académie avait prononcé le mot sacramentel. Angélique Cottin n'existait pas pour les savants.

Au mois de décembre 1846, une jeune apprentie coloriste dans un atelier de la rue Descartes devient en butte à une obsession du même genre. La table crie et s'agite pour peu qu'elle y touche ; les pinceaux fuient ses doigts, quand elle veut les prendre ; le pupitre va se cacher dans un coin de la pièce, ou se dresse devint l'apprentie, la chaise se recule ou se dérobe, le frôlement de sa robe met les meubles en fuite, les bas quittent les jambes et s'y remettent d'eux-mêmes. Elle est soulevée de son siège, et y retombe lourdement. On parla aussi d'enchantement et de sortilège. — (*Siècle*, 4 mars 1846).

En 1846, au mois de novembre, à Claire-Fontaine, près Rambouillet, une domestique refuse l'aumône à un mendiant, qui la menace en se retirant. Dès le soir, tout s'agite dans la maison de manière à désespérer les habitants. La domestique, en se plaçant sur le lieu d'où elle avait été menacée, est prise d'affreuses convulsions. Le charretier de la maison y va par bravade, et est pris des mêmes convulsions. Les phénomènes reparurent longuement et avec intermittence. — (*Revue des deux Mondes*, décembre 1846.)

En 1849, au mois de mars, à Guillonville, près Chartres, chez un fermier du nom de Dolléans, un incendie a lieu ; un domestique est inculpé ; une jeune domestique, du nom d'Adolphine Benoit, dépose contre lui ; l'auteur présumé est mis en arrestation, et relâché après 32 jours de détention préventive. Dès le moment de l'arrestation, Adolphine Benoit devient l'objet des plus étranges vexations. Les pelisses, les couvertures des lits viennent l'affubler pendant qu'elle travaille, ses poches et son tablier se remplissent de saletés, le harnais des chevaux vient se passer à son cou, les poêles et les casseroles s'accrocher à ses vêtements.

Les serrures et les cadenas s'envolent des portes ; Dolléans garde, un fusil à la main, le dernier cadenas ; un bruit lui fait tourner la tête, le cadenas avait disparu. Il vint s'accrocher le lendemain au dos de la domestique, pendant qu'elle récitait sa prière en compagnie de la maîtresse de la maison.

La jeune fille, devenue malade à force de frayeurs, s'absente pour cinq jours, et tout cesse, mais pour recommencer à sa rentrée, et avec une intensité beaucoup plus grande. Adolphine Benoit renvoyée de chez ses maîtres, le calme se rétablit pour quinze jours ; à ce terme, c'est le fils du fermier, enfant de trois mois, qui devient en butte aux vexations : rien ne peut soustraire son berceau aux meubles plus ou moins lourds qui accourent de toutes parts le couvrir ; il n'est pas préservé même dans les bras de sa mère. Enfin, M. Lefranc, curé de Cormainville, paroisse voisine, député par l'évêque de Chartres, fait un exorcisme, et tout cesse à l'instant. [*L'Abeille*, 11 mars 1849 ; *Constitutionnel*, 5 mars 1819 ; *Journal de Chartres*, même mois.)

En décembre 1857 et janvier 1858, des phénomènes presque identiques à ceux d'Angélique Cottin se manifestent à la Haye, département d'Indre-et-Loire, à l'égard d'une jeune fille nommée Honorine Séguin ; mais celle-ci, moins effrayée qu'Angélique, s'accoutume aux caprices des meubles, elle leur commande bravement, et ils lui obéissent. Elle dit à une chaise : va te placer là ; la chaise glisse sur le parquet et va s'y placer : lève-toi sur deux pieds ; elle se lève : demeure en équilibre ; elle y demeure : frappe dix coups d'un de tes pieds du devant ; elle les frappe : marque la mesure pendant que je vais chanter ; elle bat la mesure, etc. (Figuier.)

Nous ajouterions aisément vingt faits pareils, qui nous sont personnellement et très certainement connus. Mais à quoi bon ? Cela ne servirait de rien à ceux qui croient, et encore moins à ceux qui ne croient pas. Et ce qui doit être remarqué, c'est que, dans tous ces phénomènes, on indique toujours la main d'un enchanteur.

Le diable est-il donc ainsi toujours au service du premier venu ? — Du premier venu, non ; mais de quiconque porte son caractère, quand il s'agit de faire le mal, dans une limite restreinte.

Que répondent à ces faits les ennemis du merveilleux, particulièrement l'auteur de l'*Histoire du Merveilleux ?* — Que toutes ces jeunes filles sont des filles électriques, des raies, des torpilles, des gymnotes.

C'est un nouveau genre d'électricité ; maintenant qu'il est trouvé, il ne s'agit plus que de le démontrer, et cela ne doit pas être malaisé à des naturalistes.

Et le berger Hocque ? — Voyez Danis. — Et le berger Danis ? — Voyez Hocque.

« C'est le cas d'attendre un plus ample informé. Nous attendons. » En ce cas, prenez vos précautions, car vous attendrez longtemps.

Et le presbytère de Cideville, qu'en dites-vous ? — « Le malheureux berger en fut pour ses coups de canne, et paya pour avoir été battu par son curé. »

C'est bien répondu ; la difficulté est levée ; le supernaturalisme n'existe pas, n'a jamais existé. Passons.

La première manifestation des esprits frappeurs eut lieu en 1846, chez un nommé Michel Weckman, au village d'Hydesville, canton d'Acadie, comté de Wagne, aux États-Unis. Obligé bientôt de quitter sa maison à cause du vacarme, qui allait toujours croissant, il y fut remplacé par la famille Fox, très décidée à s'accoutumer avec un bruit ennuyeux. Les demoiselles Fox, Catherine et Marguerite, s'y accoutumèrent si bien, qu'elles ne tardèrent pas à s'en amuser, et à remarquer qu'il jouait avec leurs éclats de rire et leurs espiègleries. Dès lors, elles établirent une conversation avec les lutins ou esprits frappeurs (*spiritual rapping, spiritual chocking*). Mme Fox, rassurée par le sang-froid de ses filles, se mêla de la conversation. Qui fait ce bruit ? — Silence. — Est-ce une personne vivante ? — Silence. — Est-ce une personne morte ? — Un coup. — Est-ce un esprit malheureux ? — Un coup. — Est-il malheureux par sa faute ou par celle de sa famille ? — Silence. — Quel âge a ma fille aînée ? — Quatorze coups. — Et sa sœur ? — Douze coups... Tout le monde se rassure ; mais la nouvelle se répand, la foule des visiteurs et des curieux afflue ; la famille Fox, fatiguée de tant de visites, quitte Hydesville et va s'établir à Rochester. Les esprits l'y suivirent ; alors elle songea à en tirer parti pour gagner de l'argent, en se donnant en spectacle. C'était en 1848, au mois d'août ; mais déjà les esprits frappaient en beaucoup de lieux, et des sociétés de curieux étaient organisées pour exploiter le phénomène.

C'eût été très innocent, si les esprits n'avaient pas répandu abondamment la calomnie, la haine et les mauvais conseils. Ainsi, dès Hydesville, un particulier, encore vivant, fut accusé par eux d'avoir commis un meurtre en cette maison, et c'était l'âme de sa victime qui y revenait demander vengeance. Le malheureux fut déshonoré sans preuve et sans pouvoir obtenir justice. Mme Fish, la sœur aînée des demoiselles Fox, reçut le conseil de se divorcer d'avec son mari, et s'y conforma. Voilà le commencement, la suite ne devait pas être plus belle.

C'est en écoutant les esprits et en conversant avec eux, que le mouvement des tables fut découvert. Cinq personnes étaient assises autour de la table du salon de Mme Fox, à Rochester, les mains négligemment posées sur le bord, très attentives toutes à la conversation, lorsque la table se souleva et s'enfuit à six pieds de distance. — L'esprit voudrait-il bien ramener la table ? dit quelqu'un de la compagnie. — La table revint.

Ravis d'un pareil événement, les assistants tombèrent genoux et se mirent à chanter un cantique, pendant lequel la table battit la mesure avec son pied.

De ce moment, le mode de conversation avec les esprits changea, et devint plus facile et plus doux ; car auparavant ils se lâchaient contre les incrédules, et il se produisait parfois des coups si violents, que la maison en était ébranlée, le parquet oscillait sous les pieds, comme par le choc d'un poids de plusieurs tonnes qui serait tombé du plafond.

En 1852, les demoiselles Fox étaient à Saint-Louis du Mississippi, et là, comme en France en pareille occasion, les savants, les médecins et les naturalistes, car la niaiserie humaine est de partout et dit, plutôt l'absurde que la religion, les savants et les naturalistes, disons-nous, cherchaient à les prendre en flagrant délit d'électricité. N'y pouvant parvenir, plusieurs se convertirent de bonne foi au spiritualisme.

Là aussi, comme en France et partout ailleurs, fût posée la grande question : y a-t-il, ou non, une autre vie ? *to be or not to be?* Or c'était à l'esprit de Franklin, à l'esprit de La Fayette ou de tel autre illustre mort, que l'on croyait adresser ces questions. Pauvres insensés, mais si l'âme ne survit pas au corps, s'il n'y a pas une autre vie, à qui donc parlez-vous, et comment évoquez-vous l'âme des morts ? La tête d'un incrédule est donc une boussole affolée.

Cela vaut cette question adressée ici en France à Satan lui-même : que faut-il penser de l'existence du diable ? Et la réponse écrite : *Je n'existe pas* ; signé : *Satan*. Ou bien cette autre adressée à l'âme de d'Alembert dans une évocation pratiquée par Cagliostro chez lady Mantz : Y a-t-il un autre monde ? et la réponse du revenant : Il n'y a pas d'autre monde. Et il ne se trouva personne, dit à cette occasion le comédien Fleury, pour lui répliquer : S'il n'y a pas d'autre monde, d'où viens-tu donc ?

Au surplus, les esprits, depuis Cagliostro jusqu'à présent, se sont toujours montrés très hostiles, sauf en la compagnie des gens d'église, à toute religion révélée et à toute espérance de vie future. Nous en choisirons entre mille ce curieux spécimen : M. de La Roche-Héron, dans un article publié en 1854 sur les médiums américains, termine ainsi le récit d'une visite qu'il fit à Mme Crown, la ci-devant Mme Fish, en compagnie d'un ami:

« Le singulier dialogue que nous venions d'avoir avec les esprits ne laissait pas de nous causer un certain trouble, et nous gardions le silence. Mme Brown nous invite alors à vérifier si ce sont bien les âmes de nos parents, en les questionnant sur des faits intimes, ignorés des médiums et de l'assistance entière. Elle nous dit même que, pour nous prémunir contre toute supercherie, nous pouvons écrire nos questions et obtenir la réponse des esprits, sans qu'aucune personne présente ait lu ou su ce que nous demandons. Nous prononçons alors ces mots à haute voix : L'esprit veut-il frapper trois coups, quand j'écrirai le prénom de ma mère ? Puis, prenant un papier, et loin de tous les regards, nous écrivons successivement cinq noms de baptême autres que celui que nous avons en vue. Tout reste silencieux. Nous écrivons la première lettre du prénom de notre mère. Aussitôt les trois coups se font entendre, avant que le mot ait été seulement achevé.

» Nous posons ainsi successivement une cinquantaine de questions sur des faits, des noms, des dates, que nous savons n'être connus de qui que ce soit en

Amérique: nous obtenons invariablement des réponses satisfaisantes, sans aucune erreur... Notre ami obtient de même un nombre considérable de réponses conformes à la vérité, sans une seule erreur. Puis, cherchant à percer le voile de ces phénomènes, nous demandons à haute voix:

» Êtes-vous envoyé de Dieu ? — Oui. — N'êtes-vous pas plutôt envoyé par le démon ? — Non. — L'esprit voudra-t-il bien me dire quelle est la meilleure religion ? (À ce moment, nous remarquons que Mme Brown parait vivement contrariée). Nous continuons: Est-ce le culte méthodiste ? le culte papiste ? Le culte catholique ? Le culte presbytérien ? Le judaïsme ? L'islamisme ? — Silence complet. Aucune réponse, même négative. Mme Brown nous dit alors que les esprits n'aiment pas à être questionnés sur la religion, et notre voisin, demi-fou, prenant à son tour la parole, nous dit avec passion, et presque avec rage: « Savez- vous ce que ce silence signifie ? Cela veut dire que toutes les religions sont mauvaises. N'est-ce pas, ajoute-t-il, comme en s'adressant aux esprits, que tout culte est absurde ? — Trois coups frénétiques se font entendre. — Qu'il suffit de suivre les conseils de sa conscience ? — *Oui*. — Qu'il suffit d'écouter les esprits ? — *Oui*. — Que toute religion où il y a des prêtres est mauvaise ? — *Oui*. — Où il y a un pape, est mauvaise ? — *Oui*. — Où il y a des ministres quelconques, est mauvaise ? Oui ! Oui ! Oui ! »

Le nombre des médiums ne tarda pas à s'élever en Amérique à plus de soixante mille, donnant des représentations, le plus souvent rétribuées; quelle dut être la clientèle ! Dès la seconde année, quatorze mille citoyens signèrent une pétition au congrès, dans le but d'appeler son attention sur le sujet, et d'obtenir une allocation de fonds en faveur de certaines études à faire pour arriver à la définition de la question: savoir, de quelle nature étaient les esprits frappeurs, et s'il fallait suivre leurs avis ? Le congrès passa sensément à l'ordre du jour.

Cette déception n'arrêta pas toutefois le zèle des spirites: ils se réunirent en meetings monstres dans les diverses villes de l'Union; le premier eut lieu à Cleveland au mois de février 1852. Dans le temps même, quelques médiums débarquaient en Écosse, et la manie des tables envahit l'Angleterre, la France et l'Allemagne; ce ne fut cependant qu'en 1853 que Paris s'en occupa, ou plutôt s'en divertit universellement, car tout est divertissement pour le Parisien: il lui faut voir n'importe quoi, essayer de toutes choses, puis, l'expérience finie, tout est fini, et il passe à un autre objet de curiosité ou d'étude. Un gouvernement qui veut durer doit changer de politique et de méthodes tous les dix ans, sous peine de n'être plus de son siècle. Tout passe vite, les choses beaucoup plus encore que les hommes. Il n'est pas d'homme de cinquante ans, qui ne se soit vêtu de cinq manières différentes, afin de ne pas être absurde à chaque onzième année.

Mais revenons aux tables : après avoir tourné, elles parlèrent ; après avoir parlé, elles écrivirent ; après avoir écrit, leurs médiums écrivirent, puis l'esprit des médiums écrivit et écrit encore maintenant sans intermédiaire ; ou plutôt, il n'écrit plus, il illumine et possède les spirites : l'affaire en est là.

Il est un détail que nous ne devons pas omettre : c'est l'état de simple folie, ou même de folie démoniaque, ou même de possession, si souvent amené comme résultat à la suite de ces sortes d'expériences, lorsqu'on s'y livre avec trop d'ardeur ou de continuité.

Les quatorze mille citoyens de l'Union signalaient ce phénomène au Congrès américain dès le début de la découverte : « Il est permis d'affirmer, disaient-ils dans leur pétition, que ces phénomènes ont été suivis dans des cas nombreux de dérangements d'esprit permanents et de maladies incurables. » Les journaux américains de toute couleur et de toute opinion religieuse confirment cette observation. « La plupart des médiums, dit le *Boston-Pilat* du 1er juin 1852, deviennent hagards, idiots, fous ou stupides, et il en est de même de beaucoup de leurs auditeurs. Il ne se passe pas de semaine où nous n'apprenions que quelqu'un de ces malheureux a mis fin à ses jours par un suicide, ou est entré dans une maison de fous. Les médiums présentent souvent des signes visibles de dérangement dans leurs facultés mentales, et quelques-uns des signes non moins certains d'une véritable possession du démon. » « Six personnes sont entrées à l'hospice des aliénés, dans l'Indiana, pendant le mois d'avril, par suite de leurs relations avec les *spirits rappings,* » disait le *Courrier and Inquirer* du 10 mai de la même année. Le *Harald* du 30 avril rapportait le suicide d'un citoyen de l'Utica, nommé Junius Alcott, qui s'était précipité sous la roue d'un moulin, dans un accès de folie produite par la même cause. À Paris, beaucoup de personnes ont été prises, au bord des tables tournantes, d'une folie qui les a menées à Bicêtre ou à Charenton ; mais beaucoup plus encore dans des maisons particulières d'aliénés : Mme Victor Hennequin y est morte folle ; son mari, qui s'était fait le secrétaire de l'Esprit de la terre parlant par l'intermédiaire d'un guéridon, y est mort ensuite de folie démoniaque.

Il est certain qu'une magnétisation fréquente ou prolongée produit dans le magnétiste un malaise, une fatigue nerveuse désagréable et pénible, parfois un épuisement de forces qui dure un jour ou deux. Il est aussi d'expérience, qu'une application prolongée ou trop souvent répétée à faire tourner les tables, agit dans le même sens et plus puissamment. Est-ce par suite d'une déperdition du fluide nerveux, du fluide magnétique ? Qui sait ? Qui a jamais constaté l'existence de ces fluides ? Ce sont des mots à la place de choses que l'on ne connaît pas : c'est l'horreur du vide, en attendant la découverte de la pesanteur de l'air. Et là-dessus on bâtit de beaux systèmes, toujours bons, pourvu qu'ils ne soient pas religieux ; nous allons en voir des échantillons.

Que ce dérangement dans l'économie du système nerveux conduise à une maladie du genre spasmodique, il n'y a rien de surprenant : c'est le début du fanatisme des Cévennes et des convulsions de Saint-Médard ; la cause étant semblable, les résultats doivent être analogues. Que cette maladie tourne à la folie, rien de plus naturel que cette suite de conséquences, dont l'une sert de prémisses à celle qui vient après. Que Satan, cherché à l'origine, quoique non voulu sous ce nom odieux, survienne par accession et s'adjoigne à cet état maladif, pour le changer en possession véritable, tout ceci est encore selon la logique des faits et des déductions.

Mais à quel point, ou bien à quel moment précis commence son action ? Il n'est plus possible de le dire. La maladie se reconnaît aux symptômes physiques et moraux que tout homme de sens et mieux encore le médecin doit connaître ; la possession, aux phénomènes extranaturels, soit de l'ordre physique, soit de l'ordre moral, dont l'homme de sens et le naturaliste ne peuvent donner la raison. Faut-il donc tant d'esprit pour reconnaître qu'il n'est pas naturel, par exemple, dans l'ordre physique, qu'un corps inerte se déplace au commandement, ou de lui-même et sans force motrice ? Et, dans l'ordre moral, qu'on entende des langues qu'on n'a pas apprises, qu'on lise dans la pensée d'autrui, et qu'on obéisse ponctuellement à des ordres donnés mentalement d'un lieu éloigné ?

Les partisans du naturalisme nient toutes ces choses, nous le savons, et cherchent partout des compères et des ficelles. Mais que faire pour les convaincre ? Ils ne veulent pas voir ! S'ensuit-il que ce qu'ils refusent de regarder n'existe pas ? Il n'existe pas pour eux, voilà tout. Ils jettent sans cesse à la face des croyants un mot que Galilée n'a pas dit comme ils le rapportent, car Galilée n'a jamais été condamné par l'inquisition[303], ne leur en déplaise : *E pur si muove*, cela ne l'empêche pas de tourner ; c'est à eux qu'il faut dire *E pur si muove*.

C'est chose curieuse et amusante, de voir la peine que ces pauvres naturalistes se donnent pour arrêter et faire rentrer dans sa source le supernaturalisme qui les déborde. Un certain M. Philips, auteur d'un livre intitulé *Élec-*

[303] Le jésuite Bellarmin demande à Galilée de ne plus affirmer que la théorie de Copernic est une réalité, car elle s'oppose à la Bible. Mais Galilée veut se faire entendre sur un autre plan : lui aussi est un fervent catholique, il veut chercher à montrer que la thèse de Copernic et les textes sacrés ne sont pas incompatibles. Mais il ne peut convaincre la hiérarchie catholique, son acharnement lui vaut même un décret de l'inquisition : Plus de Terre tournant autour du Soleil ou c'est la prison... près de 70 ans, à Rome, Galilée est contraint d'abjurer toutes ses idées sous peine de tortures. En 1633, il est placé en résidence surveillée... (NDE).

trodynamisme vital, attribue tous ces phénomènes à l'état *d'électrodynamie*, autrement dit *psychopathie*, autrement dit *suggestion*, autrement dit *biologie*, autrement dit *boulito-dynamie*; des mots et toujours des mots en place d'explications. M. Figuier dit *hypnotisme*[304], d'autres disent *bradisme*, du nom d'un certain M. Braid , Américain, qui reconnut cet état en 1843. Tout cela n'est pourtant pas la même chose; l'électricité n'y est pour rien, et tout cela n'est pas nouveau: c'est l'état des fakirs de l'Inde, qui se procurent un délicieux délire, en regardant fixement le bout de leur nez; l'état des omphalopsychès du mont Athos au moyen âge, qui se donnaient des ravissements et se plongeaient dans une lumière abondante, en regardant fixement leur ombilic.

Tenez un objet brillant à dix ou quinze centimètres du nez d'une personne, et dites-lui de regarder avec fixité cet objet. En un demi-quart d'heure, elle tombera en un état de syncope, pendant lequel vous pourrez l'opérer d'un membre, sans qu'elle s'en aperçoive et sans qu'elle trahisse aucune douleur.

Voilà l'hypnotisme ou bradisme. Ici rien que de naturel. Liez un coq de manière qu'il ne puisse s'enfuir, posez-le sur le ventre, en laissant traîner devant lui un bout de la corde qui fasse suite à son bec, ou bien sur le dos, en ayant soin que deux bouts de la corde lui passent sur la gorge et s'étendent des deux côtés pour qu'il puisse les voir. Après de vains efforts pour se délier, il tombe dans l'hypnotisme. Déliez-le alors et remettez-le dans la même posture, avec un bout de corde devant le bec ou une paille sur la gorge, et il y restera, malgré les efforts que nous ferez pour l'effrayer et le forcer à s'enfuir, C'est un jeu d'enfant connu depuis mille ans. Mais qu'a de commun tout ceci avec la clairvoyance du magnétisé, l'état phénoménal du possédé, les tables tournantes et les esprits frappeurs ?

Donnez à vingt personnes un bouton à tenir chacun dans le creux de la main, et obligez-les de le regarder avec fixité. Au bout de vingt minutes, quelques-unes seront tombées en syncope, mais avec la faculté d'entendre et d'agir. Dites à l'une: vous n'avez plus de mémoire, vous ne savez pas votre nom: elle ne pourra vous le dire. Fermez les yeux à l'autre et dites-lui: vous ne pouvez plus ouvrir les yeux; elle ne le pourra, quelque effort qu'elle fasse. Asseyez la troisième sur un fauteuil, et dites-lui: vous êtes liée à ce fauteuil; elle fera les efforts les plus grands, mais les plus inutiles pour se lever. Ajoutez en parlant à toutes: maintenant la liberté vous est rendue, et toutes aussitôt retrouveront les facultés qu'elles avaient perdues. Voilà la biologie, autrement dite boulito-dynamie. C'est naturel, dit-on. Peut-être! C'est la preuve que l'homme peut exercer sa volonté sur autrui, de manière à paralyser d'une

[304] Du mot grec ὕπνος, qui veut dire sommeil. C'est pour se donner des airs scientifiques, qu'on parle grec en pareille occasion. D'ailleurs, on serait moqué, si on était compris.

seule volition les forces du corps et de l'âme. Peut-être ! Ici il y a volition exprimée par le geste ou la parole envers une personne qui n'est plus à son état normal. C'est la paille sur la gorge du coq hypnotisé. L'hypnotisme est élevé d'un degré, si l'on veut ; mais qu'a de commun encore ceci avec les phénomènes du magnétisme transcendant, avec la divination de la pensée d'autrui, le transport d'un corps inerte sans force motrice, le jeu d'un piano que personne ne touche, l'intelligence acquise à un guéridon, etc. ?

Si vous mangez du haschich, vous tombez dans une ravissante folie, de même si vous fumez de l'opium. Si vous léchez un napel, vous êtes intoxiqué et vous avez d'étranges visions. Si vous vous oignez avec l'onguent des sorciers, vous assistez au sabbat, sans bouger de place, ou bien vous entendez une délicieuse musique, comme les prêtres de la mère des dieux. Si vous vous soumettez à la magnétisation, vous dormez profondément, vous tombez même en catalepsie. Tout ceci est naturel. Soit ! Mais qu'a de commun encore ceci avec les phénomènes dont nous nous occupons ?

Si un homme comme Cagliostro dit à un enfant : regardez dans ce flacon, et dites ce qui se passe à cinq lieues d'ici dans la maison de cette dame, chez laquelle vous n'êtes jamais allé ; et que l'enfant vous en rende un compte que la vérification montrera exact dans tous ses détails, direz-vous que c'est naturel ? Vous dites : l'enfant a vu le tout dans l'imagination de Cagliostro ; et vous trouvez naturel de voir dans l'imagination d'autrui, comme dans un jardin en regardant par la fenêtre ! Quelle dose de foi il faut pour être naturaliste ! Mais ni Cagliostro ni la maîtresse du logis ne savaient ce qui s'y passait. Si c'est un Juif qui vous fait voir au Caire, dans le creux de votre main, ce qui se passe à Londres au moment même, et qu'à votre retour vous trouviez que la vision a été d'une exactitude parfaite, direz-vous que c'était naturel ? Si, dans votre chambre à coucher, votre guéridon vous frappe le nombre d'heures, de minutes et de secondes qu'il est à la pendule du salon, et qu'un homme placé dans le salon et averti par un timbre y relève le même nombre d'heures, de minutes et de secondes, direz-vous que c'est naturel ? Car il ne faut pas, comme le suppose M. Figuier, ni huit, ni douze personnes pour faire agir une table ; il suffit de deux, il suffit d'une. Si la main d'un enfant de dix ans vous reproduit avec une similitude parfaite l'écriture, la signature et le paraphe de votre père mort il y a vingt ans, et dont il n'a jamais vu une ligne, direz- vous que c'est naturel ? Vous répondez que cela n'est pas ? C'est que vous n'avez pas voulu regarder quand cela était. Mais tant de supercheries démontrées ! Nous vous en accordons un million ; mais mettez à côté un million de vérités non moins bien démontrées.

Puis voici venir M. de Gasparin, le grand tourneur de tables, avec son fluide nerveux, pour expliquer le tournoiement. Selon lui, un fluide s'échappe des mains imposées, remplit les pores du bois, et communique enfin au meuble le mouvement circulaire. Soit ! Mais existe-t-il un fluide nerveux ? S'il en existe un, tourbillonne-t-il ? Et s'il tourbillonne, pourquoi la table va-t-elle quelquefois en ligne directe ? Comment se soulève-t-elle perpendiculairement, pour frapper avec ses pieds ? Le fluide nerveux est-il intelligent ? S'il l'est, prouvez-le ; s'il ne l'est pas, comment communique-t-il à la table l'intelligence qu'elle vous montre dans ses réponses ? Car les tables ont toujours beaucoup d'esprit, parfois de la malice jusqu'à la cruauté, nous en avons vu des exemples.

Les tables vont parfois en ligne droite, disons-nous : M. de Gasparin ne consigne-t-il pas dans son journal le fait d'en avoir soulevé une à laquelle il imposait les mains, en compagnie de ses amis ? La table, suspendue à l'air libre, à égale distance du sol et de leurs mains toujours imposées, ne suivit-elle pas leur marche en avant ? Le lama, après avoir imposé les mains à sa table l'espace d'une demi-heure, ne la voit-il pas se lever jusqu'à la hauteur de son visage, quand il vient lui-même à élever les mains, puis voler directement devant lui, comme un oiseau, dans la direction de l'objet dérobé ou perdu qu'il s'agit de retrouver ? Ceci rappelle l'actinomancie des anciens. Le fluide nerveux a donc bien du savoir ! Et quelle quantité il en faut, quand la table est chargée, comme celle de M. de Gasparin, d'un poids de 75 kilogrammes, le poids d'un des tourneurs, s'il était réduit en fluide, plus le poids de la table !

Vient ensuite M. Chevreul, de l'Institut, qui explique le mouvement des tables par la *disposition ou tendance au mouvement* des personnes qui imposent les mains. Si je tiens dans ma main, dit-il, un poids léger suspendu à un fil, il prend, indépendamment de ma volonté, un mouvement marqué de va-et-vient. Mais, lorsque je veux, je l'arrête subitement sans remuer la main ; il y a donc dans ma main une disposition au mouvement. — Non, mais il y a la pulsation artérielle, qui suffit pour communiquer le mouvement à un corps léger suspendu par un fil, mais qui ne suffirait pas pour le communiquer à une table chargée d'un poids de 75 kilogrammes, et dont les quatre pieds portent sur le sol.

Cette action inconsciente des mouvements musculaires ne peut être pour rien non plus dans le tournoiement de la baguette aux mains d'un *sourcier* : le docte académicien parle évidemment de ce qu'il n'a jamais vu. La baguette se tord malgré le *sourcier*, et se brise, s'il veut la contrarier[305]. MM. Babinet, de l'Institut, et Faraday, de la *Société royale de Londres*, se sont ralliés à ce système, sans lui donner pour cela plus de consistance. En supposant même le principe des mouvements inconscients et de l'influx nerveux, qui ne peut

[305] *De la Baguette divinatoire et des tables tournantes*, par M. Chevreul, in-8°, Paris, 1854.

suffire dans le plus grand nombre des cas, il resterait toujours à expliquer comment une table peut savoir ce que ne sait pas celui qui la touche.

Mais toutes ces explications sont loin d'égaler celle qui a été donnée par un M. Austin Flint, professeur de clinique médicale à l'université de Buffalo. Suivant lui, et après longue expertise et minutieux examen, le bruit se produit sous la robe des demoiselles Fox, à la jointure du genou de la plus jeune, par une contraction musculaire volontaire, qui fait glisser l'extrémité du fémur sur le tibia et retomber la rotule. Et voilà pourquoi les tables tournent !

Au mois d'avril 1859, un M. Schiff donna, dans une séance de l'Académie des sciences de Paris, une démonstration publique du système de M. Flint. En faisant frapper, par la seule contraction des muscles de sa jambe, le tendon du long péronier latéral contre la surface osseuse du péroné, il put produire des bruits assez forts, pour être entendus à quelque distance. Et voilà comment on produit au loin des bruits pareils au tonnerre, des coups capables d'ébranler une maison, une lumière splendide sans corps lumineux, comment on fait jouer un piano sans le toucher !

Et M. Figuier, que pense-t-il des tables tournantes ? Il pense que c'est de l'hypnotisme ! (tom. Iv, p. 347), Mais quel rapport entre un cerveau hypnotisé et une table qui s'envole, un guéridon qui a plus d'intelligence qu'un homme, des coups plus ou moins violents qui se frappent dans une pièce voisine, un billot qui danse cinquante fois à la minute, au point de secouer fort désagréablement trois ou quatre hommes placés dessus ? — Qu'importe à un savant ? Tout, même l'absurde ou le néant, plutôt qu'une idée chrétienne.

Fin des Notes

Table des matières

www.ingramcontent.com/pod-product-compliance
Lightning Source LLC
LaVergne TN
LVHW010427230826
846092LV00009BA/1074

* 9 7 8 2 9 2 4 8 5 9 9 5 7 *